KB126051

남미를 품에 안다

에콰도르 · 페루 · 볼리비아 · 칠레 · 아르헨티나 · 브라질

지오트립 남미 답사

남미를 품에 안다

초판 1쇄 인쇄일 2016년 9월 25일
초판 1쇄 발행일 2016년 9월 30일

지은이 박용길
펴낸이 양옥매
디자인 황순하
교 정 조준경

펴낸곳 도서출판 책과나무
출판등록 제2012-000376
주소 서울특별시 마포구 방울내로 79 이노빌딩 302호
대표전화 02.372.1537 **팩스** 02.372.1538
이메일 booknamu2007@naver.com
홈페이지 www.booknamu.com
ISBN 979-11-5776-257-6(03950)

이 도서의 국립중앙도서관 출판시도서목록(CIP)은 서지정보유통지원 시스템
홈페이지(http://seoji.nl.go.kr)와 국가자료공동목록시스템
(http://www.nl.go.kr/kolisnet)에서 이용하실 수 있습니다.
(CIP제어번호 : CIP2016022142)

| 지오트립 남미 답사 |

남미를
품에 안다

에콰도르 · 페루 · 볼리비아 · 칠레 · 아르헨티나 · 브라질

日新 日日新 又日新.　　　　－大學－
매일매일 더 나은 삶을 위해 노력하라.

책과나무

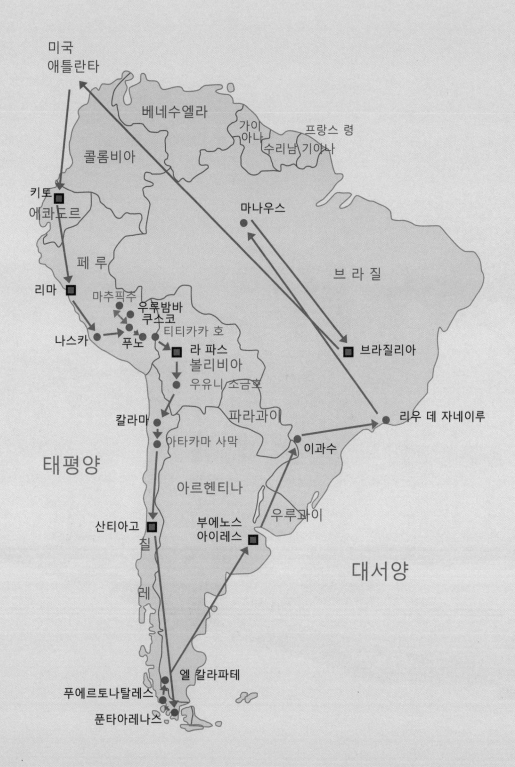

PROLOGUE

　가끔은 일상에서 벗어나 새로운 세계를 경험하고 싶을 때가 있다. 반복의 단조로움이 가져오는 권태에서 탈출하여 삶에 대한 의욕을 높이고 활력을 불어넣기 위하여 가까운 곳이라도 잠시 여행을 떠나는 것도 좋은 방법이라고 생각한다.

　살면서 많은 생각 때문에 늘 결단이 늦어 중요한 일을 놓치고 뒤늦게 후회할 때가 많았다. 이제 50대 중반을 넘어선 지금, 진정으로 하고 싶은 일들을 못한다면 나이가 더 들었을 때 많은 아쉬움이 남을 것 같다.

　21세기는 교통과 통신의 발달에 힘입어 과거에는 먼 이역 땅으로 알고 있던 곳도 이제는 그야말로 이웃 동네처럼 쉽게 갈 수 있는 세상이 되었다.

　여행은 다른 사람들의 삶을 더 생생하게 느낄 수 있고 많은 감동을 안겨 준다. 그동안 책에서 배우고 방송을 보면서 꿈꾸었던 곳으로 여행을 떠나는 것이야말로 삶의 큰 기쁨이며 매력이라고 생각한다. 그동안 교직에 몸담으면서 주어진 업무와 IMF 등 여러 가지 사정으로 해외여행을 제대로 하지 못했다. 여행은 나와 다른 세상에 사는 사람들을 만나 새로운 것을 배우고 내 삶을 진지하게 돌아볼 수 있는 기회라고 생각한다. 이러한 생각을 갖고 있던 차에 지오트립을 알게 된 것은 나에게 있어서 큰 행운이라고 생각한다.

대망의 남미 답사!

우리와 문화가 다르고 지리적으로 아주 멀리 떨어져 있어서 가고 싶어도 실행에 옮기는 것이 쉽지 않다. 여러 번 망설인 끝에 결심을 굳히고 떠났던 27일간의 여정은 오래도록 마음속에 남을 멋진 답사였다. 답사를 하면서 겪었던 불편함과 힘들었던 여정도 지나고 나니 이제 즐거운 추억이 되었다.

문명의 상대적 차이로 인해 빚어진 남미 대륙의 비극은 수백 년이 지난 지금도 치유되지 않은 채 진행되고 있다. 황금에 눈이 먼 약탈자들의 무자비한 횡포로 찬란한 문명은 파괴되고, 정복자의 종교를 믿도록 강요받고 그들의 야욕을 채워 주기 위한 무한의 착취가 평화롭게 살아가던 사람들의 삶을 송두리째 앗아갔다. 숱한 지진과 파괴 속에서도 옛 터전을 꿋꿋하게 지키고 있는 석조물에서 그나마 잉카인들의 숨결을 느낄 수 있을 뿐, 가난한 잉카의 후예들은 정체성의 혼돈을 겪으며 힘들게 오늘을 살고 있다.

과학 기술 문명이 하루가 다르게 발전하는 21세기에 남아메리카 대부분의 국가들은 특히 과학 기술 분야에 있어서 북아메리카나 유럽, 아시아의 신흥개발국들에 밀려 부존자원은 많으면서도 경제적으로 어려움을 겪고 있는 실정이다. 또한 인접국들 간의 전쟁, 강대국들의 개입과 정치적 혼란, 백인 지배 계층과 원주민 간의 교육 및 심각한 빈부의 격차 등 매우 복잡한 문제들을 안고 있어서 사회의 안정과 국가 발전을 꾀하기가 쉽지 않은 실정이다.

여행은 다른 환경에서 살아가는 사람들을 보면서 많은 것을 보고 느끼면서 다양성을 인정하고 이해의 폭을 넓혀 준다. 도시 어디를 가든지 수천 년 이어 온 원주민의 유적은 대부분 사라지고 침략자의 욕망이 성당과 광장의 동상이 되어 승자의 기념비처럼 도시의 중심에 오만하게 우뚝 서 있고, 슬픈 제국의 운명은 남은 이름 몇 자로 위안이 될 뿐이었다.

신의 이름으로 인류를 구원한다는 명분으로 원주민의 태양신전을 파괴하고 들어선 화려하고 웅장한 성당과 교회를 바라보던 원주민들의 마음은 어떠했을까? 고통과 원한은 시간이 지나면서 잊히고, 고통의 기억보다 체념과 망각이 주는 현실의 만족 속에서 이 거대한 대륙에 살아남아 침략자의 종교를 신봉하면서 삶을 이어 가는 사람들을 시대의 적응으로 받아들여야 하는 것인가? 찬란한 영광을 자랑하던 잉카의 후예들은 대부분 교육도 제대로 받지 못하고 가난이 대물림되는 악순환에서 벗어나지 못하고 있는 실정이다.

이번 답사를 직접 이끄신 남호석 사장님과 기획하신 조성호 선생님, 함께했던 모든 분들께 진심으로 감사드립니다.

또한 도움을 주신 분들과, 그리고 출판사 책과나무 관계자 여러분께 감사드리며 남미를 이해할 수 있는 충실한 안내가 되기를 바라면서 부족한 분분에 대한 독자 여러분들의 너그러운 이해를 부탁드립니다.

2016년 9월

박 용 길

CONTENTS

- 1.7.
둘째 날 -

태양의 길 박물관
Museo Solar Inti-Nan

남미
27일간의 여정

우리는 살면서 매일 배운다.
길에서 배우는 것은 그 어떤 것보다도
감동적이다.

2015. 1. 6. – 2015. 2. 1.

출발에 앞서

　지오트립에서 드디어 고대하던 남미 답사를 공지하였다. 비용도 만만치 않지만 무엇보다도 긴 여행 일정 동안 더운 남미의 환경에 제대로 적응할 수 있을지 마음 한편으로는 조금은 걱정이 들기도 하여 사치스런 고민을 하면서 망설였다. 여러 가지 어려움이 예상되었지만, 평생에 단 한 번의 기회로 생각하고 고심 끝에 큰맘 먹고 무조건 답사에 참가하기로 마음을 굳혔다.

　이곳은 1월이 한겨울이지만 남반구에 위치한 남미는 우리와 반대로 한여름이다. 그래서 답사 비용 외에도 답사 예정 지역이 대부분 열대 지방이기 때문에 모기가 매개하는 질병을 예방하기 위하여 황열 예방 주사를 비롯하여 말라리아 예방약 등을 준비해야 한다.

　최근에 브라질을 중심으로 남미와 중남미에서 신생아 소두증(小頭症)을 일으키는 지카 바이러스(Zika virus)가 유행하면서 바이러스에 대한 공포가 다시 고개를 들기 시작하였다. 잠깐 황열(yellow fever)에 대하여 알아보자.

황열(yellow fever)

인류는 과거로부터 수많은 질병의 위험 속에서 생존해 왔으며, 19세기 프랑스의 파스퇴르(Pasteur)와 독일의 코흐(Koch)의 빛나는 연구에 힘입어 오랜 세월 동안 인류를 괴롭혔던 많은 질병들이 세균과 같은 미생물에 의해 발병되는 것을 밝혀냈다. 질병에 대한 치료와 함께 예방에도 꾸준한 연구가 지속되어 예방접종(vaccination)의 기술이 개발되었고 수많은 질병의 공포로부터 어느 정도 벗어나게 되었다.

특히 19세기 말에는 세균을 비롯한 미생물에 대한 연구가 더욱 활발하게 진행되어 세균과 전혀 다르면서 아주 작은 병원체인 바이러스(virus)에 대한 존재와 특성에 대하여 관심을 갖게 되었다. 1892년 러시아의 이바노브스키(Ivanovskii)는 담배 모자이크병이 세균보다 훨씬 작은 병원체인 바이러스가 일으킨다는 것을 알아냄으로써 바이러스의 존재와 생물에 미치는 영향 등에 대한 본격적인 연구가 시작되었다.

이러한 연구의 성과에도 불구하고 20세기 초까지는 아직도 인류는 각종 질병으로부터 지속적인 위협을 받고 있었으며, 특히 바이러스가 일으키는 질병에 대하여는 여전히 예방과 치료가 무척 어려운 실정이었다.

바이러스는 생물과 무생물의 중간적 존재로서 단백질 껍질과 유전자(DNA, 또는 RNA)로 구성되어 있으며 세균보다 훨씬 작은 병원체이다. 생물체 내로 들어온 바이러스는 특성에 따라 생물체에 영향을 미쳐 다양한 증상을 동반한 질병을 일으킨다. 바이러스가 인간에게 일으키는 질병에는 2015년 몇 달 동안 우리 사회를 큰 혼란에 빠트렸던 메르

스(MERS, 중동호흡기증후군)를 비롯하여, 황열, 인플루엔자(감염성 감기),
광견병(공수병·恐水病), 천연두, 홍역, 후천성면역결핍증(AIDS), 사스
(SARS), 에볼라(Ebola), 뎅기열, 유행성출혈열, 각종 암 등 열거할 수 없
을 정도로 많다.

  바이러스는 살아 있는 세포 안에서 세포가 가지고 있는 효소와 여러
가지 생화학 물질들을 이용하여 증식하며 세포 밖에 있을 때에는 파괴
되지 않으면 물질로서 존재하다가 생물체에 감염되면 다시 증식하는
데, 증식된 바이러스들이 세포를 파괴하고 나오기 때문에 경우에 따라
서는 숙주(宿主)에 치명적인 영향을 미친다. 즉, 바이러스는 종족 번식
을 위한 최소한의 유전자만 가지고 있다가 생물체에 들어가서 번식하
는 가장 작으면서도 가장 경제적인 종족 유지방법을 택하고 있는 것이
다. 아주 오래전부터 생물계는 바이러스와 공존하면서 경쟁을 벌여 왔
고, 이러한 떼려야 뗄 수 없는 관계는 지구상에 생명체가 존재하는 한
영원히 지속될 것이다.

  오랫동안 미생물학자들은 바이러스가 일으키는 질병을 정복하기 위
해 사투를 벌였으며, 그 가운데 가장 극적인 성과가 바로 황열(yellow
fever)의 예방이었다. 황열은 황열 바이러스를 가진 열대줄무늬모기에
물렸을 때 감염되는 질병으로, 온몸이 누렇게 변하고 고열과 함께 갑
자기 검은 오물을 토하거나 설사를 하고 피가 나기도 하며 심한 경우
감염 후 2 주 이내에 사망하기도 한다. 높은 열과 피부가 누렇게 변하
기 때문에 황열(黃熱)이라고 불리며 한 번 걸렸던 사람은 평생 면역이
된다.

18~19세기 아메리카를 비롯하여 서인도 제도, 아프리카 등에서 기승을 부렸다. 18세기 후반 미국의 필라델피아에서는 약 30년 동안 인구의 약 1% 정도가 희생되기도 하였으며, 1801년 나폴레옹이 보낸 아이티(Haiti) 원정군의 90%가 황열로 희생될 정도로 인류를 크게 위협하였다.

전투보다 더 큰 희생이 따르자, 황열을 퇴치하기 위하여 1900년 미국은 Walter Reed 군의관을 중심으로 황열연구위원회를 설치하고 쿠바(Cuba)의 아바나에서 연구를 시작하였다. 모기가 황열을 옮기는 것을 밝히기 위해 모기로 하여금 황열에 걸린 환자의 피를 빨게 한 후 위원회의 위원 및 지원병들을 대상으로 생체실험을 하여 마침내 황열을 매개하는 동물이 열대줄무늬모기(Aedes aegypti)임을 밝혀냈다. 그러나 불행하게도 이러한 인체 실험 도중 몇 사람이 희생되기도 하였다. 1901년 Reed 소령과 그의 동료들은 황열의 병원체가 바이러스임을 분명하게 밝혔으며, 모기를 퇴치함으로써 이 지역에서 황열을 예방할 수 있었다.

그런데 사라진 줄 알았던 황열이 1932년 남미의 브라질에서 또 한 번 크게 유행하였다. 연구 결과, 열대줄무늬모기가 아닌 다른 모기에 의해 밀림에 살고 있는 원숭이를 비롯한 두더지, 곰, 들쥐들이 황열바이러스에 감염되었음이 밝혀졌다. 아마존 밀림의 많은 동물들이 이미 황열 바이러스에 감염되었고, 넓은 지역에 사는 모기를 퇴치하여 황열을 예방하는 것은 사실상 불가능한 일이었다. 따라서 다른 효과적인 황열 예방법을 모색하게 되었으며 이러한 절실한 필요성이 결국 황열 백신의 개발을 촉진시키는 계기가 되었다.

1916년 미국의 록펠러(Rockefeller) 연구소는 다시 황열연구위원회를 설립하여 아마존 밀림에 살고 있는 동물들의 황열바이러스 감염 여부와 매개에 대한 연구를 하고 있었다. 황열 예방백신을 만들기 위해서 벵갈원숭이를 이용하였으며, 1928년 A.Stokes가 벵갈원숭이에 황열바이러스를 접종하는 데 성공하였다. 그러나 원숭이를 이용한 백신 개발 도중 A.Stokes를 비롯한 몇 사람의 연구자들이 모기에 물려 목숨을 잃었다. 생물학자들이 바이러스를 인위적으로 실험동물에 감염시켜 배양하는 것은 궁극적으로 약화된 바이러스를 얻기 위함이며 당시로서는 상당히 어려운 기술이었다.

그 후 테일러(Theiler)가 쥐의 뇌세포에서 황열바이러스를 배양하는 데 성공하였으며 쥐의 뇌에 연속적으로 배양하면 황열바이러스의 면역력은 그대로 유지되면서 발병력(병을 일으키는 힘)이 약화되는 것을 발견하였다. 이렇게 약화된 황열바이러스를 원숭이에 주사하여 예방효과가 있음을 밝혀냈다. 그 후 테일러는 닭의 태아 조직세포를 시험관에서 배양한 다음 여기에 황열바이러스를 계대배양(여러 대 이어 배양)하여 1936년까지 176대에 이르게 되었으며, 비로소 사람에게 이용할 수 있는 백신을 얻는 데 성공하였다.

이렇게 병원성을 약화시켜 고정된 현재의 황열바이러스는 '17D 주(株)'로 명명되었으며, 각국에서 황열예방 백신을 만드는 바이러스 주(株)로 활용되고 있다. 현재 우리가 맞는 황열 예방주사는 병원성이 약화된 황열바이러스를 우리 몸에 주입시켜 미리 황열바이러스에 대항할 수 있는 항체를 만들도록 유도하는 것이다. 이렇게 우리 몸에 황열바이러스에 대한 항체가 만들어져 있으면 모기에 물려 황열바이러스가 들어오더라도 항체가 바이러스를 무력화시켜 황열에 걸리지 않는 것이다. 다른 질병에 대한 예방주사에도 대부분 이와 같은 원리를 적용하는 것이다. 테일러(Theiler)는 황열백신 개발 공로를 인정받아 1951년 노벨 생리·의학상을 수상하였다.

　황열병 예방주사는 검역소가 있는 지역의 지정병원에 가서 맞아야 하는데 인천은 인천국제공항에 가거나 서울에 있는 국립중앙의료원을 이용할 수 있다. 예방주사를 맞은 후 보통 2주가 지나야 항체가 형성되기 때문에 최소한 보름 전에는 예방주사를 맞아야 한다.

　국립중앙의료원은 지하철 2, 4, 5호선을 이용하면 편리한데, 동대문역사문화공원역에서 내려서 13번 출구로 나와 약 5분 정도 걸으면 찾아갈 수 있다.

　병원에 들어서니 해외여행을 떠나려는 많은 사람들이 예방주사를 맞기 위해 수속을 밟고 있었다. 안내해 준 대로 1층에서 서류를 작성하고 2층으로 올라가서 담당 의사 선생님의 진료를 받고 황열예방주사를 비롯하여 덤으로 장티푸스, 파상풍, 독감예방주사까지 한쪽 팔에 2대씩 맞았다. 예방 접종 후 개인에 따라 열이 높아질 수 있으니 심하면 해열제를 복용하여 열을 내리게 하고 당분간은 과격한 운동이나 전신 목욕을 삼가라는 설명과 함께, 의자에서 30 분 정도 쉬었다 가라고 안내했다.

　대단한 보물지도나 되는 것처럼 노란색 황열예방접종 증명서를 소중하게 수첩에 접어 넣고 알약으로 된 말라리아 약을 챙겨서 병원 문을 나섰다. 보통 황열 예방접종 효과는 10년 정도이며 따라서 황열 예방접종증명서도 어느 나라를 가든지 10년 동안 유효하기 때문에 잘 간직할 필요가 있다. 다른 나라보다도 특히 볼리비아에 입국하기 위해서는 황열 예방접종이 필수적이다. 이 증명서가 없으면 볼리비아에 입국할 수 없기 때문이다.

미국 입국을 위한 준비

미국 국제공항에서 입국 수속을 받기 위해서는 인터넷에서 ESTA(Electronic System for Travel Authorization, 전자여행허가제) 프로그램을 활용하여 미리 입국 허가를 받아야 한다. 과거에는 비자를 받으려면 미국대사관에 가서 면담을 한 후 비자를 발급받았는데, 몇 년 전부터는 전자여권에 한하여 ESTA를 활용하여 미리 입국 허가를 받을 수 있다고 한다. 미국에 오래 머물지 않고 90일 이하로 미국 관광을 할 예정이면 미국 대사관에 가서 면담을 거쳐서 비자를 받는 것보다 ESTA를 신청하는 것이 훨씬 편리하다. 이것은 90일 이하 미국에 체류할 경우 간단히 입국을 허가하는 제도로, 미국 공항에서 최종 심사를 거쳐 미국 법무부의 최종 승인이 있어야 미국 내 입국이 가능하다.

안내서에 따라 자신의 여권번호와 영문 성명, 부모님의 성함, 국내 직업 유무 등을 기입해 가면서 한참을 씨름하여 ESTA 허가를 받아내고 컴퓨터를 활용하여 출력하였다. ESTA에는 세심하게 기록해야 할 사항들이 많은데, 명확하지 않게 기록되거나 잘못 기록될 경우 미국 입국 시 면담에서 어려움을 겪을 수 있다고 한다.

1.6.
- 첫째 날 -

서울인천국제공항
미국 디트로이트
애틀랜타
에콰도르 키토

생전 처음으로 가 보는 낯설고 먼 나라에 대한 설렘과 약간의 두려움이 뒤섞여 일찍 잠이 깨었다. 짐 정리를 하고 한 달 동안 비울 집안을 다시 한 번 살펴보고 7시 10분에 집을 나섰다. 올 겨울 별로 춥지 않을 것이라는 예보도 있었지만 그래도 소한(小寒)인데 이름값을 하려는지 차가운 겨울바람이 옷 속을 뚫고 살 속으로 파고든다. 버스에 빈자리가 없어서 택시를 타고 8시 20분 K 카운터에 도착하여 미리 도착한 일행과 인사를 나누었다. 지오트립 답사를 통해 알게 된 선생님들을 만나서 더 반가웠다. 수속을 마치고 113번 탑승구로 이동하여 탑승을 기다렸다. 유리창으로 스며드는 소한의 아침 햇살이 반가운 손님이라도 되는 듯 무척이나 정겹게 느껴진다. 겨울철 날씨가 추우면 대부분 하늘이 맑은 경우가 많다. 출발부터 밝은 햇살에 탁 트인 푸른 하늘을 보니, 별로 힘 안 들고 27일의 남미 답사를 마칠 수 있으리라는 기대감이 든다.

탑승구에서 한참을 기다린 후에 11시 10분 디트로이트행 비행기에 몸을 실었다. 탑승객이 많아서 비행기에 올라 짐을 넣고 자리를 잡는 데도 꽤 시간이 걸렸다. 탑승 후 다시 설레는 마음을 진정시키며 고산 지대에서 적응은 잘 할 수 있을지, 음식은 잘 맞을지, 무더운 여름 날씨에 어떻게 견뎌야 할지, 아마존 밀림에서 모기에 물리지 않으려면 어떻게 해야 하는지, 이런저런 생각을 하면서 조용히 이번 답사의 여정을 떠올려 보았다.

11시 50분, 드디어 먼 답사의 여정을 위해 DELTA 158편 비행기는 활주로에서 창공으로 육중한 몸을 들어올렸다. 아침을 일찍 먹고 나와서인지 비행기 타기 전부터 시장기가 돌았다. '차라리 기다리는 동안에 간단한 요기라도 할 것을' 하는 짧은 후회도 잠시, 곧 점심 식사가 나왔다. 점심은 한식 비빔밥이었다. 고추장에 적당히 비벼서 허기진 김에 입맛을 다시며 아주 맛있게 먹었다. 아직도 디트로이트까지는 10시간 이상을 더 비행해야 한다. 하얀 눈으로 덮인 설국 같기도 하고 씨아에서 갓 뽑아낸 목화송이 같은 구름들이 푸른 하늘에 끝없이 펼쳐져 있다.

에콰도르 키토까지 꼬박 하루가 걸리는 데 처음에는 무척 부담스럽게 느껴졌으나 막상 답사를 나서는 지금은 약간의 긴장과 각오가 되어 있는 만큼 그리 길게 느껴지지 않았다. 일을 함에 있어 사람의 생각이 무엇보다도 중요하다는 사실을 다시 한 번 깨닫게 된다. 비록 공간은 넓지만 비행기 안에서 10시간 이상 앉아 있기란 쉽지 않은 일이다. 가끔 엉덩이가 뻐근하면 비행기 통로로 왔다 갔다 하며 가볍게 몸을 움직여 운동도 하면서 지루함과 피곤함을 달래 보았다.

인천과 디트로이트의 시차는 14시간이다. (미국의 summer time 실시 때에는 13시간). 집에 있으면 이제 한밤중일 텐데, 날짜 변경선을 지나면서 다시 새로운 시간대에 적응해야 한다. 많은 사람들이 시차 적응을 위해 어둠 속에서 잠을 청한다. 가끔 무료한 시간을 보내느라고 틀어 놓은 개인용 스크린의 불빛이 어둠 속의 무성한 적막 속으로 조금은 어색하게 끼어든다.

저녁 식사로 불고기 백반과 간식으로 버터와 빵, 과일이 나왔다. 잠을 잤는지 불분명한 의식과 개운치 않은 기분이 뒤섞여 혼란스러움을 겪는 동안 비행기는 어느덧 디트로이트(Detroit) 공항에 가까이 다가서고 있었다. 멀리 흰 눈이 내린 대지 위로 아침 햇살이 찬란하게 펼쳐지고 지고 있었다. 두껍게 쌓인 눈들이 겨울의 적막함을 살려 주었고 넓디넓은 평원이 눈의 초점을 흩트려 놓았다. 과거 세계 자동차 산업을 이끌었던 디트로이트 주변의 잘 정돈된 4각형의 농지가 눈에 덮인 채 바둑판처럼 펼쳐져 있었다.

눈 덮인 디트로이트

오전 9시 52분에 디트로이트 공항에 무사히 착륙하였다. 활주로 이외의 다른 곳은 치우지 않은 눈이 수북이 쌓여 있는 것으로 보아, 최근에도 눈이 많이 내렸음을 알 수 있었다. 비행기에서 보낸 간밤의 어설픈 잠으로 하루를 다시 시작해야 한다. 그래서 시차가 많이 나는 다른 지역을 여행할 때 시차 적응을 못해서 사람들이 고생하는가 보다.

디트로이트의 입국 심사는 다른 어떤 나라보다도 훨씬 엄격한 것 같았다. 2001년 9·11 테러 사건 이후, 미국 국내는 물론 해외에 있는 미국인들은 이슬람 무장 세력과 연계된 테러에 대하여 무척 긴장하고 있으며, 이를 대비하기 위한 경제적·시간적 손실이 실로 엄청나다. 9·11 테러 사건 이후 공항의 보안 검색이 강화되고 특히 입국자들에 대한 철저한 조사와 강화된 면담 등, 갈수록 미국 입국 절차가 까다로워지고 있다. 최근 세계 각지에서 IS(이슬람국가)에 의한 테러가 빈번함에 따라 경계와 검색이 더 한층 강화되어 특히 입국 시 공항 검색에 많은 시간이 걸린다.

준비한 ESTA와 여권, 입국 서류 등을 챙겨들고 기다랗게 늘어선 행렬에 합류하였다. 본래 입국 심사 시간을 단축하기 위하여 ESTA를 신청하여 입국장에 설치된 전자시스템으로 확인하려고 하였는데, 친절하게도 디트로이트를 경유하는 여행객은 그냥 일반 입국자들과 함께 면담과 수속을 밟아 입국을 허락하였다. 해외여행을 하면서 영어는 능숙하게 구사할 수 있어야 함을 다시 한 번 절실하게 느꼈다. 세워 놓고 사진 찍는 것도 모자라 열 손가락 지문까지 찍어야 하는 현실이 다소 불만스럽고, 안전한 여행을 위해 필요함은 인식하면서도 어쩐지 강대국의 횡포 같은 불쾌한 생각이 들었다.

가방 속이 의심스러웠는지 나와 집사람은 다시 짐 검사를 위해 옆으로 가라고 한다. 이것저것 묻더니 가방을 열어 보라고 하였다. 인터뷰 도중 날카롭게 생긴 여자의 "Do you have food and can?"라는 질문에 대하여 엉겁결에 "Yes"라고 답했기 때문이라고 생각된다. 먼 타지에서 입맛을 잃지 않으려고 준비한 고추장을 비롯하여 김, 깻잎 등이 있었기 때문에 거짓말을 하는 것 같은 인상을 주지 않으려고 반사적으로 "Yes"라고 대답했다. 가방을 열어서 간단하게 검사를 마치고 바쁘게 짐을 정리하여 다시 출구를 빠져나와 애틀란타(Atlanta)행 비행기를 타기 위해 준비를 했다.

우리는 델타 항공을 이용하여 키토까지 가기 때문에 짐은 탑승구로 가기 전에 출구에서 바로 공항 직원에게 인계하고 A6 탑승구를 향하여 바쁘게 움직였다. 디트로이트에서 입국 수속을 마치고 애틀란타행 비행기로 환승하는 데 시간이 매우 촉박하였다. 무엇보다도 까다로운 입국 심사 때문에 시간이 많이 걸리는 점을 감안하여 여행 일정을 짜는 것이 좋을 거란 생각이 들었다. 일정이 촉박하여 아차하면 예약된 비행기를 놓치고 전체적인 여행 일정이 틀어질 수 있기 때문이다.

이제 막 일정이 시작되었는데, 잠시의 여유도 없이 숨을 몰아쉬며 급하게 탑승구를 향해서 발걸음을 옮긴다. 일행과 떨어지지 않으려고 일행의 등에 초점을 고정시킨 채 긴장을 늦추지 않고 일사불란하게 움직였다.

인천에서 출발할 때에는 우리나라 사람들이 많았었는데, 막상 이곳이 미국이다 보니 백인들이 대부분이고 일부 히스패닉이 섞여 있었다.

디트로이트에서 애틀란타까지는 비행기로 2시간 30분 정도의 거리이다.

남쪽으로 내려와서인지 이곳은 눈이 보이지 않고 애틀란타 공항이 가까워짐에 따라 호수의 가장자리가 복잡하게 들쭉날쭉하며 이어져 있고 아열대의 신록이 조금씩 눈에 들어왔다.

우리 비행기는 오전 11시 30분에 이륙하여 오후 2시에 애틀란타 공항에 도착하였다. 저 멀리 숲에 둘러싸인 애틀란타 시와 빌딩들이 보였다. 숲과 공원 사이로 가지런히 정렬된 집들과 그 사이사이를 흐르는 강물이 조화를 이뤄 무척 평화롭게 느껴졌다. 이곳 애틀란타는 조지아(Georgia) 주의 주도(州都)로서 과거 인종차별이 무척 심했던 지역 중 하나이며 비비안 리(Vivien Leigh)와 클라크 게이블(Clark Gable)이 주연을 했던 영화 〈바람과 함께 사라지다 (Gone with the wind)〉의 배경이 되었던 곳이다. 1925년 애틀란타 시장이었던 윌리엄 빌 하츠필드가 설립한 애틀란타 공항은 여행객 수와 운항 편수에 있어서 세계 제1위에

애틀란타 공항 주변

올라 있을 정도로 무척 넓기 때문에 환승이나 이곳을 이용하는 여행객들은 입국이나 탑승에 있어서 시간에 쫓기지 않도록 미리 꼼꼼하게 챙겨 볼 필요가 있다.

두껍게 입은 겨울 복장이 조금 거추장스럽게 느껴졌다. 이제 우리는 계속하여 남쪽으로 내려가기 때문에 지금부터는 가벼운 복장을 하더라도 별 문제가 없을 것이라고 하였다. 우리는 E26 탑승구에서 5시에 출발하는 키토행 비행기를 타기로 예정되어 있었다. 탑승구까지는 너무 멀어서 공항 내의 모노레일을 이용하는 것이 편리하다. 탑승구역은 T, A, B, C, D, E 이렇게 6개가 있는데 우리는 맨 끝에 있는 E구역까지 가야 하기 때문에 모노레일을 타고 가기로 했다. 일행 중 일부는 시간이 많이 남아서 걸어서 오겠다는 사람들도 있는데, 거리가 무척이나 멀어서 차라리 모노레일을 탄 것이 다행스럽게 느껴졌다.

비행기 탑승 시간까지는 아직도 시간이 꽤 많이 남아 있다. 많은 사람들이 의자에 앉아서 여행의 피로를 풀고 한편에서는 다리를 펴고 잠을 청하기도 하고, 일부 젊은 미국 소녀들은 바닥에 앉아서 무엇이 그리 재미있는지 장난을 치면서 즐겁게 떠들고 있었다. 잠시 긴장이 풀리면서 부족한 잠이 슬그머니 불편함의 틈새로 찾아들었다. 잠시 체면 불구하고 주변의 시끄러움 속에서도 비스듬히 누워서 부족한 잠을 보충하였다. 고맙게도 몸은 본능을 충실하게 잘 따라 주었다.

이윽고 5시, 탑승이 시작되었다. 탑승의 편의를 위해 좌석 번호에 따라 구역을 나눠서 뒤쪽 번호의 좌석 승객부터 탑승을 시켰다. 그리고 5시 30분, 드디어 남미를 향해서 애틀랜타 공항을 이륙하였다. 애틀랜타에서 키토까지는 약 3,790㎞로 4시간 30분 이상을 비행해야 한다.

찬란한 황금빛의 잔상이 비행기의 궤적을 따라 남으로 길게 이어진
다. 해는 하루의 마감이 아쉬운지 오래도록 서쪽 하늘가에 머물면서 주
변을 황금색으로 배합하
여 붉게 물들이고 있었
다. 닭고기와 감자, 브로
콜리, 빵 등으로 간단하게
저녁 식사를 하였다. 달
빛 속에 춤을 추며 흘러
가는 흰 구름이 아련하게
보였다. 얼마가 지났을
까? 갑자기 발아래로 백

키토 가는 비행기에서

열등처럼 점멸하면서 키토의 불빛이 먼 길을 따라 길었던 비행을 마치
고 온 우리들을 반기고 있었다. 저녁 10시 10분 무사히 키토(Quito) 국
제공항에 도착하였다.

얼마 전까지만 해도 국제공항이 키토 시내에 있어서, 주변 환경이나
활주로 등의 문제로 운항의 어려움 때문에 조종사들이 무척 꺼려하였
으나 외곽에 새로 마스리칼 수크레 국제공항을 건설함으로써 이런 문
제들이 해결되었다고 한다. 현재의 공항은 2013년 2월 20일 문을 열었
으며, 키토의 도심에서 북동쪽으로 약 15㎞ 떨어져 있으며 해발고도는
약 2,400m이다.

드디어 설레는 마음으로 남미에 첫발을 내딛었다. 아마 두고두고 키
토 비행장에 내린 이 순간이 오래도록 생각날 것 같다. 공항 여기저기

에는 에콰도르에서 제일 높은 침보라소(Chimborazo) 산의 사진과 상징물들이 걸려 있었다. 아마 우리가 백두산을 우리 민족의 성산(聖山)으로 여기듯이 이곳 에콰도르 사람들도 침보라소 산을 신성시한다.

침보라소 산은 에콰도르의 중부 침보라소 주에 있으며, 높이 6,268m로 에콰도르에서 가장 높으며, 분화구가 많은 사화산으로 산봉우리는 빙하로 두껍게 덮여 있다. 1802년 지리학자이며 과학자였던 훔볼트(Humboldt)는 5,878m까지 등반했으며, 1880년대에 영국인 등반가 에드워드 휨퍼(Edward Whimper)가 최초로 정상을 밟았다.

미국 공항에서의 고압적인 분위기와는 달리 어쩐지 부드럽고 여유 있는 모습에서 이곳 사람들의 친절을 느낄 수 있었다. 비교적 간단하게 입국 수속을 마치고 입국장을 빠져나왔다.

스페인어인 '에콰도르(Ecuador)'는 영어의 적도(Equator)에 해당하는 말이며, 이름 그대로 적도가 지나는 나라이다. 과거 300년 동안 스페인의 식민지였으며 따라서 현재 키토에 남아 있는 유적의 대부분이 스페인 식민지 시대에 만들어진 성당과 거리, 건축물 등이 많고, 스페인 침략 이전의 잉카 유적들은 별로 남아 있지 않다.

이곳은 지금 여름이지만 해발고도가 높고 밤이라 공항 출입구를 나서자 무척 서늘하고 쾌적한 기분이 들었다. 우리를 안내할 '적도 민박'을 운영하는 교민 송 사장님이 우리를 반갑게 맞아 주었다.

| 스페인의 식민 통치 |

　중남미를 정복한 스페인은 정복 초기에는 태수와 총독을 파견하여 정복지를 관리하였는데, 군 출신이었던 태수는 정복에 필요한 경비를 본인이 부담하는 대신 스페인 왕실로부터 정복지에 대한 재산권과 통치권을 위임받았으며, 총독은 각 지역을 관리하는 임무를 맡았다.

　이후 1535년 오늘날의 멕시코 지역에 누에바 에스파니아를, 1543년에 페루 지역에 페루 부왕국을 설치하였으며, 페루 부왕국에서 1739년 에콰도르, 콜롬비아, 베네수엘라, 파나마를 통치하는 누에바 그라나다를, 1776년에는 아르헨티나를 통치하기 위해 리오 데 라 플라타 부왕국을 세웠다. 각각의 부왕국은 멕시코시티, 리마, 보고타, 부에노스 아이레스에 부왕청을 두었고 부왕(副王)이 통치하였다. 이외에도 쿠바, 과테말라, 베네수엘라, 칠레에는 총감부를 설치하였는데, 쿠바, 과테말라는 누에바 에스파니아가, 베네수엘라는 초기에는 페루 부왕청의 지배를 받다가 후에 누에바 그라나다 부왕국으로 편입되었으며, 칠레 총감부는 페루 부왕청의 지배를 받았다.

　이 밖에도 부왕청이 설치된 도시와 식민지의 주요 도시에 재판과 지배기관에 대한 감독을 하기 위해 판사와 검사로 구성된 법원의 일종인 아우디엔시아(Audiencia)를 설치하였다. 또한 식민지의 원주민들의 감소를 막기 위해 원주민들을 보호하는 조건으로 왕으로부터 원주민들을 사역할 수 있는 권한인 엔코미엔다(Encomienda) 제도가 시행되었다.

스페인은 군인이나 관리에게 식민지 통치를 위임하였고, 그들은 원주민들을 착취 대상으로 간주하여 갖은 횡포를 부리면서 학대하였고, 본국에서 남미를 발전시키고자 하는 진정한 이민자들이 없었다. 이에 비해 종교적 박해를 피해 북아메리카로 이주한 청교도들은 자유를 존중하며 자신들의 꿈을 실현시키기 위해 노력하였다. 이러한 식민정책과 이주민들의 노력의 결과는 수백 년이 흐른 오늘날 양 대륙은 비교할 수 없을 정도로 큰 차이를 보이고 있다.

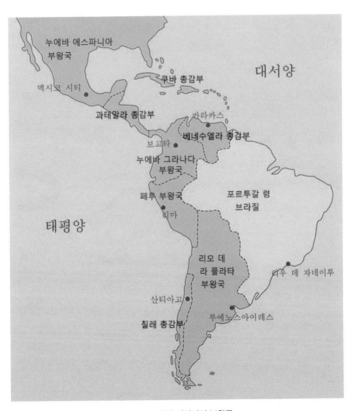

중남미 스페인 식민지의 부왕국

- 1.7.
둘째 날 -

태양의 길 박물관
Museo Solar Inti-Nan

에콰도르 # ECUADOR

1.7.- 1.8.

| 에콰도르 Ecuador |

국명은 '에콰도르 공화국(Republic of Ecuador)'이며, 면적은 약 28만 3천 ㎢에 인구는 약 1,586만 명(2015년 기준)이 넘는다. 300년 넘게 이어진 식민 통치 시대는 이곳 주민들의 생활과 종교뿐만 아니라 인종의 구성에도 크게 영향을 미쳐서 혼혈인 메스티조(Mestizo)가 40%, 원주민 40%, 스페인 후손 15%, 흑인 5%로 비교적 원주민들이 많은 편이다. 수도는 키토(Quito)이며 잉카 제국 시절에 제2의 수도였을 정도로 잉카의 중심지였다. 'Quito'의 명칭은 원주민 언어인 'Quitus(땅의 중심)'에서 유래하였으며, 현재 키토의 인구는 약 230만 명 정도로, 해발 2,850m 분지에 자리 잡고 있다.

스페인어가 공용어이며 이 밖에 원주민들이 사용하는 케추아어가 있으며, 스페인의 영향으로 90%가 가톨릭이며 소수의 종교와 기독교로 구성된다.

안데스 고원에서 가장 작은 나라지만 활기 넘치는 다양한 원주민의 문화와 잘 보존된 식민지시대 건축물, 화산 풍경과 침보라소 산의 만년설, 울창한 열대 우림 등, 다른 큰 나라 못지않게 유적과 자연 경관이 잘 보존되어 있어 관광 명소가 많은 나라이다. 지리적 위치로 보면 북쪽으로 콜롬비아와, 남쪽과 동쪽으로 페루와 국경을 접하고 있으며, 서쪽으로는 태평양과 면해 있다. 지리적 특징에 따라 동쪽의 아마존 유역의 열대 우림, 중앙의 안데스 고원, 서쪽 태평양 연안의 저지대와 찰스 다윈(Charles Darwin)의 진화론이 태동한 남태평양의 갈라파고스(Galapagos) 군도, 이렇게 네 지역으로 나눌 수 있다.

갈라파고스 군도는 여러 개의 화산섬으로 구성되며 육지에서 965㎞ 떨어져 있고, 코끼리거북과 핀치새 등 다양한 생물들이 살고 있는 생물학적 보고(寶庫)로서 우리 인류가 길이 보존해야 할 중요한 자연유산이다.

4,100m 피친차(Pichincha) 산의 전망대에서 녹색의 고원도시 키토(Quito)의 아름다움을 조망할 수 있으며, 키토 시내의 스페인 식민지 시대에 건설된 화려하고 웅장한 성당을 비롯한 건축물들과 구도시에서 스페인 시대의 정취를 느낄 수 있다. 또한 키토에서 30㎞ 북쪽에 위치한 적도마을에서 다양한 적도 관련 기념물과 유적, 적도에서 나타나는 현상 등을 경험할 수 있다.

남미 독립전쟁의 영웅이었던 시몬 볼리바르(Simon Bolivar) 장군은 안토니오 호세 데 수크레(Antonio Jose de Sucre) 장군과 함께 에콰도르의 독립에 크게 기여하였으며 그의 노력으로 현재의 파나마 · 베네수엘라 · 에콰도르 · 콜롬비아가 연합한 그란 콜롬비아(Gran Colombia,

1819~1931)가 탄생되었으며, 시몬 볼리바르 장군은 초대 대통령이 되었다. 스페인과 독립 전쟁이 끝난 후 연방주의자들과 지역주의자들 간의 갈등이 심해져 시몬 볼리바르 장군은 자신이 꿈꾸어 왔던 남미의 통일이 어려워지자 크게 실망하고 1830년 대통령직에서 물러나게 되었고, 1830년 에콰도르는 그란 콜롬비아에서 분리하여 독립하였다.

지금도 베네수엘라 · 에콰도르 · 콜롬비아의 국기는 위에는 황금과

그란콜롬비아

농업을 의미하는 노란색, 가운데는 하늘과 바다를 의미하는 푸른색, 맨 아래는 조국의 독립과 자유를 위해 목숨을 바친 영웅들의 피를 의미하는 붉은색으로 되어 있다. 이들 국가가 분리될 때 콜롬비아에서는 원주민들을 남쪽으로 몰아냈으며, 이러한 까닭에 현재 콜롬비아는 백인들의 혈통을 가진 사람들이 다른 나라에 비해 많은 편이다.

1830년 공화국으로 독립한 후, 스페인 식민지 시대의 정치적 · 경제적 지배 구조가 그대로 계속되어 정치적 유산을 가진 계층과 대규모 농지를 소유한 대지주들의 기득권이 그대로 유지되었다고 볼 수 있다.

1920년대 코코아 시장의 붕괴와 1930년대 대공황의 충격으로 경제적·사회적 혼란을 겪다가 1950년대 중남미의 바나나 수확량 감소에 따른 반사이익으로 에콰도르의 바나나 농업이 약 10년 동안 국가 경제를 떠받칠 정도로 큰 비중을 차지하였다. 키토 인근 아마존 지역에서 유전이 발견되어 1972년부터 석유수출국 대열에 합류하면서 다시 한 번 경제적 호황을 누리게 되었으며, 석유 수출로 안정적인 재정을 확보한 정부는 과야킬(Guayaquil)을 중심으로 하는 정치세력에 맞설 수가 있게 되었다.

에콰도르의 정치를 이해하기 위해서는 키토의 남동쪽으로 250㎞ 떨어진 과야킬에 대하여 알아볼 필요가 있다. 과야킬은 인구가 약 300만 명에 이르는 에콰도르 최대의 도시로서 이곳에서 세력을 떨치는 사람들이 과거부터 에콰도르의 정치에 가장 큰 영향을 미쳤다. 석유 수출로 재정의 안정을 이룩한 군사정부는 1980년 민주주의를 확산하고 경제 분야에서는 정부의 간섭을 줄이는 신자유주의 경제를 도입하였다.

이러한 민주화 과정에서 가장 두드러진 변화는 그동안 침묵하고 있던 원주민들의 목소리가 정치 판도를 바꿀 정도로 커지기 시작하였다. 1986년 에콰도르원주민연맹이 탄생하였으며, 1990년부터 원주민들의 봉기가 시작되어 수막 카우사이(Sumak Kawsay, 좋은 삶) 운동을 전개하면서 자신들의 권리 회복과 토지를 되찾기 위해 목소리를 높이고 있다. 다양한 집단에서 여러 분야에 걸친 시민운동이 활발해지고 국가 개입을 최소화한 경제활동에서 정부의 통치 능력의 부족과 경제상황의 악화 등이 맞물려 1997년~2005년까지 3명의 대통령이 중도에 물러나야 했다.

2006년 진보계열 조국동맹 출신 라파엘 코레아(Rafael Correa)가 당선되었으며, 그는 국가가 시장경제와 취약 계층을 돕기 위한 정책 수립 등에 적극적으로 개입할 것과 선진국에게 유리한 국제조직에 대한 높은 종속성에서 벗어나기 위한 정책을 펼쳤다. 그는 2013년 2월 대통령 선거에서 57%의 득표를 얻어 3선에 성공하였다.

 키토는 잉카인들이 세운 도시로서 잉카 제국 제2의 수도로서 크게 번성하였으며, 1534년 스페인 침략 이전에는 곳곳에 많은 잉카의 유적들이 있었다. 그러나 이곳을 점령한 스페인 군대는 철저하게 잉카의 유적을 파괴하고 그 자리에 성당이나 교회를 짓고, 대부분의 원주민들을 자신들이 믿고 있던 가톨릭으로 개종시켰다. 키토의 구도시는 1978년 세계문화유산으로 지정되었는데 대부분 스페인 식민지 시대에 만들어진 건축물들이며 이곳에는 많은 성당과, 대학 건물, 바닥에 돌이 깔린 도로와 주변의 고풍스런 집들이 있어서 많은 관광객들이 즐겨 찾는다.
 키토 시는 사방이 안데스의 높은 산들이 둘러싸고 있는 분지이며 이러한 지형적 특성 때문에 '녹색의 도시'로 불리고 있으며, 도시가 남북으로 길고 동서가 매우 짧아서 교통난이 매우 심각한 편이다. 또한 세계문화유산으로 지정된 구도시는 스페인 시대에 만들어진 좁은 도로를 그대로 사용하기 때문에 교통체증이 무척 심한 편이다. 에콰도르 정부는 이러한 지형적 특성과 대기오염을 줄이기 위해서 중고차 수입을 금지하고 있다고 한다. 우리나라 현대자동차 포니 1(Pony, 조랑말)을 제일 먼저 수출한 나라로서 당시 수출했던 포니 자동차 5대 중 1대를 1996년 에콰도르에서 구입하여 들여왔다.
 2013년 현재의 장소로 옮긴 Mariscal Sucre 국제공항은 에콰도르 독립에 공헌한 안토니아 호세 데 수크레(Antonio Jose de Sucre) 장군의 이름을 따서 명명하였다.

공항 주변에는 손님들을 태운 노란색의 택시가 분주하게 들어오고 나간다. 횡단보도를 건너서 우리가 타고 갈 버스에 짐을 실었다. 공항을 빠져나오니 새로 만든 한적한 길옆에 줄지어 서 있는 소철과 야자수 등 열대 식물들에 가로수 등불이 배어들어 이국의 정취를 느끼게 하였다.

11시 50분에, 호텔에 도착하였다. 호텔 내부는 무척 고풍스러웠고, 특히 붉은색 장미가 그득히 담긴 화분이 인상적이었다. 호텔 직원들도 상냥하고 무척 친절하였다. 오랜 비행시간과 약간의 고산증세 때문에 머리가 조금 띵한 기분이 들었다. 혹시 힘들지 몰라서 고산증 예방약인 다이아막스(Diamox) 한 알을 먹고 잠자리에 들었다. 시차 적응과 같은 사치보다는 우선 피로를 풀고 내일부터 본격적으로 시작되는 답사를 위해서는 첫날부터 잠을 푹 자야 하는데 생체 리듬이 바뀌어서인지 쉽게 잠이 들지 않았다. 빨리 꿈나라로 갔으면 좋겠는데…….

1.7.
– 둘째 날 –

태양의 길 박물관

Museo Solar Inti-Nan

　멀리 지구 반대편 낯선 곳에서의 하룻밤! 시차 적응에 따른 신체의 혼란과 불면과의 어설픈 갈등을 겪으면서 키토에서 의미 있는 첫날밤을 보냈다. 아침 7시 30분에 일어나서 간단하게 정리하고 식당으로 향했다. 식당은 깨끗하고 음식마다 종업원들의 정성이 배어 있는 듯 정갈하고 맛이 있어 보였다. 빵과 우유, 소시지, 과일 등으로 든든하게 아침을 해결하였다.

　잠깐 호텔 밖으로 나서니 아침부터 햇살이 살갗을 태울 듯 무척이나 따갑고 강렬하다. 아침 일찍 출근하는 사람들은 바쁜 걸음으로 하루를 재촉하고, 조금이라도 빨리 가려고 꼬리에 꼬리를 무는 차들이 길게 이어져 도로를 가득 메우고 있다. 자동차에서 뿜어져 나오는 검은 배기가스로 혼탁해진 키토의 아침 공기가 후두를 심하게 자극하였다. 왜 중고차 수입을 금지하는지 이해되었다. 이제 도시의 교통 혼잡과 대기오염은 선진국과 후진국 가릴 것 없이 심각한 전 지구적 문제가 된 지

오래이다. 푸른 하늘에 흰 구름이 군데군데 무리지어 '녹색의 도시' 키토를 내려다보며 흘러가고 있다. 멀리 녹색을 띤 피친차(Pichincha) 산의 전망대가 손에 잡힐 듯이 가까이 보인다.

키토의 아침 거리

우리는 첫 일정으로 적도선이 지나는 원주민 마을로 향했다. 적도 주변의 산들은 가파르고 거친 자갈들로 구성되어 있어 나무들이 제대로 자랄 수 없는 무척 척박하고 황량한 모습이었다. 가끔씩 하늘로 쭉쭉 곧게 뻗은 유칼립투스가 눈에 들어왔다. 군데군데 산 중턱에 도심에서 밀려난 사람들이 모여 사는 마을이 자리 잡고 있다. 남미의 대부분의 나라들은 도시 빈민의 문제가 심각한 상황이라고 한다. 거칠고 황량한 산에 성냥갑 같은 몇 칸 안 되는 집들이 아침 골바람에 흙먼지를 뒤집어쓰고 있어서 어쩐지 더 초라해 보였다.

이곳의 산에는 강수량이 적고 토질도 척박하여 나무들은 자라기 어렵고, 대신 뿌리를 내릴 만한 곳에는 풀들이 자리를 잡고 메마른 대지를 덮고 있다. 키토를 둘러싼 높은 산에는 녹색의 카펫을 깐 것처럼 풀들이 덮고 있어서 분지 속의 키토를 더욱 아름답게 해 준다. 적도마을로 가는 길옆으로 커다란 에콰도르 국기가 게양된 경찰 사관학교가 있었다. 정문 쪽에 가지런히 자라고 있는 커다란 소철과 예쁘게 단장한 정원수와 동상과 여러 교육시설이 잠시 차창을 스치고 지나갔다.

키토의 도심을 지나 적도탑 부근에 다가서자, 도시 외곽의 빈터와 척박한 산 때문인지 무엇인가 적막하고 허전한 느낌이 들었다. 적도 마을로 가는 이 지역은 벽돌을 찍는 집이 많아서인지 집 주변에 벽돌을 쌓아둔 곳이 많았다. 집들은 공사가 덜 끝난 것처럼 허름하고 바람에 날리지 않도록 지붕에 돌을 얹어 놓았다. 이곳에 살았던 원주민들은 과연 무엇을 먹고 어떻게 살았을까? 의구심이 들 정도로 주변은 윤기가 사라진 한없이 삭막하고 황량한 산들로 둘러싸여 있었다. 농지로서 생산성이 떨어지고 생산량도 턱없이 적었을 것으로 생각되었다.

적도 주변 마을   Plulahua(원주민 경작지)

적도탑을 답사하기 전에 송 사장님이 덤으로 인디언들이 농사를 짓던 '플루라우아(Plulahua)'라는 분지형 평야를 보여 주겠다고 했다. 2층 집 대문으로 된 출입구를 지나 입구에 들어서니 쇠기둥에 갈대로 지붕을 한 공연장이 있고, 또 한편에는 관광객을 위한 쇼핑센터가 있었다. 조금 더 안으로 들어가니 눈 아래에 화산이 분출했던 바닥과 같이 깊숙하고 넓은 녹색의 평야가 그림처럼 펼쳐져 있었다. 이곳에서는 지금도 사람들이 농사를 짓고 살고 있으며 네모반듯한 밭 가장자리를 따라 나무들이 줄지어 있고 일부의 밭에는 뜨거운 여름 햇살에 농작물이 자라고 있었다.

태양의 길 박물관(Museo Solar Inti-Nan) 입구

다시 버스에 올라 적도선이 지나는 태양의 길 박물관(Museo Solar Inti-Nan)이라는 원주민 마을로 향했다. 적도 기념관과 태양의 길 박물관은 키토 시에서 북쪽으로 30㎞ 떨어진 산 안토니오(San Antonio) 마을 근처에 자리 잡고 있다. 입구에는 원주민 형상과 태양을 상징하는 장식물들이 방문객들에게 관심을 불러일으키며 박물관의 구석구석에 자리하고 있었다.

박물관 안에는 박제된 사람의 머리가 전시되어 있으며 원주민들이 다른 부족의 목을 자르는 섬뜩한 그림이 그려져 있다. 과거 원주민들은 자신들의 용맹함을 나타내기 위해 장식용으로 사람의 머리를 달고 다녔다고 한다. 박물관 앞쪽에는 기초 위에 돌로 된 둥근 바퀴모양의 구조물을 각각 남북으로 배치시키고 그 사이에 적도를 나타내는 'Lat : 0° 0′ 0″ ' 표시와 안내판이 있다. 바로 이곳이 적도인 것이다.

마을 안으로 들어가니, 원주민들이 살던 집을 복원해 놓고 나무에는 적의 침입을 감시하던 망루가 설치되어 있었다. 지붕은 갈대와 같은 벼과 식물들을 엮어서 덮었으며 가는 곳곳마다 원주민을 상징하는 조형물과 그들의 생활상을 알 수 있는 생활용품과 민예품 등을 전시하고 있어서 과거 이곳에 살았던 원주민들의 삶을 대강이나마 상상할 수 있었다. 가옥 안으로 들어서자, 입구 쪽에 창을 던지려는 듯 무섭게 목표물을 응시하고 있는 원주민 전사의 모형이 우리를 압도하는 가운데 야자수 잎으로 엮어서 만든 생활 용품과 침대, 그릇 등이 전시되어 있었다.

집을 나와 답사의 주요 목표점인 적도가 지나는 곳으로 향했다. 측지단에 의해 적도가 밝혀지기 전부터 이곳에 살던 원주민들은 이곳이 적도라는 것을 알았고, 오늘날 우리가 알고 있는 것과 같이 지구의 중심이라고 여겼다고 한다. 아마 다른 곳에서 느끼지 못하는 자연현상을 접하게 된 원주민들은 이곳을 무척 신성시하고 중요한 장소로 여겼을 것으로 생각된다. 여기저기에 원주민 형상을 한 조금은 익살스런 석조 조형물들이, 무미건조할 수 있는 과학적 현상에 대한 이론을 한 장의 삽화처럼 친근하게 느끼게 했다. 주변의 틈새에서 자라고 있는 용설란과 선인장, 그리고 열대 식물들도 방문객들에게 작은 위안이 되어 주고 있다.

젊은 아가씨가 신명나게 조금은 투박한 발음의 영어로 적도에서 일어나는 여러 가지 현상을 설명해 주었다. 우선 사각형 수조에 물을 넣고 그 위에 나뭇잎을 놓고 수조의 배수구를 열었을 때 물의 적도선을 기준으로 어떻게 달라지는지 보여 주었다. 적도선에서는 나뭇잎이 별로 회전하지 않고 그대로 배수구로 빨려 들어갔다. 이것은 적도에서는 지구 자전에 의한 전향력이 작고 대부분 중력의 작용만 받기 때문에 나뭇잎이 회전하지 않고 그대로 배수구로 빠지는 것이다. 안내자는 더욱 신이 나서 이번에는 몇 미터 남쪽으로 옮겨서 실험을 하니, 신기하게 도 나뭇잎이 시계 방향으로 돌면서 배수구로 빠져나갔다.

우리들 코레아노를 의식해서인지 우리나라가 있는 북쪽으로 옮겨서 실험을 하니, 나뭇잎은 시계 반대방향으로 회전하면서 배수구를 빠져 나갔다. 실제로 지구에 작용하는 전향력(코리올리힘)은 크지 않으나 일 단 적도를 벗어나 약간의 힘이라도 작용하면 이 힘이 미치는 방향으로 물이 회전하게 되며 관성력으로 계속하여 같은 방향으로 빠져나가는 것으로 생각할 수 있다.

적도선에서 날계란 세우기와 걷기

이외에도 이곳에는 적도선 위에 해시계를 설치하여 춘분이나 추분 정오 때 그림자가 생기지 않는 것을 확인할 수 있다고 한다. 위도가 0° 인 지역을 적도라고 하는데, 우리가 생각하는 대로 1년 365일 내내 정 오가 되면 머리 위로 태양이 지나갈 것으로 생각하는 경우가 많으나,

적도선

지구 자전축의 기울기가 23.5° 기울어져 있어서 적도 지방에서는 춘분과 추분일 때에만 정오에 머리 위로 태양이 지나기 때문에 이날 정오에 그림자가 생기지 않는다. 이는 3월 ~ 9월까지 태양이 북반구 쪽으로 기울어 있고, 9월 ~ 3월에는 태양이 남반구 쪽으로 기울기 때문이다. 그래서 해시계의 그림자를 이용하여 태양의 고도(지평면과 태양이 이루는 각)와 시간을 파악할 수 있는 것이다.

또한 이곳에서는 중력 외에 다른 힘은 거의 작용하지 않기 때문에 균형 잡기가 쉬워, 이러한 원리를 적용하여 적도선에 고정된 굵은 못의 머리에 날계란을 세울 수 있다. 날계란을 세우려고 계란에 초점을 모으고 양손으로 온갖 정성을 쏟으며 무척 신경을 쓴다. 어렵게 계란을 세운 사람들은 기쁨에 환호성을 지르기도 한다. 계란을 세우는 것이 생각보다 쉽지가 않았다. 계란 세우기에 성공하면 기념으로 여권에 인증을 해 준다.

붉은색으로 칠한 적도선을 따라 눈을 감고 걸어 보면 다른 곳에서 걷는 것보다 균형 잡기가 쉽지 않아서 금방 적도선에서 어느 한쪽으로 기울어지게 되는데, 이는 남반구나 북반구에 있을 때에는 지구 자전에 의해 같은 방향으로 힘을 받지만 적도선 위를 걸을 때에는 한쪽은 북반구, 다른 쪽은 남반구의 자전 방향에 따라 힘을 받기 때문에 몸의 균형을 잡기가 더 어려워지는 것이다. 또한 적도선에서는 중력 외에 다른 힘이 별로 작용하지 않기 때문에 적도에서 벗어났을 때보다 힘을 쓰기가 더 어렵다고 한다.

적도 원주민 마을을 둘러보고 그곳에서 멀지 않은 적도탑이 있는 적도공원(Mitad del Mundo)으로 향했다. 적도에서 제대로 맞닥뜨린 한낮의 태양빛이 사정없이 내리쪼인다. 표를 받아들고 손목에 녹색의 종이테이프를 차고 적도탑 입구로 들어갔다. 입구의 길 양쪽에는 적도 관측과 탐험에 참여한 파리 과학아카데미 과학자 9명과 스페인 수학자 2명, 그리고 에콰도르의 지리학자의 흉상이 놓여 있다. 적도탑의 피라미드형 사각기둥에는 알파벳으로 동서남북을 표시하였고, 위에는 커다란 지구의(地球儀)가 푸른 하늘을 떠받치고 있다.

적도탑은 프랑스의 루이 15세의 지원을 받은 '샬르르 콩다미느'와 그가 이끄는 프랑스 측지단이 1736년부터 1744년까지 적도를 측정하고 발견한 것을 기념하기 위해 화성암으로 만들어진 높이 30m의 탑이다. 그러나 GPS를 활용하여 측정한 적도의 정확한 위치는 이곳에서 240m 떨어진 우리가 먼저 답사했던 태양의 길 박물관(Museo Solar Inti-Nan)이

있던 곳이다. 적도탑 앞에는 동서로 적도탑을 가로지르는 선이 있어서
이 선을 경계로 많은 사람들이 각각의 발을 남반구와 북반구로 나눠 디
딤으로써 자신의 몸이 양반구로 나뉘는 순간적인 묘한 기분을 느껴보
려고 한다. 4층의 적도탑을 오를 때에는 대부분 승강기를 이용하고,
걸어서 내려올 때는 안에 전시된 원주민들의 생활상과 다양한 생활용
품 등을 관람한다.

적도탑과 적도 측정에 공헌한 사람들의 흉상

적도탑의 전망대에 오르니 주변에서 허공을 가르는 바람이 너무나
강해서 모자가 날아갈 정도였다. 산 아래 집들은 멀리 흰 구름 아래로
아득하게 보이는 가운데, 적도탑 가까이에 자리 잡은 스페인 시대의
도시를 축소한 곳에는 노란색과 붉은색으로 멋을 부린 기념품 가게와
음식점들이 녹색의 나무들과 멋지게 조화를 이루고 있다. 전망대 위에
는 높이 4.5m의 검은색 지구본이 육중한 모습으로 버티고 있다. 태양
의 길과 적도 공원을 둘러보면서 왜 에콰도르가 나라 이름을 적도라는

뜻을 가진 단어를 사용했는지 실감이 났다. 적도 공원이 있는 곳은 해발고도가 2,483m로서 이곳이 지구의 중심이라고 여길 정도로 에콰도르 사람들의 이곳에 대한 자부심은 실로 대단한 것 같았다.

적도탑의 동쪽 마을

적도탑 답사를 끝내고 점심 식사를 위해 다시 키토 시내로 이동하였다. 오늘따라 차가 많이 막혀서 예정보다 1시간 정도 늦게 교포가 운영하는 한식당 수라(水刺)에서 얼큰한 육개장을 중심으로 한국에서 주로 즐겨 먹던 시금치무침, 콩나물, 두부, 병어조림, 김치 등으로 늦은 점심을 아주 맛있게 먹었다.

식사가 끝나고 잠시 식당 밖에서 버스를 기다렸다. 우리가 약속한 시간보다 식사를 일찍 끝내고 나와서인지 버스 기사와 연락이 안 된다고 한다. 어쩌면 미리 약속한 대로 행동하는 그들의 사고방식이 맞을지도 모른다. 그러나 상황에 따라 시간을 조정할 수 있는 우리네 일상과는 너무나 달라서 조금 난처할 때도 있다. 한참을 기다린 후에야 연결되어 버스에 오를 수 있었다. 키토는 도로가 좁아서 무단으로 주차시킬 수가 없어서 넓은 곳에서 주차를 하고 있다가 정해진 시간에 승차할 곳으로 버스를 이동시킨다. 도로가 좁고 굽은 곳도 많아서 교통 체증이 심할 수밖에 없었다.

　멀리 산꼭대기에도 성냥갑 같이 작은 집들이 갯바위에 붙은 따개비처럼 공간의 여유도 없이 촘촘하게 박혀 있었다. 아래에서부터 산꼭대기까지 집터가 될 만한 곳은 지대의 높이에 관계없이 집으로 덮여 있다. 과연 저 높은 곳의 집까지 생활에 필요한 상수도를 비롯한 기본적인 요소들은 충족되고 경사진 골목길을 따라 차는 다닐 수 있는지 걱정에 앞서 궁금한 생각이 들었다. 길을 따라 성벽처럼 설치된 옹벽(擁壁)과 집들의 벽에 색색의 다양한 화풍의 그림(그라피티·graffiti)이 그려져 있어, 마치 하나의 거대한 미술관 같은 느낌이 들게 한다. 좁은 길을 돌고 돌아 키토 시내가 한눈에 보이는 해발 3,016m 높이의 엘 파네시요(El Panecillo, 빵 덩어리) 언덕에 올랐다.

| 엘 파네시요 El Panecillo 언덕 |

　키토 시내에서 이곳까지 걸어가는 것은 고산지대라 힘도 들지만 좁은 골목길이 많아 여행객들을 상대로 범죄가 자주 발생하기 때문에 대

중교통을 이용하는 것이 안전하다. 특히 미리 옷에 겨자나 오물을 묻히고 친절하게 다가와 닦아 주는 척하면서 사진기나 가방을 내려놓게 한 후 날치기를 하는 경우가 많다고 하니, 한두 명이 여행할 때 더욱 조심해야 한다. 살기가 힘드니 인심도 박해지고 아무런 죄의식도 없이 그저 하나의 생계수단이 되었는지도 모른다.

이 언덕에는 키토의 수호자인 날개 달린 마리아상(Virgin of Quito)이 지구의 위에 있는 뱀을 밟고 키토 시내 전체를 굽어보면서 키토 시민들과 이곳을 찾는 많은 사람들에게 성모의 자애로움을 보여 주고 있다. 원주민들이 '야비락(Yavirac)'이라고 부르던 이곳에는 원래 잉카인들이 세운 태양의 신전이 있었으나 스페인 정복자들에 의해 파괴되었다.

1734년 에콰도르의 식민지파 예술가였던 Bernardo de Legarda가 키토의 성 프란시스코 성당의 주제단(主祭壇) 위에 있는 은 날개를 단 성모 마리아(Virgen de Quito)상을 조각하였으며, 이후 성모 마리아상은 키토의 상징이 되었다. 그리고 1955년 스페인 조각가 아구스틴(Agustin)이 성 프란시스코 성당의 성모 마리아상을 모델로 엘 파네시요 언덕에 20년 동안 7,000조각 이상의 알루미늄 조각을 사용하여 날개 달린 마리아상을 제작하여 1975년에 3월에 완공하였으며 높이는 31.5m이다.

안으로 들어가면 1층에 예배당이 있고 지구의 아래쪽의 받침대에 있는 화려한 스테인드글라스가 눈길을 끌며, 3층까지 계단으로 연결되어 있어 위에 올라 키토 시내를 바라볼 수 있다. 이 성모 마리아상이 제작됨으로써 키토 예술학교에서 그동안 정적인 이미지로 상징되던 성모 마리아를 동적인 모습을 갖춘 새로운 성모 마리아 상으로 전환하는 계

엘 파네시요 언덕의 성모 마리아상

기가 되었다고 한다.

언덕에 오르니 눈앞에 작은 판을 수없이 이어 붙인 웅장한 성모 마리아상이 그 자태를 뽐내고 있었다. 머리에는 별로 이어진 띠를 두르고 손에는 사슬을 쥐고 발아래 뱀을 밟고 있는 모습이 악을 물리치고 핍박받는 사람들을 억압에서 해방시켜 주고 힘들고 가난한 사람들에게 건네는 희망의 메시지로 생각되었다.

언덕에 올라 바라보니 키토 시내의 대부분이 한눈에 들어오고 멀리 산꼭대기에 자리 잡은 다닥다닥 붙은 사각형의 작은 집들까지 선명하게 보였다. 녹색의 산으로 둘러싸인 키토는 사방이 온통 집들로 빼곡히 들어차 있어 언뜻 보기에는 멋스럽게 보이다가 또다시 바라보면 무척 힘들게 살아가는 느낌이 들었다. 여름인데도 지대가 높고 바람이 세차게 불어서 조금 춥게 느껴졌다.

성모 마리아상 주변에 있는 기념품 가게를 둘러보고 버스에 올라 엘 파네시요 언덕이 바라보이는 건너편 언덕의 초등학교 안으로 들어갔

엘 파네시요 언덕에서 바라본 키토 시

다. 바로 눈앞에 고딕 양식으로 된 저녁 빛에 짙은 회색빛을 띤 바실리
카(Bacilica) 성당의 웅장한 모습이 눈앞에 펼쳐졌다. 언덕 위에 자리 잡
은 초등학교의 운동장에서 학생들이 신나게 농구를 즐기고 있었다. 세
계 어느 곳이든 청소년들은 운동을 무척 즐기는 것 같았다.

잠시 언덕에서 머무르다가, 저녁 식사 장소로 이동하였다. 초등학교
에서 조금 걸어서 엘 파네시요가 바로 올려다보이는 전망 좋은 VISTA
HERMOSA 식당으로 들어갔다. 해는 이제 하루를 마감하려는 듯 엘
파네시요 언덕 주변에 황금빛 석양을 남기고 검은 구름에 가려졌다.
집들에 하나둘 불이 들어오고, 멀리 성모마리아상과 바실리카 성당도
은은한 색조로 물들어 간다. 포도주에 닭가슴살 요리로 저녁을 먹으면

서 아름다운 키토의 야경을 즐겼다. 기적과 같이 산을 촘촘하게 메웠던 집들이 어둠이 만들어준 검은색 바탕에 노랗고 하얀색으로 곱게 수를 놓았다. 식당에서 흘러나오는 노래의 선율이 바뀌면서 키토 시내의 불빛이 더욱 또렷해졌다. 이렇게 조용하고 아름답게 키토의 밤은 깊어가고 있었다.

8시에 식당에서 나와 버스에 올라 숙소로 향하였다. 길이 좁고 언덕에는 구불구불한 길이 많아서 차가 잘 빠지지 않는다. 숙소에 도착한 후 짐을 놓고 나와서 숙소 건너편에 있는 쇼핑몰에 잠깐 들렀다. 여기에서는 우

엘 파네시요 언덕(왼쪽 위) 아래의 야경

리나라에서 볼 수 없는 각종 열대과일들과 아이들 머리만 한 파프리카를 비롯하여 많은 종류의 채소들이 진열되어 있었다. 호기심에 사진을 찍으려고 했더니 무엇이 부담스러웠는지 찍지 말라고 한다. 체리와 파파야 등을 사고 2층으로 올라가서 둘러보고 숙소로 들어와 과일을 간단하게 먹고 하루를 정리하였다.

1.8.
– 삼 일째 날 –

라 카롤리나 시장
La Carolina

오늘도 일정이 바쁘다. 6시 30분 일어나서 정리하고 7시에 어제와 같은 음식으로 간단하게 식사를 하였다. 비가 올 것이라는 일기예보와는 다르게 아침부터 날씨가 무척 쾌청하다. 출근하는 사람들로 아침부터 거리가 북적이고 매연을 내뿜는 차량들이 줄을 지어 경적을 울리며 키토의 아침을 누빈다. 익숙하지 않은 매캐한 냄새가 후두를 자극하여 조금 메스껍고 컬컬하다.

다양한 종류의 감자들

라 카롤리나 시장의 행복한 노부부

버스에 올라 잠깐 시내를 지나 'LA CAROLINA' 시장에 들렀다. 안에 들어서니 아침이라 사람들은 아직 많지 않았지만 먹음직스럽게 잘 익은 망고, 포도, 바나나, 파파야 등 다양한 열대과일들과 색깔과 크기, 용도가 다양한 감자와 각종 채소, 수산물, 닭고기, 일용 잡화와 요즘 우리나라에서 한참 인기 있는 곡물류인 퀴노아(quinoa) 등 주로 식료품들이 풍족하게 구비되어 있었다. 특히 원산지답게 노란색과 붉은색을 띠는 크기와 용도가 제각각인 감자들이 특히 눈길을 끈다.

감자 Potato | 원산지는 남아메리카 안데스 고산지대이며 가짓과에 속하는 채소로서 오랫동안 남미 원주민들의 주식이었으며, 스페인 군대에 의해 유럽으로 전파되어 유럽인들의 생활에 커다란 영향을 미친 농작물이다. 야생종은 지금보다 훨씬 작았지만 수천 년간 재배하면서 점차 굵어졌다. 유럽의 기후에 적응한 품종을 개량하여 기온이 낮고 척박하여 밀재배가 어려웠던 독일·아일랜드·러시아 등에서 밀을 대신하여 식량난을 해결해 줌으로써 17세기 유럽의 인구가 크게 증가하는데 기여했다고 한다. 유럽에서 가난한 사람들의 주식이 되었으나, 1845년 시작된 감자 마름병으로 수년 간 지속된 흉작으로 아일랜드에서는 이 기간 동안 100만 명 이상이 굶어죽었으며, 아사를 피해 미국의 제35대 대통령을 지낸 존 F. 케네디 대통령의 조상을 포함하여 많은 사람들이 미국으로 이민을 떠났다. 아일랜드는 오늘날에도 감자를 주식으로 다양한 요리를 즐긴다고 한다. 우리나라에는 조선시대 순조 때인 1824년에 들어온 것으로 알려져 있으며, 과거 흉년이 들었을 때

나 춘궁기에 가난한 사람들의 배를 채워 준 대표적인 구황작물(救
荒作物)이었다.

사람들은 밝은 표정으로 멀리서 온 여행객을 반겨 주며 사진 촬영에
도 흔쾌히 응해 주었다. 곡물류를 비롯하여 음료수와 각종 조미료 등
을 팔고 있는 식료품 가게의 노부부의 환한 웃음과 친근함이 우리들의
마음을 더욱 편안하게 해 주었다. 넉넉하지 않아도 어딘지 모르게 그
들 나름대로 즐겁고 여유롭게 살아가고 있음을 느낄 수 있었다.

| 피친차 Pichincha 산 전망대 |

잠깐 동안 시장을 둘러보고 버스에 올라 키토 시를 조망할 수 있는
피친차(Pichincha) 산 전망대로 향하였다. 날씨는 사람을 매혹시킬 것처
럼 맑았고, 태초의 순결함 같은 하얀 구름이 모자이크 된 짙푸른 하늘
이 녹색의 산봉우리를 포근하게 감싸고 있다. 오늘 일정 중, 아니 이번
답사 코스 중에서 세 번째 고지대에 속하는 4,100m 높이에 올라야 한
다. 길 양옆으로는 가늘고 곧게 자란 유칼립투스(Eucalyptus)가 무성하게
숲을 이루고 있었다. 호주대륙이 원산지인 유칼립투스는 1900년대 수
입하여 여기에 심었다고 한다. 이 나무에는 알코올 성분이 들어 있으
며, 이것을 주식으로 하는 호주의 코알라는 알코올 성분 때문에 취해
서 나무에서 졸고 있는 모습을 자주 볼 수 있다고 한다.
버스에서 내려 시멘트 벽돌로 포장한 길을 걸어서 케이블카를 타는

곳까지 올라가야 한다. 햇살이 따가울 뿐, 지대가 높아서 날씨는 우리나라의 9월 중순의 날씨처럼 제법 서늘하다. 경사진 곳을 오르려니 조금씩 숨이 차고 힘이 들었다.

케이블카를 타는 곳은 해발 2,950m 정도이며, 약 15분 정도 케이블카를 타고 4,100m의 전망대까지 올라간다. 짧은 시간 동안 고도가 1,000m

케이블카 정류장(중앙에 피친차 산의 정상이 보임)

나 높아지기 때문에 적응이 되지 않을 경우 고산증세로 머리가 띵하고 힘이 들 수도 있다. 가끔 다큐멘터리에서 고생하는 사람들의 이야기가 잠깐 소개되기도 하여 조금 신경이 쓰였다. 추위를 대비하라고 해서 두툼한 점퍼를 입었더니, 오늘은 날씨가 좋아서 예상했던 것보다 덥게 느껴졌다. 이곳의 케이블카를 '텔레페리코(Teleferico)'라고 하는데, 케이블카를 타는 곳에도 많은 사람들이 줄을 서서 기다리고 있었다. 다행스럽게 산에는 나무와 풀들이 무성하게 자라고 있어서 케이블카를 타고 올라가면서 그나마 불안감을 덜 수 있었다.

6명이 함께 타고 서서히 전망대로 향한다. 멀리 키토 시가 손만 뻗으면 잡힐 듯이 눈 아래로 들어왔다. 날이 맑아서 웬만한 거리에 있는 건물들이 무척 뚜렷하게 보였다. 키토를 둘러싸고 있는 녹색의 산들과 흰 구름들이 산을 따라 띠를 두르고 있다. 녹색의 산과 푸른 하늘, 그리고 유유히 흘러가는 흰 구름, 서늘한 바람, 쾌청한 날씨 등이, 발아래 보이는 키토를 더없이 낭만적이고 아름답게 만들었다.

케이블카에서 내리니, 조금 머리가 띵하고 바람이 제법 세차게 분다. 천천히 걸으면서 키토 시내와 함께 사방을 둘러보았다. 적도에 위치한 키토는 고산 지대에 위치하고 있어서 연중 봄 날씨 같이 그리 덥지도 않고 따뜻한 날이 많다고 한다. 거센 바람에 부드러운 풀들도 강풍의 반복에 견디지 못하고 슬그머니 풀포기의 방향을 바꾸었다.

피친차 산에서 바라본 키토 시

잠시 발길을 옮기니 젊은 시절 즐겨 들었던 프랑스의 폴 모리아(Paul Mauriat) 악단이 연주하던 〈철새는 날아가고(El Condor Pasa)〉의 감미로운 선율이 들렸다. 잘생긴 원주민 청년이 삼포냐를 불면서 여행객에게 이국의 낭만을 선사해 주었다. 힘들어 하면서도 나의 부탁을 받고 그 외 몇

• 에콰도르 Ecuador •

곡을 더 연주해 주었다. 젊은 원주민 예술가와 시간을 보내다 보니 이제 휴게소로 가야 할 시간이 얼마 남지 않았다. 다른 일행들은 멀리 송신탑 가까이까지 다녀왔다. 이렇게 높은 산에도 붉은색 기와지붕을 한 예쁘고 작은 교회가 산 아래 평지의 길옆에 고즈넉이 자리 잡고 있었다.

휴게소에 들어서니 앞쪽 유리창 쪽에는 색깔이 들어 있는 액체가 진열되어 있었다. 알고 보니 고산증세로 고생하는 사람들에게 15분에 5달러에 판매하는 산소라고 하였다. 휴게소에서 앉아서 피로를 풀면서 아침에 시장에서 사 온 망고와 파파야 등을 먹으면서 키토 시내를 바라보았다. 녹색의 거대한 산들에 둘러싸인 분지 속에서 조용하게 그리고 서서히 무엇인가를 꿈꾸듯 꿈틀대고 있었다. 그렇다. 그것은 이곳에 사는 사람들이 오늘의 삶에 만족하면서 행복을 느끼고 더 나은 내일을 향해 발돋움하는 소리 없는 움직임이었다. 그것이 오늘 이 높은 전망대에서 바라본 키토 시가 내게 전해 주는 메시지가 아닐까?

다시 케이블카를 타고 산을 내려온다. 높은 곳에서 내려간다고 생각하니, 갑자기 마음이 무척 편해짐을 느꼈다.

키토 시내의 외곽에 있는 작은 화랑과 같은 콜럼버스(Columbus) 식당으로 들어갔다. 우리나라의 영업 방식과 다른 이유도 있겠지만 느긋한 이곳 사람들의 성격 때문인지 주문을 했는데도 얼른 요리가 나오지 않았다. 물론 전망대에서 망고를 비롯한 과일을 많이 먹어서 배는 별로 고프지 않았지만, 우리네 짐작으로 때가 지나도 음식이 나오지 않으니 서서히 조급증이 발동하기 시작하였다.

한참을 기다려서야 돼지고기와 닭고기, 소고기 바비큐(barbecue) 등

세 종류의 고기와 감자가 곁들여 나왔다. 이곳 사람들이 즐겨먹는 주식이라고 했다. 채소는 없고 고기가 너무 많아서 먹기에 무척 부담스러웠다. 대부분 다 먹지 못하고 아까운 고기를 남길 수밖에 없었다.

점심을 먹고 2시 20분, 버스에 올라 구도시의 차가 막히는 좁은 길을 가다 서다를 반복한다. 구도시는 스페인 식민지 시대에 만들어진 사각형의 계획도시로 지금도 대부분 당시의 도로를 그대로 이용하고 있으며, 1978년 최초로 도시 전체가 세계문화유산으로 지정된 이후 개인 소유라 해도 건축물의 개조가 불가능하며 구도시의 건물들은 오늘날 대부분 상가로 활용되고 있다고 한다. 식당에서 약 25분쯤 버스를 타고 이동하여 바실리카(Bacilica) 성당에 도착하였다.

| 바실리카 **Bacilica** 성당 |

과거 잉카의 태양 신전을 허문 돌을 이용하여 지은 신 고딕 양식의 건축물 중 아메리카 최대의 가톨릭 성당이다. 예수의 사랑과 헌신(Sacred Heart)에 대한 에콰도르 인들의 봉헌(신에게 물건을 받들어 바침)을 영원히 기억하기 위해 1883년 Julio Matovelle가 건립을 제안하였다. 1883년 1월 Luis Cordero 대통령이 성당 건축을 법령으로 발표하였으며, 1884년 3월 대통령 Jose Maria Placido Caamano가 공사를 착수하였다. 그 후 공사가 계속되어 1988년 7월 개관하였다. 특히 이 건축물의 바깥벽에는 에콰도르의 고유한 동물인 아르마딜로(Armadillo), 이구아나(Iguana), 코끼리거북(Galapagos tortoise)의 동물들이 조각되어 있어서

• 에콰도르 Ecuador •

독특한 형태를 띠는 것으로 유명하다.

성소(聖所)에는 12명의 예수의 제자들과 3명의 선교자들의 청동상이 벽을 따라 배열되어 있다. 이 건축물의 길이는 140m이고 폭은 약 35m 이며, 제단이 있는 곳의 지붕의 높이는 30m이고 남쪽에 있는 2개의 첨탑의 높이는 각각 115m이다. 특히 이곳 지하는 납골 공간이 있는 국립 묘지로서 현재 Antonio Flores Jijon(재임 1888~1892), Andres Cordova(재임 1939~1940년), Mariano Suarez Veintimilla(재임 1947년 1개월), Camilo Ponce Enriquez(재임 1956~1960) 대통령 등 4명의 대통령이 잠들어 있다. 가족들의 허락이 있을 경우에만 이곳에 모실 수 있다고 한다. 석관은 가장 좋은 이탈리아산 카르라라(Carrara) 대리석이며 표석은 금으로 장식되어 있다고 한다.

바실리카 성당의 전경과 내부

첨탑에 올라 키토 시내와 주변의 산을 둘러보는 것도 키토의 여행 중 잊지 못할 멋진 추억을 선사할 것이다. 사실 아직도 이 거대한 성당은 완성된 것이 아니고, 지금도 부분적인 공사를 계속하고 있다.

어제 저녁때 멀리서 보았던 성당을 바로 눈앞에서 바라보니, 고딕식으로 지은 우뚝 솟은 장엄한 첨탑과 벽과 스테인드글라스의 화려함 등이 우리를 압도한다. 워낙 건물이 커서 건물 전체를 사진 한 장에 담기가 쉽지 않다.

성당 안으로 들어가니 제단 앞에는 신심이 강한 신자들이 놓았는지 붉은색 장미를 비롯한 여러 종류의 꽃들을 정성스레 화병에 담아 올려놓았고, 끝이 뾰족한 아치형 공간에는 색색의 천들을 늘어뜨려 제단의 신성함을 더욱 강조하고 있었다. 길게 늘어뜨린 중앙의 흰색 천에는 성모마리아상의 액자를 걸었고, 그 위에 붉은색 천에 예수의 상이 걸려 있었다. 대부분의 성당처럼 이곳에도 많은 사제들과 기독교에 관련된 그림을 아름다운 색으로 채색한 스테인드글라스가 무척 인상적이었다. 벽을 따라 약 2.5m 높이에 황금색으로 빛나는 다양한 모습의 예수의 제자 상과 선교자 상들이 신성함을 배가시켜 준다.

밖으로 나와 남쪽으로 가면 첨탑으로 오를 수 있다. 시계가 걸려 있는 두 개의 첨탑 중에서 한쪽은 아직도 공사 중이어서 오를 수 없고, 한쪽만 오를 수 있다. 시간이 부족할 것 같아서 함께 간 몇몇 일행과 함께 되돌아와서 버스에 올랐다. 알고 보니 일행 중 일부는 첨탑에 올라갔다고 한다. 할 수 없이 남 사장님이 남아서 동행하기로 하고, 우리는 버스를 타고 다음 장소로 이동하였다.

| 대통령궁과 독립광장 Presidential Palace Plaza Grande |

　이곳은 구도시로 과거 스페인 식민지 시대에 중심지였으며, 현재도 이곳에 대통령궁과 중요 성당들이 있어서 키토의 중심지라고 말할 수 있다. 박물관을 지나 경비원들이 여유롭게 경비를 서는 대통령궁이 이어져 있다. 좁은 길에는 관광객들과 키토 시민들로 무척 복잡하였다.

　흰색으로 벽면과 2층에 우리나라의 배흘림 형식의 돌기둥이 길게 건물을 떠받치고 있는 대통령궁이 보였다. 대통령궁 바로 앞이 독립광장 (Plaza Grande)으로서 이곳에는 에콰도르 100주년을 기념하기 위한 영웅 기념동상이 우뚝 솟아 있으며, 대통령이 매주 월요일에 한 번 이곳을 향하여 국민들과 인사를 주고받는다고 한다. 또한 매주 월요일 11시부터 11시 30분까지 근위병 교대식이 있는데, 많은 사람들이 관심을 갖고 이 광경을 지켜본다. 독립광장에는 여유를 즐기려는 시민들과 많은 관광객들과 노점상들이 한데 어울려 도시의 정취를 맘껏 즐기고 있었다.

대통령궁의 측면(흰색 건물)

독립 광장

　대통령궁은 인원을 제한하여 내부 관람을 허용하는데, 외국인인 경우 여권을 반드시 지참해야 하고 소지품 검사 등을 받은 후 입장할 수 있다. 입장하면 회의실, 접대실 , 역대 대통령 사진, 내부의 정원, 외교 활동 사진, 각국 대통령이나 국가 지도자들에게서 받은 기념품 등을 관람할 수 있다. 독립광장의 한편에는 만국기를 꽂아둔 흰색으로 예쁘게 단장한 Plaza Grande 호텔이 있다.

대통령궁을 지나 남서쪽 길을 따라 조금 아래로 내려오면 건축 양식이 다양한 성당과 교회들이 많다. 스페인 정복자들은 잉카의 유적을 모두 없애고 그 자리에 또는 도시의 중요 자리에 성당을 짓고 그들의 종교를 강요하고 개종하지 않는 원주민들을 갖은 수단을 동원하여 압박하였다고 한다. 나는 늘 묻고 싶다. 우리가 그토록 믿고 따르는 종교가 과연 우리 인류를 얼마나 구원했으며, 인류가 신을 떠받들고 있는지 아니면 신이 인류를 구원하고 있는지를……. 신은 과연 정의를 따르는가? 아니면 인간들이 자의적으로 신을 빙자하여 온갖 횡포를 부리고도 반성도 없이 신의 이름 아래 용서를 받았다고 떠벌리며 오만하게 살고 있는 것은 아닌지를?

현재 키토 시내에는 86개의 성당이 있다고 한다. 대통령궁에서 남쪽으로 한 구역 이동하면, 라 콤파니아 헤수스(La Compania Jesus) 성당이 나타난다.

| 라 콤파니아 헤수스 La Compania Jesus 성당 |

예수교 성직자들은 키토에 교회와 학교, 수도원을 짓기 위해 1586년 7월 키토에 첫발을 내딛었다. 1587년 의회에서 현재의 독립광장이 있

는 곳에서 북서쪽에 교회를 지을 것을 허락하였으나 아우구스티노스 수도회(Augustinians)에 속한 성직자들이 불만을 표시하자 예수교 측 성직자들은 현재의 위치인 광장의 남서쪽에 성당을 짓기로 결정하였다. 이탈리아의 나폴리에서 온 마스트릴(Mastrill)은 1602년 키토의 예수교 학교의 교장으로 임명되었으며, 1605년 그에 의해 드디어 성당의 건립이 시작되었다. 그 후에 도착한 예수교 성직자들에 의해 공사가 지속되었으며, 특히 1636년 도착한 성직자 Marcos Guerra는 건축가이며 조각가였다. 로마의 예수교회를 모델로 1605년 건축을 시작하였으며 이후 160여 년간 공사가 계속되는 동안 주요 양식인 바로크(Baroque) 양식을 비롯하여 기둥의 기하학적 무늬에 나타난 무어 양식(Moorish), 스페인 바로크 양식(Churigueresque), 그리고 신고전주의(Neoclassic) 양식 등이 함께 나타난다.

라 콤파니아 헤수스 성당은 에콰도르의 예수교의 본부였으나, 1767년 찰스 3세(Charles Ⅲ) 왕이 예수교 성직자들을 추방하면서 성당의 역사와 건축에 관련된 많은 기록들이 사라졌다. 식민지 시대 때 만들어진 이 성당의 종탑은 키토에서 가장 높았으나 1859년 지진으로 파괴된 후 1865년 보수하였으나 1868년 지진으로 파괴된 후 보수하지 않아서 지금은 남아 있지 않다. 다른 성당에 비해 회중석(會衆席, 성당의 내부 신자석)이 넓으며, 회중석이 있는 곳은 26m의 높이에 반원통형의 둥근 천장(barrel vault)으로 되어 있다.

건물의 형태는 평면도 상으로 볼 때 정면인 남쪽이 길고 북쪽이 짧고 동쪽과 서쪽에 짧은 팔을 가진 라틴십자가 형태이다. 내부에는 금 7톤의 금박으로 장식하였고, 금을 입힌 석고 조각과, 나무조각 등 화려함과 섬세함의 극치를 보여 주며 에콰도르에서 가장 아름다운 성당으로 꼽히고 있다. Mariana de Jesus는 1645년 서거한 후 이곳 성당에서 축성(祝聖)을 받고 에콰도르의 수호성인이 되었으며, 그녀는 이 성당을 영원한 안식처로 선택하여 중앙 제단의 아래에 있는 석관에서 영면하고 있다.

라 콤파니아 성당의 외부와 내부 장식 모습

꽈배기 같이 약간 꼬인 형태의 돌기둥에 비스듬하게 새긴 선을 비롯하여 성경과 연관된 섬세하고 아름다운 다양한 조각들과 중앙의 문에 있는 금박의 장식 등이 보는 사람들로 하여금 눈을 떼지 못하게 한다.

안으로 들어서자, 갑자기 말로만 듣던 황금 궁전에 들어온 것 같은 착각이 들 정도로 찬란한 황금빛이 눈의 초점을 흐리게 하고 판단력을 잃게 만들었다. 눈이 번쩍일 정도의 황금 장식을 비롯하여 섬세하고 예술적인 조각과 다양한 기하학적 문양, 성화 등을 바라보면서 어떤 미사여구로도 이렇게 아름답고 화려한 모습을 표현할 수 없을 것 같았다.

내부에서는 일체 사진 촬영이 금지되고 있는데다 감시원들이 큰 사진기를 들고 다니는 우리 일행을 따라다니며 감시한 탓에 몇 번이나 촬영하고 싶은 생각이 간절하였으나 끝내 뜻을 이루지 못하고 눈으로만 담았다. 성당의 내부에 있는 금박과 조각, 그림 등을 본 것만으로도 키토의 답사를 마무리해도 좋을 정도로 나를 매혹시켰다. 키토에 가면 반드시 들러서 바로크 예술이 남미에 어떻게 꽃을 피웠는지 알아보고, 인간이 갖고 있는 예술의 한계성은 어디까지인지 느껴 보는 것도 큰 의미가 있을 것이라고 생각한다.

'이렇게 화려하고 정교한, 그야말로 한 부분 한 부분이 걸작인 이런 예술품을 만들기 위해 또 한편으로는 얼마나 많은 사람들의 아픔이 있었을까?'

저 천장과 벽의 찬란하고 정교하고 아름다운 장식의 안쪽에 삶의 터전을 빼앗기고 고통에 허덕이던 원주민들의 쓰디쓴 고통과 애환이 배어 있는 것 같았다. 따지고 보면 인류가 남긴 대부분의 문화 유적이 힘없는 백성들의 희생 위에 세워진 것임을 감안하면 그러한 희생을 무릅쓰고 강행한 사람들을 어떻게 평가해야 하는지, 현재 우리 눈앞에 보이는 것만으로 판단하는 우리들의 의식을 되짚어 봐야 하지 않을까?

라 콤파니아 헤수스 성당에서 나와 오른쪽으로 돌아 골목길을 따라 올라가 성 프란시스코(San Francisco) 성당의 광장에 도착하였다. 막 성당 쪽으로 이동하려고 할 때, 남 사장님이 떨어졌던 일행과 함께 아주 즐거운 표정으로 우리와 합류했다.

| 성 프란시스코 San Francisco 성당 |

성 프란시스코 선교회 소속의 Jodoco Ricke 사제가 건립을 주관하여 1534년부터 건축이 시작되었고, 1680년 완공된 식민지 시대 남미에서 가장 큰 기념비적인 건축물이다. 본래 이곳은 잉카 14대 황제 아타왈파(Atahualpa)의 궁전이 있었던 자리이며, 그 외에도 원주민들의 중앙시장이었으며 또한 원주민 군인들의 사령부가 있던 자리였다. 결국 성당이 있는 자리는 원주민들에게는 전략적 · 역사적으로 매우 중요시되는 곳이었다.

완공되기 전까지 150년 동안의 공사가 진행되는 동안 지진과 예술적 양식의 변화 등으로 인해 다양한 양식이 건축물에 도입되었다. 기본적인 양식은 중세 수도원의 양식을 따르고 있으며 중앙의 성당 건물이 중심축이 되고 여기를 중심으로 주랑(柱廊)이 뻗어나가고 식당과 회의실, 양조장 등의 부속 건물들이 배치됨으로써 4각형의 정원을 형성하고 있다.

이 성당은 크게 3개의 영역으로 나눠지는데, 대중들이 교육하고 상업 활동을 했던 성 프란시스코 광장과 16세기~17세기에는 일반 시민들이 묻히기도 했던 성당의 뜰과 교회와 예배당으로 구성된다. 건물의 정면은 남미에서 최초로 매너리스트(Mannerist, 르네상스에서 바로크 양식으로 이행하는 과도기에 이탈리아에서 나타난 특이한 양식) 요소가 도입되었으며, 이후 남미의 다른 지역의 건축물에도 적용되었다.

건물의 외부는 르네상스 양식과 매너리스트 양식이 엄격하게 적용되

성 프란시스코 성당의 외부 모습과 광장   성당의 내부(중앙 주제대)

였으며, 내부는 회중석, 복도, 제단의 벽과 천장을 바로크식과 무어양
식(Moorish)의 조각에 금박을 입혀 아름답고 화려하게 장식하였으며 성
서와 관련된 인물들과 많은 사제들의 조각과 그림들이 배치되어 있다.
특히 회중석과 복도의 천장은 무어양식(Moorish)의 나무로 된 다양한 형
태의 기하학적인 무늬로 장식하였다. 성당의 주제대(主祭臺) 위의 중
간에는 Bernardo de Legarda가 제작한 은 날개를 단 키토의 성모 마리
아(La Virgen de Quito) 조각이 유명하며, 이 조각에 착안하여 스페인 조
각가 Agustin이 엘 파네시요 언덕에 성모 마리아상을 세워 키토(Quito)
를 수호하는 상징으로 삼았다. 이 성당에서는 식민지 시대에 제작된
다양한 양식의 미술품 3,500여 점을 소장하고 있다.

  이 광장은 키토 시내에서 대통령궁이 있는 독립광장(Plaza Grande), 산

토 도밍고(Santo Domingo) 성당의 광장과 함께 키토의 3대 광장에 속한다. 광장에는 많은 사람들이 삼삼오오 짝을 지어 즐겁게 하루를 마무리하고 있었다. 도시의 큰 광장처럼 어김없이 이곳 광장에도 많은 비둘기 떼들이 신앙심 깊은 사람들이 베푸는 은혜를 받고자 광장의 구석에 모여 한 톨의 모이라도 더 먹으려고 바쁘게 움직이고 있었다.

작은 사각의 돌이 깔린 넓은 광장 저편에 흰색의 성채와 같은 길쭉한 성 프란시스코 성당이 나타났다. 식민지 시대 남미에서 가장 컸다는 명성에 걸맞게 광장의 한 변을 차지하고 위엄 있게 자리를 지키고 있었다. 여러 차례 지진을 겪으면서 성당의 일부가 파괴되어 개조함으로써 당초의 건축 모습과는 차이가 있다고 한다. 광장을 둘러보고 성당의 내부로 들어갔다.

성당 내부의 황금색 계단과 성서에 등장하는 인물들과 사제들의 조각과 그림들이 하나의 예술품 같이 정교하고 생동감이 있어 무척이나 인상 깊었다. 특히 성당의 주제대(主祭臺) 바로 위에 있는 은 날개를 단 키토의 성모 마리아(La Virgen de Quito) 조각이 눈길을 끈다. 조각과 그림 하나하나를 보면 볼수록 그 정교함과 예술성에 감탄이 절로 나왔다. 대부분의 종교 관련 건축물들을 보면 인간의 신에 대한 경건함과 자기희생은 보통의 논리로는 쉽게 설명하기 어려울 때가 많다. 수백 년의 세월과 지진과 같은 숱한 재난 속에서도 꿋꿋하게 버티면서 이곳을 찾는 사람들에게 사랑과 평화의 가르침을 주고 있는 듯하다.

잠시 성당에서 나와 골목길을 따라 걸었다. 구시가지의 모습은 어디를 가나 스페인 식민지 시대에 만든 돌로 된 중앙의 좁은 도로를 따라 일방통행을 하는 차들과 인도를 오가는 많은 사람들로 무척 북적인다.

・에콰도르 Ecuador ・

성 프란시스코 성당에서 북쪽으로 조금 걸으면, 벽면이 흰색으로 칠해진 깔끔한 모습의 라 메르세드(La Merced) 성당이 나타난다. 모일 때까지 시간의 여유가 있어서 박물관과 대통령궁, 독립광장 등을 다시 한번 둘러보고 성 프란시스코 성당으로 돌아왔다. 일행들과 함께 성당 앞에서 기념촬영을 하고 아쉬움 속에 키토 답사를 정리하였다.

구시가지(Old Town)

라 메르세드 성당

버스를 타고 이제 두 번째 답사 나라, 페루를 가기 위해 공항으로 향하였다. 차창으로 보이는 키토 시와 주변의 녹색으로 포장된 산과 겉으로 드러나지 않은 거대한 녹색의 분지 속에서 울리는 잔잔한 감동이 황혼 빛에 섞여서 마음에 전해진다. 밤에 올 때는 보지 못했던 저녁 풍경이 눈에 들어왔다. 길을 따라 모래가 퇴적되어 형성된 충적층이 거대한 토성(土城)처럼 길게 이어졌다.

잠깐 버스에서 내려서 퇴적층을 관찰하였다. 이러한 퇴적층은 강물에 의해 모래와 자갈이 운반되

모래 충적층

어 퇴적된 후 강한 압력을 받지 못했기 때문에 퇴적암으로 변화되지 못하고 조금 딱딱한 퇴적층으로 남아 있는 것이다. 높이가 수십 미터나 되는 퇴적층에는 중장비로 파낸 자국과 공사할 때 표시한 검은 선이 길게 칠해져 있었고, 하루를 정리하는 햇살이 옅은 갈색의 퇴적층의 속살에 스며들었다.

잠시 키토의 답사를 추억하는 동안 어느덧 공항에 도착하였다. 공항 직원들의 밝은 표정과 친절함이 에콰도르 답사의 감동을 더욱 배가시켜 주었다. 떠나는 아쉬움에 적도 민박 송 사장님과 작별인사를 하고 비행기에 올랐다. 여기서 페루의 수도 리마(Lima)까지는 비행기로 약 2시간 15분 정도 걸린다고 한다. 잠깐 눈을 붙이는 동안 비행기는 우리를 리마 공항으로 편안하게 모셔다 주었다.

키토 마리스칼 수크레 국제공항

• 에콰도르 Ecuador •

이곳 시간으로 밤 10시 20분. 짐을 찾고 출구로 나가니 '지리 교사' 팻말을 든 젊고 키 큰 페루 안내자가 우리를 반갑게 맞아 주었다.

버스로 약 50분을 달려 12시가 넘은 시각, 교포가 경영하는 San Agustin Exclusive 호텔에 도착하였다. 호텔 사장님의 잘생긴 젊은 아드님이 친절하게 우리를 맞아 주고 짐을 운반해 주었다. 비록 늦은 시각이었지만 동포 사랑의 마음에 감사드리며 사장님이 준비해 주신 김밥과 컵라면을 맛있게 먹고 방으로 들어갔다.

페루 PERU

1. 9.–1. 14.

1.9.
– 사 일째 날 –

페루 Peru

　페루는 면적이 1,285,215㎢, 인구 3천 44만 명(2015년 기준)이 넘으며 남북의 길이는 2,270㎞, 동서의 폭은 1,290㎞, 그리고 해안선의 길이는 3,080㎞에 달한다. 페루는 전 국토를 통해 지형과 기후에서 극단적인 대조를 보이며, 크기는 남미에서는 브라질, 아르헨티나 다음으로 큰 나라이다. 지리적으로 페루는 수도 리마를 중심으로 한 연안 지역(Costa), 안데스 계곡과 고원 지대(Sierra), 높은 산이 많은 안데스 동부 산악 지대(Montaña), 그리고 안데스 동부 저지대의 아마존 밀림(Selva) 등 4개의 지역으로 구분되고 있다. 태평양의 연안을 따라 약 50㎞의 폭으로 된 사막 지대가 여러 곳에서 수없이 펼쳐진다. 이 지역은 광물과 석유의 산지로서 1차 세계 대전 이후 해외 기업들이 많은 관심을 보이고 있는 곳이다.

　최근에는 연안의 사막지대에 관개시설을 갖추고 포도 재배 등 농업 분야를 중심으로 개발이 활발하게 진행되고 있다. 인종 구성을 보면 원주민 45%, 메스티조 37%, 백인 15%, 흑인 3%로 구성되어 있다. 언어는 스페인어가 공용이며 원주민들이 사용하던 케추아어와 아이마라어 등을 사용하고, 종교는 90% 이상이 가톨릭이다.

잉카 문명의 발상지이며 잉카 제국의 중심지였던 페루는 B.C. 3000년부터 노르테 치코 문명이 태평양 연안을 따라 발달하였으며 그 뒤를 이어 쿠피니스케, 차빈, 모치카, 나스카, 와리, 치무 문명이 발달하였다. 15세기 잉카 제국이 태평양 연안을 따라 아메리카 최대의 제국을 건설하여 약 1세기 동안 남미의 원주민 문명을 꽃피웠다. 1532년 프란시스코 피사로가 이끄는 스페인 군대에게 싸움 한 번 제대로 못해 보고 잉카 제국의 황제 아타왈파가 포로가 된 후, 1533년 죽임을 당함으로써 이때부터 사실상 스페인 식민시대가 시작되었다.

19세기 초 남미에 불어닥친 독립전쟁에서 왕당파의 세력이 강해서 일찍 독립하지 못하였고, 호세 산 마르틴과 시몬 볼리바르의 원정(遠征)이 성공함으로써 1821년 7월 26일 독립을 선언하였다. 공화국 초기에 군사 지도자들 간의 권력 다툼으로 일부에서 전쟁을 치르고 정치가 매우 불안하였으며, 짧은 기간 동안 페루-볼리비아 연합(1836년~1839년)이 형성되었으나 자국의 옆에 강력한 연합국가의 탄생을 우려하던 반 페루-볼리비아 연합국인 칠레, 브라질, 아르헨티나와의 전쟁(페루-볼리비아 연합전쟁)에 패해 연합이 해체되고 1840년대부터 현재와 같은 국가의 정체성을 갖게 되었다.

독립 후 많은 지도자들이 페루의 영광을 위해 노력했으나 국가의 혼란이 계속되었고, 20세기에 들어와서 군부에 의한 수차례의 쿠데타를 경험했으며 정치 지도자들은 잉카 제국 시절 이미 기반이 닦인 사회주

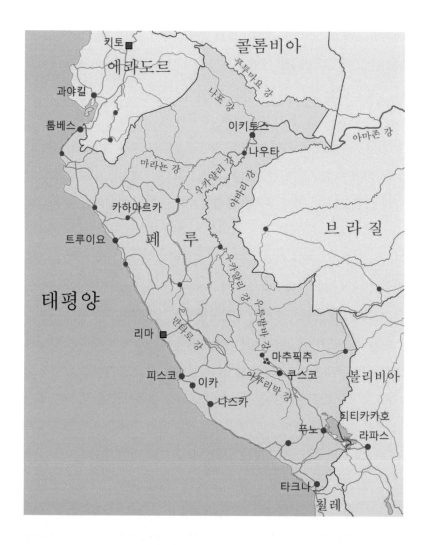

의를 시행하기 위해 노력하였으나 결국 초심을 잃고 많은 자본을 소유
한 보수 세력과 손을 잡고 사회 발전과 대다수 국민을 위한 정치를 펼
치지 못하였다.

　1990년 일본계 알베르토 후지모리(Alberto Fujimori)가 페루 대통령으로

당선되면서 페루의 현대 정치사에 커다란 전환을 맞게 된다. 1992년, 그동안 페루뿐만 아니라 국제사회에 널리 알려진 테러 집단에 대한 대대적인 소탕에 나서서 수뇌부를 체포하여 테러 조직을 와해시켰다. 또한 1993년 7%의 높은 경제 성장을 바탕으로 대통령의 연임을 금지한 헌법을 개정하여 재임에 성공하였으며, 2000년 3선에 도전에서 다시 당선되었다.

그러나 후지모리 대통령의 최측근이 야당 의원을 매수하고 부정선거에 관여한 증거가 나오면서 시민들이 대규모 시위를 일으켰고, 2001년 11월 회담을 위해 일본을 방문했을 때 일본의 도쿄에서 팩스로 사직서를 제출하고 망명길에 올랐다. 그는 공기업을 비롯하여 국가 기간산업을 매각하여 얻은 자본으로 경제 성장과 그를 열렬히 지지한 많은 빈민들에게 혜택을 주었다. 그 후 재기를 노리고 칠레로 귀국하던 중 칠레에서 체포되어 2009년 9월 재임 기간 동안의 부패 및 민간인 학살, 인권유린, 반군 세력 납치 및 살인 등의 혐의로 6년형을 선고받았다.

후지모리의 뒤를 이은 원주민 출신 톨레도(Toledo) 대통령은 침체된 페루 경제의 회복과 자율시장의 확대, 긴축 정책과 안전적인 외국 자본의 유치를 통해 경제 자립을 꿈꾸었으나, 긴축 정책으로 인한 불만이 고조되어 2002년 공무원들의 격렬한 시위로 국가 비상사태를 선포하기에 이르렀다. 그 후 불안정한 정국이 계속되었으며 2006년 6월 중도 좌파의 알란 가르시아(Alan Garcia)가 대통령이 되었다. 그 뒤를 이어 오얀타 우말라(Ollanta Humala)가 대통령이 되었으며, 2012년 5월 우리나라를 방문했었다.

3,080㎞에 달하는 긴 해안선을 갖고 있는 페루는 칠레와 함께 1947년 경제 수역 200마일을 선포하였다. 페루 영해는 남극에서 올라오는 한류인 훔볼트 해류(페루 해류)의 영향으로 영양염류가 풍부하여 세계 최대의 어장을 형성하고 있으며, 태평양 연안을 따라 세계에서 가장 건조한 사막이 발달하고 있는데 리마는 그 사막의 중심에 있다고 볼 수 있다. 특히 페루의 역사와 문명, 사람들의 생활 등을 이해하기 위해서는 훔볼트 해류를 이해하는 것이 중요하다.

훔볼트 Humboldt 해류 ┃ 훔볼트는 독일에서 태어나 1799년부터 1804년까지 중남미를 탐험하면서 이 지역의 생물 분포를 비롯하여 지형의 연구, 지질학적 탐사와 기후의 측정 등 다양한 측정과 연구를 하여 후에 과학과 의학, 지리학 등의 발전에 크게 공헌하였다.

1802년 훔볼트는 같은 위도 상에서 페루 연안의 바닷물의 온도와 먼 바다의 온도를 측정한 결과, 연안의 온도가 10℃ 이상 낮은 것을 발견하였다. 열대에 가까운 지역의 바닷물의 온도가 낮은 것을 궁금하게 생각했던 훔볼트는 남극에서 생긴 차가운 바닷물이 적도를 향해 북상하기 때문에 페루 연안의 바닷물의 온도가 낮아짐을 밝혔고, 이에 따라 그의 이름을 따서 이 해류의 이름을 '훔볼트 해류(페루 해류)'라고 부르게 되었다.

적도에서 불어온 고온 다습한 공기는 남쪽에서 올라오는 차가운 훔볼트 해류를 만나 온도가 낮아져 하강하여 안개나 구름을 형성하지만 비구름을 만들지 못하기 때문에 해안가를 따라 남북으로 길게 사막이 형성되며, 이 지역에 사는 생물들은 이때 생긴 안개로부터 수분을 공급받으며 살아간다. 이러한 기후적 특성 때문에 이카 사막의 나스카 라인이 오래 보존될 수 있었고, 오래전부터 원주민들은 해안가 사막지대를 피해 물이 풍부하고 비가 자주 내리는 안데스 고원지대에서 정착하게 되었다.

한편 남위 30° 부근에서 적도 부근으로 부는 남동 무역풍이 표층의 바닷물을 밀어내며 이렇게 밀려난 바닷물을 보충하기 위해 아래에서 온도가 낮은 심층수가 용승(湧昇, 위로 솟아오름) 작용을 일으킨다. 이러한 작용으로 많은 영양염류와 용존 산소량이 높아져서 주변 바다에는 식물성 플랑크톤은 물론, 멸치를 비롯한 어족자원이 풍부하고 먹이 피라미드에 의해 다른 동물들도 많이 서식하게 된다.

중위도(위도 30°) 지역에서 적도를 향해 부는 바람을 '무역풍'이라고 하는데 북반구에서는 북동무역풍, 남반구에서는 남동무역풍이 불며 적도의 따뜻한 바닷물을 서태평양 쪽으로 이동시킨다. 그러나 남동무역풍이 약해지면 적도 부근의 따뜻한 바닷물이 서쪽으로 이동하는 양이 적어지는 대신 남미의 아래쪽으로 내려오는 양이 많기 때문에 평상시 훔볼트 해류로 차가운 바닷물의 온도가 높아져 다른 어종이 발견되기도 하며, 평소보다 비가 많이 내리게 된다. 이때에는 고기도 잘 잡히지 않아서 어부들은 고기잡이를 중단하고 휴식을 취했으며, 이런 현상이 크리스마스 때 자주 발생하여 스페인어로 '어린아이', 또는 '아기 예수'를 상징하는 'El Niño(엘니뇨)'라고 부르게 되었다고 한다. 이러한 엘니뇨

현상으로 페루의 사막 지대가 습해지면서 나스카 라인 등 사막의 유적에도 큰 영향을 미친다.

풍족한 먹이를 찾아 칠레 연안과 페루 연안에 모여드는 수십만 마리의 새떼들의 똥이 모여 질소가 풍부한 천연 비료인 구아노(Guano)가 만들어진다. 이곳의 원주민들은 오래전부터 구아노를 이용하여 농사를 지었으며, 1802년 훔볼트는 남미의 원주민들이 오랫동안 비료로 이용하던 구아노를 발견하여 유럽으로 가져갔다. 프랑스 과학자들이 성분을 분석한 결과, 당시 유럽에서 사용하던 비료보다 질소 성분이 훨씬 많이 포함되어 있어서 유럽의 농업 생산성을 높이는 데 크게 기여하였다.

유럽 사람들은 작물의 생산량을 높이기 위하여 질소가 풍부한 구아노를 본격적으로 수입하기 시작하였으며, 이로 인해 페루는 1840년부터 40년 동안 구아노 수출로 경제적 호황을 누렸다. 그러나 구아노의 채굴에 따른 생산량 감소를 만회하기 위해 대규모 투자를 계획해 구아노를 담보로 유럽에 지나치게 많은 빚을 지게 되었으며, 결국에는 빚을 갚지 않고 1876년 디폴트(default, 채무 불이행)를 선언하게 되었다.

1873년 볼리비아와 군사동맹 조약을 체결함으로써 인접국인 칠레를 자극하여 군사력을 증강시키는 요인이 되었다. 칠레의 국내 경제사정의 악화와 인접한 국경 지대에 대한 영토 확장, 볼리비아가 아타카마 사막의 칠레 초석(KNO_3, 질산칼륨) 광산에 대한 세금 인상 등, 복합적인 요인들이 작용하여 칠레는 1879년 2월 볼리비아, 4월에는 페루에 각각 선전포고를 하였다. 페루-볼리비아 연합은 1879년~1883년까지 칠레와 전쟁을 벌였으며 이 전쟁을 태평양 전쟁(War of the Pacific) 또는 초석 전쟁(Saltpeter War)이라고 부른다. 1881년 1월 칠레군이 리마를 점령하였으며 이 전쟁에서 페루-볼리비아 연합군이 패함으로써 1883년 앙콘 (Ancon) 조약이 체결되고 페루는 칠레에게 남쪽 국경선 부근의 아리카를, 볼리비아는 태평양 연안의 안토파가스타를 잃음으로써 내륙국가로 전락하였다.

강수량이 많은 고원지대에서 살았던 원주민들은 고산지대 적응을 위해 키가 작고 상대적으로 몸무게가 많이 나가는 체구를 유지하며, 해안 지대 주민들보다 폐활량이 40% 정도 크고, 혈액량도 25% 정도 더 많다고 한다. 또, 혈액 중 적혈구의 수도 더 많은 특징을 보인다.

남태평양 연안 사막지대에 위치한 리마는 일 년 내내 비가 거의 내리지 않으면서도 안개가 끼어 있는 날이 상대적으로 많아 습한 스모그가 자주 발생하여 공기질이 무척 나쁜 편이다. 리마는 페루 인구의 3분의 1 이상인 천 만 명이 살고 있는, 남미에서도 인구가 많기로 손꼽히는 대도시로 대부분의 여행자들이 이곳에서 페루 여정을 시작한다. 잉카 제국을 무너뜨린 피사로는 1535년 대륙 침략의 기지로 해안가에 리마를 건설하였고, 19세기 초 남미 각국이 독립할 때까지 남미 대부분을 관할했던 부왕청(副王廳, 스페인 왕으로부터 통치 위임)을 설치하여 수탈과 지배의 중심지 역할을 담당하게 했다. 리마의 구도시에는 1535년 스페인 식민지시대부터 만들어진 많은 건축물들이 남아 있으며, 신도시인 미라플로레스(Miraflores)에는 고급주택, 아파트, 레스토랑, 호텔, 공원을 비롯하여 현대적인 휴양시설이 많이 있다.

오늘은 일정이 무척 바쁘다. 늦게 도착해서 잠도 몇 시간밖에 못 잤는데……. 4시에 일어나서 바쁘게 짐을 챙기고 5시에 식당에서 컵라면

과 빵과 우유로 식사를 하였다. 키토와는 달리 이곳 리마는 해발고도
가 낮아서 이른 아침부터 후끈한 더위가 느껴졌다.

　페루는 폭 50㎞ 정도에 이르는 해안가 사막과 폭 200㎞에 달하는 안
데스 고원지대, 동부 저지대의 아마존 밀림 등으로 크게 나눌 수 있다.
우리에게는 리마를 중심으로 하는 연안지역과 안데스 고원의 잉카 유
적 등에 대해서만 잘 알려져 있는데, 사실은 동부 저지대의 아마존 밀
림이 더 넓은 면적을 차지하고 있다. 페루는 잉카 제국 시절의 중심지
였으며 특히 잉카의 수도였던 쿠스코(Cusco)는 해발고도가 3,400m이며
대부분의 잉카 도시와 마을들도 고산지대에 자리 잡고 있어서 평지보
다 산소가 희박하기 때문에 노동생산성이 떨어지고 다른 지역과 연계
가 어려워서 스페인 정복자들은 1535년부터 고도가 낮은 오아시스였던
리마 지역을 개발하였고, 그 후 스페인으로부터 독립할 때까지 남미의
주요 거점도시 역할을 하였다.

| 미라플로레스 Miraflores |

　예정보다 약 20분 정도 늦게 사장님과 직원들의 환송을 받으며
5시 50분에 충적단구가 있는 미라플로레스(Miraflores)의 초르리요스
(Chorrillos)로 향하였다. 이곳은 과거 칠레와 태평양 전쟁을 벌일 당시에
칠레군의 리마 진입을 막기 위해 방어 진지를 구축하고 싸웠던 전략적
요충지였다. 1881년 1월 미라플로레스와 초르리요스에 벌어진 전투에
서 승리한 칠레군은 이틀 후에 리마로 입성하였다.

이미 날은 밝았다. 목적지까지는 약 30분 정도 걸린다고 한다. 아침의 남태평양과 야자수를 비롯한 가로수들이 어우러져 답사의 아침을 더욱 상쾌하게 해 주었다. 아직 꺼지지 않은 해변가 도로의 가로등이 건물 한 층 높이로 평행하게 줄을 지어 이어져 있다. 이곳 충적단구(沖積段丘)는 강물에 운반된 모래와 자갈 등이 퇴적된 후 융기하여 생겼으며, 비가 많이 온 시기는 산에서 흘러내린 굵은 자갈 등이 섞여 있으며 오랫동안 압력을 많이 받지 않았기 때문에 암석이 되지 않은 상태에서 다른 하천에 의해 현재와 같은 충적 단구가 만들어졌다고 한다.

주변을 감상하면서 아름다운 해변도로를 달려 드디어 미라플로레스에 도착하였다. 차에서 내려 배를 타기 위해 부둣가로 발을 옮기자마자 생선 비린내와 이곳 남태평양의 바닷바람 등이 섞인 바다 냄새가 약간 불쾌하게 콧속으로 파고들었다. 붉은색 모자와 노란색 티셔츠에 붉은색 조끼를 입은 전형적인 라틴계의 나이 지긋한 선장님은 우리들을 배에 싣고 신명나게 키를 조정하며 우리를 남태평양으로 인도하였다.

선장님의 소탈한 웃음과 재치 있는 입담을 들으면서 즐겁게 바다로 나가 미라플로레스의 충적단구를 관찰하였다. 해안선을 따라 길게 이

미라플로레스 충적단구

초르리요스

어져 있는 충적단구는 멀리서 보아도 높이가 수십 미터가 될 정도로 높고 뚜렷하였으며, 그 충적단구의 위쪽 평평한 곳에 호텔과 아파트를 비롯한 건물을 짓고 공원 등을 조성해 놓았다. 우리가 무료할까 봐 배를 급하게 돌리기도 하고 조금 멀리 나가 거센 파도에 배가 요동치는 것도 경험시켜 주었다.

약 30분 정도 해안에서 배를 타고 관찰한 후 배에서 내렸다. 해변가에는 펠리컨과 갈매기들이 해변으로 밀려오는 파도를 응시하며 소리를 지르면서 먹잇감을 찾아 부지런히 움직이고 있었다.

| 리마 Lima 의 외곽 지대를 지나면서 |

버스에 올라 해안을 따라 이동하다가 도로 공사로 퇴적층이 뚜렷하게 드러난 작은 봉우리가 있는 곳에서 하차하였다. 노란색을 띠는 아랫부분의 지층은 얼마나 큰 힘을 받았는지 약간 비스듬하게 기울었고, 그 위의 갈색 지층에는 굴삭기 등의 장비로 작업한 울퉁불퉁한 흔적이 그대로 남아 있었다.

다시 버스를 타고 잠시 이동하다가 바닷가 언덕 위에 붉은색 지붕으로 된 아름다운 건물이 보이는 곳에서 잠시 내렸다. 이곳은 과거 수도원이었는

El Salto Del Fraile 식당

데, 여기서 수도하던 수도승 Fraile가 사랑하던 여인과 사랑할 수 없음을 비관하여 뛰어내린 곳이라고 한다. 지금은 그러한 가슴 아픈 사연이 많은 사람들에게 알려지면서 El Salto Del Fraile 식당으로 개조하여 손님들을 받고 있다. 밀려드는 파도는 바닷가로 비스듬히 뻗은 갈색의 단층 아래의 땅 끝과 부딪치면서 공중에 하얀 포말을 날리면서 적막한 건물에 운치를 더해 준다. 모래산과 경사진 바위가 더욱 고적함을 드러내는 가운데 멀리서 잠깐 바라보고 젊은 수도승의 슬픈 순애보를 떠올리며 자리를 떠야 했다.

해안가를 벗어나자, 리마에서 애용하는 택시인 아주 작은 삼륜차가 나타났다. 이곳 리마를 비롯한 페루의 도시들은 길이 좁고 언덕길과 골목길이 많기 때문에 이처럼 작은 차가 아주 유용하게 쓰인다고 한다. 언덕 위에는 이곳의 보통 사람들이 사는 저층의 다세대 주택들이 줄지어 이어져 있다. 우리가 보기에는 아직 공사의 마무리가 덜된 것 같아 보였다. 이곳 사람들은 경제적인 어려움 때문에 한 번에 집을 완성하기보다는 형편에 따라 조금씩 완성해 간다고 한다.

멀리 모래산 꼭대기의 중계탑 아래에도 집들이 모여 있다. 중계탑 아래에는 철조망이 있는데, 밤에 중계탑의 시설을 뜯어 가기 때문이라고 하였다. 경제적으로 어려운 사람들이 많다 보니 이러한 일들이 비일비재하게 일어난다고 한다. 현재 리마에는 페루 인구의 약 30%인 약 1,000만 명이 모여 있어서 주거 환경을 비롯한 여러 가지 사정이 매우 열악한 편이라고 한다.

지나는 길옆 모래언덕에 붉은 벽돌로 지은 성냥갑 같은 서민들의 집들이 차창으로 스쳐지나간다. 이곳의 신도시는 우리나라와 반대로 가난한 사람들이 모여서 자기 형편에 맞게 집을 짓고, 그 이후에 정부에서 이곳에 필요한 학교와 전기와 수도 시설 등을 설치한다고 한다. 모래벌판에 대부분 2칸의 단층짜리 초라한 벽돌집들이 무심하게 줄지어 있는 모습을 보면서 어느 나라든 도시 빈민의 문제가 심각함을 느낄 수 있었다. 햇빛에 더욱 황량한 사막이 무섭게 길게 이어진다.

신도시의 모습(아직 기반 시설이 제대로 갖추어져 있지 않음)

모래 사막 위에 거칠게 지어진 서민들의 집과는 대조적으로 바닷가에는 야자수 숲속에 흰색 벽에 붉은 기와로 지붕을 덮은 예쁘게 단장한 부자들의 별장들이 여유롭게 늘어서 있다. 사막 한가운데 흰색 천으로 지붕을 덮은 양계장이 자주 눈에 띈다. 이곳 사막은 과거 바다였기 때문에 소금기가 많아서 가축이 병에 잘 걸리지

사막 한가운데 있는 양계장

않기 때문에 사막 한가운데 양계장을 많이 짓는다고 한다. 오늘 장거리 여행을 위해 버스에 기름을 넣으려고 잠시 주유소에 들렀다. 급한 대로 일도 보고 내려서 주변을 살펴보며 잠시 사막의 더운 바람을 쐬었다.

잠시 교외로 나가기 위해 검문소에서 잠시 정차하였다. 이곳에서는 리마 교외로 나갈 때 탑승인원을 비롯하여 차량의 전반적인 상황을 점검한다. 안내자와 잘 아는 사이라 간단하게 기본적인 것만 확인하고 곧바로 출발을 허락한 듯싶었다. 이곳 페루에서는 잉카 콜라(INCA COLA)가 유명하며 애국심 때문에 오랫동안 코카콜라가 점령을 하지 못하였는데, 결국 코카콜라가 잉카골라를 인수하여 합병하였다고 한다. 애국심의 호소로 유지되던 소규모 민족 기업도 결국은 거대한 기업의 자금에 무릎을 꿇게 되었다니, 우리네 일은 아니지만 어쩐지 남의 일 같지만은 않아 마음 한구석에 안타까운 마음이 들었다.

여기서는 눈인사를 할 때 우리와 반대로 얼굴을 들었다가 내리며, 또한 친한 친구끼리 만나면 오른손으로 악수를 하고 왼손으로 어깨를 가볍게 두드려 준다. 서로 아는 사이의 남자와 여자가 만났을 때에는 볼에 가벼운 키스를 해 준다. 술자리에서 건배를 할 때에는 '살룻(Salud)' 이라고 하는데 '우리 모두의 건강을 위해 한 잔'이라는 뜻으로 해석할 수 있으며, 또한 이 말은 가까이에 있는 사람의 건강을 기원하는 인사로도 사용한다. 일행 중 한 선생님이 재채기를 하자, 안내자가 '살룻' 하면서 페루식으로 가볍게 인사를 하였다.

길가에 늘어선 노점에서는 포도와 바나나 망고 등과 같은 과일과 장미 등을 진열해 놓고 팔고 있었다. 수리 시설이 갖춰진 곳에는 아주 넓은 농장이 있으며 여기에서 옥수수, 당근, 목화 등을 재배하고 있었다. 실제로 페루는 남미에서 대표적인 목화 생산지이다. 실패한 신도시의 짓다만 집들이 스산해 보이고 사막 한가운데서 힘들게 살아가고 있는 나무들이 애처롭게 느껴졌다. 잠시 차에서 내려 모래로 덮인 충적층을 관찰하였다. 높이가 몇 십 미터는 족히 되는 높은 퇴적층이 사막에 길게 띠를 두르고 있다. 새로 만들어진 도로는 이 충적층을 절단하고 만들었다. 도로공사를 하느라고 깎은 절단면에 굵은 자갈이 마치 콘크리트에 자갈을 섞어 굳힌 것과 같은 역암 층이 뚜렷하게 보였다.

지금 우리는 알래스카의 페어뱅크스에서 시작하여 남미의 끝자락 아르헨티나의 푸에고 섬의 우수아이아(Ushuaia)에 이르는 약 2만 6천 km의 판 아메리카 하이웨이(Pan America Highway)를 달리고 있다. 비교적 넓은 중앙분리대에는 야자수 등을 비롯한 나무를 심고 물을 주어 기른다고 한다. 아직도 뿌리 내린 지 얼마 안 되어 보이는 어린 나무들도 많았다. 길을 지나다 보니 사막에 나무말뚝을 박아 울타리처럼 만든 것이 눈에 띄어 물어 봤더니, 개인 소유의 땅에 경계를 표시한 것이라고 하였다.

길가에 노랗게 익은 옥수수를 말리는 모습을 자주 볼 수 있는데, 여기서는 옥수수가 마른 후 베어 내어 수확을 한다고 한다. 옥수수 줄기가 녹색이면 사료용이고 붉은색이나 자주색이면 사람들이 식용으로 하는 종이라고 한다.

길옆으로 붉은 황토색의 친차(Chincha) 강이 흐른다. 강 가운데 풀들은 물을 머금어 더욱 생기가 넘친다. 이 강은 우기인 12월~4월까지만 물이 흐른다고 한다.

이곳 친차 지역은 남미에서 최초로 아프리카 흑인들을 노예로 들여

온 곳으로 유명하다. 스페인 사람들은 이곳에 대규모 농장을 만들고 심한 노동으로 쓰러지는 원주민을 보호하고 부족한 노동력을 보충하기 위해 아프리카 흑인들을 노예로 들여와 목화 농장, 사탕수수농장, 광산 등에 배치시켰다. 평화롭게 사냥을 하고 농사를 짓던 그들은 아무런 이유도 없이 총부리를 들이대는 인간 사냥꾼들에게 잡혀 쇠사슬에 손과 발이 묶인 채 수천 ㎞를 컴컴하고 더러운 선실에 갇혀 한 달 이상을 항해한 끝에 낯선 땅에 노예로 팔려 왔던 것이다. 백인들의 야욕을 채우기 위해 수백만 명의 흑인들이 숱한 죽음이 동반되는 가장 슬프고도 비참한 여정을 거쳐 아메리카 대륙으로 끌려온 것이다. 페루 인구 중 흑인 비율이 약 3% 정도가 되는데, 많은 사람들이 이곳 친차 지역에 살고 있다고 한다. 원주민과 흑인 사이에 태어난 혼혈을 '삼보(Zambo)'라고 하는데 흑인 조상들처럼 이목구비가 뚜렷하고 키가 크다고 한다.

우리는 바예스타스(Ballestas, 물개) 섬에 가는 배를 타기 위해 늦어도 11시 50분까지는 파라카스(Paracas) 항구에 도착해야 한다. 12시 정각에 배가 출발하기 때문에 시간에 늦으면 오늘 오전 중의 중요 답사지인 바예스타스 섬에 갈 수가 없다. 안내자가 버스 기사에게 조금 빨리 가기를 재촉하지만, 이곳에서는 제한 속도를 엄격하게 지킨다. 조금만 과속을 하면 차에서 경고음이 나와서 섣불리 과속할 수가 없다. 서두른 덕분에 우리는 예정보다 훨씬 일찍 페루에서 유일한 해상국립공원인 피스코(Pisco) 파라카스에 도착하였다.

| 파라카스 Paracas 항과 바예스타스 Ballestas, 물개 섬 |

파라카스 반도에 있는 촛대 그림

해안을 따라 음식점과 상점이 죽 늘어서 있고 푸른 남태평양에는 예쁜 보트와 쾌속정들이 시원한 바람에 흔들거리며 관광객들을 기다리고 있었다. 표를 산 후 모터보트에 올랐다. 먼저 주황색의 구명조끼를 입고 바람에 날리지 않도록 모자의 끈을 단단히 조이고 태양이 작열하는 여름 바다 위를 신나게 달렸다. 불어오는 바닷바람과 모터보트의 빠른 속도가 만들어 내는 바람이 더해져 무척 세차게 느껴졌다.

바다 한가운데로 나오자, 파라카스 반도의 붉은 사막 언덕 위에 길이 128m, 폭 76m나 되는 거대한 촛대 그림(Candelabro)이 나타났다. 기원도 목적도 알 수 없지만, 항해를 할 때 이 지역의 선원들은 오랫동안 이 촛대 그림을 등대처럼 이용하였다고 한다. 실제로 이 촛대 그림은 40㎞ 떨어진 곳에서도 보인다고 하며, 이 지역이 건조하기 때문에 오래도록 그 형태를 유지할 수 있었다고 한다. '바람이 생기면 사람이 죽는다.'는 파라카스 지역 어부들의 슬픈 미신처럼 어느 곳이나 어부들에게 가장 무서운 것은 바람이 불고 파도가 거칠게 이는 것이다.

모터보트는 이제 더 속력을 내고 바람을 가르며 푸른 해변을 따라 이어진 붉은색의 파라카스 반도와 멀어져 바다 한가운데를 달리고 있다. 허공으로 솟아오른 물보라가 시원하게 뺨을 때린다. 하늘에는 바닷새들이 유유히 날고 바다에는 돌고래를 비롯하여 많은 물고기들이 푸른 바다에 활력을 불어넣고 있었다. 멀리 희미하게 바예스타스 섬이 보인다. 가까이 다가서자 작은 막대기 하나 꽂을 틈이 없을 정도로 많은 새들이 빽빽하게 섬을 채우고 있었다. 많은 사람들이 이 섬을 '작은 갈라파고스'라고 부르는 이유를 알 수 있었다. 깎아지른 절벽에 오랜 세월 거친 파도에 침식되어 생긴 해식 동굴이 어쩌면 단조로울 뻔했던 섬의 모습을 마치 바다 한가운데의 조각품처럼 더욱 아름답게 느끼게 한다.

바예스타스 섬의 새떼들

휴식을 취하고 있는 물개들

조금 더 가까이 다가서자 수많은 새들이 쏟아 낸 배설물과 날갯짓하면서 털어 내는 새털과 기타 분비물들이 만들어 내는 역겨운 냄새가

코와 입안을 심하게 자극하였다. 마스크가 있었으면 조금 나았을 텐데……. 이런 잠시 동안의 짧은 후회는 우리를 반기는 많은 물개들과 펭귄, 가마우지, 펠리컨(Pelican, 사다새), 갈매기 등이 엮어 내는 감동의 파노라마에 묻혀 버렸다. 해식동굴의 좁은 해변에는 수십 마리의 물개들이 시원한 그늘에 모여서 휴식을 취하고 있었다. 여기저기서 들리는 새들의 다양한 울음소리와 파도소리 등이 어우러져 멋진 바다의 교향곡을 연출하고 있었다.

잠시 엔진을 끄고 우리는 해식 동굴 안으로 들어갔다. 밝은 곳에 있다가 갑자기 어두운 곳으로 들어와 동굴 전체를 자세히 볼 수 없었다. 잠시 후 암순응이 되면서 동굴 천장에 침묵하듯

구아노 운반을 위한 시설물

조용히 앉아 있는 회색 바탕의 몸에 머리가 붉은 붉은머리바다제비를 볼 수 있었다. 이 새는 멀리 호주에서 날아왔다고 하는데, 한때 TV에서 방영되었던 만화 〈미래소년 코난〉에서 등장하는 새가 바로 붉은머리바다제비라고 한다. 다시 밖으로 나와 섬을 한 바퀴 돌아보았다. 이제 후각세포의 감각이 무뎌졌을 만도 한데, 비릿하면서도 역한 냄새가 더 심하게 느껴진다.

멀리 건너편 섬에는 새들이 깨알같이 박혀 산등성이에 난 산불자국처럼 검게 보인다. 이곳에는 평소에도 수십만 마리의 새가 모이며, 계절에 따라 모여드는 새들의 종류가 다르기 때문에 많은 조류학자들이 즐겨 찾는다고 한다. 바위에 붙은 파래는 물결에 따라 너울너울 춤을 추고 담치류를 비롯한 조개류와 따개비들은 밀려오는 물살에 먹잇감을 잡으려고 열심히 입질을 한다.

페루 해안은 남극에서 올라오는 훔볼트 해류(한류)와 적도에서 내려오는 난류가 만나는 지역으로 플랑크톤이 많아서 어족자원이 매우 풍부한 지역이다. 특히 이곳 바예스타스 섬 주변의 남태평양은 수심이 얕고 광합성 조류(Algae, 말류)와 동물성 플랑크톤이 풍부하여 먹이사슬이 안정되어 있어 다양한 어류들과 돌고래, 물개, 바다사자, 바다표범을 비롯하여 물고기를 잡아먹고 살아가는 새들이 섬 주변에 많이 모여들었다. 한때는 흡혈동물로 인해 새의 개체수가 급격하게 감소하여 흡혈동물의 포식자인 도마뱀을 이 섬에 들여왔으나 어미새가 도마뱀을 포식함으로써 만족할 만한 효과를 거두지 못하였다. 그 후에 도마뱀이 서식할 수 있도록 구멍을 만들어줌으로써 도마뱀의 개체수가 늘어나 어느 정도 새의 개체수를 증가시킬 수 있었다고 한다.

섬 주변에는 새똥인 구아노가 하얗게 쌓여 있으며, 지금 이곳에서는 7년에 한 번씩 구아노를 채취한다고 한다. 19세기 말까지 유럽으로 많은 구아노를 수출했지만, 1918년 독일의 화학자 하버(Haber)가 질소를 이용하여 암모니아를 합성함으로써 구아노에 대한 수요가 크게 줄었다. 최근에는 화학비료 대신 천연 비료를 사용하는 유기농법이 활발해지면서 구아노에 대한 수요도 서서히 증가하고 있다고 한다. 이곳에서 가장 크고 비교적 완만한 형태의 섬 절벽 부근에는 구아노를 채취하기 위한 건물과 배들이 접안할 수 있는 시설들이 만들어져 있다.

파라카스 부두에서 모터보트로 30분 정도면 도착할 수 있기 때문에 에콰도르의 갈라파고스보다 훨씬 싼 가격으로 관광을 할 수 있어서 많은 사람들이 이곳 바예스타스 섬을 찾기 때문에 '가난한 사람들의 갈라파고스'라고 부르기도 한다. 사실 에콰도르에 갔을 때 생물학을 전공한 사람으로서 갈라파고스를 밟고 싶은 마음이 간절하였으나 일정에 없어서 갈 수 없었는데, 바예스타스 섬을 둘러보고 갈라파고스를 가지 못한 아쉬움을 달랬다.

물개들도 더위에 지쳤는지 바위에 누워서 피서를 즐기고 있다. 물개는 2월에 새끼를 낳기 때문에 그때에 오면 물개 새끼들을 쉽게 관찰할 수 있다고 한다. 관광객들이 많이 찾아와서 익숙해졌는지 우리가 바짝 다가가도 별로 두려워하지 않고 오히려 우리가 사진 찍을 때 자연스럽게 자세를 취해 주는 것 같아 신통하게 여겨질 정도였다. 배고픈 새들은 재빨리 공중에서 수직으로 낙하하여 물고기를 잡아채고는 공중으로 다시 날아오른다. 멀리 파라카스 반도의 붉은 언덕이 보인다. 해변에는 펠리컨들이 부리를 곤추세우고 줄을 지어 서 있다.

멋진 유람과 답사를 마치고 부두로 돌아왔다. 바다 위에는 작은 고깃배와 보트들이 갈매기와 벗 삼아 한여름의 무료함을 달래고 있었다.

해변의 식당에 들어가서 점심으로 꽁치에 양파와 시큼한 레몬을 첨가한 페루의 보양식이며 전통 요리인 세비체(Ceviche)와 해물밥을 맛있게 먹었다. 점심을 먹는 동안 밖에서는 어린 소년들이 주축이 된 아마추어 악단이 우리 귀에 익숙한 〈베사메무초(Besame Mucho)〉와, 〈엘 콘도르 파사(El Condor Pasa)〉를 연주해 주었다. 식당에 한국 손님이 많은 것을 알아차리고 아리랑도 한 곡조 끼워 주었다. 공연이 끝나고 테이블을 돌면서 손님들이 주는 봉사료를 받아서 생활을 하는 것으로 생각되었다.

여행객으로 어린 소년들의 연주를 동정하기보다는 실정에 맞게 살아가는 것을 대견스럽게 생각하며 식당을 나와서 잠시 백사장을 걸었다. 모래가 고와서 발이 푹푹 빠지고 더위에 힘이 들었다. 많은 사람들이 가족들과 함께 피서를 즐기고 있었다. 잠시 식당 근처에 오니 더위에 젊은 원주민이 금장(金裝)의 원주민 전사 복장을 하고 나무 받침대 위에 서 있었다. 돈을 받고 함께 기념사진을 찍는 직업인이었다. 관광지에는 항상 관광객과 사진을 찍고 봉사료를 받는 경우가 종종 있다. 1달러를 주고 페루에 온 기념으로 기념촬영을 하였다.

| 이카 Ica 사막 |

우리는 2시에 버스에 올라 이카(Ica) 사막의 와카치나(Huacca China) 오아시스로 향하였다. 이카 사막은 앞에서 설명한 것과 같이 차가운 훔볼트 해류 때문에 페루 해안을 따라 비가 아주 적게 내려 안데스 산맥과 연안의 사이에 남북으로 길게 형성되어 있다. 이카 사막이 끝없이 넓게 펼쳐져 있고 관개시설이 되어 있는 곳에는 포도와 아스파라거스 등을 재배하는 농지가 길을 따라 끝없이 길게 이어져 있었다. 이곳에

서 재배하는 포도 중에서 최상품을 한국을 비롯한 외국에 수출하고, 등급이 떨어지는 것을 페루 국내에서 소비한다고 한다. 이곳의 포도 농장도 보았으니 한국에 돌아가면 꼭 한

와카치나(Huacca China) 오아시스

번 페루산 포도를 먹어 보리라 마음먹었다. 길옆에는 갈대로 엮어서 지은 임시 막사와 같은 집들이 띄엄띄엄 자리 잡고 있어서 황량한 사막에 그나마 작은 쉼터처럼 위안이 되었다.

드디어 와카치나 오아시스에 도착하였다. 우리가 타고 갈 샌드 지프(sand jeep)가 아직 준비 되지 않아서 조금 기다려야 된다고 하였다. 기다리는 동안 오아시스 쪽으로 발길을 옮겼다. 언뜻 보니 지오트립 실크로드 답사 때 돈황(敦煌)의 명사산(鳴沙山) 아래에서 보았던 월아천(月牙泉)과 너무나 닮아서 잠시 어리둥절하였다. 호수는 아주 크지는 않지만 작은 보트를 타고 물놀이를 즐기기도 하고 야자수가 무성하게 자란 호수 주변을 거닐기도 하며 제각각 사막 속의 오아시스에 흠뻑 빠져서 저마다 오후의 한때를 즐기고 있었다.

이러한 오아시스는 사막의 지하수면이 겉으로 드러난 것인데, 돈황의 월아천이나 와카치나의 오아시스나 모두 주변의 산보다 훨씬 아래쪽 낮은 곳에 위치해 있다. 따라서 주변에서 이 지하수면을 활용하면

물이 줄어들게 되는데, 현재 돈황의 월아천도 주변 지역에서 지하수를 개발함으로써 물이 줄어들어 인공적으로 물을 공급하고 있는 실정이라고 한다.

샌드 지프가 준비되어 우리는 2개조로 나뉘어서 드디어 신나는 사막 관광에 나섰다. 사막의 모래 먼지에 사진기가 손상될까 염려되어 사진기를 버스에 두고 휴대전화만 들고 차에 올랐다. 바퀴를 보니 웬만한 험준한 곳이라도 거뜬하게 잘 다닐 수 있을 정도로 육중하고 튼튼해 보였다. 출발한 지 얼마 되지 않아서 모래언덕을 오른다. 얼마나 수없이 오고갔는지 모랫길이 군데군데 움푹움푹 파였다.

언덕을 올라서자, 기사 아저씨는 신이 난 듯 속도를 내고 좌우로 요동이 치도록 운전을 했다. 균형 잡기 어려울 정도로 몸이 기울기도 하고 언덕을 오르다 갑

이카 사막

자기 경사가 심한 곳으로 내려가기도 하고, 차에서 터져 나오는 비명 소리에 비례하여 전율도 많이 느꼈지만 어쩐지 슬그머니 겁도 났다. 좌우상하로 펄쩍펄쩍 뛰는 차 옆으로 더운 모래바람이 스치고 지나간다. 집에서 출발할 때 마스크를 두고 온 것이 무척 후회되는 순간이었다. 임시방편으로 손수건으로 코를 감싸고 머리 뒤로 묶었지만, 부실한 것은 어쩔 수가 없었다.

한참을 달려서 사막을 조망할 수 있는 전망이 좋은 모래언덕에 차를 세웠다. 가열된 작은 모래먼지가 목구멍을 따갑게 자극한다. 사진 욕심에 사진기를 가져올까 여러 번 망설였는데, 두고 오길 참 잘했다는 생각이 들었다. 실크로드 돈황 답사 중에 사진기에 미세한 모래 먼지가 들어가 CCD(전자 결합 소자, 빛을 전하로 변환시켜 상을 만드는 장치)가 오염되어 사진 한 장에 수백 개의 점이 생겨서 나중에 사진을 보정하느라고 무척 고생했던 기억이 떠올랐다.

먼저 도착한 우리 일행은 다음 차가 올 때까지 눈앞에 펼쳐지는 이색적인 풍경을 감상하고 잠시 황량함 속에 숨겨진 자연의 경이로움에 빠져 본다. 누구나 자연의 신비스러움 앞에서는 순순해지나 보다. 각자 개성 있는 다양한 자세로 맘껏 사막의 답사를 즐겨 본다.

다음 차가 도착하여 우리는 샌드 보딩(Sand boarding)을 위해 잠시 자리를 옮겼다. 기사 아저씨가 우리 어깨 높이만 한 판자를 들고 와서 타는 요령을 설명해 주었다. 판자의 폭은 우리 몸의 크기와 비슷하며, 앞의 양쪽에 끈으로 된 고리가 있다. 타는 요령은 손을 바깥에서 안으로 넣어 끈을 잡고 가슴과 배를 판자에 밀착시키고 다리를 쭉 뻗고 고개는 약간 든 채 모래언덕 아래를 향해서 내려가면 된다. 경사가 심한 모래 언덕과 처음 타는 것에 대한 부담감 때문에 약간은 긴장 되었다. 내려갈 때 너무 빠르다고 생각되면 발을 모래에 접촉시켜 제동기(制動機)처럼 사용하면 된다. 밑에 내려가서는 반드시 뒤에 오는 사람과 부딪히지 않도록 뒤들 돌아보아 확인하고 일어서야 한다. 가끔 이러한 주의 사항을 지키지 않아서 안전사고가 발생한다고 한다.

첫 번째 시도에서 모두 그런대로 양호하게 잘해 냈다. 점점 경사가 급하고 긴 곳으로 이동하였다. 내려다보니 모래에 머리가 처박힐 것 같은 걱정이 들기도 하였다. 막상 타 보면 무척 재미있고 별로 위험하지도 않은데. 여러 곳을 차례로 이동하면서 샌드보딩을 즐겼다. 잠깐의 즐거움이 장시간 답사가 주는 부담감을 어느 정도 잊게 해 주었다. 몸 전체가 모래 범벅이 되어 한참을 털어도 옷 속 깊숙이 들어간 모래와 운동화와 양말까지 파고 들어간 가는 모래는 쉽게 빠져나오지 않는다.

다시 샌드 지프를 타고 내려왔다. 내려올 때도 우리를 즐겁게 해 주려고 기사 아저씨가 최상의 서비스를 한다. 가끔 심하게 요동칠 때에는 순간적으로 허리가 부러지고 내장이 뭉쳐서 호흡이 욱하고 멈추는 것 같았다. 오아시스가 보이는 언덕에서 잠시 내렸다. 저녁 때 위에서 내려다보니, 호수와 주변의 숲이 어우러져 한폭의 신비한 장관을 연출하였다.

샌드 지프를 타고 내려와서 시원한 맥주로 갈증을 풀었다. 오늘 일정을 끝내고 5시가 넘어서 이카 사막을 달려 나스카(Nazka)로 향했다. 열기로 가득했던 사막에 조용히 황혼이 찾아든다. 드넓은 사막에 뿌옇게 어둠이 내리고 멀리 산들도 아련하게 모습을 감추고 적막 속으로 빠져든다.

| 나스카 Nazca를 향해 |

서쪽 하늘의 붉은 기운이 서서히 옅어지고 풀도 제대로 살 수 없는 사막은 어쩐지 더 무겁고 쓸쓸하기만 하다. 몇 굽이 언덕길을 돌아 내려오니 멀리 나스카의 불빛이 보인다. 부나비처럼 불빛을 찾아 달려서 8시 10분에 나스카에 도착한 우리는 이곳에서 유명한 Norky's 식당으로 들어갔다. 오늘 저녁 메뉴는 도마 위에 불판을 올려놓고 닭고기, 소고기, 돼지고기, 양고기를 사람 수만큼 잘라 주고 채소와 곁들여서 밥과 함께 먹는 '파리야다(Parrillada)'라는 이 고장 전통요리였다. 고기의 양도 많고 종류도 다양해서 자기가 좋아하는 것을 골라 먹을 수 있었다.

저녁 식사를 맛있게 하고 버스에 올라 한적한 비포장 시골길을 달린다. 안내자가 말하기를 "오늘 납치되셨습니다." 우리는 차가 달리는 도중에야 그 의미를 조금 알 수 있었다. 이렇게 외진 곳에 과연 호텔이 있을까? 오늘밤 머무를 곳에 대한 궁금증이 점점 더 커져 갔다. 오늘 우리가 묵을 숙소는 19세기 말까지 이곳에 살았던 스페인 계통의 영주가 살았던 저택을 개조하여 만든 분위기 있는 호텔이라고 하였다.

입구에 도착하자, 커다란 대문이 닫혀 있었다. 곧이어 문이 열리고 버스에 내려서 안으로 들어가니 주변을 둘러싸고 있는 오래된 나무들과 단층의 아담한 고풍스러운 건물이 전등불빛 아래 묵직한 모습으로 아름다운 자태를 뽐내고 있었다. 사방을 둘러보니 넓은 대지에 각종 식물로 정원을 채운 것을 보면서 '사막의 한가운데 이렇게 운치 있는

나스카 숙소의 야경

저택이 있을까?' 감탄이 절로 나왔다. 건물 벽에는 흰색으로 상징적인 나스카의 라인을 그려 넣어 나스카 라인에 대하여 다시 한 번 각인시켜 주었다.

　짐을 정리하고 호텔을 둘러보았다. 1층으로 된 여러 동의 건물이 복도로 이어져 있고 후원에는 수영장도 있으며, 정원의 빈터에는 잔디를 심어서 여백을 채웠다. 영주가 생활하던 거실에는 당시에 사용하던 소파와 가구, 탁자와 도자기 등이 잘 정돈되어 있고 바닥은 대리석으로 장식하였으며 벽은 노란색 색조(色調)로 칠하고 천에 그림을 그려 액자에 넣어 걸어 두었다. 무척 아늑하고 편안한 느낌이 들었다. 숙소가 아닌 방에는 그림과 생활용품, 그리고 원주민들의 모습을 형상화한 조각을 비롯하여 다양한 조각품들이 전시되어 있었다. 당시 이곳에 살았던 영주의 호사스러움과 세련된 일상을 느낄 수 있었다. 천장은 이곳에서 나는 갈대로 발을 엮어서 가로지른 막대 위에 걸쳐 놓아서 서늘하고 오래 보존할 수 있고 친환경적으로 만들어져 더욱 친근감이 들었다.

　간단하게 산책을 마치고 가벼운 마음으로 잠을 청해 본다.

나스카 Nazca

영주의 저택에서 귀족이 되어 모처럼 단잠을 자고 아침 6시가 넘어서 자리에서 일어났다. 아침 운동 삼아 호텔을 한 바퀴 둘러보고 7시가 넘어서 식사를 하였다. 식당의 탁자보에도 잉카의 문양이 새겨져 있고, 벽에는 나스카의 거미문양과 잉카의 다양한 문양들을 새긴 귀중한 유물들을 액자에 넣어 걸어 놓았다. 유물 중에는 잉카인들의 문자라고 알려진 많은 실을 늘어뜨리고 중간중간에 매듭을 지어 의사소통을 했던 '키푸(Quipu)'라고 하는 결승문자가 잉카인들의 숨결을 전해 준다. 우리는 어느덧 나스카의 깊숙한 곳까지 들어온 기분이 들었다. 식당은 천정이 높고 갈대로 발을 엮어 만들어서 보기에도 무척 시원하게 느껴졌다. 다양한 색상과 모습을 한 거미 문양이 퍽 인상적이다. 우리는 오늘 저 거미 문양의 실제 모습을 보아야 한다. 나스카의 그림을 기대하면서 빵과 요구르트, 계란, 죽, 과일을 먹었다.

아침 식사 후 잠시 시간이 있어서 호텔 한쪽에 자리 잡고 있는 원주민 기념품 가게에 들렀다. 안에는 원주민 전통악기를 비롯하여 다양한 문양이 새겨진 어깨걸이와 목도리, 모직물로 짠 화려한 색상의 판초 (Pancho, 중앙에 구멍이 뚫린 남미 전통의 겉옷), 아이를 업거나 짐을 나를 때 사용하는 화려하고 넓은 망토, 나스카 라인과 관련된 기념품 등 많은 종류의 물건들이 있었다. 태양을 상징하기 때문일까? 붉은색의 강렬함 이 가게의 내부를 더욱 인상 깊게 느끼도록 하였다.

선인장에 붙어있는 연지벌레(코치니야)

8시, 버스에 올라 나스카 비행 장으로 출발하였다. 잠시 길을 나서자 길옆에 넓은 선인장 밭이 나타났다. 선인장을 이렇게 많 이 재배하는 것이 신기하여 잠시 차에서 내려 관찰하고 사진을 찍 었다. 자세히 다가서 보니 선인 장에 병이 생긴 듯 표면의 일부 는 희고 일부는 검은색을 띠었다. 가까이 다가서니 작은 벌레들이 뭉 쳐서 조금씩 움직이는 것이 눈에 띄었다. 더 자세히 보니 징그러울 정 도로 많은 벌레들이 다닥다닥 붙어 있었다. 알고 보니 이 벌레가 선인 장과의 식물에 기생하는 깍지진딧과의 연지벌레(*Dactylopius coccus Costa, Coccus cacti L.*)로 이곳 사람들은 '코치니야(Cochinilla)'라고 부른다. 암컷 이 산란하기 전에 채취하여 말린 후 가루를 내어 붉은색 염료인 코치닐 (Cochinea)을 얻는다고 한다. 산란하기 전의 암컷이 가장 좋은 붉은빛을 낸다고 한다. 이 색소는 고대 잉카의 직물을 염색할 때에도 이용되었 으며, 콜럼버스가 아메리카 대륙을 발견한 후 유럽으로 수출되어 중요한 붉은색 계통의 동물성염료로 사용되어 왔다. 우리나라에서는 지금도 알레르기(allergy) 유발 가능성 등 인체에 어떤 영향을 미치는지 자세한 조사가 이루어지지 않고 있으며, 유해 논란에 관계없이 일부 식품 첨가물로 사용하고 있어서 이 점에 관해서 당국의 심도 있는 조사와 연구가 필요하다고 생각한다.

둘러보니 선인장을 재배하는 밭의 면적이 엄청나게 넓었다. 선인장은 다육식물로 간단하게 줄기를 잘라서 꽂으면 발아하기 때문에 재배가 무척 용이한 식물이다. 선인장에 집중하다 보니 나스카 라인의 열기가 식을까 하여 안내자가 다시 설명을 한다.

| 나스카 라인 Nazca Line |

'Nazca'는 '아픔'이라는 뜻이라고 한다. 과거 잉카 시대에 이 지역은 아주 척박한 귀양지로서 많은 사람들이 이곳으로 귀양을 왔는데, 후에 이 지역에서 우물이 발견되어 마을이 형성되고 번성하게 되자 잉카 왕이 군사들을 보내 이곳에 살던 사람들을 죽임으로써, 귀양으로 한 번 죽이고, 다시 목숨을 빼앗아 두 번 죽이게 되어 이곳을 'Nazca'라고 부르게 되었다고 한다. 아마 지금도 그들의 슬픈 사연이 이곳 나스카의 사막에 깊숙이 박혀 나스카 라인과 같이 오래오래 기억될 것이다.

나스카 라인은 잉카 문명보다 앞선 나스카 문명 시기와 그 이전에 만들어졌을 것으로 추측한다. 나스카 문명은 A.D. 100~800년경 페루

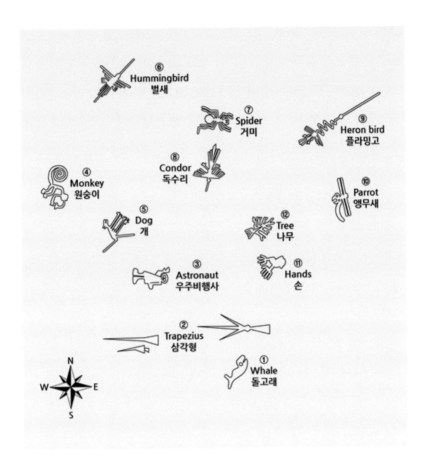

남부(리마에서 남쪽으로 400km 떨어짐) 해안 사막 지역에서 발달했으며, 아도베(Adobe, 흙·풀·자갈을 섞어 만든 벽돌)로 만든 장대한 신전, 피라미드, 광장 의례와 행정을 위한 공공건물 등을 갖추고 있고 관개용 수로를 만들고 수준 높은 직조기술과 도예제작 기술을 갖고 있었다. 또한 건조한 사막에 나스카 라인이라는 특이한 지상의 그림을 남긴 것으로 유명하다. 직선과 나선, 삼각형, 사다리꼴을 비롯하여 복잡한 도형과 문양 등의 다양한 형태의 그림뿐만 아니라 우주인(50m) 그리고 돌고래,

원숭이(110m), 개, 거미(46m), 콘도르(136m), 벌새(96m), 앵무새(200m), 플라밍고(280m) 등의 동물 그림을 비롯하여 손과 나무 모양 등 다양한 그림이 건조한 나스카 사막에 수백 개가 그려져 있다.

크기가 수십 m에서 큰 것은 수 ㎞에 달하기 때문에 300m 이상 상공에 올라야 그 모습을 볼 수 있으며, 나스카 시 인근에 있는 비행장에서 경비행기를 타고 탐사할 수 있다.

1939년 민간 항공기 조종사들에 의해 처음 알려진 이 지상화는 1939년 미국의 역사학자 폴 코소크(Paul Kosok)가 이곳을 방문하여 연구를 한 뒤부터 전 세계에 널리 알려지기 시작했다. 폴 코소크의 조수로 시작하여 나스카 라인의 연구에 평생을 바친 마리아 레이체에 대해 소개할까 한다.

마리아 레이체 Maria Reiche, 1903~1998 | 독일에서 태어났으며 수학자이자 고고학자로서 1932년 페루의 쿠스코에서 독일 영사들의 자녀들을 교육하였으며, 1934년 수도인 리마에서 학생들을 지도하였다. 그녀는 1940년 미국의 역사학자 폴 코소크(Paul Kosok)의 조수가 되어 함께 조사에 참여하였으며, 폴 코소크는 나스카 라인을 연구한 최초의 외국인으로 인정받게 되었다. 그는 나스카 라인을 고대의 관개(灌漑, 물 공급)와 연계하여 연구하였으나 나스카 라인들은 다른 목적을 위해 만들어졌을 것으로 결론지었다. 1941년 그들은 나스카 라인들이 동지점에 모이는 것을 알아냈으며, 지도를 작성하여 천체의 운동과 나스카 라인과의 관계를 규명하려고 노력하였다. 뒤이어 나스카 라인들이 하지점으로도 모

이는 것을 알아낸 레이체는 1946년 대표적인 나스카 라인을 그리기 시작하였으며 18종류의 동물과 새의 그림을 완성하였다. 1948년 폴 코소크가 떠나간 뒤에도 혼자서 연구를 계속하여, 나스카 라인이 수학적으로 매우 정확하게 만들어졌음과 태양의 움직임과 천체의 운동을 관찰하기 위해 그렸을 것이라고 주장하였다.

그녀는 나스카 라인이 워낙 크기 때문에 적절한 연구를 위하여 페루 공군에 도움을 요청했으며 또한 페루 정부를 설득하여 일반인들의 출입 금지와 정부가 나스카 라인의 보호에 적극 나설 것 등을 설득하였고, 고속도로 가까이에 전망대를 만들어 나스카 라인을 훼손하지 않고 바라볼 수 있도록 지원하였다. 그녀는 연구에 몰두하면서 전 세계에 나스카 라인의 가치를 알리는 데 혼신의 노력을 다하여 1994년 세계문화유산으로 지정을 받을 수 있도록 하였다. 난소암으로 1998년 리마의 공군 병원에서 눈을 감은 그녀에 대해 페루 정부는 예우를 갖추어 나스카에 잠들게 하였으며, 그 후 많은 사람들은 그녀를 '나스카의 어머니'로 추앙하고 있다.

이 그림들이 어떤 목적으로 만들어졌는지는 아직까지도 풀리지 않는 신비스런 의문으로 남아 있지만, 고대 종교의식과 관련이 있을 것이라는 설부터 추수를 위해 태양력의 절기를 표시한 것이라는 설, 지하수가 흐르는 곳을 표시한 것이라는 설, 우주인의 그림과 커다란 활주로 모형의 그림 등이 있는 점으로 미루어 외계인과 관련이 있다는 설 등 아직까지도 정확하게 알려져 있지 않다.

안내자의 설명에 따르면, 나스카 라인이 있는 곳 아래에는 지하수가 비교적 많이 흐르고 있어 과거 이곳에서 농사를 짓고 살아갈 때 가장 중요한 물의 위치를 표시한 것으로 여긴다고 했다. 그동안의 연구를 토대로 많은 사람들은 나스카 라인은 주로 신으로부터 이 지역에 물을 얻을 수 있도록 기원하는 숭배의 대상 또는 종교적 의식을 위해 만들어 졌을 것이라고 생각하고 있다.

나스카 라인을 그리기 위해서 나무 막대와 같은 간단한 도구와 측량 장비가 사용되었을 것으로 생각되며, 실제로 나스카 라인의 끝부분에 서 나무토막이 발견되기도 하였다. 연구자들은 이러한 도구를 활용하여 나스카 사막에서 라인을 그려 본 결과, 실제의 라인과 똑같을 정도의 라인을 완성하기도 하였다.

그리는 방법은 두 가지인데 표면을 덮고 있는 적갈색의 자갈을 걷어내어 홈의 가장자리에 배치하거나, 20㎝～100㎝ 깊이로 홈을 파고 여기에 밝은 색을 띠는 흙으로 채우고 다지면 주변의 적갈색과 대조를 이뤄, 높은 곳에서 보면 선명한 선으로 나타난다. 밝은 색을 띠는 흙에는 석회 성분이 많이 함유되어 있어 나스카 사막에 안개가 낄 때 표면을 단단하게 다져 주기 때문에 바람에 의해 손상되는 것을 막아 준다.

나스카 라인을 만드는 방법은 먼저 작은 그림을 그리고, 실이나 끈으로 그림과 같은 방향으로 일정한 비율로 늘려 가면서 확대하여 큰 그림을 그렸을 것으로 생각한다. 처음 그렸을 때에는 선명했지만 1000 년 이상의 세월이 흐르면서 얕아지고, 정부에서 관리하기 전에 사람들이 다니면서 훼손시켰으며, 엘니뇨의 영향으로 강수량이 증가하여 유적의 일부가 훼손되었다. 오랫동안 이 지역은 세계에서 가장 건조한 사막이었으며 바람이 적고 연중 온도가 일정하게 유지되어 1000년 이상 동안 사막에 그려진 그림이 크게 훼손되지 않고 오늘날까지 보존될 수 있었다고 한다. 안내자가 덧붙여 설명하기를 "해가 뜨면 더워진 공기와 함께 흙먼지가 상승하고 저녁때가 되면 하강하는데, 이러한 현상이 오랫동안 반복되면서 나스카 라인이 오늘날 윤곽을 알아볼 수 있을 정도로 보존되었다."고 한다.

나스카 라인을 답사하기 위해서는 절차가 좀 까다롭다. 비행기를 타기 때문에 여권을 꼭 지참해야 한다. 버스에 여권을 놓고 와서 다시 가지러 갔더니 버스 기사는 어디에 있는지? 시간은 급한데 연락은 안 되고.

비행기를 타기 전에 오늘 보게 될 나스카 라인의 종류와 요령에 대하여 자세하게 설명을 들었다. 오늘 우리는 1번 돌고래, 2번 삼각형, 3번 우주비행사, 4번 원숭이, 5번 개, 6번 벌새, 7번 거미, 8번 콘도르, 고속도로 건너 9번 플라밍고, 10번 앵무새, 고속도로 넘어와 11번 손, 12번 나무를 볼 예정이다.

출발에 앞서 오늘 보게 될 나스카 라인의 번호와 명칭을 익히느라 무척 열심히 공부하였다. 먼저 답사를 끝내고 들어오는 사람들이 몇 개를 보았다는 둥 관심들이 대단하다. 경비행기라 흔들림을 쉽게 느끼고 멀미를 할 수 있기 때문에 멀미 예방약을 먹는 것이 좋다. 멀미 예방약 반병을 마시고 마음의 안정을 취하면서 단단히 준비를 했다. 비행기에는 좌우 6명씩 12명씩 탑승을 하고 400m 상공(때로는 200m 상공)에서 좌우로 회전하면서 나스카 라인을 관찰하는 것이다.

비행기 좌석띠를 매고 드디어 이륙하였다. 날씨는 아주 맑아서 위에서 관찰하는 데 큰 어려움이 없을 것 같았다. 우리나라 관광객이 많이 다녀가서인지 조종사가 익숙하게 '오른쪽' 1번 돌고래를 외친다. 오른쪽 창가에 앉은 사람들이 1번에 해당하는 돌고래를 볼 수 있다는 신호이다.

이런 식으로 좌우로 돌면서 알려 주면 그때그때 바로 아래 사막을 보고 해당되는 나스카 라인을 확인하는 것이다. 반대쪽 사람 쪽으로 고개를 돌리는 순간, 빠르게 멀미의 신호가 와서 얼른 자세를 바로잡았다. 비행기를 타기 전에 반대쪽으로 몸을 돌리면 멀미를 한다고 알려 주던 말이 생각났다. 모두들 하나도 놓치지 않고 보려고 사막에 온 신경을 집중시킨다.

우주비행사

벌새

위에서 내려다보니, 일부 구간에서는 자동차 바퀴와 농기계 등이 지나간 흔적과 나스카 라인이 겹쳐서 구별이 어려운 곳도 있었다. 실제로 판 아메리카 고속도로(Pan America High Way)가 나스카 라인의 옆으로 지나가고 있으며 9번의 플라밍고와 10번의 앵무새는 다른 나스카 라인과 고속도로를 경계로 나뉘어져 있는 실정이다. 페루 정부는 나스카 라인의 중요성을 알고 1955년 이후부터 보호에 나섰으며 그 이전에는 누구나 이곳을 자유롭게 드나들 수 있어서 귀중한 인류의 문화유산을 그대로 방치하였던 것이다.

나스카의 오아시스

정해진 시간 때문인지 비행기의 회전 반경이 짧아지면서 관찰이 어려운 경우도 있었다. 열심히 보고 긴장감을 늦추지 않고 셔터를 눌렀다. 결국 12개 중 개와 거미는 제대로 보지 못했다. 일행 중 일부는 심하게 멀미를 해서 아래를 내려다보지 못했다. 위에서 내려다보는 나스카 사막과 후마나(Jumana) 평원은 또 다른 신비감을 느끼게 했다. 나스카 라인이 그려진 황량한 사막과 평원 저 멀리 나스카 강을 따라 형성된 녹색의 오아시스가 상반된 대조를 이루며 아름다운 풍경을 연출한다.

30분간의 짧은 비행을 끝내고 마치 힘든 훈련을 마치고 귀환하는 병사들처럼 당당하게 비행기에서 내렸다. 멀미가 심한 사람은 내려서도 컨디션 조절에 애를 먹었다. 2진이 돌아올 때까지 근처의 기념품 가게에 들어가 기념품과 선물을 샀다. 2진도 즐겁게 답사를 마치고 돌아왔다.

버스에 올라 나스카 라인의 손과 나무를 볼 수 있는 전망대 앞에서 하차하였다. 11번 손과 12번 나무는 판 아메리카 고속도로 바로 옆에 있어서 레이체 여사의 노력으로 이 근처에 만들어진 약 10m 높이의 전

나스카 전망대   전망대에서 바라본 나무

망대 위에서 내려다볼 수 있도록 하였다. 전망대 주변에서 작은 돌에
나스카 라인을 새긴 돌을 비롯하여 목도리 등 비교적 값이 싼 기념품을
팔고 있었다. 전망대 위로 올라서니 나무와 손 그림이 가깝고 크게 보
였다. 표면의 자갈을 걷어내고 흙을 파낸 후 밝은 색의 흙을 넣고 다진
것을 한눈에 알 수 있었다.

　나스카 라인은 평소 생각했던 것보다 규모가 크지는 않았지만, 현재
이곳에는 약 200개 이상의 나스카 라인이 있으며 실제로 비행기에서
내려다보면 직선과 곡선을 활용한 다양한 형태의 그림이 존재함을 알
수 있다.

　보호 장치라고는 난간밖에 없는 전망대 계단을 조심스럽게 내려왔
다. 전망대 반대편에는 '인류가 꼭 봐야 할 문화유산'이라는 표지석이
있다. 버스를 타고 오는 내내 '왜 사막에 이런 그림을 그렸을까?'라는
궁금증이 더해만 갔다.

　우리는 버스를 타고 전에 왔던 길을 따라 리마(Lima)를 향해 북쪽으로
이동하였다. 뜨거운 태양의 열기로 데워진 공기 때문에 사막에 거센

모래바람이 분다. 오랫동안 서쪽에서 동쪽으로 강한 바람이 불어 평지의 모래를 산 위에까지 밀어 올렸다. 바람이 강한 곳은 산의 정상까지 모래로 덮여 있다. 고속도로와 평행하게 산의 언저리에는 바람이 만들어 낸 모래언덕이 안데스의 긴 산맥을 따라 이어져 있다. 이런 삭막함 속에서도 물이 흐르는 계곡에는 기다랗게 오아시스가 형성되어 있고 바나나, 망고, 귤과 같은 과일과 옥수수, 채소를 재배하는 농경지가 모여서 녹색의 향연을 펼친다. 모래언덕 저 멀리 황량한 산들이 흰 구름을 이고 안데스의 긴 고리를 형성하고 있다.

이카(Ica)에 있는 LA TERRAZA 식당에 도착하였다. 안으로 들어서니 공간이 꽤 넓었고 낯선 냄새가 타향이라는 것을 깨닫게 해 준다. 뷔페식으로 종류는 그리 많지 않지만 그런대로 입맛을 맞출 수 있을 것 같았다. 밥과 닭고기, 토마토 유카, 고구마, 감자, 치즈 콩 수프, 시금치 밥을 먹고 검은색이 나는 옥수수차로 입가심을 하였다. 3시가 넘었는데도 햇살은 아직도 무척 따갑다.

3시 20분, 버스에 올라 리마를 향해 출발했다. 이카에서 리마까지는 299km로 버스로 꼬박 5시간이 걸린다. 과속을 할 수 없어서 그보다 더 빨리 갈 수 없다고 한다. 차창으로 스치는 이카 시내의 잘 꾸며진 공동묘지가 인상적이다. 이곳 페루에는 지금도 대우(DAEWOO) 자동차에서 생산한 국민경차였던 티코(Tico)가 곳곳을 누비고 있다. 안내자의 설명에 따르면 사정은 이렇다. 1996년 페루 정부는 당시 페루에서 택시의 대부분을 차지하던 폭스바겐(Volkswagen)을 이용하지 못하도록 문2짝 승용차의 이용을 규제하였는데, 이 법령으로 택시 영업을 할 수 없었던 택시기사들로서는 걱정이 이만저만이 아니었다. 특히 마추픽추와 같이 도로가 좁은 곳에서는 대부분 폭스바겐 택시가 주를 이루었다. 이때 이러한 문제점을 해결할 수 있도록 도와준 구세주가 바로 대우자동차에서 만든 티코(Tico)였다.

1997년에는 이곳 사람들이 눈이 작은 것을 신기하게 여기는 것을 이용하여 눈이 가늘게 찢어진 중국인 두 명을 광고에 출연시켜 그해에 광고 대상을 받을 정도로 각광을 받았다고 한다. 대우자동차는 '세계에서 최초로 기름 냄새를 맡으면서 달리는 차'라고 티코의 경제성을 내세웠는데, 이에 일본 자동차 회사가 과대 과장 광고라고 제소하는 바람에 결국 미국, 유럽, 일본 자동차와 리마-쿠스코 구간에서 '비(非) 개조 경자동차 경주대회'를 벌였다, 그 결과, 당당히 티코가 쿠스코에 1위로 입성함으로써 페루에서 선풍적인 인기를 끌게 되었다고 한다. 이러한 결과 페루에는 티코 자동차가 엄청나게 증가하였으며 처음에는 리마와 같은 대도시에서, 그리고 중고가 되면 그다음 도시로, 다시 더 낡으면 더 외진 곳으로 팔려 가서 현재까지도 당당하게 그 성능을 발휘하고 있다고 한다. 사막에 붉은 저녁 햇살이 스며든다.

리마 시내에 접어들자 차가 밀린다. 8시 30분에 교포가 운영하는 한식당 '노다지'에 도착하였다. 오늘은 '소고기 구이' 특식이다. 이 얼마나 오랜만에 맛보는 고국의 맛인가? 일행 모두 그동안의 피로를 잊고 맛있게 구운 소고기와 된장국, 김치, 나물 등을 먹으면서 리마의 밤을 즐겼다. 아시안컵 예선전에서 한국대표팀이 오만을 1:0으로 이겼다는 소식이 한층 더 기분을 좋게 했다. 식사를 마치고 그저께 묵었던 교포가 운영하는 호텔로 향했다. 나스카의 전설을 꿈속에 그리면서 내일의 멋진 답사를 기대해 본다.

1. 11.
– 육 일째 날 –

쿠스코
Cusco

    오늘은 아침 일찍 리마 공항으로 이동하여 비행기로 페루 여행의 백미, 쿠스코(Cusco)로 가야 한다. 아침 5시에 잠에서 깨어 부지런히 짐을 정리하고 5시 40분에 호텔 식당에서 빵과 우유, 계란, 토마토를 곁들인 채소로 아침 식사를 하였다. 쿠스코는 해발 고도가 3,400m이다. 에콰도르의 키토에서 어느 정도 고산 적응을 끝냈어도 평지인 리마에서 다시 3천 미터 이상인 곳에 갔을 때를 대비하여 고산증 예방약 반 알을 먹었다.

    6시 50분, 사장님과 직원들의 환송을 받으며 호텔을 출발하였다. 출발하는 우리들에게 치안이 불안하니 조심하라고 하면서 즐겁고 무사하게 답사를 마치고 귀국하기를 당부하였다. 아침부터 날씨가 무더웠다. 7시 25분, 공항에 도착하여 간단하게 수속을 마치고 9번 탑승구로 이동하여 비행기에 올랐다. 국내선이라 수속도 간단하고 물이나 우산과 같은 휴대 물품도 별로 제한하지 않았다.

예정보다 30분 늦게 9시 40분, 리마 공항을 출발하였다. 리마의 날씨는 옅게 구름이 낀 비교적 맑은 날씨였다. 기장이 공손하게 승객들에게 인사를 하고 친절하게 안내하는 모습이 무척 인상적이었다. 관광객들에게 가장 좋은 홍보는 역시 친절이다. 특히 페루의 쿠스코와 마추픽추는 남미 여행 중 반드시 들르는 곳이기 때문에 이곳 사람들도 이런 점을 충분히 알고 있어서 더 신경을 쓰는 것 같았다. 비행 중 날씨가 무척 맑아서 흰 구름 사이사이로 안데스의 골짜기를 선명하게 볼 수 있었다.

창가 쪽에 앉은 젊은 친구도 열심히 사진기의 셔터를 눌러댄다. 사진 찍는 것이 취미라고 하였다. 몇 마디 영어로 서로 말을 주고받았다. 지금 그는 고향인 밀림을 가려고 쿠스코행 비행기를 탔다고 한다. 페루의 대학에서 경제학을 공부하고 회사에 근무한다고 했다. "밀림에서 자란 사람이 이 정도가 되었으니 무척 출세했네요?" 내가 건넨 이 말에 그가 빙긋이 웃었다. 지금도 밀림에는 어릴 적 친구들인 동물들이 많다고 한다. 갑자기 자연과 동화되어 살았던 젊은 친구의 삶이 부럽게 느껴졌다.

젊은 친구의 양해를 받고 창가 쪽으로 잔뜩 몸을 기울이고 안데스의 멋진 모습을 사진기에 담았다. 쿠스코에 가까워지면서 아래에 녹색의 초원이 아름답게 펼쳐져 있었다. 약 1시간 10분 정도 비행을 하여 10시 50분에 쿠스코의 공항에 도착하였다.

쿠스코(Cusco)는 잉카의 수도로서 케추아어로 '배꼽'이라는 뜻으로 이곳이 잉카의 중심, 아니 세계의 중심이라고 생각하였다. 쿠스코는 A.D. 13세기부터 1533년 스페인의 피사로에게 정복될 때까지 잉카의 수도였으며, 현재 페루의 헌법에도 쿠스코를 역사의 수도로 정하고 있다. 잉카인들은 이곳을 퓨마의 형상에 맞춰서 계획도시로 건설하였다. 잉카의 신화에 의하면 티티카카 호의 태양섬에서 태어난 망코 카팍(Manco Capac)과 그의 누이 마마 오클로가 1,200년경에 이 도시를 세웠다고 한다. 그러나 최근의 고고학적 연구에 따르면 잉카 이전에 킬리케(Kilike) 문명 때 이미 도시가 형성되어 있었을 것으로 추측하고 있다. 이곳을 정복한 잉카인들은 그들이 신성시 했던 퓨마를 상징할 수 있도록 도시를 재정비했을 것으로 생각된다. 머리 부분은 평소에는 종교 의식을 행하는 중심지이고 전시(戰時)에는 요새로 활용했던 삭사이와만(Saqsaywaman)이고, 허리는 태양 신전인 코리칸차(Qorikancha, 현재 Santo Domingo 성당)이고, 제사를 지내던 심장은 무언카파타 대광장(현재 Armas 광장 주변)이며 꼬리는 와타나이(Huatanay) 강과 다른 인공 수로가 만나는 곳이며 대광장을 중심으로 도로가 방사상으로 뻗어 있다.

공항에 내리니 머리가 약간 무거워지기 시작하였다. 쿠스코는 해발 고도가 3,400m로 대부분의 관광객들이 이 도시에 들어오면 대부분 가벼운 고산증세를 느끼게 된다. 스페인이 식민지를 건설할 때 쿠스코를 점령한 후 고산 지대에 따른 여러 가진 문제점 때문에 바닷가에 가깝고 지대가 낮은 리마를 개발하여 활용했던 것이다.

공항을 나오자, 바로 입구에 흉상과 콘도르의 날개가 달린 작은 오벨리스크가 우리를 맞는다. 우리는 짐을 끌고 버스가 있는 곳으로 부지런히 이동하였다. 웬 낯선 젊은 아가씨가 우리 일행에게 다정하게 인사를 건네서 무심코 웃으면서 답을 했더니, 나중에 알고 보니 개인 사진을 찍어 주고 사진을 뽑아서 페루의 관광 사진에 붙여서 사진 1장당 1달러를 받는 것이었다. 짐을 차에 싣고 쿠스코의 중심지로 향한다.

쿠스코는 잉카 제국이 융성할 때는 약 3십만 명이 사는 엄청나게 큰 도시였으며, 지금은 약 44만 명(2013년 기준) 정도가 살고 있다고 한다. 도로 중앙에는 잉카 제국의 전성기를 누렸던 8대 황제 비라코차(Viracocha)와 잉카제국 최고의 전성기를 가져온 9대 황제 파차쿠티(Pachacuti)의 동상이 사라진 제국의 부흥을 꿈꾸면서 당당하게 서 있다. 멀리 산 중턱에도 황제들의 동상을 세울 정도로 이곳 사람들이 잉카의 재건을 얼마나 간절하게 바라는지 짐작할 수 있었다. 남미에서 가장 큰 제국을 형성했으며 지구 반대편 우리들에게도 전혀 낯설지 않을 정도로 많이 알려진 잉카에 대하여 간단하게 적어 본다.

잉카 제국 Inca Empire | 스페인 군대를 따라 남미에 도착한 역사학자(Cronistas)들에 의해 잉카인들 사이에서 구전되어 내려오던 신화와 전설이 기록되었는데, 이 기록들을 종합해 보면 잉카 인들은 비라코차(Viracocha)를 창조주로 믿었으며, 조상은 티티카카 호수로 내려온 망코 카팍(Manco Capac)으로 믿고 있다.

잉카 제국이 형성되기 전에는 페루의 여러 지역에 다양한 문명들이 동시에 존재하고 있었다. 잉카 족은 티티카카 호 주변에 살다가 13세기 쿠스코의 원주민들을 정복하면서 발전했을 것으로 생각되며, 케추아 족이 중심세력이었다. 15세기에 활약한 9대 황제 파차쿠티(Pachacuti)는 잉카 제국의 전성기를 이룩한 대표적인 군주로서 왕자일 때 쿠스코의 남동쪽에서 강력한 세력을 떨치던 창카(Chanka) 족을 격퇴시켰으며, 황제로 등극한 후 나스카(Nazca), 친차(Chincha) 지역을 점령하였고, 페루의 북쪽에

지도 라벨:
카리브해
베네수엘라
가이아나
수리남
기아나(프)
콜롬비아
네그로 강
대서양
키토
에콰도르
아마존 강
카하마르카
브라질
리마
쿠스코
티티카카호수
페루
볼리비아
대평양
우유니 소금호수
파라나 강
파라과이
이과수 강
질레
투쿠만
우루과이
아르헨티나
라 플라타 강
대서양

잉카 제국의 영토(노란색으로 칠한 부분)

서 세력을 떨치던 치무 문명을 정복하였다. 이후 정복 사업을 계속하여 북쪽으로는 에콰도르를 지나 콜롬비아의 일부와 남쪽으로는 칠레의 중부 지역까지 진출하였고, 남동부 지역의 라 플라타(La Plata) 강 유역까지 제국의 영토로 삼으면서 당시까지 아메리카 대륙에서 가장 큰 제국을 형성하였다.

우리는 흔히 15세기에서 16세기, 약 백 년 동안 페루를 중심으로 안데스 산맥을 따라 남북의 길이가 4천km가 넘을 정도로 넓은 영토에 인구도 1천 만 명이 넘었던 나라를 잉카 제국이라고 부른다. 원래 잉카(Inca)라는 말은 특정한 왕의 이름이었는데 후에 잉카 제국의 황제를 표현하는 말이 되었고, 스페인 사람들에 의해 제국의 이름으로 불리게 되었다. 이 밖에 일부 황제를 칭할 때에는 '유팡키(Yupanqui)'라는 호칭을 붙이기도 하는데 '너는 말한다'라는 뜻으로 5대 황제인 카팍 유팡키(Capac Yupanqui)를 예로 들 수 있다. 아마 이 황제는 말을 잘하는 황제였을 것으로 짐작해 볼 수 있다.

잉카인들은 자신들의 제국을 '타완틴수요(Tawantinsuyo)'라고 불

렸으며 크게 4 구역으로 나누어 다
스렸다. '타완틴수요'에서 '타완틴'
은 '4'를 의미하고 '수요'는 '지역'을
뜻한다. 잉카 제국은 남북으로 길게
뻗어 있어 우리 몸과 비슷한 구조로
쿠스코는 몸의 중앙에 해당하는 배
꼽이며, 동쪽은 '안티수요(Antisuyo)'
라고 불렀다. 여기에서 '안티'는 '동
쪽'이라는 뜻이며 여기에서 '안데스'
라는 말이 나왔으며 결국 동쪽에 있
는 산이라는 뜻이다. 서쪽 지방은
그곳에 '콘티'라는 작은 지방이 있어

키푸를 이용하여 계산하는 모습

서 '콘티수요'라고 불렀다. 북쪽 지역은 '친차수요(Chincha Suyo)'
라고 불렀는데 지금도 남아 있는 '친차(Cincha)'라는 지방이 있었
기 때문이었다. 남쪽 지역은 '코야수요(Collasuyo)'라고 불렀는데,
이곳 역시 '코야'라는 큰 지방의 이름에서 유래하였다.

이렇게 방대한 제국을 연결하기 위해 높은 산악지대에도 돌로 바
닥을 다진 잉카의 도로를 건설하였는데 총 길이는 약 16,000㎞
정도로 추정하며, 7㎞마다 이정표를 설치하여 방향을 알려 주었
고 1.4㎞마다 초소를 설치하고 곳곳에 여관을 설치하여 오가는
사람들이 쉴 수 있도록 하였다. 높은 산악지대에서는 식물의 줄
기를 꼬아 만든 굵은 밧줄로 다리를 만들어 계곡을 연결하여 제
국이 사통팔달의 연결망을 갖추고 있었다. 동물을 이용할 수 없

었기 때문에 통신 수단은 전적으로 봉화나 사람에 의존해야 했다. '차스키(Chasqui)'라는 일종의 젊은 우편배달부가 '키푸(Quipu, 매듭문자)'라고 불리는 문서나 필요한 물건, 직접 말로 전달하는 업무를 담당했다. 차스키는 자기 구역에서 출발하여 다음 구역에 전달하고 다시 자기 구역으로 돌아와 다음 전달을 기다리는 방식으로 거대한 제국의 통신사 역할을 했던 것이다.

태양신을 섬기며 황제가 제국을 다스리는 철저한 전제군주제 국가였으며, 황제의 친척을 중심으로 하는 귀족 계급과 나머지 평민들로 구성된 철저한 계급사회였다. 잉카 제국 시절 여러 가지 자료를 근거로 판단할 때 평민들도 비교적 여유 있는 삶을 누렸으며 사회보장이 비교적 완비된 사회주의 성격을 띤 국가였다고 볼 수 있다.

지금 우리가 버스를 타고 달리는 길이 잉카제국에서 가장 큰 길이었던 태양길이다. 우리는 차에서 내려 스페인 시대 만들어진 골목을 지났다. 골목의 바닥은 옛날에 만들어진 크기를 그대로 유지하고 있으며 차도에는 붉은색 벽돌이 깔려 있고 인도에는 사각형의 시멘트 타일이 깔려 있었다. 해발고도가 높아서인지 햇살이 무척 따갑다.

골목길을 걸어서 드디어 쿠스코 답사의 백미인 아르마스(Armas) 광장으로 나왔다. 이 광장을 중심으로 이 주변은 쿠스코의 심장에 해당하는 부분으로 잉카인들이 제사를 지내던 아주 신성시되는 곳이었다. 또한 이곳은 피사로가 쿠스코를 정복했음을 선언한 장소이며 잉카 원주민들의 저항 운동의 지도자 투팍 아마루(Túpac Amaru)가 처형된 장소이기도 하다. 처음 눈에 띄는 것은 마치 유럽의 어느 도시에 온 것처럼 드넓은 광장 앞에 바로크 양식의 아름답고 웅장한 두 채의 붉은색 성당이었다.

　1533년 쿠스코를 점령한 프란시스코 피사로(Francisco Pizarro)는 비라코차(Viracocha) 신전을 허물고 쿠스코 대성당을 지었으며, 와이나 카팍(Huayna Capac) 궁전을 부수고 중남미에서 대표적인 바로크 양식의 라 콤파니아 데 헤수스(La Compania de Jesus) 성당을 세웠다. 또한 잉카인들의 상징이라고 할 수 있는 태양 신전이 있던 코리칸차(Qorikancha)를 부수고 그 기초 위에 산토도밍고(Santo Domingo) 성당을 짓고 원주민들에게 잉카의 신앙을 버리고 가톨릭을 믿도록 온갖 방법을 동원하여 위협하고 탄압하였다고 한다.

　하느님의 사랑과 인류의 평화와 공존, 인간 존중을 내세우면서, 뒷전으로는 자기들의 목적을 달성하기 위해서 아무런 죄의식 없이 사람들의 목숨을 빼앗고 파괴를 일삼았던 자들의 오만함과 역사는 강자의 편이라는 그릇된 역사관을 어떻게 받아들여야 하는지 쉽게 판단이 서지 않는다.

쿠스코 대성당(비라코차 신전 터)

아르마스 광장(잉카의 무지개색 국기가 보임)

프란시스코 피사로 Francisco Pizarro, 1471?~1541 | 스페인 태생의 사생아로서 어려서 제대로 교육을 받지 못했으며 글자를 읽지 못하였다고 한다. 멕시코의 아즈텍 문명을 무너뜨린 에르난 코르테스(Hernan Cortes)와 먼 친척 간으로, 1509년 스페인을 출발하여 아메리카 대륙으로 향하였다. 잉카 제국이 부유하고 코르테스의 성공에 고무되어 1524년과 1526년 페루 원정(遠征)에 나섰으나 원주민들의 저항과 궂은 날씨와 장비의 부족으로 실패하였다. 1528년 파나마의 지배자에게 3차 원정을 제안하였으나 거절당하자 스페인으로 돌아가 찰스 1세(Charles I) 왕에게 간곡하게 청을 하여 가족과 친구들과 함께 원정에 나설 수 있게 되었고, 정복지에 대한 지배를 승인받았다.

1530년 파나마를 출발하여 1532년 잉카인들의 강력한 저항을 무릅쓰고 내륙에 최초로 스페인 정착지를 개척하였다. 1532년 11월 카하마르카(Cajamarca) 전투에서 아타왈파를 체포하여 그를 속여서 막대한 금을 얻어내고 1533년 처형한 후 쿠스코로 침입하여 잉카 제국을 멸망시켰다. 1535년 해발고도가 낮고 해안가에 남미 침략과 약탈의 기지로 삼기 위해 건설한 리마(Lima)는 현재 페루의 수도가 되었다.

오랫동안 전우였던 디에고 알마그로(Diego Almagro)와 불화가 생겨 라스 살리나스(Las Salinas)에서 스페인 군대 간에 전투가 벌어졌으며, 알마그로는 이 전투에서 체포된 후 처형되었다. '원한은 원한을 낳고, 복수는 복수를 낳는 법'처럼, 잉카 제국을 피로 물들인 학살자이며 약탈자였던 그는 1541년 6월 알마그로의 아

들과 부하들에게 암살되었으며, 리마 대성당(Lima Cathedral)에
묻혀 있다.

　키토(Quito)를 중심으로 세력을 잡고 있던 아타왈파(Atahualpa)는 쿠스
코를 다스리고 있던 이복형 와스카르(Huascar)를 상대로 벌인 내전에서
승리한 후 페루의 북부 온천 휴양지인 카하마르카(Kajamarca)에 진을 치
고 있었다. 페루에 들어온 피사로는 잉카 제국이 내란에 휩싸였음을
파악하고 자신의 군대와 함께 카하마르카로 이동하여 아타왈파와 협상
을 제안했다. 잉카의 관습에 따르면 잉카인들은 찾아온 손님을 공손하
게 대접했다고 한다. 내전에서 승리하고 당당해진 아타왈파는 피사로
가 이끄는 스페인 군대를 얕잡아보고 이들과 화친을 맺은 후 돌려보낼
생각을 하였다. 아타왈파는 자신이 이끌고 왔던 수천 명의 병사들이
밖에서 도열한 가운데 만반의 준비를 갖춘 피사로와 방에서 만나게 된
다. 신부(神父)와 피사로의 계략에 빠진 아타왈파는 방안에서 체포되어
'황금의 방'에 갇히게 된다.
　이때 밖에서 잉카의 병사들과 스페인 군인들 간에 전투가 벌어졌는
데, 무시무시한 굉음을 내는 총과 대포소리, 생전 처음 보는 말과 말
울음소리 등에 놀라 대부분의 병사들이 겁을 먹고 전의를 상실하여 남
미의 비극이 시작되었다. 아타왈파는 방 하나를 채워 줄 만큼의 황금
과 자신의 목숨과 교환할 것을 제안하였다. 황금에 솔깃한 피사로는
이번에도 아타왈파를 속여 방 하나를 가득 채운 황금을 손에 쥐고 아타
왈파를 죽이기 위해 자신의 계략대로 재판을 하여 반란을 일으켜 형을
죽인 죄와 스페인에 반항한 점, 신을 모독한 점, 우상 숭배, 근친결혼

등의 죄목으로 화형에 처하도록 하였다.

　화형을 당하면 다시 환생할 수 없다는 잉카의 믿음 때문에 아타 왈파는 죽기 전 가톨릭으로 개종한 후 '프란시스코 와타왈파(Fracisco Atahualpa)'라는 세례명을 받고 1533년 'garrote'라는 교수대에서 목이 졸려 죽었다. 아타왈파가 죽음으로써 사실상 잉카 제국은 역사 속으로 사라지게 되었으며, 피사로는 별로 힘들이지 않고 잉카의 수도 쿠스코로 들어와 잉카 제국을 점령할 수 있었다.

　그토록 거대한 잉카 제국이 어떻게 180명에 불과한 스페인 군대에게 무릎을 꿇고 허망하게 무너졌는지 아직까지도 많은 의문이 남아 있다. 몇 가지 원인을 든다면, 키토에서 세력을 떨치던 아타왈파가 1527년 반란을 일으켜 당시 황제였던 이복형 와스카르(Huascar)를 죽이고 황제가 되어 제국 내의 분열이 심화되었던 점, 피사로를 그들이 믿고 있던 신화 속의 신으로 착각했던 점, 스페인 군대가 가지고 온 총과 대포에 전의를 상실한 점, 그리고 아타왈파가 너무 자신의 힘을 과신한 채 피사로의 간계에 넘어가 체포된 점, 그리고 서양인들로부터 감염된 질병, 특히 천연두(small pox)로 잉카의 많은 사람들이 죽은 점 등이다.

　그 후 피사로는 망코 잉카(Manco Inca)를 황제로 내세워 잉카를 다스리게 하였으나 스페인 군인들의 만행을 참지 못한 망코 잉카가 쿠스코를 탈출해 잉카의 전사들과 합류해 쿠스코의 스페인 군대와 제국의 부활을 걸고 삭사이와만(Saqsaywaman) 요새에서 전투를 벌였다. 이 전투에서 패한 후 망코 잉카는 그의 전사들과 함께 현재 에콰도르에 있는 세계 3대 장수촌 중의 하나인 빌카밤바로 피난하여 후일을 기약하였다고 한다.

　후에 1541년 피사로를 리마에서 살해한 스페인 반란군과 합류하여 제국의 부활을 꿈꾸었지만 망코 잉카도 스페인 반란군에게 배신당해 살해당하고 태양신의 나라 잉카는 점점 절망과 좌절을 겪으며 몸부림 치다가 1572년 9월 잉카의 마지막 황제 투팍 아마루(Tupac Amaru)가 쿠스코에서 처형됨으로써 많은 사람들의 기억 속에서 사라졌다.

투팍 아마루가 처형된 지 200여년이 지난 1780년 잉카인들이 그들의 메시아로 여겼던 잉카리(Incari)가 나타났다. 투팍 아마루의 딸은 결혼하여 잉카의 피를 이어갔으며 그의 4대손인 투팍 아마루 2세는 가난한 원주민들을 구하고 스페인의 학정에 대하여 무력으로 저항함으로써 많은 원주민들로부터 해방자로 인정받았다. 1781년 4월 동조세력의 이탈과 배신, 군사력의 열세 등으로 사회제도의 개혁과 원주민들이 지위향상을 위해 일어섰던 혁명가는 육신이 갈기갈기 찢기는 형벌을 받고 43살의 나이로 생을 마감하였다. 지금도 페루에서는 투팍 아마루 2세를

아르마스(Armas) 광장(중앙에 라 콤파니아 데 헤수스 성당이 보임)

외세를 배격하고 원주민들의 권리 회복에 힘쓴 혁명가로 국민적 영웅으로 떠받들고 있다.

스페인어로 'Armas'는 '무기'라는 뜻인데 이곳이 'Armas 광장'이 된 것은 이곳을 지키기 위해서 이곳 주변에 무기를 쌓아 놓은 데서 유래한 것이라고 한다. 광장의 중앙에는 분수대 위에 잉카의 부흥을 꿈꾸듯 잉카제국 최고의 전성기를 누렸던 9대 파차쿠티(Pachacuti) 황제가 한 손에는 황제의 권위를 상징하는 지팡이를 짚고 한 손을 내밀어 잉카의 부활과 번영을 기원하고 있다.

2층으로 된 분수대 가장자리에서는 잉카의 역사가 오래 지속되기를 갈망하는 듯 물줄기가 아래로 떨어지고 있다. 이런 역사의 아픔에 아랑곳하지 않고 하루의 삶이 더 간절한 듯 비둘기 몇 마리가 동상이 만들어 주는 그늘에서 잠시 휴식을 취하고 있다. 쿠스코 대성당이 바라보이는 광장의 앞쪽에는 무지개 색을 나타내는 잉카의 깃발과 페루의 국기가 산들바람을 맞아 사이좋게 펄럭이고 있었다.

아름답고 고색창연한 쿠스코 대성당은 비라코차(Viracocha) 신전을 파괴하고 그 위에 세웠으며 짓는 데 무려 100년이 걸렸다고 한다. 제단은 당시 남미 최대의 광산이었던 볼리비아 포토시 광산에서 캐온 금과 은으로 화려하게 장식하였으며, 제단 위 중앙에 검은 예수상이 있다. 무엇보다도 이 성당에서 관심을 끄는 것은 메스티조 화가였던 Marcos Zapata가 그린 〈최후의 만찬〉이다. 이 그림에서는 예수를 배신한 가룻유다 자리에 잉카를 멸망시키고 원주민을 핍박하던 피사로(Pizarro)를 악인에 비유하여 그의 얼굴을 검게 그려 넣었으며, 식탁에는 다른 음식과 함께 잉카인들이 특별한 날에 즐겨 먹었던 쿠이(Cuy) 요리를 그려 넣었다. 잉카인들을 가톨릭으로 개종시키기 위해 지역의 특성에 맞게 현지화한 것이라고 한다.

쿠스코 대성당에서 잠시 고개를 돌리면 왕궁을 파괴하고 지은 라 콤파니아 데 헤수스(La Compania de Jesus) 성당이 있다. 이곳 남미에 와서 그동안에 있었던 일들을 깊이 알면 알수록 강자를 미화하는 인간의 역사의식이 얼마나 위험하고 잘못된 것인지 절실하게 깨닫게 된다.

중세의 암흑기에서 깨어나 르네상스 이후 근대화된 유럽은 그동안 축적된 지식을 이용하여 전 세계를 대상으로 식민지 쟁탈에 혈안이 되었으며, 이때 아시아, 아프리카, 아메리카의 많은 나라들이 식민지로 전락하여 유럽의 몇몇 국가 국민들의 사치와 향락을 위해 철저하게 착취당하고 희생되었다. 신비의 제국, 황금의 제국이었던 잉카의 빛나는 문명이 파괴되지 않고 남아 있었다면 21세기 세계화 시대에 안데스에 살았던 원주민들의 석조기술 등을 인류 모두가 공유할 수 있었을 텐데…….

아르마스 광장 주변은 고풍스럽고 세련된 서양풍의 건물에 카페와 음식점, 숙소, 여행사들이 모여 관광객들에게 여행의 정취를 맘껏 느끼게 해 준다. 멀리서 악기를 연주하고 폭죽을 터뜨리며 원주민들이 그들의 전통의상을 입고 행진하고 있었다. 많은 관광객들도 이 흥겨운 행렬에 동참하여 한 마당 축제에 흥을 보태고 있었다.

사라진 제국 잉카! 태양의 신을 섬기고 찬란한 황금빛처럼 영원을 꿈꾸던 돌의 나라 잉카! 번영하던 제국의 터전 위에 세워진 붉은색의 웅장한 성당과 건물들이 침략자들의 공적비가 되어 3백 년이 흐르는 동안 잉카인들의 원형질과 삶의 가치를 비가역적으로 뒤흔들어 놓았다. 문명의 바뀜이 화석처럼 굳어지고 시계추를 과거로 되돌릴 수 없지만 제 2의 잉카의 영광이 재현되기를 간절하게 기원해 본다.

광장을 지나서 성당 주변의 식당으로 들어왔다. 입구에 화려한 잉카의 전통 복장을 한 아가씨가 우리를 반갑게 맞아 준다. 안으로 들어가니 상의에 잉카의 전통 의상을 걸친 4인조 악단이 삼포냐와 케나초와 같은 전통악기와 기타로 우리에게 낯익은 El Condor Pasa를 연주해 주며 타임머신을 태워서 잠시 우리를 5백 년 전의 잉카제국으로 데려다 주었다. 끊어질 듯하면서도 이어지는 경쾌하면서도 애잔한 선율은 우리 모두의 마음을 흔들어 놓았다. 연주가 끝날 때마다 아낌없는 갈채를 보내면서 무척 의미있고 맛있는 점심을 먹었다.

드디어 특별 서비스로 이곳 잉카인들이 즐겨 먹던 쿠이(Cuy) 요리가 나왔다. 귀 양쪽에 노란고추로 장식을 하고 감자와 피망, 그리고 녹색의 채소가 곁들여 나왔다. 약간의 호기심과 여행 중에는 현지식을 먹어 봐야 한다는 불문율 때문에 칼로 잘라서 조금씩 맛을 보았다. 다큐멘터리에서는 돼지고기와 닭고기의 중간 맛이라고 했는데, 막상 먹어 보니 그것과는 다른 약간 거북한 냄새가 나고 내 입맛에는 맞지 않았다. 페루에 와서 잉카인들이 생일이나 축제 등 특별한 날에만 먹었

쿠이(Cuy, 기니피그) 요리

던 귀한 음식을 먹었다는 것만으로도 커다란 위안이 되었다.

점심 식사 후, 쿠스코 광장을 지나 스페인식 건물이 있는 골목길로 접어들었다. 건물의 벽은 수십 톤이 족히 될 법한 모양이 제각각인 돌로 바람 한 줄기도 통할 수 없을 정도로 정교하게 서로 맞물려 짜 맞추어져 있었다. 담벼락의 중간 아래에는 방송을 통해 많은 사람들에게 잘 알려진 길이가 115㎝인 12각 돌이 의연하게 자리를 지키고 있었다. 또한 잉카인들은 이러한 석조 기술을 백분 활용하여 석축에 야마를 비롯한 특정한 동물을 상징하기 위해 돌을 깎아내고 배열하였다. 골목길을 따라 조금 더 올라가면 또 다른 석벽에 그들이 신성시했던 퓨마를 상징하는 배열이 있다.

스페인 정복자들은 잉카의 정교하고 세련된 석벽의 견고함을 인정하고 그 위에 건축물을 지었다. 건축에 사용된 돌들을 자세히 보면 상하 좌우 다른 돌과 접촉하는 경우에는 가장 큰 돌의 원래 모습을 최대한 유지하면서 깎고 다듬어서 축조하였기 때문에 모양이 같은 돌이

12각돌 앞에서

없고 서로 다른 돌들이 멋지게 조화를 이루어 최고의 석조 건축예술품을 보는 것 같았다. 또한 벽면은 최대한 가공하지 않고 원형 그대로 유지시켜 돌이 주는 딱딱한 질감 대신 부드러운 자연미를 한껏 느낄 수 있다.

우리는 다시 걸어서 로레토 거리(Loreto Alley)를 걸으면서 잠시 잉카를 떠올려 보았다. 바닥에는 동글동글한 조약돌이 깔려 있고 그 사이에는 사각형의 돌을 깔아서 걷는 것도 무척 운치가 느껴졌다. 잉카 시대의 궁전 벽은 다른 곳의 석조 양식과 달리 바닥에서부터 돌을 다음어서 벽돌 모양의 돌을 일렬로 차곡차곡 쌓은 것이 무척 강하면서도

로레토 거리(왼쪽이 잉카, 오른쪽이 스페인 시대 벽)

질서가 느껴졌다. 석벽에 사용된 돌들은 모두 크기가 다른데, 아마 이곳에 사용된 돌들은 처음부터 사각형 모양의 돌들을 골라서 조금만 가공하여 사용했을 것으로 생각된다. 귀족들과 평민들의 주거지는 위로 갈수록 작은 돌로 쌓음으로써 한눈에 신분의 차이를 알 수 있었다고 한다.

돌과 돌 사이는 석공의 굵은 땀방울과 능숙한 손놀림이 배합되어 어떤 강력한 접착제보다도 잘 들러붙어 수백 년의 세월이 흐른 지금에도 종이 한 장 들어가지 않을 정도로 견고하게 자리를 지키고 있다. 돌의 수직 표면을 자세히 보면 돌을 다듬어서 가운데를 볼록하게 만든 것을

볼 수 있는데, 이것은 위에서 떨어지는 물이 돌과 돌 사이의 경계선에 닿지 않도록 고려하여 만든 것이라고 한다. 잉카의 건축 기술자들은 오랜 세월동안 접촉면에 물이 닿고 고이면 접촉된 돌들이 지탱하는 힘이 약해지고 더 나아가 건축물 전체가 약해질 수 있다는 것까지 예상하고 작업을 했던 것이다. 돌로 쌓은 건축물의 미래까지도 내다본 잉카인들의 숨은 지혜와 정교함에 다시 한 번 놀라게 된다. 돌과 돌 사이에 석회를 굳혀 작은 돌로 소박하게 석축을 한 스페인 식민지 시대에 쌓은 맞은편 담벼락이 잉카의 궁전 벽과 좋은 대조를 이루고 있다.

잉카의 뛰어난 석조 기술을 높이 평가하면서 우리가 흔히 간과하기 쉬운 것 중의 하나가 석조로 된 홍예(虹蜺, 아치) 구조를 볼 수 없다는 점이다. 기술적 문제였는지 아니면 자신들의 건축기법을 고수하기 위함이었는지 알 수 없지만, 잉카의 문은 사각의 형태로 아래의 돌로 된 기초 위에 양옆에 돌을 쌓고 위쪽은 대개 긴 돌을 가로질러 대는 형태로 만들어졌음을 알 수 있었다.

| 산토도밍고 **Santo Domingo** 성당 |

잉카 제국의 태양 신전이 있었던 코리칸차(Qorikancha)가 있던 곳으로 발길을 돌렸다. 붉은색 기와로 덮은 담장 뒤로 수줍은 듯 선인장의 하얀 꽃이 살짝 고개를 내밀고 멀리서 온 낯선 사람들에게 반갑게 인사를 건넨다.

정복자들은 잉카인들을 가톨릭으로 개종시키기 위해서 잉카인의 민음의 산실이며 가장 신성시하는 태양신전을 철저하게 파괴하고 잉카의 흔적을 지우기 위해 온갖 만행을 저질렀을 것이다. 스페인 침략자들은 코리칸차를 부수고 신전의 굳건한 기초석 위에 르네상스 양식으로 산 토도밍고(Santo Domingo) 성당을 지었다.

케추아어로 '코리칸차(Qorikancha)'는 '황금정원'이라는 뜻인데, 실제로 잉카 제국 시대에 이곳 신전의 앞에는 '신성한 정원(Sacred Garden)'이라는 황금 정원이 있었다고 한다. 여기에는 잎이 금으로 되어 있고 줄기는 은으로 된 나무와 금으로 된 옥수수와 실물 크기의 20마리의 야마와 목동이 있었다고 한다. 그러나 스페인 정복자들의 갖은 만행과 협박과 회유로 스페인 식민지에는 잉카의 신전은 흔적을 찾기 어려울 정도로 파괴되고 그 터에 성당과 교회가 들어서 오늘날까지 이어져 오고 있다. 식민지를 경험한 대부분의 나라에서 태양을 숭배하던 잉카인들의 신앙과 그들 자신의 혼은 3백 년 동안의 식민지 생활에 길들여졌는지, 아니면 체념을 한 것인지, 아니면 메스티조처럼 정체성의 혼란을 겪으면서 살아가는 것인지 무척 궁금하게 느껴졌다.

남미 국가 중 페루와 볼리비아는 다른 주변국가에 비해 원주민들이 차지하는 비중은 높지만, 생활수준과 교육수준이 낮아서 국가나 사회의 주역이 되지 못하고 스페인 식민지 시대와 별로 다르지 않은 또 다른 암흑기를 보내고 있다고 한다. 이러한 계층 간의 지나친 빈부 격차는 20세기 말에 원주민들이 여러 나라에서 동시 다발적으로 집단화·정치조직으로 발달하는 주요 원인이 되었고, 21세기에 들어와서 일부 국가에서는 이들이 정치 세력의 중심에 서게 되었다.

잉카의 유적을 보면서 그들의 후손에게 묻고 싶다. 과연 이 땅에 사는 원주민들은 잉카의 후예임을 자랑스럽게 여기면서 태양의 제국, 황금빛 찬란했던 잉카 제국의 부활을 꿈꾸고 있는지?

잉카의 커다란 돌로 쌓은 기초 위에 붉은색 벽돌을 쌓아 올려 만든 성당의 벽은 300년 세월의 때가 묻어 군데군데 검게 보였다. 겉보기에는 쿠스코 대성당에 비해 그리 커 보이지 않았다. 많은 사람들이 입장을 기다리고 있었다. 안으로 들어가면 바로 문 입구의 벽에 금박으로 'QORIKANCHA'와 그 아래 'CONVENTO DE SANTO DOMINGO'를 붙여 놓았다. 다행히 신전의 이름이 위에 있어 그나마 대접을 받는 것 같은 생각이 들었다.

안내자를 따라 출입구 가까운 쪽의 방으로 들어가니, 기독교와 관련된 그림들이 벽에 걸려 있었다. 전시된 그림 중에서 볼에 불그스레한 볼화장을 한 그림은 스페인 식민지 교육을 받은 잉카의 화가가 그린 그림이라고 한다. 가브리엘 천사장의 얼굴에도 볼화장의 흔적이 있는 점으로 보아 잉카의 화가가 그린 것이라고 하였다. 이 지역은 태양빛이 강해서 얼굴이 쉽게 타기 때문에 이러한 지역적 특징을 그림에 반영한 것이라고 한다. 이외에도 사탄을 나타낸 그림과 스페인과 잉카 사람들이 협조하여 융합하는 그림도 있다.

가톨릭과 관련된 그림들을 보고 나오니 4각의 주랑이 있고 많은 관광객들이 주랑을 따라 '태양의 신전'과 'Santo Domingo 성당'이 복합된 유적을 관심 있게 살피고 있었다. 이곳에는 다른 목적으로 이용하던 방이 5개 있으며 벽에는 홈을 내어 선반처럼 만든 감실(龕室)이 있는데, 여기에는 물건을 두거나 금으로 된 상을 올려놓았다고 한다.

산토도밍고 성당의 외부 모습과 내부 주랑

    일부 신전의 벽에는 과거 황금의 제국 시절에 금으로 도장(塗裝)을 했던 흔적이 남아 있어서 당시 이 신전들이 얼마나 휘황찬란했는지를 짐작할 수 있었다. 이러한 모습을 본 스페인 침략자들은 과연 어떤 생각을 했을까?

    하급 장교였던 피사로는 처음부터 금을 얻어 벼락부자가 되기 위해 남미에 발을 들여놓았으며, 그를 따라온 병사들도 그의 이러한 의도와 별로 다르지 않았을 것이다. 황금의 정원에 장식된 금은 스페인 침략자들의 탐욕의 도화선에 불을 지핀 꼴이 되었다. 잉카의 문명과 그들의 삶이 보잘것없었다면 철저하게 유린당하거나 이용당하지 않았을 것이다. 탐욕의 화신(化神)들에게 포로가 된 잉카의 황제는 황금을 주면 살려 주겠다는 속임수에 넘어가 신전의 방 하나를 채울 만큼의 황금을 빼앗기고 결국 무참하게 죽임을 당하였다. 아타왈파 황제는 피사로로 하여금 그들의 탐욕을 채우기 위해 남미를 정복하게 하는 빌미를 제공한 셈이 되었고, 결국 남미의 대부분은 침략자들이 의도한 대로 스페인의 식민지가 되었다. 얼마나 마음이 아프고 통탄스러웠겠는가? 성당

안에는 사각형의 돌로 정성스럽게 만든 방들이 원래 형태로 남아 있어서 그나마 위안을 삼을 수 있었다.

신전으로 쓰였던 석실(벽을 황금으로 장식함)

14각 돌로 된 2중의 턱 문

　이곳에도 예외 없이 왕궁의 벽을 쌓았던 것처럼 모난 돌들을 다듬어서 모양과 가로의 길이는 다르지만 선이 나란하도록 높이가 일정한 돌들을 이용하여 건축하였다. 신전의 모든 벽에는 금박으로 장식되어 있었다고 하며, 이곳 코리칸차에서는 쿠스코에서 행해지는 모든 제사를 준비했다고 한다. 어떤 방에는 벽 아래 바닥에 구멍 뚫린 돌들이 어지럽게 흩어져 있었다. 이 돌들은 제사를 지내기 위해 물건을 준비할 때 사용한 것으로 알려져 있다. 잉카인들도 우리와 비슷하게 '3'을 우상시하는 풍습이 있었다. 우리가 '天地人' 이렇게 우주 구성을 3원화 하듯이 잉카인들도 사후 세계, 즉 땅의 아래에는 뱀, 현세의 인간 세계인 땅에는 퓨마, 신의 세계인 하늘에는 콘도르(Condor)가 있다고 믿었다. 가끔 길거리에서 파는 뱀과 고양이 독수리가 함께 묶여진 기념품은 바로 이러한 잉카의 의식세계를 나타낸 것이라고 한다. 또 다른 예를 들면 세 개의 문, 세 개의 계단 등에서 '3'을 중시하는 문화를 엿볼 수 있다.

방에서 나와 이중의 턱을 가진 문으로 이동했다. 문의 입구에는 14각 돌이 있고 이 건물에는 14각 돌이 4개나 있다고 한다. 왕권 국가였던 잉카제국은 신분에 따라 대우가 달랐으며, 14각 돌이 있는 이 방도 2중의 턱으로 되어 있어서 지위가 낮은 사람들은 들어갈 수 없었다고 한다. 잉카인들은 지위와 신분에 따라 건축, 장신구, 옷, 문 등을 차별화했다고 한다.

성당 내에는 이곳에 봉직했던 신부들의 복장과 인디언 고유 복장 등이 전시되어 있다. 또한 성모 마리아상도 원주민 모습으로 형상화했는데, 잉카 사람들을 가톨릭으로 개종시키기 위한 침략자들의 고육지책이었을 것이다. 3백 년 동안 식민 지배를 받는 동안 스페인계 백인과 원주민들 간의 혼혈을 비롯하여 다양한 혼혈이 생겨났지만, 잉카의 숨결이 살아 있는 이 땅에는 아직도 순수 원주민들이 남아 있어 잉카의 명맥을 이어 가고 있다. 순수 원주민들은 매부리코에 광대뼈가 나오고 어린아이에게서 몽고점이 나타나고 피부색이 같은 점 등을 고려하면, 우리와 혈통이 같은 몽골계 인종으로서 과거 빙하기에 베링 해를 건너 아메리카로 이주한 선각자들의 후예라고 볼 수 있다. 최근의 연구 결과에 의하면 동남아시아에서 살던 사람들이 배를 타고 아메리카 대륙으로 이주했던 사실이 밝혀짐에 따라 아메리카의 원주민들은 몽골계와 동남아시아계의 사람들로 구성되었음을 추측할 수 있다.

또 다른 방에는 화려한 원주민 복장을 하고 의자에 앉아서 쉬지 않고 열심히 옷감을 짜는 원주민 여성의 모형이 있다. 스페인 정복자들은 잉카 여성들의 노동력을 착취하기 위하여 가축은 발로 뛰면서 돌보고 손에는 팽이와 같은 실을 잣는 도구를 사용하여 실을 감듯이 손발을 놀리지 않고 철저하게 노동력을 착취하였다고 하며, 이 모형은 그러한 노동 착취를 기억하기 위하여 만들어 놓은 것이라고 하였다. 잉카 여자들은 전통복장을 갖추고 검은색 모자를 쓰는데, 결혼한 여자(촐라)는 반듯하게, 미혼자(촐리타)는 약간 비스듬하게 썼다고 한다.

태양의 신전

잉카의 문양

 밖으로 통하는 문으로 나오니 코리칸차에서 가장 중요시 했던 태양의 신전이 나타났다. 신전에 안치되었던 잉카의 문양은 사라졌지만 다행스럽게 이 신전은 파괴되지 않고 남아 있어서 잉카의 문명을 이해하는 데 큰 도움이 되었다. 잉카인들은 건물을 지을 때 대부분 직선형으로 짓는데, 신전과 같이 중요한 부분은 곡선 형태로 지었다고 한다. 이곳 태양의 신전도 부드럽게 굽어지는 부분의 위쪽에 잉카의 상징물을 올려놓았던 빈 공간이 있고, 돌의 군데군데에 돌을 깎아내어 만든 작은 육면체의 돌기가 있었다. 잉카인들은 돌기에서 만들어지는 그림자를 이용하여 시간을 관측하였다고 한다. 멀리 아래를 보니 성당 아래 넓은 잔디밭과 멀리 산위에 촘촘하게 박힌 붉은색 집들까지 시원스럽게 한눈에 들어왔다.

다시 안으로 들어와서 한쪽 벽에 걸린 집모양의 금박에 태양과 별과 동물과 여러 가지 문양을 새겨 넣은 잉카의 우주도를 보았다. 15세기에 그려진 그림치고는 다른 대륙의 나라들과 비교하여 매우 수준이 떨어지는 것으로 여겨졌으며, 과학적 사고보다는 경험과 관념적 사고에 더 치중했던 것으로 생각되었다. 금으로 된 많은 유물들은 약탈자의 탐욕 앞에 잉카의 영혼과 가치를 상실한 채 생명을 잃고 의미도 없는 단순한 금속으로 환원되어 스페인으로 실려 갔고, 얼마 안 되는 유물만이 겨우 남아 있어 잉카의 역사를 말해 주고 있다.

잉카인들은 돌로 건물을 지을 때 지진에 견딜 수 있도록 돌들끼리 서로 맞물려 마름모 형태로 쌓아 올렸으며(안으로 들여쌓음), 실제로 1650년과 1950년에 쿠스코에 대지진이 발생하였을 때 이 성당의 잉카 때 쌓은 석축은 전혀 손상이 없었고 스페인 식민지 때 지은 윗부분만 크게 피해를 입었다고 하니, 잉카인들의 뛰어난 기술력과 재난에 대하여 얼마나 철저하게 대비했는지를 알 수 있었다고 한다.

밖으로 나와서 잠시 성당을 떠받치는 잉카의 돌벽에 기대서 휴식을 취했다. 잠시 후 성당을 뒤로하고 아래로 내려왔다. 예쁜 털모자를 쓴 귀여운 원주민 여자아이가 맛있게 과자를 먹으며 강아지와 함께 산책을 즐기고 있

다. 티 없이 맑고 순수한 아이의 평화로운 얼굴을 보니 한결 마음이 밝아진다.

잠시 아래에서 우리가 방금 전에 나왔던 성당의 겉모습을 아래에서 살펴보니, 잉카의 튼튼한 토대 위에 성당 건물이 얹혀 있는 것이 확연하게 구별되었다. 길가 잔디밭에 1983년 쿠스코를 유네스코 세계문화유산으로 지정한 표지판이 밝은 햇살에 자랑스럽게 모습을 드러낸다.

| 삭사이와만 Saqsaywaman |

버스에 올라 잉카의 부활을 위해 스페인 군대와 전투가 벌어졌던 삭사이와만(Saqsaywaman) 요새를 향해 출발했다. 삭사이와만은 케추아어로 '배부른 매' 라는 뜻이며, 쿠스코에서 북서쪽으로 약 2㎞ 정도 떨어져 있는 요새로서 퓨마의 머리에 해당하는 부분이다. 삭사이와만은 쿠스코 시내보다 300m 정도 더 높은 해발고도 3,701m에 자리 잡고 있어서 특히 언덕을 오를 때 힘이 들기 때문에 무리하지 않도록 여유를 갖고 천천히 걷는 것이 좋다.

방문을 환영하는 표지판이 걸린 기둥의 안으로 들어서니, 어른 키보다 훨씬 큰 바윗돌을 비롯하여 크기가 다양한 바위와 돌로 성처럼 길게 쌓은 요새가 나타났다. 잉카의 전설에 따르면, 이 요새는 9대 황제 파차쿠티(Pachacuti)의 아들인 투팍 잉카(Tupac Inca)가 파차쿠티가 쿠스코를 '퓨마의 도시'라고 즐겨 부르던 것을 기억하기 위해 쌓았다고 한다. 그러나 고고학적 연구에 따르면 잉카 이전의 킬리케(Kilike) 문명 시기에 축조했으며, 잉카 시대 때 확장한 것이라고 한다. 어마어마하게 큰 돌을 갈고 다듬어서 다른 돌과 맞물려 쌓은 것도 실로 대단하지만 수레가 없던 잉카에서 이렇게 큰 돌을 어떻게 이 높은 곳까지 운반해 왔는지 그 집념과 공력에 감탄하지 않을 수 없었다.

총 길이는 약 500m이며 일정한 간격으로 돌출한 성벽이 66개나 된다. 요새에서 제일 큰 돌은 길이가 약 5m, 무게가 360톤이나 되는, 그야말로 집채만 한 어마어마하게 큰 바위이다. 일부는 훼손되어 다른 작은 돌로 채웠지만 중심의 석축 방식은 다양한 크기의 큰 돌을 각각의 모양에 맞게 3층으로 쌓아올렸다. 삭사이와만은 군사적 목적뿐만 아니라 태양신에게 제사를 지내는 신성한 장소이기도 하였다. 태양신에게 제사를 지낼 제물로 선택받은 자(대개 어린 소년이었다고 함)는 옥수수로 만든 '치차(Chicha)'라는 술을 축제 8개월 전부터 마시게 하며, 3개월 전에는 하루 종일 마시게 하여 취하게 만든 다음 목을 찔러 죽였다고 한다.

피사로는 쿠스코를 점령한 후 잉카를 다스리기 위해 망코 잉카(Manco Inca)를 황제로 임명하였으나, 허수아비 황제였던 망코 잉카는 피사로에게서 갖은 수모와 굴욕을 당하게 되자, 잉카의 병사들과 함께 탈출하여 1536년 이곳에서 스페인 군대와 전투를 벌였다고 한다. 스페인 군대에 맞서 마지막까지 저항했지만 스페인 군대의 지연작전에 식량과 식수가 바닥나고 전사들의 사기가 떨어져 결국 침략자들에게 무릎을 꿇을 수밖에 없었다.

성벽에 다가서면 한참을 올려다봐야 할 정도로 어마어마하게 큰 돌을 이곳에서 10㎞ 떨어진 채석장에서 저항을 덜 받게 돌의 앞면을 갈고

밑에 둥근 나무를 깔고 이곳까지 끌어왔다고 한다. 다양한 크기와 형
태의 바위들을 독특한 생김새에 맞게 이웃 돌과 꼭 들어맞게 조합시켜
불규칙하면서도 부드러운 선이 만드는 조화와 안정감 때문에 전체가
하나의 예술품처럼 느껴졌다.

　자세히 보면 접촉면은 약간 안으로 들어가 있어서 접촉면이 만드는
함몰된 선은 직선이라도 직선이 아닌 것처럼 부드럽고 어떤 모서리는
돌과의 만남을 자연스럽게 하려고 칼로 다듬은 듯 아주 매끈하다. 많
은 민족들이나 국가에서 돌을 이용하여
성곽이나 궁궐, 석탑, 집, 기타 건축물

들 지었지만 제각각의 돌을 각각의 형태
와 크기에 맞게 조화를 이루도록 쌓은 잉
카인들의 건축술과 돌을 다루는 기술이
단연 으뜸이라고 생각된다. 잠시 숨을 고
르고 정상으로 올라간다. 발걸음을 옮길 때마다 숨이 차오르고 머리가
조금 무겁고 띵하다. 사진을 찍느라 정신없이 움직여서 몸이 조금 피

로해진 탓이리라.

정상에서 쿠스코를 내려다보니, 곧게 솟은 일부 높은 건물을 제외하고는 도시 전체가 붉은색 물감으로 물들어 있어서 더욱 강렬하게 느껴졌다. 이곳은 지진이 자주 발생하기 때문에 과거부터 3층 이상의 건물은 되도록 짓지 못하도록 관리하였다고 한다.

골을 스치던 바람이 기어이 산꼭대기를 치고 올라와 한껏 기세를 부린다. 쿠스코의 서쪽 끝자락에 무지개가 활처럼 솟아오르고 멀리 서쪽 산에는 먹구름이 하늘을 덮으면서 천둥소리가 불안을 몰고 이곳까지 울려온다. 한바탕 비가 오려는 듯 이곳 삭사이와만의 하늘도 서서히 비구름에 덮이면서 햇살이 약해지기 시작한다.

눈을 돌려 광장 건너 반대편 언덕의 바위들을 보니 바위 표면이 곡선으로 심하게 움푹 패고 긁힌 것이 눈에 띄었다. 조 선생님과 안내자가 서로 아는 사실들을 종합하여 이렇게 크고 단단한 바위가 저렇게 곡선으로 침식된 것은 거대한 빙하가 이곳으로 흘러갔기 때문일 것이라고

· 페루 Peru ·

추측하였다. 조 선 생님도 삭사이와만 에 대하여 그동안 궁 금했던 의문점을 이 곳에 와서 직접 확인 함으로써 빙하의 작 용일 거라고 확신한 다고 했다.

삭사이와만에서 바라본 쿠스코

거대한 바위에 최 고의 기술을 접목하여 겹겹이 쌓아 만든 철옹성이라고 믿었던 요새도 몇 백 명밖에 안 되는 침략군의 선진 무기와 지연작전에 힘없이 무너졌 다. 삭사이와만 요새를 둘러보면서 거대한 바위를 다듬어서 예술품에 가까울 정도로 만든 기술력과 공은 인정하면서도 이렇게 높은 곳에 이 런 요새가 과연 필요했는지? 전략적 측면에서 반드시 짚고 넘어갈 필 요가 있다고 생각한다. 세상일에는 항상 성공과 실패가 병행하여 나타 나는 경우가 많으며 그러한 결과가 나오는 데에는 반드시 그에 부합되 는 이유가 있는 법이다.

우리는 사라진 황금의 제국 잉카를 약자의 편에서 동정하지만, 망국 의 길을 걸을 수밖에 없었던 원인을 냉정하게 분석할 필요가 있다. 잉 카 왕국이 망해 가는 것을 묵묵히 지켜본 삭사이와만은 최고의 요새라 는 자기 최면에서 영원히 깨어나지 못한 채 무너졌던 것이다. 우리가 어떤 일을 할 때 필요 이상의 힘을 쏟거나 투자를 했을 때에는 그것에 발목이 잡히거나 다른 쪽에 신경을 쓰지 못해서 다음 단계의 일을 진행하지 못하고 그대로 주저앉게 되는 경우가 종종 있는데, 삭사이와만이 오늘날 우리에게 주는 교훈이라고 생각한다.

매년 6월 24일, 이곳에서는 잉카의 아픈 역사를 기억하고 부활을 꿈꾸면서 인티 라이미(Inti Raimi) 축제가 열리는데, 브라질 리우의 삼바축제, 볼리비아의 오루로 카니발과 함께 남미 3대 축제에 속한다고 한다. 축제가 열릴 때에는 많은 사람들이 지켜보는 가운데 화려한 잉카 시대의 복장을 차려입은 황제와 전사들, 그리고 여인들이 등장하여 찬란했던 잉카 시대의 영화를 재현한다.

잠시 광장의 잔디밭에 앉아서 잠시 휴식을 취하고 버스에 올랐다. 안내자가 일정이 늦어진다고 재촉한다. 버스를 타고 예수상이 있는 평화의 공원(PARQUE DE LA PAZ) 입구에서 내렸다. 일정상 잠깐의 시간이 주어졌다.

삭사이와만의 전투에서 승리한 스페인 군대는 가톨릭으로 개종을 거부하는 잉카인들을 이 언덕에서 무참히 살해했다. 종교를 내세운 광기(狂氣)와 탐욕에 빠진 인간들이 저지른 추악한 범죄의 현장이다. 이러한 무자비한 살육을 반성하고 억울하게 죽은 사람들의 원혼을 달래 주기 위해서 이곳에 흰색의 예수상(Cristo Blanco)을 세우고 '평화의 공원'으로 이름을 지었다고 한다. 쿠스코를 내려다보고 서 있는 예수상을 보면서 인류 모두가 종교를 뛰어넘어 서로 화합하고 평화롭게 살기를 기원해 본다. 이제 이곳에도 가늘게 비가 내리고 날이 점점 어두워진다.

다시 버스에 올라 다음 답사 장소인 켄코(Qenqo)로 향했다. 켄코는 골짜기처럼 패여 쿠스코에서 가장 맑은 공기가 지나가는 신성한 곳으로 여겼으며, 이러한 이유 때문에 죽은 자의 시신을 중하게 여기던 잉카인들은 이곳에서 희생을 바쳐 제사를 지내고 미라를 만들었다고 한다.

바위가 모여서 하나의 작은 동산처럼 되어 있으며 많은 곳에 시체를 올려놓기 위해서인지 편평하게 또는 둥근 모양으로 움푹 들어가게 깎아 놓은 곳이 눈에 띈다. 안쪽에는 돌을 깎아 만든 제단과 황제가 앉았다고 하는 의자가 있다. 이 지역은 골짜기처럼 파여서 맑은 공기가 잘 통하며, 특히 우기 때 미라를 만들기 위해서 찾아낸 곳이 바로 이 켄코라고 한다. 버스를 타고 잠시 옆으로 가니 둥근 모양의 작은 성이 나타났다. 이 유적지의 이름은 '푸카 푸카라(PUCA PUCARA, 붉은 성곽)'인데 요새로서의 역할뿐만 아니라 여행객이나 군인, 귀족들이 쉬어가는 장소로도 쓰였을 것으로 추측한다.

켄코(제사를 지내고 미라를 만들던 곳)

푸카푸카라(붉은 성, 요새 겸 숙소)

이슬비가 내리고 조금 전에 내린 비로 길바닥이 패고 군데군데 작은 웅덩이가 생겼고 경사진 길을 따라 황톳물이 흐른다. 우비를 입고 힘들게 탐보 마차이(Tambo Machay)를 향해 발길을 옮긴다. 이곳의 해발 고도는 3,765m이며 오늘 하루 종일 사진 찍고 답사하느라 피로가 겹쳐서 발걸음이 더욱 무거워졌다. 날이 저물고 흐려서 주변이 조금씩 어둑어둑해진다. 오늘 일정 운영에 조금 아쉬움이 남는다. 쿠스코 광장과 식당, 그리고 산토도밍고 성당에서 조금 시간을 단축했더라면 마지막 답사 코스인 탐보 마차이(Tambo Machay)까지 제대로 볼 수 있었을 텐데……. 마음은 급한데 무리하면 더 힘들 것 같아서 여유를 갖고 천천히 걸었다.

탐보 마차이

'Tambo'는 '숙소'라는 뜻인데 잉카인들은 10㎞마다 탐보(Tambo)를 설치하고 국가의 일을 전달하는 파발꾼이나 장사를 하던 사람들이 쉬어 갈 수 있도록 하였다. 따라서 탐보는 숙소 기능 이외에도 창고나 물건을 교환하는 장소 등으로 널리 활용되었을 것이며 자연스럽게 마을의 중심 역할을 하였을 것으로 생각된다. 이곳 탐보 마차이는 다른 말로 '잉카의 목욕탕(El Bano del Inca)'이라고도 불리고 있다. 이곳의 물은 옛날부터 맛이 좋기로 유명하며 아마 잉카 시대에도 신성한 행사에 물이 필요할 경우 이곳의 물을 사용했다고 한다. 오늘날 페루인들이 자랑하는 쿠스케냐(Cusquena) 맥주도 이 일대의 물을 사용하여 만든다고 한다. 이곳 탐보 마차이는 신성한 물을 공급하는 것에서부터 잉카의 왕들과 귀족들이 목욕을 하거나 휴양을 할 때도 사용했던 것으로 알려져 있다.

언덕에 계단식으로 돌로 쌓아 올린 탐보 마차이 유적이 보인다. 특히 이곳의 유적이 유명한 것은 건기나 우기에 관계없이 수량이 일정하게 흐르도록 수도 시설을 만들었다는 것이다. 수원(水源)을 밝히기 위하여 색소를 이용하여 추적하였으나 이곳을 흐르는 물의 정확한 수원은 아직도 정확하게 알 수 없어서 더욱 신비하다고 한다. 어둑함 속에서 수천 년을 쉬지 않고 흘렀을 신성하고 신비로운 물이 석공이 다듬은 돌 틈새로 하얀 물줄기가 되어 소인국의 폭포처럼 고운 자태로 바닥을 적시고 있다.

이제 날도 많이 저물고 답사의 긴장이 풀리면서 피로를 등에 업고 고산 증세가 몰려왔다. 버스에 오르자 자주색으로 변한 나의 입술을 보고 일행들이 한마디씩 한다. "입술이 파래졌어요." 피로를 느꼈지만 입술까지 파래진 것을 나도 몰랐다. 물을 양껏 마시고 자리에 앉아 '이제부터는 내려가는 길이니 좀 나아지겠지.'라고 위안을 삼고 어둠 속에서 빛나는 쿠스코의 야경을 보면서 언덕길을 내려왔다. 상대속도의 원리에 따라 멀리 쿠스코의 불빛이 아련하게 어둠 속으로 빠르게 사라진다.

지척을 분간할 수 없는 길을 달려 8시 10분, 마추픽추를 가기 위한 휴양도시 우루밤바(Urubamba, 신성한 계곡)에 도착하였다. 흰색의 말끔한 주랑과 벽에 붉은색 기와지붕의 아담하고 세련된 별장식 호텔에 짐을 풀었다. 통로를 따라 붉은 제라늄 꽃들이 진한 향기를 내뿜으며 탐스럽게 피어 있다.

식사를 준비하는 동안 방에서 기다리면서 오늘 일정을 정리하였다. 한참 사진을 정리하고 있는데 갑자기 전기가 나가면서 주변을 분간할 수 없을 정도의 암흑천지가 되었다. '무슨 일인가?' 놀라고 궁금하여 밖으로 나갔더니, 다른 방들도 모두 사정이 같았다. 비가 오거나 번개가 치면 전신주에 문제가 생겨 이 지역 일대에 정전이 자주 발생한다고 한다.

9시 30분이 지나서 깔끔하게 정리된 식당에서 송어튀김을 얹은 밥과 호박죽, 과일 등을 먹고 11시가 넘어서 잠자리에 들었다.

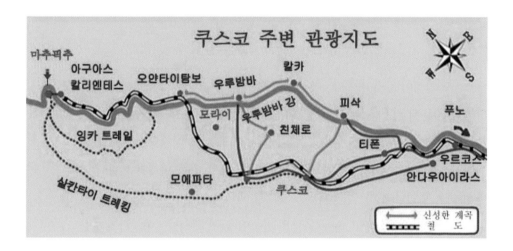

・페루 Peru・

1.12.
– 칠 일째 날 –

마추픽추
Machu Picchu

　오늘도 일정이 무척 바쁘다. 아침 4시에 일어나서 5시에 식사를 마치고 5시 50분에 버스를 타고 오얀타이 탐보(Ollantay tambo) 기차역을 향해 출발하였다. 주변이 질펀하고 나무들의 줄기와 잎이 어지럽게 흐트러진 것으로 보아 우리가 곤히 잠든 밤에 비가 오고 천둥 번개가 한바탕 향연을 벌였나 보다. 마추픽추를 제대로 봐야하는데, 주간 일기 예보에 따르면 비가 온다고 하여 조금은 마음이 편치 못하다. 여기까지 왔는데, 이번 답사에서 아주 중요한 마추픽추를 제대로 꼭 봐야 한다는 무언의 의무감이 흐린 날씨에 대한 걱정을 더 크게 한다.

　오얀타이 탐보는 이 지역을 건설한 사람의 이름을 딴 것인데, 이곳에는 잉카 시대에 축조한 성벽이 있고 돌계단을 따라 올라가면 성곽의 맨 꼭대기에 태양의 신전이 있다고 한다. 이곳 우루밤바 지역은 잉카시대 때 곡창지대로서 매우 중요시 여기던 곳으로, 잉카인들이 신성시하던 주식(主食)인 옥수수를 대량으로 생산하는 곳이다. 다른 지역에 비해 땅이 넓고 강수량도 많으며 우루밤바 강이 흐르고 있어 물 걱정 없이 농사를 지을 수 있는 축복받은 땅이다. 우루밤바(Urubamba)는 케추아어로 '성스러운 계곡' 이라는 뜻인데, 해발 2,280m로서 다른 지역에 비해서 지대도 낮고 주변에 강이 흐르고 넓은 농토와 강수량도 풍부해서 예전부터 농사짓기에 적합한 곳으로 잉카의 곡창지대였으며, 큰 산의 사이에 끼어 있어서 아늑하고 주변의 경치가 무척 아름다운 곳이다.

출발할 때에는 날씨가 흐리다가 시간이 흐를수록 하늘이 맑아져 오늘 대망의 마추픽추를 잘 볼 수 있을 거라는 기대감으로 일행들도 덩달아 기분이 좋아졌다. 아침 일찍 버스를 타고 시원한 아침 공기를 쐬면서 오얀타이 탐보 역을 향해서 달리고 있다. 원주민들이 사는 집 앞의 아주까리가 잠시나마 이역 땅의 낯섦을 잊게 해 준다. 길옆에는 선인장, 용설란, 유카, 알로에와 같은 다육식물을 비롯한 아열대 식물들이 무성하게 자라고 있었다. 옥수수가 자라고 있는 밭 주변에는 오래전부터 그랬듯이 잉카의 후예들이 성스러운 계곡의 빛나는 터전을 꿋꿋하게 지키고 있다. 이곳의 옥수수는 모두 줄기가 붉은색을 띠는 것으로 보아 사람들의 식용을 위해 심은 것임을 알 수 있다.

옥수수밭 너머로 안데스 준봉의 만년설이 눈에 들어온다. 해가 바뀔 때마다 생기던 숱한 전설을 실어 나르던 황톳빛 우루밤바 강이 골짜기를 돌아 세차게 흐른다. 우루밤바 강은 아마존 강의 발원지 중 하나로, 페루의 쿠스코(Cusco) 주와 푸노(Puno) 주의 경계가 되는 해발 4,335m의 빌카노타(Vilcanota)에서 시작되며 그곳에서는 빌카노타 강으로 부르고 이곳 우루밤바 지역과 마추픽추에서는 우루밤바 강으로, 그 아래부터는 우카얄리(Ucayali) 강으로, 아마존 강에서 가장 긴 강줄기를 형성하며, 페루 북쪽의 마라뇬 강과 나우타(Nauta)에서 합류하여 아마존 강(솔리모에스 강)이 된다.

시간이 지날수록 하늘은 더 파랗게 개고 찬란한 하루가 열리는 듯하다. 안데스 높은 산의 계곡에 이러한 곡창지대가 있다니! 과연 이름에 걸맞게 비옥한 토지에서 옥수수들이 무성하게 자라고 있었다. 이곳 사람들은 주식으로 '타말(Tamal)'이라는 옥수수빵을 먹는다고 한다. 차창으로 막대기 끝에 색깔 있는 풍선을 씌워 놓은 집이 눈에 띄었다. 옥수수를 이용하여 '치차(Chicha)'라는 술을 만드는 양조장이라고 한다. 창가에 스치는 풍경을 보면서 잉카를 상상해 본다. 그 옛날에도 지금 이곳 사람들의 생활방식과 별로 다르지 않았을 것이라고 생각된다.

일반적으로 페루 사람들은 이름을 쓸 때 '이름, 아버지 성, 어머니 성'을 기록하는데, 여자의 경우 결혼을 하면 어머니의 성을 버리고 대신 시아버지의 성을 표기한다고 한다. 또한 성을 보면 원주민 계통인지 백인 계통인지 알 수 있기 때문에 출신 지역과 신분 등을 파악할 수 있다고 한다. 스페인 정복자들은 잉카의 흔적을 지우기 위해 이름을 지을 때 원주민 성(姓)을 없애려고 압력을 가했다고 한다.

우루밤바의 아름다운 경치를 보면서 이런저런 생각을 하다 보니 어느덧 버스는 오얀타이 탐보에 도착하였다. 오얀타이는 잉카 9대 황제인 파차쿠티 때의 장군이었으며, 황제의 딸과 사랑에 빠져 그녀를 데리고 이곳으로 탈출하여 성을 쌓고 수년 동안 황제와 대치하다가 황제가 죽은 후 다음 황제 때 사면을 받고 공주와 사랑을 이루었던 순애보가 서린 장소라고 한다.

기차를 탈 때까지 여유가 있어서 버스에서 내려 골목길을 따라 걸어 올라가 원주민 전통 주택을 방문하였다. 석조 건축의 달인들 후예답게 여기에서도 어김없이 주변에서 주어온 돌들로 정성스럽게 담을 쌓고 경사진 골목길의 바닥에도 돌을 깔아 물이 빠르게 흘러내릴 수 있도록 만들어서 걷기에 편했다.

대문 안으로 들어서자, 경사진 마당에 울퉁불퉁하게 돌을 깔고 십자(十字)로 물길을 내어 마당에 물이 고이지 않고 빠르게 흘러내리도록 만들어져 있었다. 초가지붕으로 된 집 안쪽으로 들어가니 2십여 마리의 귀여운 쿠이(Cuy, Guinea pig)들이 커다란 항아리 주변에서 기다란 풀을 입에 물고 우리를 맞는다. 털색도 흰색, 노란색, 검정색, 갈색, 그리고 색이 섞여 있는 것 등 참으로 다양하다. 나무 탁자 위에는 쿠이의 먹이인 귀리가 수북하게 쌓여 있다.

원주민 가옥의 부엌

돌로 쌓은 제단 위에는 그릇에 옥수수와 같은 식량을 담아 놓고 검은 돌로 조각한 동물들의 모형이 놓여 있다. 제단 위의 중앙에는 원주민 털모자를 쓰고 입에 담배를 물고 몸에는 과자 봉지를 주렁주렁 매달고 아래에 커다란 돈 그림을 몸에 지닌 작고 익살스런 인형이 놓여 있다. 사람들은 누구나 잘 먹고 돈 많이 벌기를 갈망하는 공통된 마음을 가졌나 보다. 놀랍

• 페루 Peru •

게도 인형 위에 있는 검게 그을린 직사각형의 감실에 조상들의 두개골 3개가 검댕 묻은 천에 싸여 보관되어 있었다. 검은 천 위에 놓인 PVC 병에 꽂힌 몇 송이의 노란색 꽃이 조상을 섬기는 그들의 공경심을 말해 주고 있었다.

방 한쪽에는 요리를 하는 주방이 설치되어 있고 오랫동안 연기에 그을렸는지 방 안이 온통 검게 칠을 한 것 같이 보였는데, 오히려 살균 효과가 있어 위생에 도움이 된다고 한다. 천장 한쪽에 죽어 위용을 잃은 콘도르를 비롯하여

오얀타이 탐보(Ollantay Tambo) 기차역에서

옥수수와 고기, 생선 등을 말려서 천장을 가로지른 막대에 묶어 걸어 놓았다. 넉넉하지는 않지만 현실에 만족하며 진솔하게 살아가는 잉카의 후예들의 삶을 엿볼 수 있었다.

우리는 집에서 나와 마추픽추행 기차를 타기 위해 오얀타이 탐보 기차역으로 발걸음을 옮겼다. 자기 이름이 적힌 열차표를 받아들고 안으로 들어갈 때 여권검사를 한다. 유네스코가 지정한 자연문화유산(복합유산)이며 세계적으로 유명한 관광지이기 때문일 것이라고 생각된다. '페루레일(PERURAIL)'이라고 쓴 푸른색 기차가 우리를 태우려고 플랫폼으로 들어온다. 우리 일행은 모두 같은 칸에 배정이 되었다.

깊은 골짜기를 흐르는 우루밤바 강은 여전히 황톳빛 강물을 토해 내며 거세게 흐르고 있었다. 높은 설산 아래에는 아침 구름이 살짝 걸쳐

있고, 옥수수를 수확한 밭에서는 아침 일찍부터 소들이 파릇하게 자란 풀을 뜯고 있다. 주변의 옥수수밭과 깎아지를 듯한 수직의 녹색 산, 가끔씩 멀리 보이는 만년설이 쌓인 안데스의 설산이 빠르게 차창을 스치고 멀어진다. 길옆에는 선인장, 유카, 알로에들과 고비와 고사리, 파초일엽과 같은 양치류의 초본류들이 유칼립투스와 같은 커다란 나무 아래에 무성하게 자라고 있다. 어릴 적 여름 날 활짝 웃는 모습으로 나를 반겨 주었던 예쁜 나팔꽃들이 무척 정겹게 느껴진다. 날씨가 맑아서 차창 주변의 경치가 아주 잘 보여서 마음도 한결 가볍고 즐겁다. 약 1시간 40분 정도 우루밤바 강과 주변의 풍경을 감상하면서 마추픽추에 대한 기대감을 한껏 높여 본다.

기차는 아구아스 칼리엔테스(Aguas Calientes) 역에 도착하였다. 우리는 여기서 버스를 타고 마추픽추를 가기 위해 산길을 올라가야 한다. 언덕에 기념품을 파는 상점들이 줄지어 있고 우루밤바 강 주변에는 관광객들을 맞기 위한 식당과 카페가 줄지어 있다. 버스로 산허리를 따라 13 구비의 하이럼 빙엄 로드를 돌아 마추픽추에 오르는 입구까지 갈 수 있다. 일부 트레킹을 즐기거나 시간이 넉넉한 사람들은 걸어서 가기도 한다.
차창으로 아래를 바라보니 붉은색의 우루밤바 강이 절벽아래 아득하게 보였다. 잉카 최고의 유적지를 보려면 이 정도의 아찔함은 감수해야지. 입구에 가까이 다가오자, 멀리 마추픽추가 잠시 차창으로 잠시 스치고 지나간다. 버스에서 내려 입구를 통과하여 언덕을 오른다. 입구를 지나서 조금 걷자, 돌로 쌓은 계단식 축대위에 잉카의 초가집들이 보인다.
걸어서 약 20분 정도 힘들게 언덕길을 오르니 드디어 그렇게 꿈에 그리던 마추픽추가 와이나 픽추(Wayna Picchu)를 배경삼아 신기루처럼 눈 앞에 펼쳐졌다. 산 아래 땅에서는 볼 수 없는 '공중 도시' 마추픽추를 만나려고 먼 이곳까지 힘든 여정을 마다하지 않고 달려왔던 것이다. 밝은 태양 아래 녹색의 초원에 돌로 쌓은 다양한 석조 구조물들이 마치 최고의 디자이너가 구상한 예술품처럼 느껴졌다.

　마추픽추는 1911년 잉카의 마지막 수도라고 알려졌던 빌카밤바 (Vilcabamba)를 찾아다니던 미국 예일(Yale) 대학의 역사학자 하이럼 빙엄 (Hiram Bingham)이 우연히 우거진 덤불 속에서 발견하여 전 세계에 알려

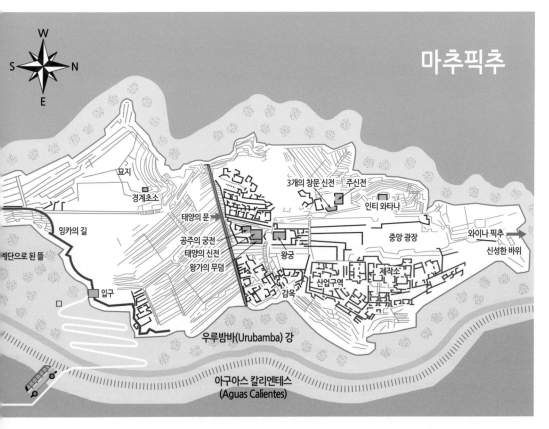

지게 되었다. 빙험은 이곳이 '잃어버린 도시', '잉카의 마지막 수도 빌카밤바'로 생각하였다. 마추픽추는 1983년 유네스코 세계자연·문화유산(복합문화유산)으로 지정되었으며, 2007년 인터넷 투표를 통하여 신세계 7대 불가사의로 선정되기도 하였다. 입구에는 그의 이러한 공적을 기념하는 기념패가 바위에 박혀 있다.

잉카인들은 문자와 철기가 없었고 결승(結繩, 매듭)을 이용하여 4천㎞에 달하는 제국 내의 서로 다른 지역과 의사소통을 하였다. 스페인에 의해 정복된 후 대부분의 유적이 파괴되고 문자도 없었기 때문에 잉카제국의 역사를 알기는 쉽지 않다. 특히 지금 내가 벅찬 가슴으로 바라보고 있는 마추픽추에 대해서도 정확하게 알려진 것이 별로 없어서 지금까지도 이 도시에 대해서는 많은 것들이 수수께끼로 남아 있다. 이풀리지 않는 의문 때문에 많은 사람들로 하여금 이곳으로 향하도록 유혹하고 있는지도 모른다.

일설에는 잉카의 전성기를 누렸던 9대 황제 파차쿠티가 1450년경 겨울궁전으로 건설했다고도 하고, 또 다른 설로는 스페인 군대에 패한 잉카의 후예들이 접근하기 어려운 이곳에 정착하여 잉카의 부활을 꿈꾸며 건설했을 것이라고도 한다. 대부분의 고고학자들은 마추픽추는 잉카 제9대 황제인 파차쿠티가 지은 것으로 생각하고 있으며, 마추픽추는 길이가 약 1㎞ 정도에 적게는 천 명에서 많게는 2천 명까지 살았을 것으로 추측한다. 그 후 약 100년 동안 사용하고 스페인 식민지 시대에 덤불속에 묻혀있다가 20세기 초에 드디어 빛을 보게 된 것이다.

솜뭉치 같이 하얀 구름이 와이나 픽추 뒤를 병풍처럼 가리고 있어서 오늘따라 이곳에 대한 신비감이 더 한층 커지는 것 같다. 마추픽추

• 페루 Peru •

(Machu Picchu)는 '늙은 봉우리'라는 뜻이며 지금 내가 마추픽추 하늘도시를 보고 서 있는 이 자리(마추픽추 도시 맞은편 언덕)가 실제로는 마추픽추의 산 아래 부분에 해당되는 것이다. 즉, 와이나 픽추 아래에 도시가 형성되어 있고 멀리 맞은편에 마추픽추가 있는 것이다. 본의 아니게 '늙은 봉우리'를 뜻하는 마추픽추가 4백 년 동안 세상과 격리되어 유유자적함을 자랑하는 이 신비의 공중도시의 이름으로 굳어졌다. 마추픽추는 해발 2,430m에 자리 잡고 있으며 와이나 픽추를 포함하여 우루밤바 강이 휘감고 있는 500m 절벽 위에 숨겨진 천혜의 요새와 같은 도시이다.

마추픽추 전경(중앙에 우뚝 솟은 것이 와이나 픽추임)

풍수에 대하여 잘 모르는 사람도 주변을 둘러보고 여러 가지 여건을 고려해 볼 때, 이곳이야말로 최고의 명당자리라는 생각을 갖게 될 것이다. 이러한 자연의 아름다움과 문화유적의 가치를 인정하여 자연문화유산(복합유산)으로 지정한 것이다. 다른 잉카의 유적들에 비해 석축에 사용한 돌들은 크지 않고 대부분 작은 돌을 촘촘하게 쌓아 올렸으며 가장 눈에 띄는 것은 깎아지른 절벽에 돌을 쌓아 만든 계단식 밭이었다. 계단식 밭은 농경지뿐만 아니라, 더 중요한 것은 절벽 위에 세워진 도시 건축물의 안전성을 고려하여 축조한 일종의 축대인 것이다.

잠시 계단식 밭에서 잉카인들이 만든 기적에 가까운 건축예술의 걸작을 내려다보며 이 도시를 건설했던 잉카 사람들을 떠올려 본다. 석축만 남은 저 위에 풀로 지붕을 얹고 화려하게 장식된 왕궁에서 왕은 휴식을 취하고 지금은 풀로 덮인 저 드넓은 광장에서 축제를 열고 커다란 제단이 있는 신전에서 태양신에게 그들의 소망을 빌었으리라. 마추픽추를 바라보며 많은 상상을 해보고 아래로 내려와 남쪽을 향해 열려 있는 태양의 문을 지나 도시 안으로 들어갔다. 마추픽추의 답사에서 중요한 곳 세 군데를 든다면, 인티 와타나(Inti Watana, 해시계 또는 잉카 상징물), 태양의 신전(Temple of the Sun), 세 개의 창문을 가진 신전(The Temple of the three windows) 등이 있다.

위에서 내려다보았던 것처럼 마추픽추는 땅을 평평하게 고르고 지은 것이 아니고 자연 그대로의 땅 위에 지어서 건물마다 높이가 조금씩 차이가 난다. 길은 건축물의 벽과 벽 사이로 나 있고 흙으로 된 바닥에는 자연 그대로의 돌이 바닥에 그대로 드러난 곳도 자주 눈에 띈다. 신전이 보이는 작은 언덕에 올라 도시를 바라다본다. 바로 아래 길옆 채석장에는 손도 대지 않은 커다란 바위가 위대한 도시의 건설에 쓰이지 못한 채 방관자처럼 그대로 놓여 있었다. 시간이 더 주어졌으면 저 바위들도 잉카의 석공들의 손을 거쳐서 위대한 예술품으로 재탄생하였을 텐데…….

조금 앞으로 이동하자, 조금 높은 곳에 새 개의 창문을 가진 방에 제단과 큰 돌이 바닥에 있고 비교적 큰 돌을 직사각형으로 다듬어서 'ㄷ'자형으로 쌓아 올린 주신전(主神殿, Main temple)이 나타났다. 3개의 창을 가진 신전은 잉카의 건국 시조인 망코 카팍이 "나를 기리기 위해 세 개의 창이 있는 돌로 된 벽을 세우라."고 명령했다는 신화를 따라서 지었다는 설과 잉카인들이 하늘에는 콘도르, 지상에는 퓨마, 지하에는 뱀을 숭배하는 3원적 세계관을 나타낸 것이라고 추측하기도 한다. 서쪽 벽이 없는 3면으로 되어 있으며 크고 작은 돌들이 몬드리안의 사각형을 연상시키는 것처럼 크기와 형태에 맞춰서 세련되고 안정된 모습으로 축조되어 있고, 3개의 창문은 위로 갈수록 좁아지는 마름모꼴이며 양쪽에 감실이 1개씩 있다.

바로 옆의 북쪽에 있는 'ㄷ'자형의 벽을 가진 주신전의 정면 위쪽에는 감실이 있고 북쪽 방향의 와이나 픽추 방향 쪽 벽은 석축의 균형이 깨어지고 돌 틈새가 벌어져 있었다. 지금까지 보았던 잉카의 기적이 여기서 멈춰지는 것 같았다. 자세히 보니 밑에 벽을 받쳐 주는 바위가 없고, 무슨 이유인지는 몰라도 처음 신전을 지을 때 흙 위에 돌을 쌓았기 때문에 지반이 부분적으로 가라앉으면서 벽이 기울어지게 된 것이다. 그렇다면 이 신전을 세울 때 잉카인들은 그러한 위험을 몰랐을까? 아니면 지진 등 자연재해로 지반이 약해져서 허물어지는 것일까?

3개의 창문 신전과 주신전(왼쪽이 주신전)　　　　　　　　인티 와타나(Inti Watana)

　　신전 앞의 '성스런 광장'의 넓은 풀밭은 광장으로서 제례나 집회와 같은 중요한 행사가 열렸던 곳이다. 신전을 나와 돌계단을 오르면서 아래를 내려다보니 현기증이 날 정도로 아찔한 절벽 아래로 황톳빛의 우루밤바 강이 흐르고 강 아래부터 절벽을 따라 서로 높이가 다르게 절벽의 상태를 고려하여 쌓은 석축이 층층으로 이어져 있다. 잉카인들은 경사지에 돌을 쌓을 때 5° 정도 뒤로 기울여 쌓음으로써 중력을 분산시켜 안전성을 높였고, 돌을 쌓은 후에 안쪽의 맨 아래에는 큰 돌을 놓고 위로 갈수록 돌의 크기가 작은 것을 놓고 작물을 심는 맨 위에는 부식토나 표토를 덮어 물의 흐름을 조절하고 계단식으로 만든 축대의 안전은 물론 흙의 유실을 막을 수 있었다.

　　돌계단을 밟고 마추픽추에서 가장 높은 곳에 위치한 인티 와타나(Inti Watana, 해시계)가 있는 곳으로 올라갔다. 케추아어로 'Inti'는 '태양'이고, 'Watana'는 '매어 두는 곳'이라는 뜻으로, 인티 와타나는 하나의 자연석을 다듬어서 위의 편평한 곳에 36㎝ 크기의 마름모꼴의 사각 기둥이 하늘을 향하게 하고 남쪽으로 계단처럼 홈을 파서 만든 석조 예술품 같은 독특한 구조를 하고 있다. 이 조형물에 대하여 여러 가지 학설이 있는데, 태양의 그림자를 측정하는 해시계의 역할을 했을 것이라는 주장과 또 다른 학설은 이름이 의미하듯 태양을 신성시하던 잉카인들이 태양이 달아나지 않고 언제나 잉카제국을 비출 수 있도록 태양을 붙들 어두기 위해 제사를 지내던 곳으로도 해석한다. 인류의 역사를 고찰해 볼 때, 대부분의 민족이나 국가에서 오래전부터 태양을 가장 신성시했으며 따라서 태양이 가장 멀어지는 동지를 무척 두려워하였기 때문에 이런 신성한 상징물을 만들어 놓고 주기적으로 성대한 의식을 거행했을 것으로 생각된다.

이처럼 인류의 조상들이 태양을 숭배한 것은 태양이 지구상의 생명체를 유지시켜 주는 가장 중요한 에너지원이라는 것이 현대과학으로 밝혀졌다는 점에서 시사하는 바가 크다고 할 수 있다. 현재 이러한 잉카의 상징석은 마추픽추에 단 한 개만 남아 있을 뿐이라고 한다. 잉카인들은 여기에 머리를 대면 영혼의 세계에 들어갈 수 있다고 믿었다고 한다. 잠깐 들어가서 만져 보고 잉카의 참 기운을 느끼고 싶었지만, 줄을 띄워 놓고 관리요원이 들어가지 못하도록 감시를 하고 있어, 안타까운 마음으로 다시 발길을 옮겨 계단을 따라 밑으로 내려왔다. 인티와타나가 있는 언덕에 작은 돌로 층층이 쌓은 10개가 넘는 계단식 석축(石築)이 마치 피라미드를 연상시킨다.

길을 따라 조금 걸으니 초가지붕의 잉카 전통가옥이 나타났다. 이곳에서는 돌로 석축을 한 후에 지붕 아래쪽에 돌이나 나무로 된 둥근 기둥을 밖으로 나오게 하여 지붕을 덮은 풀들이 강한 바람에 날리는 것을 막기 위하여 끈으로 지붕의 풀을 고정하였다. 연간 강수량이 2,000㎜

가 넘기 때문에 지붕에 떨어지는 물의 흐름을 빠르게 하기 위하여 지붕의 경사를 급하게 만들었다. 집 안의 의자에 몇 명의 관광객이 앉아서 잠시 피로를 풀면서 정담을 나누고 있다.

넓은 마당 한쪽에는 여러 개의 작은 4각의 돌받침 위에 길이가 약 3.7m에 달하는 산봉우리 같기도 하고 웅크린 토끼 모양을 닮은 넓적한 큰 바위가 올려져 있었다. '신성한 바위(Sacred Rock)'라고 이름 붙여진 이 바위의 용도는 정확하게 알 수는 없지만 잉카인들은 자신들이 숭배하는 산의 정령이 배어 있다고 믿었을 것으로 생각한다. '신성한 바위' 뒤로 가면 바로 마추픽추의 북쪽에 위치한 와이나 픽추에 오르는 입구가 있다.

와이나 픽추는 해발고도가 2,682m(안내판 참고)로 경사가 무척 가파르며 정상까지 잉카인들이 만든 돌계단이 놓여 있고, 산의 중간과 정상에 산사태를 막기 위한 석축을 비롯한 제단, 전망대 등이 축조되어 있다.

물 공급을 위한 수로 시설

와이나 픽추 등산을 하기 위해서는 예약을 해야 하며 입구에서 여권 검사를 한다. 와이나 픽추 입장은 오전 11시가 넘으면 불가능하며, 하루 입장객수는 400명으로 제한한다고 한다.

잉카인들은 어떻게 작업공간도 좁고 경사가 심한 이곳에 이렇게 거대한 도시를 건설할 수 있었을까? 당시에는 수레도 없고 더구나 철기도 갖지 못했던 사람들이 어떻게 돌을 운반하고 다듬었을까? 도구가 빈약한 상황에서 이런 정도의 석조 기술을 보여주려면 강한 집념과 우리가 상상할 수 없을 정도로 집중을 하고 정성을 쏟아 부었을 것이다. 마추픽추에 필요한 물은 와이나 픽추의 식물에 안개가 쌓여 잎에서 떨어지는 깨끗한 정화수를 모아 정교한 수로를 통하여 도시 곳곳에 공급하였고, 마추픽추에 내리는 비는 배수구를 통하여 빠르게 우루밤바 강으로 흘려보냄으로써 급경사지에 겹겹이 쌓은 축대가 오랜 세월 버틸 수 있었던 것이다.

마추픽추에서 많은 사람들이 꼭 들르는 곳 중 하나가 태양의 신전이다. 태양의 신전은 커다란 자연석을 기반암으로 그 위에 정교하게 다듬은 사각의 돌을 쌓아 곡선형태의 방을 만들고, 중앙에 큰 바위가 누워 있으며 동쪽 벽 위에 있는 창으로 들어온 햇빛이 이곳을 비추게 된다. 동짓날 아침에는 일 년 중 가장 많은 빛이 이 바위에 비추게 되어 있는 점으로 보아, 계절에 따른 태양의 고도 변화를 알고 있었으며 이를 생활과 통치 수단에 활용했을 것으로 생각한다. 이 신전 아래에는 자연석을 깎아 만든 계단이 있고 지하의 작은 공간은 왕들의 미라를 모시는 무덤으로 추측한다.

태양의 신전 옆에는 비교적 정교한 돌

태양의 신전(지하는 황제의 무덤)

을 이용하여 지은 2층짜리 집이 있는데 돌의 종류와 쌓은 양식으로 볼 때 신분이 높은 사람이 살았을 것으로 추측하며 현재는 '공주의 궁전'으로 불리고 있다. 잉카인들은 건물을 지을 때 신분에 따라 돌의 크기나 모양, 그리고 문의 수를 달리하였는데, 신전이나 왕궁, 귀족들이 사는 곳, 평민들이 사는 곳 이렇게 세 종류로 크게 나누어 건축하였다고 한다. 왕궁이나 신전은 큰 돌을 잘 다듬어 아래로부터 위에까지 4각형에 가까운 형태로 건축하였으며, 귀족의 경우에는 위로 갈수록 작은 돌로 차별화했으며, 평민들은 작은 돌로 쌓아 건축하였다.

콘도르 신전

태양의 신전에 버금가는 또 하나의 볼거리는 콘도르 신전(Temple of the Condor)이다. 콘도르 신전은 콘도르가 날개를 펼친 모양을 닮은 자연석 위에 인공 석축을 정교하게 쌓고 신전으로 사용했다고 하는데, 제단을 보면 조장(鳥葬)을 위해 시신을 올려놓았던 곳으로 추측하기도 한다. 신전의 앞바닥에 있는 자연석 위에 콘도르가 물을 먹는 모습을 조금은 투박하면서도 상징적인 모습으로 조각해 놓았다.

이 신전 지하의 반은 감옥으로 사용되었다고 하는데 잉카에서는 거짓말을 하지 말 것, 도둑질을 하지 말 것, 게으름을 피우지 말 것, 이렇게 세 가지를 기본 사상으로 하여 법을 제정하였다고 한다. 그들이 하늘을 지배한다고 믿었던 콘도르는 잉카 시대나 지금이나 안데스에 사는 사람들에게는 여전히 숭배의 대상이다. 우리나라에도 널리 알려진 El Condor Pasa에 대하여 간단하게 적어 보고자 한다.

엘 콘도르 파사 El Condor Pasa, (콘도르가 날아가네, 철새는 날아가고) |

El Condor Pasa는 1913년 Peru의 작곡가인 Daniel Alomia Robles가 18세기부터 전해 오는 페루의 민요를 바탕으로 만든 관현악곡의 일부이며, Julio Baudouin이 노랫말을 붙였다.

안데스 콘도르는 날개를 펼치면 3m에 이르고 1만 m의 높이까지 날 수 있다고 하며, 몸은 전체적으로 검은 색을 띠며 목덜미에 흰색의 고리가 있다. 퓨마와 함께 남미의 원주민들이 숭배하던 동물로 하늘을 지배하는 신으로 현세와 사후 세계를 연결해 주는 신성한 동물로 여기고 있으며, 나는 모습이 힘차고 우아하다. 이곳 사람들은 콘도르를 '어떤 것에도 얽매이지 않는 자유'를 상징한다고 여겨 특히 과거 잉카 제국에 속했던 에콰도르, 페루, 볼리비아 등에서 많은 사람들이 즐겨 부르고 있다.

페루 정부는 2004년 이 노래를 국가문화유산으로 지정하였다. 노래 속에 담긴 뜻은 '콘도르의 등에 타고 하늘 높이 올라가 녹색의 대지와 꽃피는 자연을 보고 사랑과 평화를 느끼면서 서로 다투며 살아가는 인간세상과 전혀 다르게 보이는 아름다운 세상을 찬미한' 것이다.

Fernando de Lima가 부른 가사를 인용하였음.

El cóndor de los Andes despertó	안데스의 콘도르가 잠에서 깨어났네.
Con la luz de un feliz amanecer	행복한 새벽빛과 함께
Sus alas lentamente despegó	두 날개로 천천히 비상하여
Y bajó al río azul para beber	물을 마시러 푸른 강으로 내려온다.
Tras él, la tierra se cubrió	그의 뒤에 있는 온 대지는
De verdor, de amor y paz	신록과 사랑과 평화로 가득하고
Tras él, el prado floreció	그를 따라 초원에는 꽃이 만발하고
Y el sol brotó en el trigal	그리고 밀밭 위로 태양이 떠올랐네.
en el trigal	밀밭 위로
El cóndor al pasar me dijo a mí	콘도르가 지나가며 나게 속삭였네.
Sígueme más allá, y tu verás	저 먼 곳으로 나를 따르면 볼 수 있을 거라고.
En la espalda del cóndor me senté a volar	나는 날기 위해 콘도르 등에 올라앉았네.
cada vez más alto al cielo alcanzar	날면 날수록 하늘 더 높은 곳에 다다르고.
Mirar, mirar hacia la tierra	보라, 보라 땅을 보라.
Tan distinta de lo que vi	내가 전에 보았던 세상과는 전혀 다른 땅을
Fronteras no se pueden ver Todo el mundo	이전에 보았던 온 세상의
desde allí Es lo que vi	국경선이 보이질 않네.
El cóndor de los Andes descendió	안데스의 콘도르는 내려왔네.
al llegar un feliz amanecer	기쁨의 새벽동이 틀 때
El cóndor al cantar se escuchó	콘도르는 계속하여 노래하네.
Repitió, son hermanos, todos iguales	당신들은 형제라고, 모두가 동등하다고
Tras él la tierra se cubrió	그의 뒤에 펼쳐진 대지는
De verdor, de amor y paz	신록과 사랑과 평화로 가득하였네.
Tras él el prado floreció	그를 따라 초원에는 꽃이 만발하였고
Y el sol brotó en el trigal	밀밭 위로 태양이 솟네.
En el trigal.	밀밭 위로

땡볕을 받으며 도시를 오르내리며 이곳저곳을 살피다 보니 무척 힘이 들고 갈증이 났다. 일반 백성들이 살던 동쪽의 건물들을 둘러보고 계단을 올라 태양의 문을 지나 처음 자리로 되돌아왔다. 마추픽추는 남쪽의 태양의 문을 축으로, 북쪽에는 마추픽추를 내려다보며 지켜 주는 진산(鎭山, 또는 後山)인 와이나 픽추가 영원한 수호자처럼 버티고 서 있고, 남북으로 이어진 지금은 풀로 덮여 녹색을 띠는 광장이 이어져 있다. 광장을 경계로 동쪽은 일반 백성들이 사는 Hurin 마을이며 여기에는 일반백성들의 주거지와 감옥 등이 있고, 서쪽에 위치한 윗마을(Hanan)에는 세 개의 창이 있는 신전, 주신전(主神殿), 인티와타나, 태양의 신전 등이 자리 잡고 있다.

계단식 밭(계단식 밭을 따라 이어진 산봉우리가 마추픽추임)

이 신비스런 마추픽추에서 살던 사람들은 어디로 갔을까? 왜 그들은 그렇게 공들여 만든 천상의 공중도시를 버리고 사라졌을까? 전성기 때 국토의 길이가 남북으로 4천㎞에 달하고 인구가 천 만 명이 넘던 대제국이 총과 말을 앞세운 180여 명의 스페인 군대에 무릎을 꿇었다는 것이 쉽게 이해되지 않는다. 어느 나라든 그렇게 큰 나라가 망할 때에는 여러 가지 부정적인 요인들이 복합적으로 작용하기 때문이다. 말을 앞세우고 황금에 눈이 먼 스페인 군대를 철기도 없이 청동기와 돌로 맞섰던 잉카는 당시 내분으로 강력한 힘과 전투 의지를 상실하였고, 특히 서양 사람들이 유럽에서 옮겨 온 천연두로 잉카 제국의 많은 사람들이 사망하였으며 제국에 흩어져 있던 부족들 간의 내분 등이 겹쳐서 제대로 힘도 써 보지 못하고 무릎을 꿇었을 것으로 생각된다. 또한 잉카 제국의 각 도시들을 연결하기 위하여 만들었던 잉카 도로(Inca Road, 현재는 트레킹 코스로 각광을 받고 있음)가 역설적이게도 침략자들의 공격 통로가 되면서 제국의 멸망을 가속화시켰다.

마추픽추의 수수께끼를 다 못 풀고 신비감만 더한 채 일행과 함께 버스를 타고 굽이굽이 능선을 돌아 아구아스 칼리엔테스로 왔다. 우루밤바 강 바로 옆에 지은 TOTO'S HOUSE에서 마추픽추의 멋지고 환상적인 답사를 떠올리면서 맛있게 점심을 먹었다. 점심을 먹고 기차 시간이 많이 남아서 기념품 가게와 도시를 둘러보았다. 4시 10분, 기차를 타고 오던 길을 되돌아 오얀타이 탐보 역에 도착하였다. 수백 년 전 잉카 제국의 번영기에도 그랬던 것처럼 성스러운 계곡도 마법에 걸린 것처럼 서서히 어둠 속으로 빠져든다.

버스를 타고 숙소로 돌아와서 하루를 정리해 본다. 천상의 도시 마

추픽추에서 삶을 꾸리던 잉카의 사람들이 눈앞에서 잠시 어른거리다가
말없이 사라진다.

　　Wuasleglla Inca!(Good bye, Inca!)

1.13.
– 팔 일째 날 –

살리나스 염전

Salinas

오늘도 일정이 무척 바빠서 아침 일찍부터 서둘러야 한다. 아침 4시에 일어나 5시 빵과 우유, 죽, 계란 등으로 식사를 하고 예정보다 10분 늦게 5시 40분에 출발하였다. 조금 이른 탓인지 날씨가 제법 쌀쌀하다. 이곳 우루밤바 지역은 해발고도가 2천 2백 미터가 넘기 때문에 여름이라고 해도 날씨가 흐리거나 아침, 저녁에는 쌀쌀할 정도로 기온이 낮다고 한다. 오늘은 아침에 살리나스(Salinas)에 있는 산속의 염전을 답사하고 쿠스코에서 볼리비아 입국 수속을 밟고 티티카카 호수가 있는 푸노(Puno)로 가야 하는 바쁜 일정이다.

우리가 묵었던 우루밤바는 다른 지역에 비해 고도가 낮고 주변의 아름다운 풍경 때문에 많은 사람들이 즐겨 찾는 유명한 휴양지이다. 도시 인구의 약 80%가 관광 산업에 종사할 정도로 관광업이 발달했으며 커다란 수영장과 투우장도 갖추었다고 한다. 언덕 위에서 바라보니 우루밤바 강을 따라 안데스의 성스러운 계곡(Sacred Valley)에 포근히 자리 잡고 있는 우루밤바의 모습이 무척 아름답고 평화롭다. 녹색의 카펫 위에 붉은색 기와집들이 멋지게 보색대비를 이루어 더욱 선명하게 시야에 들어왔다. 가끔 산위에 글씨를 새겨 놓은 것이 궁금했는데, 선거, 학교나 특정 기관을 홍보하기 위한 것이라고 한다.

버스는 점점 고도를 높여서 3천 미터 이상의 고원지대로 접어들었다. 아직 잠에서 덜 깬 설산에 흰 구름이 띠를 두르고 수천 년도 더 오래 머물렀을 만년설을 이고 그 위용을 자랑하고 있다. 이곳은 특이하게도 안데스의 고원지대에 형성된 넓은 평지로 걸을 때 숨이 가쁜 것을 제외하면 고지대라는 느낌이 들지 않는다. 이 넓은 지역이 잉카 제국의 풍요를 가져온 중요한 곡창지대였다. 설산 아래의 계곡과 산등성이에도 녹색으로 채색된 밭이 보이고 큰 산에 가려 아침이 더디게 시작되는 듯 흐린 날씨에 더욱 조용하게 보인다.

고원의 평지를 달려 우루밤바를 출발한 지 30분이 지나서 우리는 해발 3천 미터 안데스 계곡의 살리나스 소금광산이 보이는 언덕에 도착했다. 갈치꼬리 같은 기다란 골짜기에 천수답처럼 높이와 형태, 크기가 제각각인 작은 염판들이 촘촘하게 박혀 있었다. 지금은 여름철 우기라 하얀 소금을 긁어내던 염판은 황톳물로 가득하고, 경사진 둑에 허옇게 묻어 있는 소금이 이곳이 염전이라는 것을 알려 주고 있었다. 이곳은 한여름인 7월에 소금 생산이 가장 활발하고 1년의 반 정도, 즉 건기 때만 소금을 생산한다고 한다. 소금 생산이 한창일 때에는 하얀 소금으로 이곳 계곡이 온통 흰색으로 뒤덮인다고 한다.

버스에 올라 광산 입구에 도착했다. 소금 광산이 시작되는 언덕 위에

살리나스(Salinas) 염전

몇 채의 건물이 있고, 출입구를 거쳐서 안으로 들어갔다. 관리사무소의 난간에서 바라보니 염판의 크기와 모양이 모두 다르고 흙과 돌로 둑을 만들어 다른 염판과 구별하며, 위에서 내려오는 염수를 염전의 맨 가장자리의 작은 도랑을 통해 염판으로 공급하도록 하였다. 2,800개의 크고 작은 염판이 황톳빛 물감을 풀어 놓은 팔레트 같기도 하고, 테라스가 촘촘하게 이어진 것 같기도 하여 자연이 만드는 걸작의 조형예술품을 보는 것 같다. 지형의 특성을 그대로 살려 높이가 같은 부분만 평평하게 다듬어서 같은 염판으로 만들다 보니 형태와 크기, 높이가 제각각이라 우리나라 서해안에 있는 사각의 균일한 염판과 너무나 좋은 대조가 되었다. 다소 무질서하게 보여도 다양함이 보여 주는 자유스러움이 복잡한 일상에 젖어 있던 나를 해방시켜 주었다.

이곳은 마추픽추와 쿠스코의 사이에 위치하고 있어서 잉카 이전부터 이 지역에 소금을 공급하는 아주 중요한 요충지였다. 과거 소금을 구하기 어려운 시절에 이곳 염전은 다른 어떤 지역보다 중요한 국가의 최고 산업단지였을 것이다. 염전이 시작되는 길옆으로 염수가 흐르는 도랑이 있다. 이 도랑의 물이 염판으로 공급되고 더운 여름날 물을 증발시켜 소금을 얻는 것이다. 과거 바다였던 안데스는 융기하여 오늘날과

177

같은 높은 산악지역이 되었고, 일부 염분이 지하의 암염이 되었으며 이 암염이 지하수에 녹아 이곳 살리나스 염전과 같은 안데스의 계곡에서 소금을 생산할 수 있는 것이다. 이곳을 흐르는 염수는 보통의 바닷물보다 8배 정도 소금 농도가 높다고 한다. 잠시 손가락을 적셔서 맛을 보니, 비가 많이 왔는데도 무척 짜다.

여름비를 맞고 핀 노란 유채꽃이 환한 모습으로 마음에 다가온다. 언덕 위의 용설란은 전사의 단검처럼 무성한 줄기를 창공을 향해 힘차게 뻗치고 있다. 용설란은 잎이 용의 혀를 닮았다고 해서 붙여진 이름인데, 멕시코 원산이며 20세기 초 멕시코 에네켄 농장으로 이민을 떠났던 우리 선조들이 '애니깽'이라 불리며 노예생활을 하면서 수확했던 식물로, 뿌리를 삶아서 나온 액을 이용하여 유명한 테킬라 술을 만든다.

버스에 올라 고원에 넓게 펼쳐진 평원을 달린다.

| 친체로 Chinchero 고원 |

멀리 만년설로 덮여 있는 치콘(Chicon) 산의 허리에 하얀 솜털같이 가벼운 구름이 살포시 얹혀 있다. 잉카의 전설에 따르면 일곱 빛깔 무지개가 이곳 친체로(Chinchero)에서 태어났다고 하며, 잉카인들의 국기는 무지개색으로 되어 있다. 전설이 아니더라도 구획 정리가 잘된 넓은 친체로의 대평원과 밭에서 자라는 농작물과 안데스의 설산과 구름, 아늑한 숲 속의 붉은색 집들이 만들어 내는 부드러운 질감과 색의 조화가 바로 일곱 빛깔 무지개가 그 자체였다.

생산량을 조절하기 위하여 일부 농가에서는 휴경을 함으로써 일부 밭은 작물 재배를 하지 않아서 원색의 땅 그대로 남아 있다. 오늘날 농업도 주요한 산업이기 때문에 이렇게 교차 재배를 하여 가격 경쟁력을 갖추는 것도 시장경제에 적응하는 현명한 방법이라고 생각되었다. 해발고도 3,800m의 높은 고원에 이렇게 넓은 평야가 있다는 것과 대평원에 펼쳐지는 비경이 우리를 감동시킨다. 오랜 세월 동안 바람과 비가 쉼 없이 정성들여 가꾸어 놓은 대평원의 다채로운 색을 띠는 부드러운 능선이 보는 사람의 마음까지도 시원하게 해 준다.

이곳 친체로는 스페인 정복자들이 잉카의 내륙을 지배하기 위하여 잉카인들에게 지시하여 만든 최초의 도시라고 한다.

산중에 커다란 호수가 나타났다. 요즘에는 송어도 양식하며 농업용수로 활용한다고 한다. 산중의 작은 도시에서 세월의 흐름을 잊고 티코가 신나게 달린다. 모퉁이 붉은 흙벽돌로 된 이층집 벽에 주황색으로 쓴 글씨와 용맹한 원주민 병사가 그려져 있다. 그냥 지나치기에는 궁금증이 무척 더해졌다. 나중에 알고 보니 선거용 벽보라고 한다.

아름다운 초원의 고원지대를 달려 8시 50분에 이틀 전 떠났던 쿠스코에 다시 도착하였다. 입국 비자를 받기 위해 줄을 서야 하기 때문에 9시 이전에 빨리 도착해야 한다고 했는데, 서두른 덕분에 예정보다 일찍 도착하였다. 서○○ 씨가 현지 안내자와 열심히 통화를 하느라고 정신없이 바쁘다. 다른 나라와는 달리 무슨 어려운 국내 사정이 있는 것인지 볼리비아 입국이 무척 까다롭다. 입국 전부터 볼리비아에 대한 기대감보다 부정적인 생각을 갖게 한다.

참고로 비자를 받기 위해 필요한 입국 서류는 여권, 여권발급용 사진 2매, 황열 예방주사 접종 확인증, 신용카드 등인데, 신용카드를 놓고 왔더니 이것도 걸림돌이 되었다. 또한 작성한 서류가 구겨지면 거절당하기 때문에 무척 신경을 써야 한다. 신용카드는 이곳에서 임시로 발급하면 된다고 하는데, 이렇게 허술한 서류를 굳이 요구하는 이유를 알 수 없었다. 시간이 많이 걸릴지 모른다고 걱정을 하던 안내자의 표정이 조금 밝아졌다. 엊그제 쿠스코에서 우리를 안내했던 현지 여자 안내자가 볼리비아 영사관에 미리 잘 부탁을 해 놓은 모양이다.

볼리비아 영사관 주변에서 서성이다가 주변의 찻집으로 들어갔다. 마테(mate) 차가 고산 증세에 도움이 된다고 해서 한 잔 주문하여 마셨더니 조금 지나자 몸에서 열이 나고 술에 취한 것 같이 알딸딸하였다. 마테 차는 코카 잎을 사용하여 만든 것으로, 이곳 원주민들은 오래전부터 고산 증세를 완화시키고 힘든 노동을 견디기 위해서 코카 잎을 상용하였다고 하며 지금도 일부 농장이나 일터에서 코카 잎을 제공하는 것을 근로 조건에 포함시킨다고 한다. 오늘날 미국 문화의 상징이자 탄산음료의 대명사가 된 코카콜라(Coca Cola)도 맨 처음 조제할 때 코카 잎의 추출물을 사용하였으며, 코카인 성분이 들어간 음료를 즐겨 마신 사람들 중에는 미국의 대통령을 비롯하여, 프로이트, 알렉산더 뒤마, 에밀 졸라, 로버트 루이스 스티븐슨 등 많은 사람들이 있었다고 한다.

잠시 서류 심사가 진행되는 것을 기다리면서 남 사장님의 지도를 받으면서 추가 서류를 작성하였다. 하나라도 틀리지 않으려고 모두 집중하여 열심히 해당 사항을 기록하였다. 쉬면서 마신 차 값을 달러로 지불하려고 했더니 달러는 안 되고 sol(Nuevo sol)로 계산하라고 하여 한참을 실랑이하면서 애를 먹었다. 작성한 서류를 마저 제출하고 면접을 하기 위해 기세등등한 볼리비아 영사관으로 향했다.

순서가 되어 영사관 1층으로 들어갔다. 바로 앞에 키가 크고 날씬한

젊은 영사관 여직원이 면담
업무를 맡고 있었다. 입국 비
자 발급이 늦어질까 다소 긴
장했지만, 어쩐지 친절하고
신속하게 일을 처리해 주었
다. 그녀가 나에게 상냥하게
웃으면서 던진 "Thank you"
한마디가 그동안 불편했던 심

쿠스코의 볼리비아 영사관

기와 볼리비아에 대한 부정적 이미지를 말끔히 씻어 주었다.

　염려했던 일이 잘 해결되어 일행은 즐거운 기분으로 버스에 올라 오
늘 일정을 시작할 수 있었다. 모두 힘찬 박수로 안내자와 남 사장님
의 노고에 감사하면서 세 시간의 지루함도 잊어버리고 12시 쿠스코를
출발하여 푸노(Puno)로 향했다. 쿠스코 도심을 벗어나자 붉은색 벽돌
에 붉은색 기와로 단장한 페루의 평화로운 농촌 마을이 나타났다. 이
곳의 지붕은 대부분 붉은색인데, 기와를 구울 때 붉은색 흙을 사용하
기 때문이라고 한다.

| 빵 굽는 마을 Oropesa, 기와 굽는 마을 Pinipampa |

　녹색 바탕에 붉은색의 아담한 집들이 꾸밈없는 사실주의 작가의 그
림처럼 정겹게 느껴진다. 외곽을 조금 벗어난 지 얼마 되지 않아 빵으
로 유명한 '오로페사(Oropesa)'라는 빵 굽는 마을에 도착하였다. 이곳에

서 만들어진 '추다'라는 빵은 맛이 아주 뛰어나 주변의 도시로 팔려나갈 정도로 매우 유명하다고 한다.

버스에서 내리자, 구수한 빵 냄새가 배고픈 여행객의 마음을 사로잡는다. 안내를 받으면서 빵 굽는 현장으로 갔다. 장작으로 화덕에 불을

지피고 작은 솥뚜껑만 하게 둥글게 반죽하여 불에 달군 화덕에 넣었다가 구워 내고 있었다. 화덕에서 노릇하게 익은 빵을 커다란 나무판자에 올려서 매장으로 옮긴다. 빵 굽는 기술자는 긴 자루 끝에 있는 둥그런 판에 잘 반죽한 빵을 얹어

화덕에 넣고 적당하게 익으면 빠른 손놀림으로 화덕에서 꺼낸다.

배도 고프고 구수한 빵 냄새의 유혹을 뿌리치지 못하고 어른 머리보다 더 큰 빵을 사서 조금씩 뜯어 먹는다. 갓 구운 빵이 풍기는 놓칠 수 없는 은은한 향기와 부드러움이 식욕을 더욱 자극한다. 한두 개씩 빵을 사서 봉지에 담고 버스에 올랐다. 이대로 점심이 해결되는 것 같았다.

좀 더 빨리 달릴 수 없는지 부탁했더니, 페루에서는 버스는 제한 속도가 90km이며, 순간적으로 100km 정도까지는 인정해 준다고 한다. 10% 인정하는 것은 우리나라와 별반 다르지 않다. 아무리 빨리 달리고 싶어도 제한 속도 때문에 늦으면 늦는 대로 버스 기사에게 맡기는 수밖에 없다. 또한 300km 이상을 운행할 때에는 장시간 운전에 따른 안전

사고를 예방하기 위해 반드시 보조기사를 동승시킨다고 한다.

버스로 조금 달려서 로미꼴카 성 앞을 지나간다. 이 성은 쿠스코의 외곽을 지키던 남문 유적으로 양쪽의 높은 산 아래 골짜기에 위치하고 있어서 방어에 아주 유리하다. 이곳은 과거 주고 쿠스코의 남쪽 지역에 있었던 아이마라(Aymara) 족의 침입을 방어하고 주민들을 통제하기 위해 만들었으며, 빌카노타(우루밤바 강의 상류 지역)에서 쿠스코를 가려면 반드시 이 성문을 통과해야 한다. 문 쪽에는 커다란 사각돌을 다듬어서 짜맞추었으며 그 주변은 작은 돌로 촘촘하게 5층의 계단 형식으로 쌓았다. 각각의 층에는 대각선 방향으로 삐져나온 돌계단(cantilever)을 만들어 위로 오를 수 있도록 하였는데, 이러한 돌계단은 잉카의 다른 지역의 유적에서도 공통적으로 발견된다. 성문 벽의 돌에 단단하게 들러붙은 이끼가 성문의 역사를 말해 주고 있었다.

남문 유적을 끼고 낮은 산길을 돌아서니 동서 양쪽의 높은 산들에 둘러싸인 골짜기로 누런색을 띠고 흐르는 빌카노타 강과 산 밑에 자리 잡은 마을들이 눈에 들어왔다. 유심히 앞을 보던 안내자가 무척 밝은 표정으로 기와 가마에서 불을 때는 것 같다는 예상치 못한 즐거운 소식을 알려 주었다.

지금은 우기라 기와 공장이 쉬는 때라고 한다. 어쩐지 오늘은 운이 좋게도 기와 굽는 장면을 직접 볼 수 있을 것이라고 하였다. 우리 일행은 참 복도 많아. 우기 때인데도 비 한 방울 맞지 않고 마추픽추의 비경도 맘껏 보고, 기와 굽는 것도 볼 수 있으니, 정말 누구의 공덕인지……

기와 굽는 마을(가늘게 빌카노타 강이 보임)

가까이 다가서니, 흙벽돌로 쌓아 만든 가마에서 여름잠에 들어간 조용한 마을에 정적을 깨듯 하늘로 검은 연기가 세차게 솟아올랐다. 기와를 구우려면 좋은 흙과 물이 풍부해야 한다. 기와 굽는 마을인 피니팜파(Pinipampa)는 약 60여 호가 사는 작은 마을이며, 이 중 일부 농가에서 기와를 생산하며 이곳의 흙은 점토가 많아서 질이 좋고, 마을 앞을 흐르는 빌카노타 강이 있어서 기와를 굽기에 최적의 조건을 갖추고 있다. 이 마을도 여름철 우기 때 비가 많이 와서 침수가 자주 된다고 하며 침수의 흔적인 듯 군데군데 물웅덩이에는 황톳물이 그득히 채워져 있었다. 우리가 오기 전에도 한바탕 큰 비가 온 것처럼 바닥이 무척 질 퍽거린다.

연기 나는 가마로 발길을 옮겼다. 검게 그을린 나이 든 아저씨가 웃으면서 우리를 맞는다. 아궁이 속에서 마른 유칼립투스가 탁탁 소리를 내면서 가마에 들어 있는 기왓장을 굽기 위해 무섭게 열기를 뿜어내고

있었다. 유칼립투스는 곧고 단단하며 알코올 성분이 많아서 연소가 잘
되며 20일 정도 말려서 사용한다고 한다. 손으로 만져 봐도 바삭거릴
정도로 잎이 바싹 말랐다.

기술자 아저씨도 우리 일행을 보자 무척 반가워하며 즐거운 표정을
지었다. 가마 속은 어떻게 생겼을까? 몹시 궁금했던지 이 선생님이 대
표로 사다리를 타고 올라가 가마를 유심히 살펴본다. 그동안 사정이
생겨서 일을 못했는데 살림이 어려워서 남들이 쉴 때에도 가마를 구워
야 한다고 했다. 우리 일행의 행운과 아저씨의 성실함이 우연히도 딱
맞아떨어진 것이다. 아저씨는 신이 나서 손수 흙을 반죽하고 작업대에
서 기와를 빚는 것을 보여 주었다. 아저씨의 자식으로 보이는 어린 남
매가 우리들을 신기하게 바라본다.

저지대 침수가 빈번하게 일어나는 곳에도 어렵게 사는 사람들의 집
들이 있다. 홍수 때 강이 자주 범람하기 때문에 부유한 사람들은 대부
분 고지대에 산다고 한다.

| 해발 4,335m의 Abra La Raya를 향해 |

1시 30분, 버스에 올라 다시 길을 재촉한다. 길옆에는 자주색 감자
꽃이 한창이고 그 너머로 어린 옥수수가 자라고 있었다. 그리고 나무
를 베어 낸 산자락에는 옥색을 띠는 어린 유칼립투스가 자라고 있다.
차창으로 스치는 길옆 집 벽에는 무지개를 비롯하여 축구공, 보리이
삭, 애를 안고 있는 엄마, 삽자루, 곡괭이, 나뭇잎, 슬리퍼, 냄비, 집,

각 정당별 선거 벽보

단지, 클로버, 사슴 등을 그린 다양한 선거 벽보가 나타났다. 페루의 전체 문맹률은 11% 정도인데, 원주민들이 많은 지역에서는 문맹률이 30% 이상이나 되고 전기시설이 제대로 갖추어져 있지 않기 때문에 그림으로 당과 후보자를 알리는 것이 훨씬 편하다. 원주민들이 알기 쉽게 일상생활에 관련된 것과 연계하여 당명을 정하고 이러한 그림을 그려 선거운동에 활용하고 있으며, 투표용지에도 후보자의 이름 대신 당을 상징하는 그림이 그려져 있으며 해당 그림에 X표를 한다고 한다.

과거 문맹률이 높았던 우리나라도 이와 비슷한 시절이 있었으니, 일종의 상형 문자를 활용하는 것이라고 생각하면 그들의 현실이 어느 정도 이해가 되었다. 현재 페루의 집권당은 페루 승리당(Peru Wins)이며, 쿠스코 지역은 역사적인 상황 때문에 원주민당이 우세하다고 한다. 벽보에 나온 인물의 사진에 X표가 있어서 누가 선거운동을 방해하는가 생각했는데, 여기에서는 찬성하는 후보에게 해당란에 X표를 한다고 한다.

마을 뒤편의 언덕에는 용설란이 지천으로 자라고 녹색의 카펫을 덮은 꼭대기에는 만년설이 살짝살짝 건성으로 덮여 있다. 하늘로 솟은 2~3m에 달하는 용설란의 하얀 꽃대가 바람에 흔들거린다. 차창으로 성벽처럼 길게 늘어선 계단 위에 붉은색 집들이 늘어서 있다. 과거 잉카인들이 식량을 저장하던 창고가 있던 락치(Raqchi) 유적이다. 이곳은 과거 쿠스코 지역의 케추아(Quechua) 문명과 남쪽의 티티카카 호에 있던 아이마라(Aymara) 문명이 만나던 곳이라고 한다. 이곳에는 152개의 잉카의 식량 창고가 있었으며, 스페인은 잉카제국을 정복한 후 철저하게 이곳을 파괴하고 이곳에도 어김없이 정복자의 종교를 강요하기 위해 붉은색의 성당을 지었다. 원주민 아낙네가 풀을 베어 넓은 망토에 둘둘 말아 등에 지고 길옆으로 지나간다.

락치(Raqchi) 유적

풀을 등에 지고 가는 원주민 여인들

점심때가 한참이나 지났다. 3시 15분, 도로 한편에 한적하게 자리 잡은 작은 화랑과 같은 휴게소 겸 식당인 Feliphon에 도착하였다. 겉모습에 비례하여 내부도 무척 깔끔하게 정돈되어 있었고 음식도 정갈한 느낌이 들었다. 우리보다 먼저 도착한 나이 든 백인 관광객들이 다소 불편한 기색을 하고 앉아 있었다. 우리보다 먼저 왔지만 예약을 하지 않아서 예약을 한 우리가 모두 식사를 마친 후에 식사가 가능하다고 한다. 예약의 위력이 실로 대단함을 느꼈다.

뷔페식 식단에서 쌀밥, 국수와 소고기 수프, 토마토, 닭고기, 브로콜리 등으로 맛있게 식사를 마치고 기다리는 손님들에게 미안한 마음이 들어 서둘러 밖으로 나왔다. 저녁때라 그런지 날씨가 제법 서늘하다. 식당 건너 풀밭에서는 소들이 한가롭게 풀을 뜯고 있다.

4시 15분, 다시 버스에 올라 푸노를 향해 출발했다. 얼마 지나지 않아 우루밤바 강의 상류인 빌카노타 강이 나타났다. 강은 비교적 맑은 편이었으며 검은색 새 한 마리가 부리를 강에 박고 열심히 무엇인가를 찾고 있었다. 강둑 한편에 꽤 큰 도시가 형성되어 있다. 해발 고도가 점점 높아질수록 강은 도랑으로 바뀌고 넓은 계곡의 농토에는 농작물이 자라고 가축들이 경사진 둑에서 풀을 뜯고 있다.

지역에 따른 특징인지 붉은색 기와집은 간 곳이 없고 양철지붕을 한 집들이 계곡의 곳곳에 자리를 잡고 있다. 길옆으로 쿠스코에서 푸노로 이어지는 철길이 놓여 있는데, 편도 900달러의 고급열차도 운행한다고 한다. 고도가 높아지면서 나무는 보이지 않고 계곡은 온통 녹색의 초원으로 덮여 있고 소들이 한가롭게 풀을 뜯고 있다. 고산지역에서는 대부분 방목을 하며 소 이외에도 고산지역에 적응한 낙타과 동물인 야마, 알파카, 과나코 등을 넓은 초원에 방목한다고 한다. 이 높은 고원지대에 목초지대가 끝없이 펼쳐진다. 건너 녹색의 산 위에 만년설이 덮여 있고 오래전 빙하에 의해 깊게 파인 권곡(圈谷)이 뚜렷하게 보인다.

드디어 쿠스코에서 푸노를 가는 여정 중에서 가장 높은 지역인 해발

왼쪽 위 쿠스코와 푸노 경계(4,335m)　　오른쪽 위 티티카카호 상류 지역
왼쪽 아래 빌카노타 강(우루밤바 강 상류)　　오른쪽 아래 빌카노타 강 상류 지역

4,335m의 Abra La Raya에 도착하였다. 시멘트 기둥 위의 철판에 흰색 글씨로 새겨진 이정표가 오가는 여행객에게 이곳이 쿠스코 주와 푸노 주의 경계임을 알려 준다. 지금 내가 서 있는 이곳이 그동안 우리가 답사했던 곳 중에서 해발 고도가 가장 높다. 머리가 띵하고 몸이 약간 무거워지는 것이 고산 지대에 왔음을 실감할 수 있었다. 안내자가 무리하지 말고 천천히 움직이라고 당부한다. 원주민들이 길옆 돌 위에 좌판을 깔아놓고 야마나 알파카의 털로 짠 옷과 모자, 양말과 이불 등을 팔고 있었다. 지금 우리는 티베트 고원 다음으로 넓은(약 17만 ㎢) 알티플라노(Altiplano) 고원에 서 있다.

| 알티플라노 Altiplano 고원 |

알티플라노 고원은 남미의 서쪽 중앙에 위치하며 안데스 서부산지와 동부 산지 사이에 길이 800㎞, 폭 130㎞, 평균 해발고도 3,750m로 티베트 고원보다 조금 낮으며, 페루 남동부, 볼리비아 서부, 칠레의 북동부, 아르헨티나 북서부에 걸쳐 있다. 북동부 지역은 남서부보다 습한 편이며, 나머지 지역은 매우 건조하기 때문에 소금호수가 많고 염분을 띤 평원이 넓게 발달한다. 남서쪽으로 지구에서 가장 건조한 아타카마(Atacama) 사막이 형성되어 있고, 동쪽으로는 아마존 밀림이 펼쳐져 있다. 남미에서 가장 큰 티티카카(Titi Caca) 호(湖)와 그 외 볼리비아의 우유니(Uyuni) 소금 호와 포오포(Poopo) 호가 포함되며, 대표적인 도시로는 페루의 쿠스코(Cusco)와 푸노(Puno), 볼리비아의 수도인 라 파스(La Paz), 광산 도시 포토시(Potosi), 라 파스 주변의 엘 알토(El Alto)가 있다.

이 고원에는 높이 5,000m 이상의 산들이 많으며 과거 화산활동이 활발하게 일어났던 곳이며, 현재도 화산활동이 일어나고 있는 산들도 있다. 지역에 따라 강수량과 평균 기온에 있어서 많은 차이를 보이는데, 티티카카 호 주변의 평균기온은 12℃로 가장 높고 강수량도 800㎜로 가장 비가 많이 내린다. 이 지역은 지하자원이 많아서 광산이 발달하고, 야마(Llama· 라마), 비쿠니아(Vicunia) 등의 동물들이 떼를 지어 산다. 또한 이곳은 잉카 문명이 꽃핀 곳이며, 감자의 원산지이기도 하다.

지금 우리가 서 있는 곳은 페루의 남쪽이며 이곳에서 북서쪽으로 흐르는 물은 우루밤바 강의 상류인 빌카노타(Vilcanota) 강이 되고 흐름이 계속되어 아마존 강을 이루며 남동쪽으로 흐르는 물은 티티카카

(TiTiCaCa) 호로 흘러들어간다.

바로 우리는 빌카노타 강과 티티카카 호의 경계에 서 있는 것이다. 고원지대인데도 초원이 잘 발달해 있어서 좋은 목초지로 활용되고 있다. 고원에 띄엄띄엄 흩어진 허름한 집들과 밭의 경계 표시를 위해 대강 쌓은 낮은 돌담, 계곡을 스치는 바람이 쓸쓸한 고원을 지키고 있다. 태양은 잿빛 구름 속으로 모습을 감추고 길었던 하루를 마무리한다. 물새들이 물가에 모여 목을 축인다.

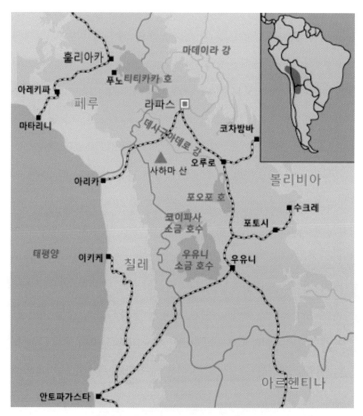

알티플라노 고원(오른쪽 위의 지도에서 붉은색 부분)

어둠 속에서 푸노 가기 전의 대도시인 훌리아카(Juliaca)를 지난다. 어둠 속이라 도시의 규모를 파악하기는 어렵지만, 비행장이 있는 비교적 큰 도시이다. 멀리 푸노의 불빛이 줄지어 나타난다. 언덕 아래에 펼쳐지는 푸노의 찬란한 불빛의 향연이 하루의 긴 여정에서 생긴 피로를 잊게 해 준다.

저녁 9시 20분, 티티카카 호수의 주변에 자리 잡고 있는 푸노에 도착했다. 해발 3,900m의 고원에 위치한 푸노는 1668년 스페인 점령군이 세운 도시로서 원주민의 비율이 아주 높고, 볼리비아에서 국경을 넘어 페루로 이동할 때나 쿠스코에서 볼리비아로 이동할 때 거치는 교통의 요충 도시이다.

호텔에 들어서자 피로와 고산 증세로 머리가 조금 띵하고 졸음이 온다. 아시안컵에서 한국팀이 쿠웨이트를 1대 0으로 이겼다는 기쁜 소식이 잠시 피로를 잊게 해 주었다. 이곳에서 유명한 송어요리에 밥과 과일을 먹고 길었던 하루를 정리하였다.

01. 14
- 구 일째 날 -

푸노 Puno

티티카카 Titi Caca 호

　오늘은 아침에 여유가 있다. 어제 하루 종일 버스를 타서 그런지 조금 피곤하였다. 7시까지 충분히 잠을 자고 일어나서 간단하게 정리하고 난 후, 빵과 우유, 계란, 과일 등으로 아침 식사를 하였다. 손을 적시면 파랗게 물이 들 것처럼 하늘은 푸르고 날씨는 더없이 쾌청하다.

　아침 식사를 한 후 잠시 푸노 대광장(Plaza de Armas)을 둘러보기로 했

다. 광장 주변에는 아침부터 많은 사람들이 모여서 하루를 시작하고 한쪽에서는 어린 소년이 무엇에 신이 났는지 휘파람을 불면서 정성스럽게 손님의 구두를 닦는다.

푸노 대성당과 시청

식민지 시절의 회색의 스페인 병사의 동상이 멋쩍게 성당 앞에 우뚝 서 있다. 횡단보도 앞에 무장한 여경이 성당 주변을 오가는 사람들에게 안전하게 산책할 수 있도록 친절을 베푼다. 성당 측면에 연주황색의 벽에 아치형 적갈색 창틀을 갖춘 2층의 푸노 시청이 자리 잡고 있다.

성당에서 아랫길로 내려와 숙소로 돌아오려니, 갑자기 숙소로 돌아가는 길이 생각나지 않았다. 이곳은 과거 스페인 식민지 시대 때 4각형으로 거리를 조성한 탓에 거리마다 구별하기가 쉽지 않았다. 시간에 늦어서 일정에 차질을 빚을 수도 있고, 페루 경찰이 있지만 집사람과 단 둘이서 곤란한 상황에서 말도 잘 안 통하고 치안도 부실한 남미에서 대처를 잘못하여 크게 낭패를 볼 수도 있다는 생각 때문에 약간의 두려움이 순간적으로 몰려왔다. 남 사장님이나 안내자에게도 말하지 않았고, 호텔 명함도 두고 나왔는데…….

순간 호주머니에 들어 있는 방 열쇠에 적힌 호텔 이름이 무척 반갑게 느껴졌다. 가까운 호텔에 들어가 영어로 'Royal Hotel'을 물었더니 친절하게 알려 주었다. 알려준 방향대로 조금 걸으니 여러 나라의 국기가 걸린 호텔이 나타났다. 실제로는 그리 먼 거리가 아니었는데, 당황스러움에 아침부터 곤란한 일을 겪을 뻔하였다.

9시 30분, 버스에 짐을 싣고 대망의 티티카카 호를 향해서 출발했다. 푸노 시내 바로 아래에 호수가 있기 때문에 버스로 몇 분 만에 호수 입구에 도착했다. 선착장에는 작은 모터보트가 손님을 기다리며 바람에 흔들거리고 있고, 호수 가장자리에는 갈대의 일종인 토토라(Totora)가 무성하게 자라고 호수의 표면은 부영양화로 대부분 녹조로 덮여 있었다. 모터보트를 타고 우로스(Uros) 섬을 향해 출발한다. 수평선 위로 호수를 포근하게 감싸고 있는 산과 흰 구름이 아득하게 보이고 바람은 서늘하고 호수의 표면은 거울처럼 매끄럽다.

티티카카 Titi Caca **호** | 티티카카 호는 알티플라노 고원의 북쪽, 페루와 볼리비아의 국경에 위치하며, 남미에서 가장 큰 호수이다. 티티카카 호는 해발 고도가 3,810m로, 1862년부터 증기선이 항해를 시작한 이후 상선과 같이 큰 배가 다니는 호수로는 세계에서 가장 높은 곳에 위치해 있다. 면적은 약 8,300㎢로 제주도 면적의 약 4.5배 크기이며 가장 긴 쪽은 길이 165㎞, 폭은 75㎞, 최대 수심은 280m로 언뜻 보면 바다처럼 느껴진다. 실제로 태평양 전쟁(1879년~1883년)에서 칠레에게 패해서 태평양으로 나가는 영토를 잃어버린 볼리비아는 이곳 티티카카 호에 해군 함정을 배치시켜 놓고 주기적으로 훈련을 실시하고 있다고 한다. 라미스(Ramis) 강을 비롯하여 코스타(Costa) 강 등 5개의 강과 크고 작은 20여 개의 지류가 티티카카 호로 흘러들어오는데, 계절에 따라 강수량의 변화가 심하며 이에 따라 호수의 수위도 3m 정도 변한다고 한다. 태양의 섬(Isla del Sol)은 볼리비아의 코파카바나(Copacabana, 페루와 국경을 이룸)에서 가까운 곳에 있고, 티티카카 호에서 가장 크며 잉카의 신화가 살아있는 곳이며, 이 밖에 페루의 아만타니(Amantani), 타킬레(Taquile) 섬 등 41개의 섬이 있다.

티티카카 호(국경은 코파카바나와 데사과데로 2곳이 있음)

　잉카의 전설에 따르면 잉카의 초대 왕인 '망코 카팍'이 티티카카 호의 '태양의 섬'에 내려와 잉카가 시작되었다고 믿을 정도로 잉카인들은 이 티티카카 호를 신성시하였다. 티티카카 호수에는 이곳 원주민의 후손인 우루(Uru) 족과 티티카카 호 주변에 살았던 아이마라 족의 후손들이 호수에서 나는 '토토라'를 이용하여 40여 개의 인공 섬을 만들어 수상생활을 하고 있으며 현재 약 천 명 정도가 이 섬에 살고 있다.

　토토라는 섬을 만드는 데 이용될 뿐만 아니라, 집이나 배를 만들며 땔감으로도 이용된다. 잉카는 티티카카 호수 주변에 살던 우루 족의 남자들을 붙잡아 잉카의 농지로 보냈는데, 우루 족은 주로 어업에 종사했기 때문에 농사일에는 서툴 수밖에 없었다. 결국 견디다 못한 우루 족 남자들은 농장을 탈출하게 되었고 결국 티티카카 호수에 인공 섬을 만들어 정착하게 되었다고 한다. 그 후 스페인 사람들의 침입으로 밖으로 나가지 못하고 그대로 지금처럼 티티카카 호에 남게 되었다. 티티카카 호 주변 지역은 기온도 따뜻하고 강수량도 비교적 풍부해서 옥수수나 감자 등을 많이 재배하고 있다. 잔잔한 호수 주변에 자리 잡은 집들이 무척 평화롭게 보인다.

배를 타고 토토라가 없는 수로를 따라 호수로 나아간다. 우로스 섬 출신인 현지 안내자 막시모가 티티카카 호수의 지도를 펼치고 신이 나서 열심히 설명을 한다. 티티카카 호수는 그 모양이 퓨마를 닮았으며 티티카카에서 '티티'는 '퓨

티티카카 호를 설명하는 원주민 막시모

마'라는 뜻이고 '카카'는 '회색' 또는 '돌'이라는 뜻이며 티티카카는 '회색 퓨마' 또는 '돌퓨마'라는 뜻이며 티티카카를 다른 말로 '티티칼라'라고도 부른다. 카카를 '까까'라고 발음하지 않도록 부탁하였는데 까까는 대변이라는 뜻이며, 페루에서는 볼리비아쪽의 호수를 '까까'로 부르고 볼리비아에서는 페루 쪽 호수를 '까까'로 부른다고 한다. 현재 이 호수는 페루와 볼리비아의 국경에 걸쳐 있으며 페루 쪽이 약 60%, 볼리비아 쪽이 40%로 되어 있다.

원래 우로스 섬에 살던 원주민들은 물고기를 잡아서 생계를 유지했으나 최근에는 관광업에 더 치중하고 있다고 한다. 전에는 밤에 물고

기를 잡고 낮에는 낮잠을 잤는데, 지금은 관광업을 하기 때문에 이들의 생활 방식이 달라졌다고 한다. 서로 적당한 수입이 보장될 수 있도록 관광객에게 섬의 양쪽을 교대로 개방한다고 한다.

　배는 잔잔한 호수 위로 미끄러지듯 우로스 섬을 향해 달려간다. 뒤를 돌아보니 옅은 흰 구름이 덮인 푸른 하늘 아래 산 중턱까지 집들이 빼곡하게 들어찬 푸노 시내가 아득하게 보인다. 고요한 호수에 보트는 힘찬 엔진 소리를 내며 우로스 섬을 향해 물길을 내며 앞으로 나간다. 앞쪽으로 대부분 갈대로 지붕을 한 다양한 형태의 집들이 보인다. 30분 이상 티티카카 호를 유람하고 드디어 우로스 섬에 도착하였다.

　토토라 줄기를 가늘게 쪼개서 만든 하얀 모자를 쓰고 노란색 또는 주황색의 화려한 조끼를 입은 원주민 여인들이 맨발로 우리를 반겨 맞는다. 드디어 섬에 상륙했다. 발을 내딛는 순간, 스펀지를 밟는 것처럼 토토라로 덮인 바닥이 푹푹 들어간다. 이곳 우로스 섬은 모두 크고 작은 섬이 12개가 있는데, 토토라가 한 덩어리로 이어져 있다고 한다. 우리나라에서 자라는 갈대도 땅속 줄기가 서로 연결되어 있어서 빽빽하게 밀집된 모습을 볼 수 있다. 토토라로 만든 인공섬은 맨 아래 물속에 잠긴 부분이 썩어서 높이가 낮아지면 3개월에 한 번씩 새 것을 깔아 항상 일정한 높이를 유지한다고 한다. 섬에 도착하여 토토라로 정성들여 엮어서 만든 기둥만한 둥그런 다발에 앉아서 우로스 섬의 생활과 우루족에 대하여 설명을 들었다.

　약 천 년 전부터 이곳에서 생활한 우루 족(Uru People)은 자신들을 '태양의 아들'이라고 믿었으며, 티티카카 호 주변에 살았던 아이마라 족과

199

무역을 하고 그들과 결혼도 했다. 위험이 예상되면 섬을 이동시키고, 가장 큰 섬에는 토토라로 만든 망루를 설치하여 감시하였다. 5백 년 전 잉카 제국에 정복되었으며, 현재 우루 족의 언어는 남아 있지 않고 아이마라어를 사용한다고 한다.

이 마을에는 현재 5가구 25명이 살고 있으며 공동체 생활을 하기 때문에 관광으로 벌어들인 수입을 똑같이 나눈다고 한다.

우로스(Uros) 섬과 갈대배(Varusa)

막시모가 더욱 신이 나서 목청을 높인다. 막시모가 안내자와 아이마라어로 주고받는 말을 알 수가 없지만 그래도 귀동냥으로 두어 마디 배워 본다. '잘 지내셨나요(How are you)?'에 해당하는 '가미사라끼', 그리고 '좋습니다(fine 또는 good).'에 해당하는 '왈리끼'이다.

섬 대표인 '왈테르'가 우리의 방문을 환영한다는 인사를 하고 막시모와 함께 토토라의 이용 방법에 대하여 설명해 주었다. 관광객들이 쉽게 이해할 수 있도록 토토라의 땅속줄기가 뻗어 있는 흙을 약 1m 정도

크기로 파내어 그 위에 작은 집을 올려놓고 전체적인 섬의 구조를 파악할 수 있도록 관광객들을 위한 교육 자료로 활용하고, 작은 배 모양도 보여 주었다. 토토라를 십자형으로 교차시켜 바닥에 깔기도 하고, 집도 짓고 배도 만들며 생활용품을 만드

토토라의 이용 방법

는 등 아주 다양하게 활용한다고 한다. 토토라를 설명하는 동안 여자들은 자신들이 짠 면제품을 들고 서서 상품 선전을 한다.

설명이 끝난 후, 집 구경도 해 보고 마을 주변을 살펴보았다. 방은 토토라로 엮은 1칸이 대부분이고 잠을 자는 곳은 바닥을 높여 그 위에 보자기를 깔았고, 골조 역할을 하는 벽 위 네 귀퉁이에는 각목을 대고 여기에 못을 박아 옷걸이로 활용하고 있었다. 어릴 때 옷을 묶음으로 편하게 걸어두던 시골집의 횃대가 생각이 났다. 우리는 마치 우루족이 된 듯 화려한 원주민 복장을 빌려 입고 멋진 자세로 사진도 찍고 집 앞에 전시된 기념품을 사기 위해 원주민 아낙과 흥정도 해 본다.

드디어 토토라로 만든 이물이 바이킹이 타던 배처럼 용맹하게 생긴 배(Varusa)에 올랐다. 배에는 노란색 천으로 장식된 누각이 있고 웬만한 배처럼 제법 모양을 냈다. 자기를 떼어 놓고 간다고 꼬마가 울면서 떼

• 페루 Peru •

를 쓴다. 투정부리는 아이를 그냥 못 본 척할 수 없어, 꼬마까지 태우고 노를 저으며 먼 옛날 이곳에 살던 원주민들처럼 노를 저어 꿈길처럼 아득한 티티카카 호를 항해한다. 원주민 아낙들은 우리들의 항해가 무사하기를 기원하며 토토라 선착장에서 웃으면서 우리들을 배웅한다.

노 젓는 갈대배를 타고 바라보니, 저 멀리 우로스 섬의 건물들이 아늑한 모습으로 수평선 위에 일렬로 줄지어 있다. 멀리 보이는 노란색 건물이 학교라고 하였다. 또한 이곳에는 병원도 있어서 이곳 우로스 섬사람들이 현대와 전통을 융합하면서 살아가는 것을 알 수 있었다.

티티카카 호의 여정을 마치고 우리가 탄 배는 짧은 인연 속에 긴 아쉬움을 남기고 다시 물길을 따라 티티카카 호 선착장을 향한다. 모터보트의 지붕 위에 올라 넓디넓은 호수를 눈에 그득 담아 보고 시원한 바람을 쏘이면서 티티카카 호의 여정을 마무리한다. 뱃길 옆에 자리잡고 있는 다른 마을 사람들이 웃으면서 손을 흔들어 준다. 언덕 위의 병원처럼 생긴 하얀색을 띤 호텔이 무척이나 산뜻해 보인다.

호수 유람과 우로스 섬 답사를 끝내고 버스로 잠깐 이동하여 푸노 시내에 있는 식당에서 맥주와 함께 점심을 먹었다. 식당 이곳저곳에 전시해 놓은 다양한 형태의 다리미와 재봉틀 등 그리 멀지 않은 과거, 우리들 어린 시절에 눈에 익었던 문명의 이기들이 이제는 골동품이 되어 여행객들의 눈길을 끈다.

점심 식사 후 1시 30분, 드디어 푸노를 출발하여 볼리비아를 향해 출발하였다. 우리는 티티카카 호수를 따라 볼리비아 국경과 연결되는 도로를 달린다. 차창 밖으로 넓고 푸른 티티카카 호를 보면서 느긋한 마음으로 오후의 여정을 즐기고 있다. 멀리 수평선 바로 뒤에 자리 잡은 산 위로 흰 구름이 길게 띠를 두르고 있다. 호수를 따라 마을이 자리 잡고 주변의 밭에는 농부들이 정성스럽게 가꾼 감자, 퀴노아, 콩, 옥수수 등이 자라고 있었다. 바다처럼 넓은 호수에 설치된 양식장과 예쁜 색으로 단장을 한 작은 배를 볼 때면, 순간적으로 바닷가의 한적한 길을 달리는 듯한 착각이 든다.

출발할 때 여유가 있을 거라던 예상과 달리 국경까지 서둘러야 제시간에 출국수속을 밟을 수 있다고 한다. 화장실 때문에 곤란을 겪다가 국경에 가까운 작은 도시 세피타(Zepita)에서 하차하여 지친 몸을 이끌고 경사가 급한 계단을 올라 15분 이상을 걸어서 임시로 개방한 화장실을 어렵게 찾아 생리현상을 해결하였다. 철문을 지키던 경비아저씨가 급한 사정을 알았는지 우리 일행이 일을 볼 수 있도록 친절을 베풀어 주었다.

국경에 가까운 곳의 티티카카 호 모습

세피타(Zepita)의 메스티조 양식의 성당

이곳에도 언덕의 제일 높은 곳에 붉은색을 띤 메스티조 양식의 오래된 성당이 있었다. 이러한 메스티조 양식은 원주민 기술자들에 의해 지어진 스페인풍의 건축물로, 두 문화가 혼합된 형태로 푸노를 따라 볼리비아 국경으로 가는 티티카카 호 주변의 성당에서 많이 발견된다.

남 사장님이 전화로 바쁘게 이곳저곳에 연락을 한다. 출국 수속을 제

시간에 마치고 볼리비아로 입국하여 입국 절차를 밟으려면 최소한 페루 국경도시 데사과데로(Desaguadero, 또는 Chaka Marka)에 5시 20분까지 도착해야 한다. 국경이 가까워지면서 호수는 물보다 밭이 많아지고 물이 있는 부분이 점점 가늘어져 작은 물줄기로 변한다.

우리는 오후 5시 20분에 국경 도시인 데사과데로(Desaguadero)에 도착하여 출국 수속을 밟고, 큰 짐은 단체로 맡기고 작은 짐만 몸에 지닌 채 부지런히 볼리비아의 국경을 향해 발길을 옮겼다. 티티카카 호로 흘러드는 작은 강변에 위치한 데사과데로는, 국경을 오고가는 사람들과 바쁘게 움직이는 짐꾼들과 물건 하나라도 더 팔려고 관광객을 따라붙는 행상들과 기념품과 생활용품, 과일 등을 파는 노점, 손님과 물건 주인과 벌이는 흥정 등 국경의 도시답게 바쁘고 활기가 넘쳤다. 그동안 '혼비백산(魂飛魄散)'이라고 애칭이 붙은 우리 일행의 답사를 위해 전문가답게 소신껏 이끌어 준 안내자 서○○ 씨에게 진심으로 감사를 표했다. 나머지 일정을 잘 마치고 무사히 귀국하기 바란다는 소망과 특히 볼리비아 국경에서는 절대로 사진을 찍지 말고 사진기나 기타 몸에 지닌 물건 날치기 당하지 않도록 당부하는 말로 인솔의 책임을 마무리하였다.

비록 6일간의 짧은 기간이었지만 역시 잉카 제국의 나라답게 다양한 관광자원과 역사유적, 아름다운 자연 환경 등 멋진 추억을 만들기에 충분한 곳이라는 생각이 들었다. 페루를 떠난다고 생각하니 대상이 확실치 않은, 그러면서도 잡힐 듯 가까이 있는 어떤 것이 아쉬움을 던져주고 갈 길을 막아서는 것 같았다.

볼리비아 BOLIVIA

1.15.– 1.17.

| 볼리비아 Bolivia |

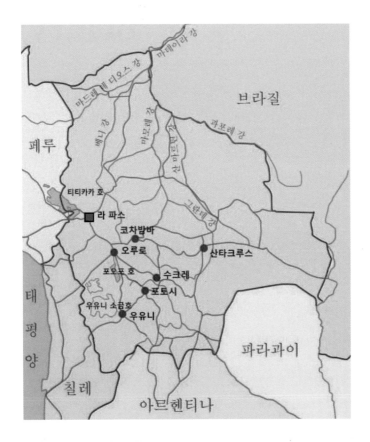

| 볼리비아 Bolivia 입국 |

   사람들을 따라 티티카카 호가 시작되는 곳에 있는 50여 m의 다리를
건너 드디어 볼리비아의 땅에 닿았다. 데사과데로(Desaguadero)는 이 다
리를 기준으로 페루와 볼리비아의 2개 구역으로 나누어진다. 국경에

서 사진 찍지 말고 사진기를 특히 조심하라는 안내자의 당부도 있고 해
서 가방에 깊숙이 집어넣고 눈으로 국경의 풍경을 감상하면서 약간의
긴장감과 분주함이 뒤섞인 국경의 다리를 건너자, 20 여명의 군인들은
늘 그랬던 것처럼 국경을 오가는 사람들에게 별로 관심을 두지 않고 건

볼리비아 국경도시 데사과데로

성으로 바라볼 뿐,
특별하게 경계하거나
검문 하지 않았다.
걸어서 10분도 채 안
되는 거리인데도 눈
을 의심할 정도로 양
쪽의 상황이 너무나
달랐다. 볼리비아의
출입국 사무소가 있

는 곳은 국경의 작은 도시이기 때문이기도 하겠지만, 포장이 벗겨진
도로는 군데군데 움푹움푹 패어 있고 차가 지나가거나 실바람만 불어
도 흙먼지가 풀풀 날렸다. 게다가 주변의 낮은 건물들은 오래되고 낡
아서 저녁 햇살에 그 적막함이 더 짙게 느껴졌다.

어느 곳이나 관광객들을 대상으로 하는 범죄는 있게 마련이지만, 에
콰도르와 페루의 사장님들이 볼리비아에 갔을 때 특히 조심하라고 하
던 말 때문에 더욱 긴장되었다. 사진을 찍지 말라는 당부도 있었지만
감히 사진기를 꺼내들고 주변을 찍을 용기가 나지 않았다. 여기 사는
사람들에게는 일상이 되어 무감각하겠지만, 이런 분위기에 낯선 우리

• 볼리비아 Bolivia •

들에게는 무척이나 긴장을 해야 하는 그런 상황으로 인식되었다.

카트에 실려 온 가방을 끌고 입국사무소 안으로 들어가 서류용지를 받아들고 어스름한 전깃불 아래 창가에 기대어 창문으로 스며드는 실낱같은 햇빛으로, 아니면 휴대전화의 불빛을 이용하여 깨알 같은 글씨들을 읽으며, 이것저것 물어서 열심히 서류를 작성하였다. 입국할 때 주변의 살벌함이 가져온 불안감과 어색함이 서류를 든 손 안에서 여전히 꼬물거린다. 노심초사하며 성의를 다하여 고생 고생하여 작성한 것을 알았는지, 별 문제 없이 볼리비아 입국 수속이 비교적 쉽게 끝났다.

이곳 근무시간이 저녁 6시 30분으로 알고 있어서 늦으면 어찌하나 걱정했었는데, 사실 걱정은 전혀 예상하지 못한 다른 곳에서 생겼다. 페루 국경에서부터 바쁘게 전화하던 남 사장님이 이곳에서 만나기로 약속한 한국인 안내자와 연결이 잘 되지 않는다면서 걱정이 이만저만이 아닌 것 같았다. 사정이 생겨서 안내자와 볼리비아 국경에서 만나기로 했던 장소가 변경되었는데, 페루 여행사에서 한국인 안내자에게 이러한 사실을 제대로 전달하지 않아서 문제가 생긴 것 같았다.

우리도 일이 벌어진 다음에야 알았지만, 티티카카 호를 경유하여 볼리비아로 들어가는 국경이 이곳과 코파카바나(Copacabana), 두 곳이 있다. 대부분의 여행객들은 코파카바나 국경 쪽으로 이동하기 때문에 안내자도 처음 계약대로 그렇게 생각하고, 전화기를 꺼 놓은 채 버스기사와 함께 그곳으로 간 것이었다. 남 사장님이 애태우며 연락문자도 보내고 이것저것 조치를 취했는데 안내자는 처음 장소만을 생각했는지 전화기를 전혀 확인하지 않은 것 같았다. 원래의 계획대로라면 지금쯤 버스를 타고 가면서 오늘 보았던 티티카카 호의 아름다운 순간들을 떠올리며 또 다른 나라 볼리비아의 해질 무렵의 풍광도 즐기면서 알티플라노(Altiplano) 고원에서 가장 해발고도가 가장 높은 수도 라 파스(La Paz, 평화 · The Peace)를 향해서 달려가고 있을 텐데……

해가 지고 주변은 점점 어두워지고 국경을 넘나드는 사람들이 가끔씩 사무소에 들를 뿐 거리는 더 적막해진다. 우리의 사정이야 어떻든 간에 사무소 직원이 안에서 진을 치고 있는 우리 일행이 부담스러웠는지 짐을 들고 밖으로 나가라고 한다. 더구나 사무소에는 화장실도 없어서 할 수 없이 건너편에 있는 1인당 1 볼리비아노스를 받는 유료 화장실을 이용해야 한다. 화장실로 들어가려니 알아듣지 못하는데, 자꾸 말을 걸고 중얼거린다. 상황을 파악하니 돈을 내지 않고 들어가니 당연히 제지할 수밖에. 바로 직전에 볼리비아에 입국했고 또한 볼리비아 화폐로 환전을 못해서 할 수 없이 달러를 냈더니, 처음에는 절대로 받지 않겠다고 단호한 태도를 보이다가 우리 사정을 어느 정도 알아챘는지 1달러를 받고 여러 사람이 사용하도록 큰 은혜를 베풀었다.

어두워지면서 국경을 오가는 사람의 발길도 뜸해지고 카트를 타는 젊은이들은 우리들의 긴박한 사정을 모르고 사무소 벽을 따라 줄지어 있는 우리들 가방을 주시하면서 오가기를 반복한다. 적당히 술에 취해 흥얼거리며 친구와 어깨동무하고 집으로 가는 사람들이 순간 부럽게 느껴졌다. 버스가 다시 이곳으로 오려면 최소한 빨라야 3시간 반 이상 걸린다고 하였다. 서로 사정을 이해하면서 인내심을 갖고 기다리기로 하였다. 화장실 사용료를 받던 아줌마의 어린 남매가 살갑게 다가와 재롱을 부리면서 우리 일행의 지루함을 잊게 해 준다.

이제 초저녁인데 그나마 위안이 되었던 주변의 가게와 집들의 전깃불이 하나둘 어둠 속으로 사라진다. 급한 대로 주변의 식당을 찾아 저녁이라도 먹었으면 하는 바람에서 몇몇 선생님들이 멀리 버스터미널까지 걸어가서 백방으로 알아보았으나, 우리 일행에게 단 한 끼의 식사만이라도 제공할 만한 식당이 없다고 한다. 불이 꺼지기 전에 앞에 있는 상점에 혹시 요기가 될 만한 것을 찾았으나 기대할 만한 것이 별로 없었다.

고산지대에 밤이 되어 추워지면서 갑자기 계절의 감각을 잊어버린 채 가방을 열고 겨울 점퍼를 꺼내 입고 배고픔에 곁들여 엄습하는 냉기와 맞서야 했다. 몸이 불편한 사람과 여선생님 몇 분은 잠깐의 친분과 남 사장님의 노력으로 건너편 건물의 방에서 버스가 올 때까지 쉴 수 있었다. 기다림에 지쳐서 라면을 끓여서 인정 많게 생긴 중년의 몇몇 원주민 여자들과 소주를 마시면서 동년배가 주는 편안함으로 격의 없이 마음의 대화를 나누기도 했다. 남미에서 원주민의 비율이 가장 높은 곳이 볼리비아이며, 페루와 더불어 잉카제국의 중요한 축을 담당했던 곳이다.

앞에 나가서 기다리던 남 사장님의 표정이 밝아지면서 드디어 우리를 구해 줄 버스가 도착하였다. 몇 시간 동안 살벌한 분위기에서 우리들의 인내를 시험에 들게 했던 한국인 안내자가 무척 궁금해졌다. 볼리비아는 경제적으로 낙후되어, 치안과 국내 정치의 불안 등으로 우리 교민이 얼마 없는 탓에 멀리 아르헨티나의 엘 칼라파테에 사는 교포 안내자가 볼리비아, 칠레, 아르헨티나 엘 칼라파테까지 안내를 맡게 된 것이다. 기다림에 지친 일행 앞에 어색한 모습으로 배우 이정재 씨를 무척 닮은 훤칠한 젊은이 박○○ 씨가 모습을 드러냈다.

버스를 타고 숙소가 있는 라 파스(La Paz)까지의 거리는 86㎞로 거의 2시간 정도 달려가야 한다. 버스가 주는 따스함과 안락함, 긴장 속의 기다림이 가져다준 피곤함이 뒤범벅되어 차에 올라 자리에 앉자마자 얼마 전 떨며 기다리던 것을 망각한 채 모두 깊은 단잠에 빠져들었다. 내일은 오늘 아침보다 일찍 일어나야 하기 때문에 조금이라도 잠을 자 둬야 하는데 몸이 알아서 빠르게 적응을 한다.

어떻게 왔는지 벌써 두 시간이 지났는지 도착의 알림과 함께 단잠을 털고 일어나야 했다. 잠이 덜 깬 탓일까? 깊어 가는 라파스의 불빛이 바람에 흔들거린다. 버스에서 내리니 피로와 3천 6백 미터가 넘는 해 발고도 때문에 머리가 띵하고 무력감이 느껴졌다. 짐은 호텔 종업원의 몫으로 남겨두고 우리는 호텔 로비로 들어갔다. 벌써 1시가 넘었다. 숙소는 지은 지 꽤 오래되어 고풍스러웠으며 같은 층이라도 실마다 높이가 다른 독특한 구조로 되어 있었다.

저녁 대신 호텔에서 제공해 준 닭고기에 죽을 섞은 도시락으로 허기진 배를 채웠다. 대강 짐을 정리하고 오늘 일정을 걱정하면서 잠자리에 들었다. 이대로 세상모르고 곯아떨어졌으면 좋겠는데…….

| 볼리비아 Bolivia |

남미의 중부에 위치한 내륙국으로 독립 후 볼리비아국화국(Republic of Bolivia)이었으나 2009년 2월 볼리비아 다민족국(PlurinationalState of Bolivia)으로 국명을 바꿨다. 행정 수도는 인구 150 만의 라 파스이고 헌법상의

수도는 1991년 유네스코 세계문화유산으로 지정된 인구 17 만의 수크레 (Sucre)이다. 면적은 약 109만 8천㎢로 한반도 면적의 5배의 크기이며, 동쪽과 북쪽은 브라질, 남동쪽은 파라과이, 남쪽은 아르헨티나, 서쪽은 페루, 칠레와 각각 국경을 이루고 있으며, 인접국들과 수차례의 전쟁을 겪었고 그 결과 국토의 중요한 부분을 빼앗겼다. 인구는 약 1,056 만 명 (2014년 기준)이며, 인구의 구성은 원주민 55%, 메스티조 30%, 유럽계 백인 15%이며, 페루와 함께 원주민의 비율이 높은 나라 중의 하나이며 95%가 가톨릭을 믿으며 스페인어를 공식어로 사용한다.

지형적 특성 때문에 다른 나라에 비해 지역 분권 경향이 강해서 오래 전부터 지역적으로 심한 갈등을 겪었다. 안데스 산맥 가까운 곳에 위치한 지역은 광물 자원이 풍부하여 서구 열강들이 욕심을 많이 내던 곳이고, 아마존 밀림 지역은 우수한 목재와 다양한 임산물을 채취할 수 있으며, 남동부 지역은 라플라타 강과 연결되며 산타크루스(Santa Cruz)가 중심적 역할을 하고 있다.

국토의 절반이 넘는 53%가 산지이고, 목초지가 약 24%, 경작이 가능한 면적은 2%에 불과하며, 남위 10~30°사이에 있어 위도 상 열대기후지역에 속하나, 안데스 산맥 중 폭이 가장 넓은 곳에 위치하여 고도에 따라 다양한 기후가 나타난다. 크게 건조한 온대성 기후를 보이는 서부고원지대와, 고온다습한 열대성 혹은 아열대성 기후를 보이는 동부 밀림저지대로 나눌 수 있다.

B.C. 1500년 전부터 볼리비아의 티티카카 호의 동쪽 지역에서 티와나쿠(Tiwanaku) 문명이 시작되었으며, 이 문명은 A.D. 6세기 ~ 8세기 사이에 도시화가 형성되었고 안데스의 남부 지역에서 큰 세력을 떨쳤

다. 티와나쿠 문명은 주변 국가들의 문명을 멸망시키기보다는 그들 문명의 독립성을 인정하고 주변국들의 문명을 흡수하여 자신들의 문명을 발달시켰다. 가장 번성하였을 때에는 볼리비아의 서쪽 지방, 페루의 남쪽 지방과 칠레의 북부 지방에까지 영향을 미쳤으며 A.D. 11세기 초까지 번성하였으나, 가뭄 등으로 그 세력이 크게 약화되어 사라졌으며 후에 아이마라 족에 의해 여러 개의 소규모 왕국으로 존속하다가 잉카에 복속되었다. 현재도 티와나쿠(Tiwanaku) 문명의 중심지였던 티와나쿠에 유적이 남아 있으며 2000년에 세계문화유산으로 등재되었다.

1535년 스페인의 피사로에게 정복되어 스페인의 식민지가 되었다. 식민지 시대에 '상부 페루(Upper Peru)'또는 '차르카스(Charcas)'로 불렸으며 페루 부왕청(Viceroyalty of Peru)의 지배를 받다가, 1809년 나폴레옹이 스페인을 침공하여 남미에서 스페인의 지배력이 약해지자 1809년 독립을 선언하였다.

이후 독립운동이 꾸준히 지속되었으나 페루의 왕당파와 스페인 군에 의해 진압되었으며 1823년 다시 독립전쟁을 일으켜 1824년 베네수엘라의 시몬 볼리바르 장군과 수크레 장군이 연합한 독립군이 왕당파에 승리함으로써 1825년 8월 6일 독립하여 공화국을 수립하였으며 볼리바르(Bolivar) 장군의 이름을 따서 '볼리비아(Bolivia)'라고 부르게 되었다. 그의 숭고한 독립 정신이 있었기 때문에 많은 남미국가들이 독립할 수 있었으며, 그를 빼놓고 남미의 근현대사를 말할 수 없을 정도로 남미의 독립과 번영을 위해 평생을 헌신한 '위대한 해방자'이자 '독립 운동가'였다.

시몬 볼리바르(Smon Bolivar, 1783~1830) │ 베네수엘라의 카라카스(Caracas)에서 귀족의 아들로 태어났으나 일찍이 부모를 잃고 친척 아저씨의 집에서 어린 시절을 보냈다. 이때 만난 가정교사를 통하여 유럽의 계몽사상과 자유, 평등, 독립과 해방에 관한 생각에 눈을 뜨게 되었다. 14살 때 자기 아버지가 몸담았던 군사학교에 들어가서 수년간 군사훈련을 거치면서 군사전략, 군대 장비, 자유 등에 대하여 열정을 갖게 되었으며, 이때 받은 교육은 그가 독립전쟁을 수행하는 데 있어서 많은 도움이 되었다고 한다.

'그랜드 투어(대여행, 르네상스 이후 유럽 청년들이 자신의 학문을 마무리하기 위해 하던 여행)'를 하던 중 스페인에 들렀던 볼리바르는 18세 때 '마리아 테레사'라는 스페인 여자와 결혼하여 베네수엘라로 돌아왔으나, 황열로 부인이 죽자 슬픔을 달래기 위해 다시 유럽 여행길에 올랐다. 파리에 머무르는 동안 나폴레옹의 대관식에 초대받았으나 해방과 평등을 저버리고 황제가 되려는 나폴레옹에 대하여 크게 실망하여 참석하지 않았다.

그는 귀국에 앞서 잠시 미국을 들렀으며 여기에서 남미도 미국처럼 합중국의 형태가 되어야 한다고 생각하였으며, 후에 탄생한 그란 콜롬비아(Gran Colombia)는 이때 구상한 것이었다. 당시 크리오요(Criollo, 남미에서 태어난 백인)들은 스페인의 지배 하에서 겪게 되는 정치·경제적 불이익과 멸시, 사회적 신분 상승의 배제 등으로 불만이 고조되었고, 자유 무역으로 부를 축적한 크리오요들은 자신들의 경제적 이익과 정치적 지배를 확보하기 위해 스페인과 부왕(副王)의 정치적 지배에서 벗어나고자 노력하였다.

베네수엘라로 돌아온 볼리바르는 이러한 사회 분위기에 편승하여 1810년부터 독립 전쟁에 참여했으나 왕당파에 의해 패전을 거듭하였고, 특히 1814년 전투에서 크게 패했으며, 검거령을 피해 중남미 최초의 독립국인 아이티(Haiti)로 망명하였다. 아이티와 영국의 지원을 받아 1817년 남미독립 운동세력을 주축으로 혼성부대를 편성하여 베네수엘라의 안고스투라(Angostura)에 거점을 마련하고 본격적인 독립전쟁을 지휘하였으며 1819년 2월에 2번째 의회를 구성하여 혁명정부를 수립하였고, 여기에서 볼리바르는 대통령으로 선출되었다.

1819년 8월 보야캬(Boyaca) 전투에서 승리함으로써 뉴 그라나다(New Granada, 현재의 콜롬비아)의 독립을, 1821년 6월 카라보보(Carabobo) 전투에서 대승을 거둠으로써 베네수엘라의 독립을 확고히 하였으며, 1822년 키토의 외곽에 위치한 피친차에서 대승을 거두어 에콰도르를 해방시켰다. 그의 계속된 활동에 힘입어 1821년 페루, 1824년 8월 후닌(Junin)에서 승리하여 볼리비아의 독립에 기여하였으며, 독립한 나라의 대통령직을 맡았다. 그가 통치하던 때의 영토는 카리브 해에서 아르헨티나 국경까지 이를 정도였다.

그의 활약으로 1821년 9월 현재의 파나마, 페루 북부지방, 브라질의 북서부 지방을 아우르는 남미 최초의 연합국인 '그란 콜롬비아(Gran Colombia)'가 탄생되었으며 볼리바르는 1830년까지 그란 콜롬비아의 대통령을 맡았다. 그 후 남미 전체 대륙을 생각하고 연합국들끼리 서로 협조와 조정을 통하여 분쟁을 조정할 수 있는 남미 연합을 꿈꾸었으나, 각 나라들의 입장차가 워낙 크고 민족

• 볼리비아 Bolivia •

주의에 바탕을 둔 국가 내부의 복잡한 사정으로 일부 국가만 참여하는 바람에 그 뜻을 이루지 못하였다.

그란 콜롬비아가 탄생된 후 크리오요들은 계층과 출신지역, 신분 등의 이해관계로 서로 대립하였으며, 또한 남미에 거대 국가의 출현을 우려하던 유럽 국가들의 견제 때문에 그란 콜롬비아는 결국 1830년 분열되었고 시몬 볼리바르는 1830년 4월 대통령직을 사임하였다. 의회에서 거액의 연금을 주겠다는 것도 거절하고 정치 일선에서 물러나 유럽으로 망명을 하기 위해 콜롬비아에서 쉬고 있던 중에 지병인 결핵으로 1830년 12월 17일 '남미 독립의 아버지' 시몬 볼리바르는 숱한 배신과 냉대 속에서 위대한 영웅의 여정을 마쳤다.

숭고한 정신을 가졌던 독립 운동가의 다음 한 마디에서 패배감에 젖은 고독한 영웅의 마지막이 못내 서글프게 느껴진다. '혁명에 투신했던 모든 이들은 바다에서 쟁기질을 한 것이다.'

독립 후, 남미의 다른 국가들과 마찬가지로 소수 백인들이 정치와 경제를 주도함으로써 다수의 원주민들은 교육을 제대로 받지 못하고 빈곤에서 헤어나지 못하게 되었다. 독립 이후 1980년대 초까지 대외적 여건과 국내의 여러 가지 복잡한 문제들이 얽혀서 190회 이상의 쿠데타가 발생할 정도로 국내 정세가 불안하였다.

볼리비아의 많은 지도자 중에서 빅토르 파스 에르텐소로(Victor Paz Ertenssoro) 대통령을 들 수 있는데, 그는 긴축 정책과 경제의 자유화, 시장 개방의 확대와 평화로운 정권 교체를 이룸으로써 정국의 안정에 크게 기여한 대표적인 정치지도자이다. 그는 1952년 대통령으로 당선되어 주석 광산의 국유화, 토지 개혁, 산업의 다각화, 문맹자에게 투표권 부여 등 개혁조치를 단행하였으며, 1964년 재선되었으나 쿠데타로 대통령직에서 물러났다가 1985년 다시 대통령이 되어 임기 만료인 1989년 8월까지 대통령직을 수행하였다.

볼리비아 역시 백인 소수 집단이 정치와 경제를 지배하는 구조로 되어 있으며 독립 후에도 원주민들의 생활은 크게 나아지지 않았다. 이러한 가운데 볼리비아 역사상 최초의 원주민 대통령이 나와서 남미뿐만 아니라 전 세계적으로 많은 관심을 불러일으켰다. 그 중심에 있는 사람이 바로 아이마라 족 출신의 에보 모랄레스(Evo Morales) 대통령이다. 그는 '사회주의운동당(MAS)' 출신으로 2006년 1월 천연자원의 국유화, 농지개혁, 헌법 개정을 내걸고 선거에 나서 당선되었다.

그동안 여러 분야에서 소외됐던 원주민들의 전폭적인 지지를 받아 당선된 모랄레스 대통령은 야당과 지주들의 강력한 반발에 부딪혀 국민들에게 약속했던 토지개혁을 제대로 시행할 수 없었고, 미국 등 선진국의 코카 재배에 대한 압력에 따른 재배 면적의 제한으로 인한 농민들의 불만, 헌법 개정을 놓고 내부 갈등의 고조, 기득권을 지키려는 우파와의 갈등이 심화되면서 당선 후 얼마동안 무척 힘든 상황을 맞게 되었다. 2008년 8월 이러한 어려운 여건 속에서 치러진 국민소환투표 결과 67%를 얻어 승리하였으며 2014년 총선에서 그가 이끄는 사회주의운동당이 61.4%의 지지를 얻어 다시 대통령에 당선되었다.

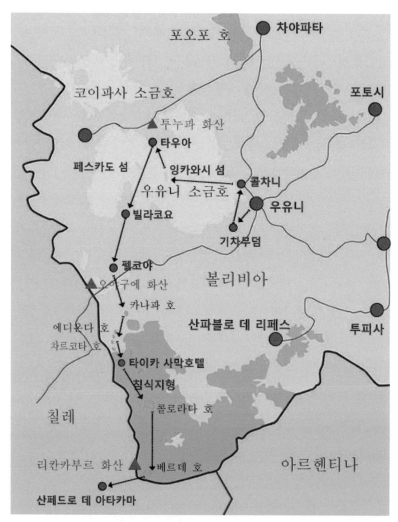

포오포 호

차야파타

코이파사 소금호

포토시

▲투누파 화산

타우아

페스카도 섬

잉카와시 섬

콜차니

우유니 소금호

우유니

빌라코요

기차무덤

펠쵸야

볼리비아

▲오야구에 화산

카나파 호

에디운다 호

산파블로 데 리페스

차르코타 호

투피사

타이카 사막호텔

침식지형

칠레

콜로라다 호

리칸카부르 화산 ▲

베르데 호

아르헨티나

산페드로 데 아타카마

볼리비아 답사 경로(우유니 – 알티플라노 볼리비아 사막 – 칠레 국경)

1. 15.
- 십 일째 날 -

우유니
Uyuni

　오늘은 우유니 소금호를 답사하는 날이다. 오늘 새벽 1시가 넘어서 라 파스에 도착해서 잠깐 눈을 붙이고 4시 30분에 일어나 준비를 하고, 5시 라파스 공항을 향해서 출발했다. 아직 동이 트기 전이라 잠에서 깨지 않은 라파스는 고요 속에서 거리의 가로등불이 가끔씩 오가는 자동차의 억센 불빛과 교차되며 길을 밝혀 주었다. 공항은 그리 크지 않았으며 우리 일행 외에도 우유니를 향하는 사람들이 비행기를 타기 위해 줄을 서 있었다. 출구를 빠져나와 공항의 아스팔트를 3백 미터 이상을 걸어서 출구에서 가장 먼 쪽에 있는 비행기에 올랐다.

　소형 비행기는 우유니를 향하는 관광객들로 만석이 되었다. 기장이 인사를 하고 승무원이 비행기 운행 중 주의사항 등을 설명하면서 곧 이륙할 것 같았다. 그런데 앞에서 승무원들끼리 무슨 얘기를 주고받더니 앞에 앉은 승객들이 하나둘 일어나서 선반의 짐을 챙겨 비행기에서 내리는 것이었다. 뒷좌석이라 갑자기 벌어진 일에 대해 상황 파악을 못했는데, 비행기에 문제가 생겨서 운행을 할 수 없다고 한다. 불과 몇 시간 정도만 머물렀지만 볼리비아에 대한 실정이 어느 정도 이해되었고, 원망 대신 언뜻 얕은 동정심이 고개를 들었다.

가방을 내려서 메고 왔던 길을 걸어서 다시 공항 대합실로 갔다. 비행시간을 맞추려고 아침잠도 양보하고 서둘러 와서 아침부터 컨디션도 썩 좋지 않은데, 비행기 탑승부터 우리를 힘들게 했다. 얼마나 더 기다려야 할지 답답한 마음이 들 때쯤, 다시 탑승하라는 연락이 왔다. 출구를 나와 이번에는 먼저 탔던 비행기 바로 옆의 비행기까지 처음과 비슷하게 걸어서 비행기에 탑승했다.

우유니가 가까워지면서 가끔 바닥에 흰 것이 보이고 끝없이 넓은 사막이 펼쳐져 있었다.

7시가 조금 넘어서 출발하여 7시 50분에 우유니 공항에 도착했다. 공항 주변은 황량한 사막이고 아침잠에서 막 깨어난 사막의 거친 모래바람이 우리를 맞아 준다. 짐을 챙겨서 미리 대기하고 있던 지프차에 짐을 싣고 드디어 우유니 소금호의 답사를 시작하였다. 사막 한가운데에 만든 아스팔트길을 따라 우유니 시내로 들어갔다.

도시의 외곽은 아직 정비가 덜 된 듯 어딘지 모르게 썰렁한 기분이 들었고 바닥의 모래가 날려 사막의 도시에 와 있음을 실감나게 하였다. 좀 더 시내 중심지의 도로는 작은 시멘트 벽돌을 깔아 포장하였고 중앙 분리대에 철골 구조로 만든 사람 모양의 조형물을 비롯하여 노동자, 총을 든 병사 등 사회주의 국가의 정체성을 엿볼 수 있는 투박한 조형물들이 거리를 지키고 있었다. 길옆에는 2~3층 건물에 호텔을 비롯한 관광 안내소 등 관광과 관련한 업체들이 모여 있었다. 잠시 차에서 짐을 내려 짐 보관소에 맡겨야 한다. 이렇게 하는 것은 이 지역의 관광업을 활성화하기 위한 방법이라는 생각이 들었다.

우유니 거리(사회주의 국가를 연상시키는 조형물들이 도시 중심에 이어져 있음)

잠시 짐을 맡기고 아침 식사를 하기 위해 5분 정도 인도를 따라 걸어서 식당가로 갔다. 식당가 주변에는 이곳에서는 드물게 조경을 잘해 놓고 깔끔하게 정리해 놓았다. 식당 안으로 들어가니 조명이 좀 어두운 편이었다. 늦었지만 오늘 우유니 사막을 답사하려면 아침을 든든하게 먹어야 한다. 빵과 계란 요리로 간단하게 아침 식사를 해결하고 식당을 나와서 짐 보관소에서 짐을 찾아서 각자 배당된 지프차에 올랐다. 오늘 배정된 차를 타고 3일 동안 볼리비아 답사를 하는 것이다.

우리 일행 총 25명은 6대의 차에 나눠 타고 알티플라노 고원의 우유니 소금사막과 볼리비아 사막을 답사한다. 우리 5호차는 집사람과 안

선생님 부부와 운전기사를 포함하여 총 5명이다. 안 선생님이 무전기로 연락을 주고받기로 하였다.

| 기차무덤 Cementerio de Trenes |

차에 올라 얼마 지나지 않아 시내를 벗어나자마자 녹슨 철길 건너 각종 기관차를 비롯하여 객차, 화물차, 철로 된 골조 등 열차 운행에 관련된 물건들이 전시되어 있었다. 우유니에서 북동쪽에 위치한 포토시(Potosi)는 스페인 식민지 시대 때 은광이 개발되어 19세기까지 많은 양의 은을 채굴하였으며, 20세기에는 주석과 텅스텐이 발견되어 19세기 말에 유럽 자본이 들어와 우유니를 거쳐서 태평양으로 이어지는 철도를 건설하고, 이곳에서 채굴된 막대한 양의 지하자원을 실어 날랐다고 한다. 이 철도는 광산업이 활발하던 20세기 초반에는 많은 광물들을 실어 나르던 화물열차들이 분주하게 오가던 길이었으나 1940년대 광물자원이 고갈되면서 광산업이 급격하게 쇠퇴하였고, 이에 따라 검은 연기를 뿜어내며 사막에 기적을 울리면서 힘차게 달리던 기차도 더 이상 달리지 못하고 멈춰 서게 되었다.

사람이 살기 어려운 고원지대에 광물자원이 사라지자 철도와 기차는 더 이상 쓸모가 없어졌고, 결국 갈 곳 없는 기차는 우유니 외곽 3㎞ 지점의 황무지에 쓸쓸하게 버려졌다. 이것이 지금 우리가 보고 있는 '기차무덤(Cementerio de Trenes)'이다. 녹슬고 고물이 된 기관차와 화물차들이 황량한 사막을 배경으로 거대한 설치예술이 되어, 우유니 소금 호수 여행을 하기 전에 반드시 들르는 관광명소가 되었다. 힘찬 박동이 멈춰진 기관차는 오랜 세월이 흐르는 동안 조금씩 붉게 녹슬었고, 바퀴는 바닥을 짓누른 채 반쯤 모래 속에 파묻히고, 당당하게 위용을 자랑하던 튼튼하던 골조는 그네가 되어 관광객이 잠깐 앉아 놀고 가는 쉼터가 되었다.

검은 칠 위에 흰색의 고유번호가 적혀 있을 곳에 낯선 관광객이 기분풀이로 써 놓은 낙서와 어울리지 않는 형형색색의 그림들이 녹슨 철마와 조화를 이룬다. 경제 사정이 좋지 않아 기존에 설치된 중요 기간시설인 철도를 활용하지 못하는 볼리비아의 현실이 분단으로 철마가 비무장지대에 멈춰 선 우리의 현실과 닮아서 더욱 안타까운 마음이 들었다.

기차무덤에 활력을 불어넣기 위해 기차 위에 올라 하늘을 향해 팔을 크게 벌리는 등 멋진 자세도 취하고 기차의 창문으로 수줍은 듯 얼굴을 살짝 내밀고 미소도 띠어 본다. 어릴 적 추억이 그리웠는지 중년의 여

• 볼리비아 Bolivia •

인이 쇠줄로 고정된 그네를 타고 있다. 가까운 장래에 잠든 기차들이 모래먼지를 툭툭 털고 일어나 기적을 울리며 힘차게 이 사막을 달리기를, 멀리 푸른 하늘을 바라보며 기원했다. 수많은 관광객이 밟고 갔을 마른땅 위에 둥근 모양의 야레타(Yreta)가 따가운 햇살을 받으며 끈질긴 생명력을 이어 가고 있다.

| 콜차니 Colchani 마을 |

버스에 올라 우유니 소금호를 향해 신나게 달린다. 버스를 타고 40분 정도 달려서 드디어 소금을 생산하는 콜차니(Colchani) 마을에 도착했다. 기차무덤에서도 화창하던 날씨가 순식간에 돌변하여 주변의 하늘이 먹구름으로 덮이고 비가 조금씩 내리기 시작한다. 그동안 답사에서 별로 비를 맞지 않았는데 우유니 사막에서 갑자기 사정이 조금 달라졌다.

콜차니 마을은 5~6가구가 사는 우유니 소금호로 들어가는 입구에 있는, 가내 수공업 형태로 소금을 가공하여 생활하는 마을이다. 주변의 집 앞에는 사막에서 긁어 온 소금이 수북하게 쌓여 있었다. 마을의 담들은 일부는 흙벽돌로, 또 일부는 두께와 크기가 거의 일정한 암염

을 이용하여 쌓았다. 빗방울이 점점 굵어지기 시작한다. 비도 피할 겸
해서 소금을 만드는 작은 공장 안으로 들어왔다.

　이곳에서는 땔감이 부족하여 비늘 모양의 잎을 가진 약 50㎝ 정도 크
기의 '톨라(thola)'라는 관목(灌木, 키 작은 나무)으로 12시간 정도 불을 때
서 소금을 굽는다. 이렇게 하면 소금의 맛이 좋아지고 수분이 제거되
어 고운 소금을 얻을 수 있다고 한다. 공장 안에서 소금을 만드는 과정
에 대한 설명을 듣고 실제로 소금을 정제하는 과정을 볼 수 있었다. 사
장님의 아들이 신이 나서 곱게 구운 소금을 가스불을 이용하여 작은 비
닐봉지에 포장하는 것을 보여 준다. 손으로 만져 보고 눈으로 보니, 우
리가 먹는 맛소금처럼 무척 곱다.

　공장 안을 둘러보고 밖으로 나오니 비가 거세게 내린다. 이곳 사람들
은 소금을 굽고 소금으로 예쁘게 모양을 낸 기념품들을 비롯하여 모자
와 면제품 등을 팔고 있었다. 다시 차에 올라 드디어 본격적으로 우유
니 소금호 관광을 시작한다.

| 우유니 소금호 Salar de Uyuni |

　우유니 소금호(Salar de Uyuni)는 해발 3,650m의 고지대에 위치한 소
금호수이며, 면적은 12,000㎢ 정도로 우리나라 경상남도보다 조금 넓
다. 소금으로 뒤덮여 있어 '소금사막'이라고도 하는데 소금의 총량은
최소 100억 톤으로 추산되고, 두께는 1m에서 최대 120m까지 다양하
다. 우유니 소금호는 신생대 제3기에 해양판인 나스카 판이 대륙판인

　　　　　　　　　　　　　　　　　　　• 볼리비아 Bolivia •

남아메리카 판과 충돌하여 조산(造山) 운동으로 안데스가 융기하였고, 이때 단층운동으로 가라앉아 거대한 분지인 알티플라노 고원이 형성되었다.

우유니 소금호는, 티티카카 호와 포오포(Poopo) 호와 함께 알티플라노 분지에 속해 있다. 우유니 소금호는 안데스의 바람 의지 사면(風下側, 바람이 불어오는 반대쪽 산 아래)에 있어서 동쪽 아마존 분지에서 불어오는 고온 다습한 공기가 안데스 동쪽에서 비를 뿌리고 안데스를 넘은 건조한 공기 때문에 연간 강수량이 200㎜ 정도로 적다. 또한 염분이 축적될 수 있을 정도로 증발량이 많으며, 주변 산지에서 흘러드는 염류에 의해 지속적으로 염분이 공급되고 주위보다 지대가 낮아서 지표수가 흘러나가지 못하기 때문에 거대한 소금호수가 형성될 수 있었다.

우기인 12~3월에는 물이 빠지지 못하고 소금 위에 고이게 되며 여기에 주변의 땅과 하늘이 비쳐서 비경을 만들어 낸다. 이러한 까닭에 '지구의 거울'이라고도 불린다. 우유니 소금호수를 비롯하여 알티플라노 고원의 호수는 물속에 녹아 있는 물질과 침전물, 자생하는 조류(藻類, 주로 단세포 광합성 식물)에 따라 적색, 녹색 등 다양한 빛깔을 띤다. 높은 소금 농도 때문에 주변에서 농사짓는 것이 거의 불가능하며 과거에는 이곳에 사는 주민들이 물물교환을 위해 소금을 채취하였으나, 지금은 정부로부터 허가를 받은 회사에서 소금을 정제하여 국내 시장에 판매하고 있다.

한편 볼리비아 광업공사의 조사에 따르면, 우유니 소금호에는 신소재 개발에 필수적인 희귀 금속인 리튬(Lithium, Li 원자번호 3)이 1억 4천만 톤 정도 매장되어 있다고 하는데, 이는 전 세계 매장량의 절반에 해

당하는 엄청난 양이며, 우리나라를 포함한 전 세계 국가들이 개발에
참여하기 위해 많은 관심을 기울이고 있다고 한다.

　끝없이 펼쳐진 회색 바탕에 작은 움집 같은 소금 더미가 여기저기 솟
아 있다. 우유니 소금호는 소금의 두께가 최고 120m나 되기 때문에 소
금벽돌로 둑을 쌓고 물을 가두는 웅덩이도 만들고, 일반 해안가 염전
처럼 염판을 만들어 놓은 곳도 있었다. 우리의 방문을 축하라도 해 주
는 듯 비가 잠시 억세게 내린다. 비가 내린 후 날이 개면 우유니 사막
이 하나의 거대한 거울이 되어 푸른 하늘을 그대로 반영(反影)해 이곳
우유니 소금호 특유의 아름다움을 연출한다.

　소금 호의 바닥에 물이 질펀하다. 이런 경우를 대비하여 소금호수를
답사하기 위해서는 슬리퍼와 간단한 복장이 필수적이다. 하얀 소금 더
미가 줄지어 있는 곳에 잠시 차를 세웠다. 양말을 벗고 맨발로 바지를
무릎까지 걷어 올리고 차에서 내렸다. 비는 점점 약해지고 우산이 뒤
집힐 정도로 바람이 거세다. 발에 닿는 소금물의 시원함과 작은 소금
결정의 부드러운 감촉이 기분을 상쾌하게 해준다. 눈이 부실 정도로
하얀 소금밭의 향연이 저 멀리 지평선까지 끝없이 펼쳐져 있다. 많은
사람들이 맨발로 또는 슬리퍼를 신고 저마다 독특한 자세로 우유니 소
금 사막의 거대함에 한껏 빠져들어 신나는 한때를 보내고 있다.

　단순한 사막이 아닌 그대로 자원으로 이용할 수 있는 100억 톤이나
되는 소금이 이 사막에 펼쳐져 있으니, 그야말로 자연이 주는 축복이
아니고 무엇이겠는가? 그동안 정치적 불안정과 이웃 국가들과 치른 전
쟁의 패배, 비능률적인 사회 제도, 인종 갈등, 지역주의 등 여러 요

인에 의해 경제가 낙후되어 남미에서도 경제적으로 뒤진 나라에 속하며, '금방석 위의 거지' '또는 은을 짊어진 당나귀'라는 불명예스런 별명을 얻기도 하였다. 또한 전쟁으로 브라질에는 아마존 강 유역을, 칠레에게는 태평양과 접하고 있는 지역을 빼앗겨 바닷길로 가는 길이 끊겨 내륙국가로 운명이 바뀌었으며, 파라과이에게는 유전 지역을 빼앗긴 아픈 역사를 가지고 있다. 전 세계에서 볼리비아를 찾는 대부분의 관광객들이 반드시 들르는 곳이 우유니 소금호수이며 볼리비아 하면 우유니 소금호수를 연상할 정도로 세계적인 관광명소가 되었다.

지표면을 덮고 있는 흰색의 단조로움과 질식할 것 같은 무한함, 그리고 푸른 하늘과 그곳에 적당히 공간 배치를 한 흰 구름이 꿈속 같은 풍경을 연출한다. 햇빛은 강렬한데 지대가 높고 바람이 세게 불어 무척 쌀쌀하게 느껴진다. 아침에 우유니 기념품 가게에서 급히 사 입은 털옷이 크게 도움이 되었다. 소금물이 뚝뚝 떨어지고 무릎 근처까지 흰 소금이 덕지덕지 붙어 있는 상태로 대강 털고 차에 올랐다.

다시 소금으로 덮인 사막을 달려서 DAKAR BOLIVIA라고 새겨진 소금 벽돌로 만든 DAKAR Rally 기념탑에 도착했다. 끝없이 펼쳐진 사막 한 가운데 작은 탑이 무척이나 거대한 것 같은 느낌이 들었다. 탑 앞에 게양된 볼리비아 국기가 거센 바람을 맞아 힘차게 펄럭이고 있다. 다카르 랠리(DAKAR Rally)는 경주용 자동차로 정해진 코스를 도는 경기인데 해마다 1월 4일 아르헨티나의 부에노스아이레스를 시작으로 칠레, 볼리비아를 거쳐 다시 1월 17일 아르헨티나로 돌아가는 경주이다. 이 자동차 경주가 1월 11일 바로 우유니 소금호수에서 열렸다고 하는데 행사 중에는 선수들과 관계자들, 그리고 관광객들이 모여들어 방을 구하기가 무척 어렵고 값도 무척 비싸기 때문에 볼리비아 정부와 여행사에서는 가급적 이때를 피하여 우유니 관광을 하도록 권장하고 있다.

다카르(Dakar) 랠리 기념탑

우유니 소금호에서 긁어모은 소금

기념탑 앞에 멀리 지붕이 노란색을 띤 집이 보이는데, 그곳이 유명한 소금호텔이며 오늘 점심 식사 장소이다. 1시 30분까지 식사 장소로 모이게 되어 있어서, 주변을 둘러보며 시간에 늦지 않기 위해 발길을 재촉하여 식당으로 향했다.

마른 풀로 지붕을 덮은 소금호텔의 모습이 눈부신 하얀 사막의 안식처가 되어 여행객의 피로를 풀어주고 멋진 낭만을 선사한다. 호텔 앞에는 이곳을 다녀간 여행객들이 꽂아 놓은 각 나라의 국기들이 소금벽돌로 쌓아 올린 작은 단(壇) 위에서 사막의 바람을 맞으며 펄럭이고 있었다. 가장 굵은 나무 기둥의 맨 위에 태극기가 당당하게 펄럭이고 있어서 어쩐지 으쓱해지며 기분이 좋았다. 지붕 위에 올려놓은 노란색, 붉은색의 덮개 때문인지 주황색의 조명이 식당 안 구석구석을 물들인다. 발이 조금 빠질 정도로 바닥에 소금을 깔았으며 벽과 의자 식탁,

• 볼리비아 Bolivia •

전시용 조각품들도 모두 소금으로
되어 있었다. 소금이 주는 무미건조
함을 희석시키기 위해 탁자에는 원
주민풍의 진한 색을 띤 천을 깔았고,
벽의 위쪽에는 천을 둘러 한껏 멋을
내어 일반 식당과는 전혀 색다른 느
낌이 들었다. 환경을 보호하기 위하

여 한때 폐쇄했다가 다시 개장을 한 지 얼마 되지 않았다고 한다.

　식당과 객실을 둘러보았다. 객실은 창문과 커튼을 제외하고 벽을 비
롯하여 침대, 의자 탁자 등이 모두 소금으로 되어 있었다. 물론 이곳에
는 잠만 잘 수 있도록 되어 있고 목욕은 할 수 없으며 화장실은 별도로
만들어진 간이 유료 화장실을 이용해야 하는데, 사람들이 많아서 한참
을 기다려야 했다. 남녀 화장실의 구별이 없고 남자들이 소변을 보는
경우만 옆에 만들어진 바닥에 작은 구멍이 뚫린 곳을 이용하도록 되어
있어서 우유니 소금사막을 보존하기 위해 얼마나 신경을 쓰고 있는지
알 수 있었다.

소고기와 채소, 옥수수 등이 섞인 요리로 점심을 먹었다. 식사 양이 많아서 양껏 배불리 먹을 수 있었다. 식당에서 나와 잠시 소금 호텔 주변을 살펴보았다. 우리가 점심을 먹는 동안 날이 맑게 개어 조금 전과는 확연히 다른 모습이다. 눈을 바로 뜨기가 힘들 정도로 눈부신 백색의 소금 사막과 멀리 보이는 작은 섬들, 지평선과 푸른 하늘, 지평선을 따라 길게 띠를 두른 하얀 뭉게구름, 하얀 사막을 질주하는 지프차와 사람들이 한데 묶여 거대한 장관을 만든다.

여행객들 모두 눈밭 같은 소금 사막에서 자연이 빚어 놓은 걸작품의 신비함과 아름다움에 흠뻑 빠져들 수밖에 없을 것 같다.

2시 30분, 차에 올라 세계에서 유일한 소금 아스팔트길을 신나게 달리면서 우유니 소금호수의 답사를 즐긴다. 소금호수에는 특별한 길이 없다. 안내자와 운전사가 결정하여 달리면 그곳이 곧 길이 되는 것이다. 멀리 우리와 평행선을 그으며 검은색 지프차가 경주를 하듯 질주하고 있다. 차가 지날 때마다 타이어와 바닥의 소금이 스치는 소리가

묘한 음악이 되어 넓은 호수에 울려 퍼진다. 자세히 보면, 소금 사막의 표면이 매끄러운 것이 아니고 여러 가지 요인 때문에 표면이 불규칙하고 꺼칠꺼칠하다. 자연이 만들어 준 광대함과 화려함에 숙연한 마음이 들었다. 앞에 보이는 지평선은 아득하기만 하고 소금호수와 하늘과 흰 구름뿐이다.

거침없이 한참을 달리다 보니 소금호수의 표면에 소금이 쌓여 여러 형태의 다각형이 나타났다. 언뜻 보면 6각형 같기도 하고 자세히 보면 크기가 일정하지 않은 여러 가지 불규칙한 다각형의 모습이다. 많은 사람들이 소금의 결정 구조를 닮아서 벌집 모양의 이런 형태가 되었다고 하는데, 이는 과학적으로 근거가 없고 실제로 형태와 크기도 다양하다. 이러한 것은 건기 때 바람과 강한 햇빛에 의해 표면의 약한 곳에 틈이 생기고 여기로 아래에서 소금물이 솟아올라 물이 증발된 후 벽을 형성하게 되고, 비가 많이 오면 이 벽이 허물어져 볼 수 없다고 한다. 지금 우리는 어마어마하게 큰 소금 덩어리 위를 달리고 있는 것이다.

잠시 차를 세우고 살갗이 빠짝 탈 정도로 강하게 반사되는 것도 아랑곳하지 않고 차에서 내려서 잠시 기념촬영을 하였다. 소금 사막의 광활함과 아름다움에 빠져 소금에 반사된 자외선이 우리의 피부에 닿는

것도 까맣게 잊은 듯하다. 밝은 햇빛 아래서 보는 소금 사막은 마치 우리가 동화 속의 설국에 와 있는 것처럼 신기하고 아름답게 느껴졌다.

| 잉카와시 **Inkahuasi**, 선인장 섬 |

다시 차에 올라 앞에 보이는 잉카와시(Inkahuasi) 섬을 향하여 신이 나게 달린다. 3시 50분쯤, 우리는 거대한 선인장이 자라고 있는 잉카와시 섬(선인장섬)에 도착하였다. 우유니 소금호수를 소개하는 다큐멘터리 프로그램에서도 꼭 함께 나오는 유명한 곳으로, 우유니 소금호수를 여행하는 관광객들이 반드시 들르는 곳 중의 하나이다.

차에서 내리니 거친 돌 틈 사이에서 나무처럼 우뚝우뚝 서 있는 선인장이 나를 압도한다. 이렇게 거친 환경에서 저렇게 큰 선인장이 자랄 수 있다니, 끈질긴 생명력에 그저 감탄할 뿐이다. 섬 앞에는 이 섬의 선인장과 우유니 소금호수를 보려고 몰려든 사람들이 타고 온 차들이 줄지어 서 있다. 차에서 내려 드디어 선인장섬의 답사를 시작한다. 이곳에는 거대한 선인장(*Echinopsis atacamensis*)이 살고 있으며 1년에 약 1㎝ 정도 자란다고 하니 수 m에 달하는 것들은 몇 백 년 동안 이 섬을 지키면서 지금까지 꿋꿋하게 살아온 이 섬의 주인인 것이다. 정오가 한참이나 지났는데 햇살이 무척이나 따갑다. 이곳 우유니 소금호수의 해발고도가 3,680m나 되기 때문에 그리 높지 않은 선인장섬에 오르는 것도 조금 숨이 찬다.

　과거에 여기에 살았던 원주민들은 선인장을 수호신으로 여기고 이곳에 심어서 보호했다고 한다. 굵은 가시로 덮여 있어서 동물들이 접근하기가 쉽지 않다. 이 섬에 사는 동물로는 얼굴이 토끼를 닮은 긴 꼬리를 가진 설치류인 비스카차(viscacha)를 들 수 있다. 가끔씩 커다란 선인장 옆에 죽은 선인장의 줄기 내부를 전시해 놓아 내부 구조에 대한 궁금증을 풀어 주었다. 줄기의 안쪽은 약간 두꺼운 원통형 기둥으로 가운데가 비어있으며 바깥쪽에 작고 기다란 타원형의 구멍이 수직으로 길게 이어져 있다.

　좀 더 높은 곳에 올라 바위가 풍화되어 생긴 작은 동굴 모양의 통로를 지나자, 조금 전에 차를 타고 달려왔던 우유니 소금호수가 끝없는 설원처럼 펼쳐져 있었다. 이렇게 척박한 땅에서도 약간의 가능성만 있으면 어김없이 그 틈을 비집고 생명을 이어 가는 선인장들이 무척 대견스럽게 느껴졌다. 끝없이 펼쳐진 하얀 소금만으로도 신비로웠는데, 소금호수 한가운데 작은 섬에 이렇게 커다란 선인장이 자라고 있어서 우유니 소금호수에 대한 호기심과 신비감을 더해 준다.

　정상이 그렇게 높지 않은데 해발고도 때문에 숨이 차고 무척 힘들다.

앞에 원통형의 선인장의 마른 줄기가 보임

정상에서 선인장과 함께 멀리 눈 닿는 데까지 하얀 소금평원을 바라보니, 그동안 쌓였던 피로와 힘들었던 기억이 모두 사라지고 가슴이 확 트이는 기분이었다. 선인장은 다른 식물보다 건조 기후에 잘 적응한 대표적인 다육식물이다. 여러 겹의 가시들로 촘촘하게 줄기 표면을 감싸고 있는 모습에서 거친 환경에서 살아남기 위해 얼마나 처절하게 적응하고 있는지 실감이 났다.

| 타우아 Tahua 마을 |

차에 올라 소금 사막을 달리다가, 다면체가 잘 나타난 곳에서 잠시 멈춰 섰다. 불규칙한 다면체가 서로 이어져 언뜻 보면 규칙적인 벌집 모양 같으나 사실은 모두 형태와 크기가 다르다. 큰 것은 둘레가 약 3m 이상이 되는 것에서 작은 것은 둘레가 1m가 채 안 되는 것 등 다양한 것들이 끊어짐이 없이 서로 이어져 있어서 더욱 신기하게 여겨졌다.

이제 해가 저물기 시작한다. 다시 차에 올라 오늘 하루 묵을 숙소를 향해 달린다. 우유니 소금호수에 들어온 지 6시간이 지나서야 소금호수를 빠져나와 흙과 모래로 된 거친 시골길로 접어들었다. 산 아래 야마들은 듬성듬성 나있는 저녁거리를 찾아 거닐고 있다.

건기 때 주로 만들어진 소금 다각형

6시가 넘어서 투누파(Tunupa) 휴화산이 있는 타우아(Tahua)에 자리 잡고 있는 Hotel de sal Tayka Tahua에 도착하였다. 호텔은 맨 아래 일부만 돌로 쌓고 위에는 소금벽돌로 깔끔하게 꾸몄으며, 지붕은 풀로 덮은 1층 건물로 무척 한적한 분위기를 풍긴다. 우유니 소금호수를 거쳐서 칠레 국경까지 이어지는 알티플라노 고원(우유니 소금 호수를 비롯한 이 지역을 볼리비아 사막이라고도 함)을 지나는 동안 시골 마을이라도 여행객들이나 운전자들을 위해 이러한 숙소가 중간중간에 자리 잡고 있다. 옛날에 우리나라 선비들이 한양으로 과거를 보러 갈 때 외진 곳에서 하룻밤 묵어갈 수 있는 주막과 같은 역할을 하는 것이다.

나무 한 그루 없는 황량한 투누파 화산 정상 부근의 붉은색, 검은색, 노랗고 흰색을 띤 흙들이 길게 세로로 줄을 만들며 신비스러운 모습을 보여준다. 맞은편 먼 산으로 넘어가는 해가 던져 주는 햇살이 산 중턱을 노랗게 물들인다.

방을 배정받고 짐을 대강 정리한 후 걸어서 사막으로 나왔다. 검은 산 위의 서쪽 하늘은 노랗고 붉게 물들었고, 그렇게 찬란하던 소금 사막도 서서히 순백의 농도가 옅어지면서 어둠 속으로 사라지고 있었다. 저무는 태양이 아름답고 환상적인 황혼을 남기고 사라진 후 장엄한 우

투누파(Tunupa) 휴화산과 그 아래 마을

유니 소금사막도 서서히 적막에 빠져들기 시작하였다.

　사막의 하루 여정이 아쉬웠는지 황혼의 아름다움에 취해서인지, 잠시 동심으로 돌아가 즐거운 모습으로 사진을 찍고 숙소로 돌아왔다. 빵과 밥, 소고기, 우유 등으로 저녁 식사를 마치고 이곳 사정상 10시에 전기가 끊기기 때문에 그 전에 오늘 일정을 정리하고 일찍 잠자리에 들었다.

1.16.

– 십일 일째 날 –

알티플라노 볼리비아 사막

Altiplano Bolivia Desert

오늘은 여유 있게 아침 7시까지 쉬었다. 고산지대이기는 하지만 어제 일정으로 고단했던지 그런대로 잠을 잘 자서 몸 상태가 좋은 편이다. 소금으로 만든 하얀 벽과 풀로 덮은 지붕과 소금 탁자 위에 놓여 있는 작은 항아리를 비롯한 아기자기한 소품들과 벽에 걸린 그림들이 이 집 주인의 세련된 취향과 예술적 감각을 말해 주고 있었다. 아주 외진 마을에 이처럼 멋진 숙소가 있어서 힘들고 험한 사막 길을 달리는 여행객들에게 커다란 위안이 된다. 타우아 화산과 마을에 따스하고 화창한 아침 햇살이 푸른 하늘 아래 살포시 배어든다.

짐을 정리하고 빵과 요구르트로 간단하게 아침을 먹고 8시, 알티플라노 고원 답사를 위해 출발했다. 마을 입구의 넓은 초원에는 아침 일찍부터 수십 마리의 야마가 어린 새끼와 함께 또는 또래들과 함께 평화롭게 풀을 뜯고 있다. 우리는 차를 달려 어제 건너왔던 소금 사막을 달리기 시작한다. 어제처럼 사막은 다시 햇빛을 받아 하얗게 살을 드러내고 광활함을 뽐내고 있었다. 오늘은 사막을 답사하면서 물이 고인 소금호수의 거울에 푸른 하늘이 담긴 모습을 보기로 하였다. 어제 내린 비로 소금 도로에 물이 흥건하게 고여 있어서 소금 도로가 조금 미끄러운 듯 속도를 내지 않고 천천히 조심하여 길을 따라 달린다.

오늘 아침에 들르기로 한 물고기 모양의 페스카도 섬 주변에는 물이 많아서 들어갈 수 없다고 한다. 이곳 우유니 소금 사막은 비가 온 후 날씨가 맑을 때 우유니 소금사막이 자랑하는 절경을 볼 수 있다. 비가 온 후에 하얀 소금 사막의 수정 같이 맑은 물 표면에 파란 하늘과 흰 구름이 비칠 때가 가장 환상적이라고 한다. 우리는 지금 그러한 멋진 광경을 찾아서 이리저리 드넓은 사막을 지나면서 물이 고인 하얀 소금 사막을 열심히 찾아본다. 지나는 길에 물이 조금 고여 있어서 설까도 망설였지만, 더 넓은 거울이 있을 거라는 기대감으로 그대로 지나쳤다. 그런데 아무리 돌아다녀도 마음에 드는 곳이 나타나지 않는다. 길에서 만난 작은 곳이라도 그냥 멈춰 서서 보고 왔으면 하는 후회가 들었다. 아마 우리에게 거울 같은 모습을 보는 것이 허락되지 않은 것 같아서 물에 비치는 아름다운 모습은 다음 기회로 미루고 다음 여정을 위해 달리기로 했다.

이 넓은 우유니 소금호수도 곳에 따라 표면의 형태가 제각각의 천태만상이다. 어떤 곳은 소금 결정들이 골고루 퍼져 평평하고 어떤 곳에서는 불규칙한 다면체가 형성되어 있고 어떤 곳의 소금은 희고, 또 어떤 곳은 흙먼지가 섞여서 조금 붉은색을 띠기도 하고 어떤 곳에서는 표면에서 물이 증발하고 난 후 심하게 비틀어져 꺾이고 접히는 등 다양한 모습을 띠었다. 우리는 눈이 부실 정도로 새하얀 고운 소금밭에 잠시 내려서 멀리 산과 푸른 하늘과 산을 포근하게 덮고 있는 흰 구름을 바라보면서 기념촬영을 하였다. 보이지는 않지만 반사되는 자외선이 무척 강할 것만 같다.

차에 올라 다시 사막을 달린다. 둑의 반대편 소금사막에는 소금과 흙이 뒤범벅이 되어 햇빛에 바짝 말라 끝이 꺾여 올라간 흙소금 판자가 마치 붉은 파도가 이는 것처럼 일정한 간격을 두고 지평선 저 멀리까지 일렁이고 있었다. 이제 우리는 길고 넓은 소금사막을 벗어나 흙과 자갈을 섞어서 만든 둑길을 달리고 있다. 눈앞에는 소금 대신 황량하고 거칠어 웬만한 생물은 생존이 어려운 불모의 사막이 펼쳐져 있다. 거친 환경을 극복하고 산에는 군데군데 풀이 자라고 그 틈 사이로 커다란 선인장이 자랑스럽게 우뚝우뚝 서 있다.

한낮이 되면서 달구어진 지표면이 뿜어내는 열기가 살아 있는 모든 것을 질식시킬 것 같은 공포감을 자아낸다. 언제 비가 왔는지 모를 정

풀을 뜯는 비쿠니아

도로 길가의 흙더미나 산비탈의 지표면은 건드리기만 하면 촉촉한 비에 대한 갈망을 말해 주는 듯 흙먼지가 풀풀 날릴 것만 같다. 잠시 모퉁이를 돌아서자, 이런 폭염에도 아랑곳하지 않고 비쿠니아(Vicunia)가 날씬한 몸매를 자랑하며 밭에서 풀을 뜯고 있다. 비쿠니아는 야마와 마찬가지로 낙타과 동물인데 야마보다 작고 날씬하며 털이 부드럽고 질이 좋아서 야마의 털보다 값이 비싸다고 한다. 드문드문 톨라와 작은 식물들이 자라는 밭에서 모두 고개를 숙이고 열심히 먹이를 찾고 있다. 늘씬하고 긴 목이 무척 단아해 보인다.

이제 우리는 알티플라노 고원의 산맥을 따라 이어진 사막 길을 달린다. 앞에 가는 차들이 일으킨 흙먼지가 바람을 따라 한쪽으로 뭉쳐서 날아간다. 산 아래 허름한 농가가 보이고 마른 밭에서는 드문드문 퀴노아(Quinoa)가 자란다. 이렇게 건조한 악조건에서 유일하게 재배할 수 있는 것이 퀴노아라고 하며, 현재 우리나라에도 수입되어 많은 관심 속에 팔리고 있다. 이러한 척박한 땅에서 오랫동안 이 땅을 지켜 온 사람들의 검게 탄 순박하고 웃음 띤 얼굴이 떠오른다. 도시에 한 번 나가려면 큰마음을 먹어야 할 정도로 외지고 척박한 땅을 지키는 사람들에게 삶의 고단함에 느끼는 얄팍한 동정심보다는 꿋꿋하게 살아가는 이곳 사람들에게 경의를 표하고 싶었다.

　과거부터 인류는 자기가 처한 환경에 적응하며 자자손손 대를 이으면서 자기 터전을 가꾸고 지켜 왔다. 오늘날 우리가 누리는 고도의 기술 문명도 이러한 선조들의 땀방울 하나하나가 모여서 이루어진 결정체라고 생각할 수 있다. 그들은 가난하게 사는 것이 아니고 다만 우리보다 조금 부족할 뿐이고, 힘이 들지만 우리보다 결코 불행하게 사는 것은 더욱 아니다. 잠시 스쳐 가는 여행객의 눈으로 엄숙한 인생을 자기 잣대로 단정한다는 것은 매우 오만한 발상이며, 우리는 이런 곳에도 열정적이고 진솔한 삶이 있다는 것을 알아야 한다.

　하늘의 흰 구름이 잠시 뜨거운 산자락에 그늘을 만들어 더위를 식혀 준다. 건너편 산에는 커다란 선인장이 빼곡히 박혀 있다. 길가의 풀들이 노랗게 말라 가는 것을 보니, 꽤 오랫동안 가물었나 보다. 길옆에는 가끔씩 여행객들이 묵을 수 있는 작은 호텔들이 있어서 그나마 사막의 황량함을 잊게 한다. 어김없이 이곳에서도 네모반듯한 소금벽돌로 집을 지었다. 웅덩이에 고인 물로 갈증을 풀려고 야마들이 하나둘 모여든다.

　잠시 운전기사와 안내자가 차량 운행 및 일정 등에 관하여 다시 점검하기 위하여 길옆에 잠시 차를 세웠다. 장거리 운행에 화장실이 없기 때문에 이럴 때는 자연 환경을 적절하게 이용할 수밖에 없다.

안쪽으로 한참을 올라가니 돌로 담을 쌓고 엉성하게 출입문이 있는 야마를 방목할 때 임시 거처로 이용하는 작은 바위 동굴이 있었다. 좁지만 안에는 그늘이 져서 한낮 더위를 피해서 잠시 쉴 수 있었고, 바닥은 불을 피운 듯 검게 그을렸고 여기저기 타다 남은 나무들이 흩어져 있었다. 간단하게 일을 보고 밖으로 나오니 햇빛에 그을려 바짝 마른 감자만 한 야마의 똥들이 땅바닥에 흩어져 있었다. 그래도 이곳은 비가 조금 내리나 보다. 웬만한 높이의 산위에까지 감질나게 내리는 빗물에 의지하여 몇 종의 식물들이 자라고 있어서 야마들의 먹이가 된다.

우리 일행이 타고 가는 지프차(일본제 중고차)

유목민 쉼터

길가 모래바닥에는 초록색의 '야레타(Yareta)'라는 둥글고 단단하며 가운데가 볼록한 덩어리를 이루는 특이한 식물이 덮고 있다. 볼리비아 사막을 비롯하여 남미의 고지대에 자라는 특이한 식물로, 알티플라노 고원을 답사하는 도중 흔하게 볼 수 있다.

• 볼리비아 Bolivia •

야레타 Yareta │ 야레타는 미나리과(Apiaceae family)에 속하는 다년생 상록성 식물로 꽃의 색은 분홍색 또는 자주색이다. 남미 원산으로 보통 해발 3,200m ~ 4,500m의 고산 지대에서 자라며 생장 속도가 매우 느려 1년에 약 1.5㎝ 자라며 3,000년 이상 오래 살수 있다고 한다. 식물들이 모여 둥그런 형태를 이루며 과거에는 땔감으로 이용했다고 한다. 햇빛을 많이 받아야 하기 때문에 그늘에서는 생존하기 어려우며, 영양분이 적은 척박한 토양에서도 생존이 가능하고, 모래가 있어 물이 잘 빠지는 곳을 좋아한다. 지표 근처에서 잎이 단단하게 뭉쳐지는데, 이러한 구조는 지표에서 반사되는 긴 파장의 빛을 흡수하여 열손실을 막아 주며 실제로 식물체의 온도를 1℃~2℃ 정도 높이는 것으로 밝혀졌다.

뜨거운 땅바닥에서 자라고 있는 야레타(Yareta)

흰 구름 하늘 아래에서 일렬로 늘어서 휴식을 취하는 6대의 지프차가 우리를 기다리고 있다. 차에 올라 20분쯤 달려서 길옆의 농사가 잘된 퀴노아 밭 근처에서 차를 세웠다. 철망을 두른 딱딱하게 굳은 밭에는 지금까지 오면서 본 것보다 훨씬 크고 많은 퀴노아가 자라고 있었다.

퀴노아 Quinoa | 퀴노아는 명아주과 식물로 이곳 원주민들이 감자, 옥수수와 함께 3대 주요 작물로 수천 년 전부터 재배해 왔다. Quinoa는 '곡물의 어머니'라는 뜻이며 환경에 대한 적응력이 강하고 열매는 원형으로 좁쌀만 하며 색깔은 흰색, 붉은색, 갈색, 검은색을 띠는데, 붉은색을 띠는 것이 단백질과 칼슘 함량이 가장 높다고 한다. 언뜻 보면 잎의 생김새가 우리나라의 밭둑이나 해안가에서 잘 자라는 명아주의 잎과 아주 비슷하며, 건조하고 염분이 많은 곳에서도 살 수 있어 특히 이곳 볼리비아의 남부 우유니 소금호수 주변에서 많이 재배하고 있다. 퀴노아의 어린잎은 식용할 수 있으며, 작물이 마르고 잎이 떨어지면 줄기를 잘라 수확하여 말려서 우리나라 시골에서 수수이삭을 말려서 막대기로 터는 것처럼 막대기로 치면 좁쌀 같은 퀴노아가 떨어져 나온다.

건조한 환경에서 자라고 있는 퀴노아

남미에서 퀴노아를 식용한 것은 지금부터 약 5천 년 전으로 알려져 있으며, 척박한 땅에서도 잘 자라기 때문에 페루와 볼리비아의 알티플라노 고원 지역에 사는 사람들이 즐겨 먹었던 곡식이다. 스페인 군대의 탄압으로 퀴노아 경작지가 심각하게 줄어들었으나, 최근 완전식품으로 알려지면서 우리나라뿐만 아니라 유럽, 미국 등지에서 '참살이 식품'으로 큰 인기를 끌고 있다. 퀴노아는 필수 아미노산을 많이 함유한 고단백질을 비롯하여 불포화지방산, 탄수화물, 각종 무기염류와 비타민, 식이섬유가 풍부하여 '슈퍼 푸드'로 인정받고 있으며, 특히 2013년을 '퀴노아의 해'로 지정했을 정도로 관심을 끌고 있다. 반기문 국제연합(UN) 사무총장은 퀴노아를 '전 세계의 빈곤을 해결하고 빈곤을 줄일 수 있는 식량'으로 추천하기도 하였다. 최근에는 미항공우주국(NASA)에서 우주식량의 대체식품으로 인정하고 개발을 검토할 정도로 우수식품으로 널리 알려졌다.

줄기 끝에 깨알 같이 달린 퀴노아가 뜨거운 태양 아래 붉게 익어 가고 있다. 우리나라에서 자생하는 명아주도 줄기 끝에 작은 열매가 많이 달리는데, 퀴노아 역시 곧게 뻗은 줄기의 끝에 작은 열매가 다닥다닥 붙어 있다.

다시 차에 올라 15분쯤 달려 점심식사를 하기 위해 작은 마을에 있는 Hostal de sal Los Lipez로 들어갔다. 이곳에도 역시 벽은 소금벽돌로 지어졌으며 내부는 무척 아늑한 느낌이 들도록 잘 꾸며 놓았다. 본래는 운전기사들이 다른 장소에서 점심 식사를 해 줄 예정이었으나 점심 때가 되어 이곳에서 점심을 준비하기로 하였다. 입구에 있는 TV에서는 2006년 MBC에서 인기리에 방영되었던 드라마 〈궁〉이 볼리비아어로 번역되어 방영되고 있었다. 원주민 전통 복장을 한 아가씨가 어머니와 함께 손님들에게 제공할 채소를 다듬고 있었다. 운전기사들은 아침에 출발할 때 미리 점심거리를 준비해 와서 직접 요리를 한다. 정성스럽게 준비한 닭요리는 간도 적당하고 한국에서 먹던 닭찜을 먹는 것같이 아주 맛이 있었다. 맛있는 닭요리와 밥으로 배불리 먹고 다시 사막을 향해 출발했다.

풀을 뜯는 야마

길은 높은 안데스의 산맥 아래 사막으로 나 있으며 산 아래에는 식물들이 자라고 그 사이에서 야마가 풀을 뜯고 있다. 가끔씩 맞은편에서 오는 지프차들이 흙먼지를 날리고 우리가 온 길로 멀어져 간다. 볼리비아의 황량한 사막과 야마, 그리고 중간중간에 흩어져 있는 호수와 플라밍고, 이런 것들에 매료되어 많은 사람들이 이곳 볼리비아 사막 여행을 즐긴다고 한다.

흙벽돌로 지은 허름한 집 한 채가 사막 한가운데 외롭게 버티고 있다. 높은 산 위를 덮고 있는 만년설이 햇빛을 받아 더욱 밝게 빛난다.

단조로움에 싫증을 느낄 만할 즈음에 과거 용암이 흘러내린 시멘트색을 띤 용암류의 흔적이 남아 있는 곳에서 잠시 차를 세웠다. 가뭄에 용케도 살아남은 바하(Baja)가 언덕을 노랗게 물들이고 용암류를 흘려보낸 산꼭대기에는 화산쇄설물들이 시멘트 광산처럼 수북하게 쌓여 있다. 도

• 볼리비아 Bolivia •

로가 있는 곳까지 흔적이 남은 용암류는 밑으로 내려오면서 선상지를 이루었다. 우리는 비포장 사막길을 달리기 때문에 흙먼지도 많이 나고 조금 평평한 곳에서는 운전기사가 달리는 곳이 도로가 되기도 한다.

알티플라노 고원의 다양한 지형(오른쪽 위는 오야구에 화산 전망대)

우리는 지구상에서 가장 해발고도가 높은 활화산 중 하나인 오야구에 화산(Ollague Volcano, 5,865m)을 볼 수 있는 야트막한 화산전망대에 앞에서 차를 멈췄다. 자연전망대인 화산전망대는 지표면이 붉은색을 띠는 사암지역으로, 바위의 표면은 군데군데 홈이 있고 지표는 바위처럼 솟은 돌출부와 팬 곳이 일정하지 않으며 바닥에는 드문드문 식물들이 자라고 있었다. 멀리 산꼭대기에 조금 남아 있는 만년설이 희미하게 보이고 골짜기와 산의 경사면에는 화산쇄설물이 회색으로 길게 꼬리를 물고 이어져 있다. 다음 분출을 준비하고 있는지 아직은 때를 기다리는 듯 그저 적막함속에 조용히 침묵할 뿐이다. 해발 5,000m 부근에 유황호수가 있고 증기를 뿜어내는 분출구를 볼 수 있다고 한다. 희미한 산등성이에는 벌써 저녁 기운이 감돈다.

차에 올라 모래가 많은 지역을 달린다. 우리가 지금 지나고 있는 알티플라노 볼리비아 사막은 산 아래에 있는 그야말로 천연의 도로여서 어떤 곳에서는 자갈로 되어 있고 어떤 곳에서는 모래로 되어 있어서 먼지가 나고 불편하지만, 장엄한 사막과 만년설이 있는 설산과 가끔씩 나타나는 다양한 색깔의 호수 등 대자연이 연출하는 멋지고 야성미가 넘치는 곳이다. 차에 오르니 사막을 지키는 커다란 설산이 묵묵히 버티고 있다. 자세히 보면 같은 지역인데도 지형과 식생, 지표면의 구성이 서로 달라서 사막이 주는 단조로움에서 벗어나게 해 준다. 회색의 자갈로 뒤덮인 산자락과 산 아래에는 노란색을 띠는 바하와 녹색의 쌍떡잎식물이 빽빽하게 자라고 있어서 사막의 주는 삭막함을 잊게 해 준다.

윗길로 우리 일행을 태운 차가 꼬리에 뿌옇게 모래먼지를 날리며 달리고 있다. 우리 차는 5호차라 맨 뒤에 오는 6호차와 서로 긴밀하게 연계되어 있다. 앞에 있는 차들이 이미 한참 전에 이곳을 통과했지만 우리는 속도를 줄이거나 쉬면서 뒤에 오는 6호차와 보조를 맞추었다. 차량에 문제가 생기거나 다른 어려운 상황이 발생할 경우, 문제를 해결하기가 쉽지 않을 것 같았다. 차는 울퉁불퉁한 자갈길을 기우뚱거리면서 천천히 달린다. 모래로 덮인 산 아래의 완만한 선상지에 누렇게 변한 바하들이 산골에 부는 강한 바람에 반대 방향으로 누워 있다.

자갈길을 올라 산모퉁이를 돌아서자 카나파(Canapa) 호수에서 흰색

바탕에 진한분홍색 꽁지깃이 달린 홍학(Flamingo)이 고고한 모습으로 먹이를 찾고 있다. 이곳에는 세 종류의 홍학이 사는데 칠레홍학은 꽁지깃이 진한 핑크색이고, 안데스홍학은 가장 크며 무릎이 노란색이고, 제임스홍학은 작고 무릎이 붉은색이다. 알티플라노 고원 볼리비아 사막지역에는 이러한 호수가 많은데 대부분 염호이며, 주변은 사초과 식물들이 자라고 주변은 염분 때문에 흰색으로 보인다.

카나파(Canapa) 호수와 플라밍고들

차에서 내려 호수 주변으로 내려갔다. 바닥에는 이끼들이 무성하고 연녹색의 바하들이 웃자란 듯 가는 줄기를 허공을 향해 길게 뻗치고 있다. 바닥 아래는 풀의 잔해가 쌓여 있는지 밟는 순간 발이 푹푹 빠지고 풀이 곰삭은 냄새가 났다. 홍학이 거닐고 있는 호수도 물이 적어서 그런지 그리 맑지는 않았다. 잿빛 구름 사이 좁은 틈을 뚫고 나온 태양만큼 기울어진 저녁 햇살이 호수 표면을 은빛으로 수를 놓는다. 이 높은 고원지대에서 보잘 것 없는 거친 먹이를 먹으면서도 고운 자태를 유지하는 홍학이 애처롭기까지 하다.

호수 건너편의 높은 산도 과거에 화산이 분출한 듯 꼭대기 한쪽 부분의 골짜기에 화산쇄설물이 흘러내린 흔적이 남아 있다. 여름이라 그런지 꼭대기에 멀리서 희미하게 보일 정도의 잔설만 남아 있고 붉은 맨살을 그대로 드러내 놓고 있다. 서둘러 사진을 몇 장 찍고 차에 올랐다. 날은 조금씩 어두워지고 이제 붉은 산에 검은빛이 드리워진다. 차창으로 보이는 풀들에도 조금씩 어두움이 배어들고 이제 사막은 서서히 적막 속으로 빠져들고 있다.

약 20분 정도 저물어 가는 사막을 달려서 차르코타(Charcota) 호수에 도착했다. 이 호수도 조금 전에 보았던 카나파 호수와 여러 면에서 비슷했다. 호수에는 아직 둥지로 가지 않은 플라밍고가 구부러진 긴 목을 늘어뜨리고 먹이를 찾고 있었다. 주변에는 바하를 비롯한 사초과 식물들이 군데군데 무성하게 자라고 있고 바닥에는 작은 식물들이 덮고 있으며 물이 없는 호수 가장자리는 수분이 증발되고 남은 염분이 지표면을 허옇게 물들이고 있다.

차르코타(Charcota) 호수(앞의 식물이 바하)

차르코타 호수 주변을 둘러싸고 있는 산들은 다른 호수의 산보다 비교적 낮으며 완만한 능선을 회색빛 하늘과 경계를 짓는다. 주변에 몇 마리의 비쿠니아가 한가롭게 호수 주변을 돌면서 먹이를 찾고 있다.

일정이 예정보다 늦어져 잠깐 둘러보고 차에 올라 길을 떠난다. 약

10분 정도 달리자 바닥이 하얀 온다(Honda) 호수가 눈에 들어왔다. 규모는 그리 크지 않고 다른 호수에 비해서 쉽게 바닥이 들어나 물이 증발된 호수 주변이 하얗고 야트막한 붉은 산들이 포근히 호수를 감싸고 작은 산 너머 저 멀리 눈 덮인 높은 산이 의연하게 버티고 있다.

6호차가 아직 보이지 않아서 언덕위에서 차를 세우고 기다렸다. 멀리 시멘트 포장길 같은 흰색의 모래가 깔린 계곡에 뽀얀 먼지를 일으키며 6호차가 달려오고 있다. 6호차를 확인하고 다시 숙소를 향해 출발했다.

산등성이 모래 바닥에 동물의 덥수룩한 노란색 털과 같은 바하들이 대지를 덮고 오밀조밀 자라는 모습이 무척 특이하게 보인다. 붉은색 바위틈에 3천 년을 산다는 야레타가 붉은색 사암의 바위틈에서 부풀어 오른 밀가루 반죽에 녹색을 칠한 것 같이 둥글게 뭉쳐서 자라고 있다. 사막에서 적응해서인지 만져 보면 무척 딱딱해서 우리 주변에서 볼 수 있는 식물들과는 감촉이 전혀 달랐다. 해발고도가 4천 m가 넘기 때문에 이 사막의 식생은 무척 단조롭다. 다만 이 사막을 병풍처럼 두르고 있는 산들이 만드는 지형과 높이와 형태, 다양한 자연의 색깔이 장엄하고 아름다운 경치를 만들어 내고 있었다.

고산증세에 시달리고 있던 일행들은 오늘 저녁은 더 낮은 곳에서 묵을 수 있을 거라고 은근히 기대를 했는데, 오늘 묵을 호텔은 그동안 묵었던 호텔보다 더 높은 해발 4,500m에 자리 잡고 있다고 한다. 해발고도 얘기를 듣자마자 갑자기 오늘 일정으로 인한 피로감이 약간의 두려움과 함께 겹쳐서 몰려오는 것 같았다.

7시 40분, 실로리(Siloli) 사막의 TAYKA 계열의 Tayka del Desierto 호텔에 도착했다. 이곳의 지명은 근처에서 발견된 우물의 이름을 따서 'Ojo de Perdiz(페르디스의 우물)'라고 부른다. 방을 배정받고 짐을 대강 정리하고 밥과 고기로 간단하게 식사를 하였다. 고산지대라 머리가 조금 띵하고 약간 불쾌한 기분이 들며, 움직이는 것이 조금 불편하게 느껴진다. 북인도의 라다크에서 고생한 경험이 있어서인지 조 선생님이 고산약 남은 것을 모아서 약이 없는 선생님들께 나눠 주며 복용하도록 챙겨 주셨다. 고산증세로 고생하는 여행객을 대비하여 로비에는 산소통이 준비되어 있었다.

하늘은 맑아서 남반구의 별자리를 보고 별사진도 찍어 볼까 삼각대까지 준비했는데, 밤에 기온도 낮고 고산증세로 의욕이 나지 않아서 남십자성을 비롯한 남반구에서 특별하게 관찰할 수 있는 별들을 보는 것도 포기하고 일찍 잠자리에 들었다. 새벽 2시 30분쯤, 드디어 머리가 아프기 시작하여 일어나서 물을 마시고 다시 잠을 청해 보았다. 견딜 수 있을 것 같은데 머리가 어지럽고 생각대로 몸이 따라 주지 않는다. 잠을 설치면서 빨리 이 밤이 지나고 지대가 낮은 곳으로 내려가기만을 기대해 본다.

1.17.

– 십이 일째 날 –

알티플라노 볼리비아 사막

Altiplano Bolivia Desert

오늘은 볼리비아 사막 답사를 끝내고 칠레로 넘어가야 하기 때문에 일정이 무척 바쁘다. 아침 5시 반에 일어나서 짐을 정리하고 6시에 간단하게 식사를 하고 주변을 둘러보았다. 여름이지만 해발고도가 높고

Tayka del Desierto 호텔

이른 아침이라 날씨가 제법 쌀쌀하다. 방금 큰 산을 막 넘은 태양이 부드러운 아침 햇살을 사막에 길게 드리운다. 골짜기마다 검은색과 붉은색, 흰색이 절묘하게 배합된 불모의 산에도 아침 햇살이 배어들어 태고의 신비함을 그대로 드러내고 있다. 고산 지대 4천 미터 이상에서도 자랄 수 있는 벼과식물들이 붉은색 사막을 피해 흙이 많은 호텔 주변에 촘촘하게 자라고 있다. 고운 황토가루가 겹겹이 내려앉은 듯 사막은 붉은빛 활주로가 되어 산 아래 길게 펼쳐져 있다.

차에 올라 6시 45분에 알티플라노 고원 볼리비아 사막의 답사에 나섰다. 표정들을 보니 대부분 그런대로 잘 보낸 것 같은데 일부 선생님들은 고산 증세로 밤에 조금 고생을 한 모양이었다. 어떤 선생님은 저녁에 힘들어서 고압산소를 이용하기도 하였다고 한다. 모두들 고도가 낮아진다는 큰 기대감을 안고 차에 올랐다.

| 침식지형 |

아침 햇살에 서서히 잠을 깨는 사막과 멀리 줄지어 이어 있는 산들을 보면서 고산 증세로 인한 불쾌감을 달래 본다. 우리가 기대한 만큼 고도가 갑자기 낮아지는 것이 아니고 언덕을 내려가다가 다시 오르고, 결국 우리는 4천 미터 이상의 알티플라노 고원을 계속 달려야 한다고 했다.

40분 정도 흙먼지 날리는 길을 달려서 나무바위(Arbre de Pierre, stone tree)가 있는 침식지형에 도착했다. 차에서 내려서 보니 기기묘묘한 형태

를 한 붉은색바위(암석)들이 사막의 여기저기에 박혀 있어 거대한 바위 조각 공원을 연상시킨다. 과거 지오트립 실크로드 답사 때 보았던 돈황의 아단지모(雅丹地貌, 일명 야단지모, 마귀성)가 생각이 났다. 이러한 지형은 구성 성분이나 강도가 다른 지형이 오랜 세월 동안 바람이나 비에 의해 차별 침식이 생겨서 약한 부분은 없어지고 강한 부분만 남아서 이러한 다양한 형태의 지형을 이루는 것이다. 이것들 또한 지속적으로 풍화가 진행되어 결국은 모래나 흙으로 변하게 되는 것이다. 이곳은 중국 돈황의 아단지모에 비해 비교가 안 될 정도로 규모가 작은 편이다.

이곳에서 많은 사람에게 사랑을 받는 것은 '나무바위'라고 불리는 암석인데, 언뜻 보면 부리를 쭉 내밀고 있는 독수리의 머리 같이 보이기도 한다. 이 바위 앞에서 사진을 찍으려고 줄을 서서 기다린다. 비가 적은 이곳에서는 오랜 세월 동안 거친 모래바람이 바위를 갈

침식지형의 나무바위

고 다듬어 황량한 사막에 이렇게 아름다운 예술품을 남겼을 것이라고 생각되었다.

주변의 평평한 모래사막을 보면 이러한 지형이 어떻게 형성되었는지 짐작할 수 있다. 바위 꼭대기에 아슬아슬하게 얹혀 있는 얇은 판들은 바람이 조금만 세게 불면 금방 무너질 것 같이 위태위태하다. 바위 꼭대기까지 저렇게 세심하게 조각해 놓을 수 있다니 자연의 공력(功力)이 믿기지 않는다. 거친 바람만이 스쳐 가는 외로운 사막에서 수천만 년 동안 얼마나 많은 모래와 부딪혀야 이렇게 아름다운 예술품을 만들어 낼 수가 있을까?

차에 올라 다시 사막을 달린다. 이제 벌거벗은 사막이 서서히 열기로 달아오르기 시작한다.

| 붉은 호수 Laguna Colorada |

약 20분 정도 달려서 다큐멘터리에 단골로 등장하는 볼리비아 사막의 보배, 붉은 호수(Laguna Colorada)에 도착했다. 언덕 바위틈과 자갈밭

257

에는 가뭄에 지친 사초과식물들이 노랗게 변색된 채 자리를 지키고 있고, 물이 없는 호수의 가장자리 펄에는 염분 때문에 군데군데 허연 살을 드러내 놓고 홍학은 아침부터 부지런히 먹이를 찾고 있다. 호수 중간에는 수를 헤아릴 수 없을 정도로 많은 홍학들이 모여서 즐거운 한때를 보내고 있다. 철 성분을 포함한 광물질들이 풍부한 호수에 사는 조류(藻類 · Algae)들이 이러한 광물질을 흡수하여 붉은색을 띠게 되며, 특히 햇빛이 강할 때 더욱 붉게 보인다고 한다.

우리가 도착했을 때에는 아침 시간대라 정오 때보다 붉게 보이지는 않았지만, 넓은 호수의 중간중간이 붉게 물들어 있는 것을 확인할 수 있었다. 멀리 아지랑이가 낀 듯 호수 표면이 아득하고 지금까지 보았던 비슷한 특징을 갖는 다른 호수보다 훨씬 규모가 크며 붉은색을 띠는 산들이 호위병처럼 아름다운 호수를 지키고 있다.

호수에 생긴 산 그림자가 호수를 더욱 붉게 만들고 푸른 하늘과 흩뿌려진 흰 구름이 희미하게 호수에 배어든다. 물이 마른 곳에 드러난 검은색 펄과 호수를 둘러싸고 있는 붉은 산, 호수 가장자리 염분이 만드는 흰색, 햇빛을 많이 받는 쪽의 붉은색, 호수가의 식물들이 연출하는 녹색, 언덕의 노란색 풀, 그리고 푸른 하늘과 흰 구름 등이 골고루 배합되어 황량한 사막에 걸작의 추상화를 만들어 낸다. 언덕 위에서 호수를 바라보니 이 땅의 전설을 품은 듯 신비하면서도 무척 평화롭고 편안한 느낌이 든다.

아름다운 호수를 뒤로 하고 차에 올라 호숫가 마을로 향했다. 입구에 호수를 알리는 'LAGUNA COLORADA' 이정표가 여행객을 맞는다. 길옆의 작은 마을에는 이 호수를 찾거나 알티플라노 고원을 답사하는 여행객을 위한 호텔들이 있다. 햇살이 강해지면서 흙먼지가 더 멀리 날리고 사막의 모든 것들이 한층 밝게 빛난다. 노랗고 붉은색을 띠는 사막에 수많은 여행자를 실어 나른 길이 하얀 띠가 되어 사막을 따라 길게 이어진다.

붉은 호수를 출발하여 30분 정도 달리니 물이 거의 마른 호수가 나타나, 잠시 차창으로 살펴보고 지나쳤다. 출발할 때의 기대와는 정반대로 해발고도가 다시 높아진다.

| 간헐천 |

다시 30분 정도 더 달려서 해발고도 4,850m에 위치한 아침의 태양(Geysers sol de Manana) 간헐천에 도착하였다. 차가 정차한 곳은 해발 4,950m이다. 차에서 내리니 머리가 조금 띵하고 어딘지 모르게 행동이 둔해지는 느낌이다. 그래도 우리 일행 대부분은 5천 미터를 밟지 못한 것을 못내 아쉬워했다.

여기서 내려서 저 아래 간헐천까지 걸어가야 한다. 차에서 내리자 작은 돌무더기 근처의 땅에서 거친 숨을 내쉬듯 큰소리를 내면서 수증기가 하얀 기둥을 이루며 공중으로 솟구치고 있었다. 이러한 간헐천은 특히 화산지대에서 흔하게 볼 수 있는데, 지표 근처의 온천수가 지하의 높은 수증기 압력에 의해 위로 솟구쳐 오르는 것을 말한다. 해발고도가 가장 높은 곳에 위치한 간헐천을 관찰하고 저 아래 수증기를 뿌옇게 뿜어내는 여러 개의 화구가 있는 곳까지 걸어 내려가야 한다. 오늘 우리가 내린 곳이 이번 답사에서 가장 고도가 높은 곳이다.

· 볼리비아 Bolivia ·

천천히 걸어서 아래쪽의 화구로 향했다. 웅덩이에 가까이 갈수록 유황냄새가 심하게 코를 자극하고 호흡이 막히는 것 같았다. 지하 깊숙한 곳에서 뜨겁게 불을 때는 듯, 바짝 다가서니 금방이라도 집어삼킬

듯 웅덩이 속의 분노한 회색 반죽이 지옥의 입구처럼 부글부글 끓으면서 시시각각 다른 모습으로 열기를 뿜어낸다. 한참을 바라보고 있으니 웅덩이로 빨려 들어갈 것 같은 위압감이 들었다. 자리를 옮겨 둘러보니 여기저기에 크고 작은 분출구가 많이 있으며, 앞쪽으로 가니 더 큰 분출구(웅덩이)에서 쉴 새 없이 수증기가 뿜어져 나오고 있었다. 밑에서 올라오는 압력이 일정하지 않은 듯 끓어오르는 흙 반죽이 솟구치는 정도와 형태가 일정하지 않았다.

다시 차에 올라 약 30분 정도 사막을 달려서 테르마스 데 폴케스(Termas de Polques) 노천 온천이 있는 호수에 도착했다. 몇몇 여행객들은 온천에 몸을 담그고 여행의 피로를 씻어 내고 있었다. 온도가 적당하여 부담 없이 온천에 들어가 즐길

폴케스(Polques) 온천

수 있다. 잠시 이곳에서 쉬어 가기로 하였다. 다른 곳과 마찬가지로 이곳 화장실도 유료였다. 사막 관광을 하는 여행객들은 중간에서 특별히 씻을 만한 곳이 없기 때문에 폴케스 온천이야말로 몸도 씻고 피로도 풀 수 있는 최고의 휴양시설이다. 방송에서 이곳 온천에서 즐겁게 휴식을 취하는 여행객들의 모습이 자주 나오곤 한다.

| 살바도르 달리 사막 Desierto de Salvador Dali |

차에 올라 모래가 많고 풀도 별로 없는 아주 황량한 사막을 달린다. 멀리 풀 한 포기 없는 붉은 산과 산 위를 덮고 있는 흰 구름과 푸른 하늘이 마치 외계의 다른 행성에 온 것 같은 착각이 들 정도로 너무나 이색적이다. 어떤 곳은 산중턱이 검붉은 껍질이 벗겨진 모습이고 골짜기는 흰색과 붉은색의 그라데이션(濃淡法)으로 채색이 되어 강렬하지도

않으면서 은근한 신비감을 자아낸다. 또 다른 곳의 산 중턱에는 붉은 색의 흙으로 덮여 있고 산의 정상부근에는 붉은색 바탕에 군데군데 회색을 띠는 화산쇄설물이 배합되어 있고, 골짜기에는 회색의 실개천이 흐르는 듯 화산쇄설물이 한 줄기 부드러운 경계선을 만들고 있다.

이런 풍경을 화가가 그림으로 표현했을 때, 대부분의 사람들은 그저 단순히 화가의 상상력이 만들어 낸 것이라고 생각할 정도로 이채롭다. 오랜 세월 자연이 만든 걸작이 여행객들을 감탄케 하고 눈길을 끌게 한다. 그래서 사람들은 이 아름답고 초현실적인 사막을 화가의 이름을 따서 '살바도르 달리 사막(Desierto de Salvador Dali)'이라고 부른다.

폴케스 온천을 출발하여 황홀함에 취해 약 10분 이상 아름다운 달리 사막을 달리니, 눈앞에 높은 산 아래 옥빛을 띠는 푸른 호수(Laguna Verde)가 나타났다. 호수 주변은 화산 분출로 만들어진 짙은 회색의 자갈들과 흙으로 덮여 있고 호수 가장자리에는 소금 때문에 얼음 덩어리가 둥둥 떠 있는 것 같은 모습을 하고 있다. 해발 5,960m의 리칸카부르(Licancabur) 화산 위에 떠 있는 부드러운 솜털 같은 하얀 구름과 푸른 하늘이 호수의 가장자리를 덮고 있는 하얀 얼음덩어리와 옥빛의 호수색이 절묘한 조화를 이룬다. 호수는 그렇게 크지 않고 산을 따라 길게 늘어선 형태이다. 이곳 호수에는 구리 성분과 석회성분 등이 많이 함유되어 있어서 이런 옥빛을 만들어 낸다고 한다.

푸른 호수는 볼리비아 국경 근처에 있어서 우유니 소금사막과 볼리비아 사막의 황홀하고 고된 답사의 마지막 여정이 된다. 푸른 호수를 바라보고 있으니 피로가 모두 풀리고 마음이 차분해진다. 찾아오는 이 없고 홀대받던 황량하고 적막하던 볼리비아 사막은 이제 대자연이 빚어낸 신비하고 위대한 예술품으로 인정되어 전 세계의 많은 사람들로부터 사랑받는 관광의 명소가 되었다. 척박하고 고요함이 풍요로움을 대신하고 묵직하고 꿋꿋함이 번잡하고 화려함을 대신하여 자연의 의지를 거스르지 않고 의연하게 터전을 지키고 있다.

차에 올라 붉은색으로 곱게 치장한 리칸카부르 화산을 끼고 약 20여 분 차로 달려 드디어 볼리비아 국경에 도착하였다. 국경에는 건물 하나와 컨테이너 창고가 덩그러니 놓여 있어서 무척 썰렁한 느낌이 들었다. 잠시 호기심에 도랑을 건넜더니 거기는 칠레 땅이며 아직 출국 수속이 끝나지 않았기 때문에 도랑을 넘으면 안 된다고 하였다. 리칸카부르 화산 아래 깊이가 50㎝도 채 안 되는 작은 도랑이 볼리비아와 칠레의 국경선이라고 하였다. 칠레 쪽에도 허름한 집 한 채가 있어서 출국하는 사람들을 관리하고 있었다.

리카카부르(Licancabur) 화산과 푸른 호수(Laguna Verde)

• 볼리비아 Bolivia •

볼리비아와 칠레 국경(왼쪽 버스가 있는 쪽이 칠레이며 도랑이 국경임)

　도랑 너머 칠레 땅에는 우리를 태우고 갈 대형 버스가 기다리고 있었
다. 차에서 짐을 모두 내리고 출입국 사무소에 출국신고서를 제출하고
간단하게 수속을 마쳤다. 출국 수속을 하는 동안 운전기사들은 준비해
온 음식 재료로 점심을 준비하였다. 짐을 버스에 싣고 점심으로 간단
하게 샌드위치를 먹었다. 맛은 없었지만 황량한 국경에서 맛보는 특별
하고 의미 있는 식사였다.

　우리들이 우유니에서 볼리비아 사막을 건너 국경까지 별 사고 없이
무사히 답사할 수 있도록 힘써 준 볼리비아 운전기사들에게 진심으로
감사의 뜻을 전했다. 해발고도가 높아서 다소 불편한 점도 있었지만,
황홀하고 꿈길 같았던 볼리비아 땅을 떠나려 하니 아쉬움에 발길이 쉽
게 떨어지지 않는다.

칠레 CHILE

1.18. – 1.21.

페루

아리카
이키케
볼리비아

안토파가스타

칠레

태평양

아르헨티나

발파라이소
산티아고

콘셉시온

발디비아

푸에르토몬트

대서양

푸에르토나탈레스

푼타아레나스

공식적인 국가 명칭은 '칠레 공화국(Repubic of Chile)'으로 1810년 9월 18일 스페인으로부터 독립을 선언하였다. 태평양과 안데스 산맥을 따라 남위 18°에서 56°까지 남북으로 4,300㎞, 동서의 폭 170㎞로 세계에서 가장 긴 나라이다. 면적은 75만 6천㎢이며 인구는 약 1,740만 명 (2014년 기준)이고 인종 구성을 보면 90% 이상이 백인계이며 메스티조의 대부분은 스페인 계통과 아라우칸 족(Araucanian) 원주민과의 혼혈이다.

1520년 마젤란이 발견하기 전까지 칠레의 북부는 잉카 제국에 속해 있었으나, 1540년 스페인의 발디비아가 아라우칸 족을 정복한 후 270년간 스페인의 식민지가 되었다. 북쪽으로는 페루와 동쪽으로는 볼리비아, 아르헨티나와 국경을 이루고 있다. 서쪽으로 태평양, 북쪽으로는 사막지대와 광물 자원이 풍부한 지역과 남쪽으로는 한대기후의 파타고니아까지 다양한 자연 환경을 갖추고 있으며, 농업을 비롯하여 특히 수산업과 광업이 발달하였다.

페루, 볼리비아와 인접한 국경 지대에 매장된 엄청난 양의 광물 자원을 바탕으로 급속한 경제성장을 이룬 칠레는 1879년부터 4년 동안 페루-볼리비아 연합군과 벌인 태평양 전쟁에서 승리함으로써 페루와 볼리비아의 영토 일부를 차지하여 국가 발전을 앞당기는 토대를 마련하였다.

이후 1970년 사회주의 정권 출신의 살바도르 아옌데 대통령이 당선되어 광산 국유화 등의 정책을 펼쳤으나 우익 군사 쿠데타로 인해 목숨을 잃게 되고 피노체트의 군사 독재정권이 들어서게 되었다. 이 시기에는 엄청난 민중 탄압과 학살, 통제로 인해 아직도 칠레 인들에게는 가슴 아픈 역사로 남아 있다. 최근에는 우리나라를 비롯해 여러 나라와

FTA를 맺으면서 사회·경제적으로 점차 안정된 모습을 갖추는 동시에 남미 여러 국가 중 가장 잘사는 나라로 변모했다. 특히 우리나라와는 2002년 10월 자유무역협정(FTA)을 체결하여 양국 간의 무역이 활발하게 이루어지고 있다.

아쉬움을 남긴 채 세계에서 제일 간단한 도랑으로 된 국경선을 넘어 드디어 네 번째 답사의 나라, 칠레 땅에 들어섰다. 도랑을 넘자마자 바로 잘 포장된 아스팔트길이 시원하게 뚫려 있고, 식생 등 주변 환경 등이 잠시 전에 지나왔던 볼리비아와 많은 차이가 있음이 느껴졌다.

1시 30분, 버스에 올라 이제 칠레 땅의 아타카마(Atacama) 사막으로 접어들었다. 우리 일행은 오늘과 내일 칠레의 아타카마 사막에 있는 달의 계곡과 추키카마타 광산을 답사할 예정이다. 볼리비아의 우유니에서 시작하여 아직도 우리는 사막의 한가운데서 또 다른 여정을 준비하는 것이다.

| 아타카마 Atacama 사막 |

아타카마 사막은 경계를 짓기가 쉽지 않으나 일반적으로 넓게 잡아서 페루의 남부 이카 사막을 포함하여 남쪽으로 남위 30°까지 태평양의 연안을 따라 남북으로 약 1,000㎞, 동서로 약 100㎞로, 띠 모양을 이루며 세계에서 가장 건조한 사막으로 알려져 있다. 평균 강수량은 연간 15㎜ 정도이고 적은 곳은 1~3㎜ 정도이며, 어떤 곳에서는 몇 년 동안 비가 한 방울도 내리지 않은 경우도 있다. 약 3백만 년 이상 극도의 건

조 상태가 지속되었으며, 이러한 건조 상태가 장기간 지속되면서 구리와 같은 광물자원이 지표면에 가까운 곳에 형성되어(supergene) 광산업이 크게 발달하였다.

아타카마 사막이 이렇게 건조한 가장 중요한 지형학적인 이유는 높은 안데스 산맥과 칠레 해안 산맥이 각각 태평양과 대서양에서 발생한 수증기를 다량 포함한 이류(移流, 한 지역의 공기가 특성이 다른 지역으로 이동하는 것)의 이동을 방해하기 때문이다. 아타카마 사막은 서쪽의 태평양 연안과 동쪽의 안데스 산맥의 사이에 위치하며, 서쪽은 해발고도가 낮은 해안 산맥이 놓여 있고 동쪽에는 안데스 산맥의 안자락에 도메이코 산맥(Cordillera Domeyko)이 솟아 있다. 본래는 안데스의 서쪽이 아타카마 사막에 속하는데, 최근에는 안데스의 동쪽도 포함하여 아타카마 사막으로 부르고 있다. 사막의 일부 지역에서는 바위 밑에서 자라는 조류(藻類, 단세포 또는 작은 광합성 식물), 지의류(地衣類), 다육식물 등이 '카만차카(Camanchaca)'라고 부르는 바다에서 발생한 안개를 이용하여 살아가고 있다.

아타카마 사막에는 현재 약 1백만 명의 사람들이 살고 있는데, 이들은 주로 오아시스 지역이나 광산 지역에 거주하고 있다. 이곳에 사는 사람들은 오래전부터 포집망을 이용하여 안개를 응축시켜서 물을 얻었는데, 칠레 정부를 비롯한 전 세계 과학자들은 건조지역의 폭넓은 활용을 위해 효율이 뛰어난 수분 포집장치를 개발하기 위해 많은 연구를 하고 있다.

사막의 대부분은 자갈과 모래, 염호, 규장질 용암(felsic lava)으로 구성되어 있다. 이러한 극단의 건조 지형은 화성의 표면을 연상시키며 실제로 2003년 아타카마 사막에 속한 융가이(Yungay) 지역에서 생물을 조사하였으나 생명체가 발견되지 않았다. 이러한 특성을 이용하여 이곳에서는 화성 탐사를 위한 장비들의 시험을 하고 있다. 또한 여러 곳에서 건조한 기후로 만들어진 지형의 특이한 점을 살려 공상 과학 영화를 비롯한 다양한 프로그램의 영상 촬영 장소로도 활용되고 있다.

우리가 지금 달리고 있는 볼리비아 국경에서 멀지 않은 이곳은 원래 볼리비아 영토였으나 1879년~1883년에 벌어진 태평양 전쟁에서 칠레에게 페루-볼리비아 연합군이 패함으로써 칠레에게 빼앗긴 땅이다. 태평양 전쟁 이후 앙콘(Ancon) 조약에 의해 칠레의 영토가 되었으며 사막의 곳곳에는 아직도 지뢰가 매설되어 있으며, 현재까지 칠레와 볼리비아는 사이가 좋지 않다고 한다. 최근에는 볼리비아, 아르헨티나와의 국경지역에서 구리가 많이 채굴되고 있으며, 구리는 칠레의 주요 수출품 중 하나이다. 도로 사정을 보더

아타카마(Atacama) 사막

라도 경제적으로 얼마나 차이가 나는지 실감할 수 있었다.

한참을 달려도 리칸카부르 화산이 눈에 보였다. 이제 서서히 해발고도가 낮아지기 시작하면서 주변의 사막과 야트막한 산의 식생이 더 풍부해졌다. 풀이 많은 사막에서 비쿠니아가 한가롭게 풀을 뜯고 있다.

산악 안내 전문가인 칠레 현지 안내자의 설명에 따르면, 천적인 퓨마가 있을 때에는 개체수가 1,700마리까지 줄었다가 퓨마가 사라지면서 개체수가 급격하게 증가하여 20만 마리까지 증가하였다고 한다.

아스팔트길을 조금 달리니 서쪽으로는 칠레, 동쪽으로는 볼리비아, 남쪽으로는 아르헨티나로 가는 삼거리가 나왔다. 이 도로를 통하여 칠레와 아르헨티나 간의 많은 물품이 운송된다고 한다. 볼리비아 사막에서 보았던 바하는 약간 억센 편이며 비쿠니아는 이 풀을 먹지 않고 이빨을 가는 데 이용한다고 한다. 이곳에서도 나문재처럼 짙은 녹색을 띠며 뭉쳐서 자라는 '톨라'를 볼 수 있는데 비쿠니아의 먹이라고 한다. 깔끔하게 포장된 2차선 도로가 나 있는 이 길은 과거 라마가 가지 않는 길로 알려져 있다. 고도가 낮아지니 기분도 좋고 마음도 무척 편해진다. 풍력발전기 너머로 멀리 칼라마(Calama)의 추키카마타 구리광산이 보인다.

| 산페드로 San Pedro 도착 |

칠레 국경에서 약 1시간 정도 달려서 칠레의 국경도시 산 페드로 데 아타카마(San Pedro de Atacama)에 도착했다. 이곳은 칠레에서 가장 오래된 고대도시 중 하나로 잉카의 영향을 많이 받았으며, 현재에도 이 부근에는 원주민들이 많이 살고 있다. 인구 2천 명의 작은 마을에 불과하지만, 칠레 · 아르헨티나 · 볼리비아의 국경에 가까워서 국경사무소가 있으며 많은 관광객들이 거쳐 가기 때문에 볼리비아에 비해서 물가가

엄청나게 비싸고, 오가는 여행객들로 무척 바쁜 곳이기도 하다.

특히 볼리비아와 사이가 좋지 않기 때문에 볼리비아에서 들어오는 관광객들의 짐 검사가 무척 까다롭다. 볼리비아에서 나는 식물은 무조건 통과가 안 되며 가공 식품도 통과시키지 않기 때문에 볼리비아를 거쳐서 이곳으로 올 때에는 이 점을 주의할 필요가 있다. X-ray 검사대에 올려놓고 하나하나 꼼꼼하게 검사를 한

산페드로(San Pedro)

다. 그런데 집사람이 가지고 간 경옥고가 검사에 걸렸다. 생김새가 마약을 비벼 놓은 것 같으니 의심을 받을 만도 하였다. 즉시 가방을 열고 병을 꺼내서 뚜껑을 열고 'Korean traditional drug(한국 전통 의약품)'라고 했더니 신기한 듯 고개를 갸우뚱거리며 병을 요모조모 살펴보고 통과시켜 주었다.

3시 15분, 입국 수속을 완료하고 짐을 버스에 싣고 이곳에서 멀지 않은 곳에 있는 달의 계곡을 답사할 예정이다. 물을 사러 간 안내자들이 한참을 기다려도 오지 않는다. 거의 30분 이상 기다려서야 물을 사들고 나타났다. 물을 파는 곳이 없어서 걸어서 멀리까지 다녀왔다고 한다.

| 달의 계곡 Valley de La Luna |

 달의 계곡은 아타카마 사막의 산페드로 지역에 있는 지형이 달의 표면을 닮았다고 해서 붙여진 이름이다. 표를 사서 버스를 타고 안으로 들어갔다. 달의 계곡은 해저에서 융기된 후 아타카마 사막의 다른 지역과 마찬가지로 극도의 건조함 때문에 태곳적 신비를 지금까지 그대로 간직할 수 있었다고 한다.

 산은 그리 높지 않으며 대부분의 산들이 붉은색을 띠고 있고, 붉은색 사이로 소금이 그대로 남아 있어서 붉은색 바탕에 하얀 무늬를 제멋대로 흩뿌려 놓은 것 같았다. 바닥도 대부분 붉은색 흙이나 모래, 소금 등으로 덮여 있고 산의 형태와 계곡 등이 천태만상이다. 검은색을 띠는 비단결 같은 고운 모래가 산 위에까지 올라 길게 성을 만들고, 모래성 아래 작은 바위들은 경계병처럼 성을 지키고 있다. 창밖으로 펼쳐지는 모습이 신기하고 멋도 있지만 너무나 낯설다. 이곳을 달의 계곡이라고 이름 붙인 이유를 충분히 알 수 있었다.

 우리는 '3개의 성모 마리아상'이라는 이름을 가진 곳에서 내렸다. 소금이 덮인 표면이 울퉁불퉁한 타원형의 흙 받침대 위에 아이를 안고 있는 성모 마리아와 기도하는 성모 마리아상 등 제각각 다른 모습을 하고 있는 흙으로 곱게 빚은 조형물이 마치 최고의 예술가가 오랜 세월 공들여 완성한 예술품처럼 멋진 자태를 뽐내고 있다. 얼마 전 관광객에 의해 1개가 훼손되어 2개가 남아있는 상태라고 한다.

273

버스에 올라 왔던 길로 다시 내려가다가 산 위에 기다란 장벽처럼 생
긴 콜로세움이라고 이름 붙은 곳에서 멈춰 섰다. 얇은 시루떡을 가늘
고 길게 겹겹이 쌓은 성벽처럼 되어 있는 가운데 중간에 길게 이어진
하얀 실선이 흙벽의 운치를 더해 준다. 달의 계곡에서 이곳을 포함한
주변 지역은 달 표면과 상당히 흡사하여 우주비행사들의 훈련을 비롯
하여 NASA 훈련장이 있고 스타워즈 같은 공상과학영화를 촬영한 장
소라고 한다. 다양한 형태의 크고 작은 바위와 길게 이어진 산, 흰색의
울퉁불퉁한 바닥과 모래와 붉은색 흙 등이 모여 생명체가 살기 어려운
독특하면서도 순수한 불모의 황무지가 무척 이색적인 모습을 띤다.

성모 마리아상　　　　　　　　　　　미국항공우주국(NASA) 훈련장

　　버스를 타고 계곡의 입구로 내려왔다. 입구에서부터 모래가 수북하
게 쌓여 걷기가 불편할 정도로 푹푹 빠진다. 주변은 온통 붉은 흙으로
칠을 한 듯 황톳빛 일색이다. 세월에 조금씩 풍화를 겪으면서도 태고
의 원시모습 그대로 남아 있는 것 같았다. 조금이라도 비가 내리면 쉽
게 무너지고 침식되어 순식간에 제 모습을 잃을 것이다. 이 계곡은 주
변의 산보다 풍화가 잘되는 암석으로 되어 있어서 이렇게 산의 양쪽에
기다랗고 구불구불한 계곡이 생긴 것으로 생각된다.

황토가 많이 섞인 붉은색 지형   뾰족한 소금 덩어리

　계곡의 양옆을 보니 깎아낸 것 같기도 하고 큰 삽으로 푹 떠낸 것처럼 가파른 경사를 이루고 있었다. 수직의 벽에는 세로줄을 형성하며 소금이 박혀 있고, 우유니 소금사막에서 보았던 소금벽돌처럼 단단해 보였다. 국립공원으로 지정되기 전까지 이곳에는 약 70개의 소금광산이 있었으며, 국립공원으로 지정된 후 소금 채취가 금지되자 인부들 대부분은 구리광산으로 자리를 옮겼다고 한다. 소금을 캐던 동굴 벽에는 굴착기를 이용하여 얼마 전까지 소금을 채굴한 흔적이 뚜렷하게 남아 있다.

　소금광산을 둘러보고 바위틈에서 신비한 소리가 나는 곳으로 이동하여 조용히 숨을 죽인 채 앉아서 귀를 기울였다. 현지 안내자는 무척이 소리를 강조하였으나 사실은 바위가 갈라질 때에는 종종 소리가 난다고 한다. 골짜기에 햇빛이 몰리는 듯 햇살이 무척 뜨겁고, 달아오른 모래는 중력을 잃고 발걸음을 옮길 때마다 뽀얗게 피어오른다. 소금의 농도가 높은 곳에는 흙과 반죽이 된 소금 기둥이 만들어졌고, 또 다른 곳에서는 예리한 창끝처럼 생긴 소금결정이 삐쭉삐쭉 솟아 있다.

　계곡을 나와서 버스를 타고 달의 계곡 전체를 바라볼 수 있는 전망대

달의 계곡 전망대에서 바라본 모습

에 올랐다. 위에서 바라보니 잠시 전에 답사했던 장엄하면서도 섬세한 조각품 같은 달의 계곡 전체가 한눈에 들어왔다. 커다란 점토판에 새겨진 조형물을 바라만 봐도 숨이 막히고 갈증이 느껴질 정도로 바짝 말라 있고 살짝만 밟아도 바삭거리는 소리를 내며 금세 부스러질 것 같았다. 햇살의 따가움이 무뎌지고 전망대에서 서 있는 내 그림자가 가늘고 길어진다. 멀리 달의 계곡 너머의 산도 저녁을 준비하는 듯 윤곽만 남겨 놓고 점점 희미해진다.

버스에 올라 해가 저무는 아타카마 사막을 달린다. 길옆에는 풍력발전기의 날개가 저녁 바람을 맞아 힘차게 원운동을 하고 있고, 풍력발전기 사이로 멀리 추키카마타(Chuquicamata) 광산이 아득하게 보였다. 그리고 해가 산을 넘을 즈음인 7시 50분, 칼라마(Calama)에 있는 Diego de Almagro Hotel에 도착했다.

아늑하고 여유로운 분위기 속에서 소고기와 밥, 우유와 와인을 곁들여 칠레에서의 첫 만찬을 즐겼다.

1.18.
– 십삼 일째 날 –

추키카마타 구리 광산

Chuquicamata

오늘은 오전에 여유가 있어서 아침 8시에 일어났다. 창문 커튼을 젖히니 밝은 햇살이 도시를 밝게 비치고 있었다. 정리하고 내려와서 빵과 우유, 과일로 아침식사를 하고 방에 들어와 여유 있게 시간을 보냈다. 이곳 칠레는 주말에는 일을 하지 않기 때문에 원래 일정에서 추키카마타 구리 광산의 작업 현장을 견학할 예정이었으나 주말 휴무로 인하여 일정에 다소 차질이 생겼다. 체격이 좋은 나이 좀 드신 버스 기사

광산 도시 칼라마 Calama

가 섭외를 잘해서 광산 입구의 시설을 관람할 수 있도록 조치를 취해 주었다. 그러한 이유로 아침 출발 시간에 여유가 있었던 것이다. 10시 반에 버스에 올라 추키카마타 광산을 향해 출발하였다. 날씨는 서늘하고 시원한 바람이 폐부 깊숙이 파고들었다.

도시를 잠시 벗어나 전망대에서 칼라마(Calama)를 바라보았다. 도로가 나 있는 언덕에 시멘트로 타원형의 구조물을 만들어 멀리 칼라마 시내와 가까이에 있는 구리 광산을 볼 수 있도록 하였다. 옅은 갈색의 산 아래 길게 늘어선 칼라마 시내가 건물을 구별할 수 없을 정도로 희미하게 보인다.

칼라마 시는 인구가 약 15 만 명(2012년 통계)에 이르지만 주변에 세계에서 가장 규모가 큰 구리광산이 있어서 다른 대도시와 마찬가지로 칠레 경제에서 대단히 큰 비중을 차지하고 있다.

노천 구리광산

더불어 칠레 북부와 수도인 산티아고를 연결하는 중간 통로 역할을 하며, 아르헨티나, 볼리비아로 넘어가는 길목에 위치하고 있어서 교통의 요지이기도 하다. 주변에 둘러볼 만한 관광지는 없지만 추키카마타 광산을 보기 위해 많은 사람들이 찾아온다고 한다.

아타카마 사막의 황량한 벌판에 자리잡은 칼라마는 선사시대의 암각화를 비롯한 동굴 유적 등이 발견되는 점으로 보아 선사시대부터 사람들이 거주했던 것으로 추측되며, 교통의 요지, 구리 광산 때문에 더욱 발전하게 되었다.

추키카마타 구리광산 입구에서

전망대 앞쪽에서는 노천광산에서 구리 원석을 캐내어 커다란 트럭으로 부지런히 운반하는 모습이 보인다.

이곳의 구리광산은 광맥이 약 50㎞가 넘게 길게 이어져 있으며 약 180억 톤이 매장된 것으로 추산되며 채굴중인 광산은 길이 4.5㎞, 폭 3.5㎞, 깊이 0.8㎞의 어마어마한 크기이다. 어떻게 채굴하는지 멀어서 자세히는 알 수 없지만, 크고 평평하게 되어 있는 언덕에서 파내어 밑으로 실어 나르고 있었다. 노천에 드러난 엄청난 광물 자원을 가진 이 나라가 무척 부러웠다.

버스에 올라 광산으로 향한다. 차창으로 보이는 검붉은 색의 산들은 풀 한 포기 자라기도 힘든 황무지였다. 차창 밖으로 산꼭대기가 평평하게 깎인 노천 광산이 보이고 그 아래 광물을 운반하는 차들이 줄지어 휴식을 취하고 있다. 광산에 대해서 잘 알고 있는 운전기사가 광산의 보안 유지를 위해 내리지 말고 출입문에서 잠깐 알아서 사진을 찍으라고 한다. 멀리 산 아래 조그만 마을이 보였다. 아마 이 광산에서 일하는 노동자들의 숙소나 또는 가족들과 함께 사는 집으로 생각되었다. 도로 옆에 철망을 치고 그 안에는 광산의 근로자들이 일을 보거나 휴식을 취할 수 있는 집들이 죽 이어져 있다.

버스에서 내려 언덕을 오르니 'CHUQUICAMATA'라고 쓴 커다란 안내문이 기둥에 걸려 있었다. 안내 기둥 안에는 광산 운영에 필요한 시설과 사무소들이 있었다. 야외 전시장에는 그동안 광산에서 사용했으나 이제는 작동이 안 되는 낡은 운반용 기차와 채굴 기계, 그리고 트럭에 사용되었던 다양한 크기의 타이어 등을 전시해 놓았다. 특히 타이어는 내 키의 두 배가 되는 것에서부터 아주 작은 승용차 바퀴만 한 것까지 크기 순서대로 이어 놓아 방문객들에게 아주 좋은 볼거리가 되었다. 일행 모두 각자 맘에 드는 타이어에 올라가거나 타이어 앞에서 열심히 일하는 근로자의 모습으로 기념촬영을 하였다. 철망 안쪽 광산에는 많은 장비들이 휴식을 취하고 있으며 눈앞에 노천 구리광산을 이루는 커다란 동산이 떡하니 버티고 있었다.

원래 이 구리광산은 볼리비아 소유였으나 태평양 전쟁(1879년~1883년)에서 칠레에게 패하여 아타카마 사막을 빼앗기면서 이 광산도 칠레의 소유가 되었다고 한다. 1968년에 민영화되었다가 1973년 아옌데 대통령이 법을 개정하여 국영화하였으며 1976년부터 국영회사인 코델코(Codelco)에서 운영하고 있다고 한다. 그리고 우리나라의 풍산금속에서 이곳에서 생산되는 구리원석을 다량으로 수입하여 제련하고 있다고 한다.

1952년 부에노스아이레스 의과대학생이었던 에르네스토 게바라(Ernesto Guevara, 체 게바라)는 자신의 변화를 통한 삶의 진정한 가치를 깨닫기 위해 '포데로사'라는 모터싸이클을 타고 알베르토와 함께 남미 여행에 나섰다. 그는 1952년 3월, 바로 이곳 추키카마타 구리광산을 둘러보고 자본가들의 착취와 광산노동자들의 비참한 삶을 목격하고 의사로서의 길을 포기하고 부조리한 사회제도를 개혁하고 가난한 사람들이 인간답게 살 수 있는 세상을 만들기 위해 혁명가의 길을 걷게 되었다.

구리광산에서 호텔로 돌아와 닭고기와 감자볼, 채소와 빵으로 점심을 먹었다. 호텔 밖으로 나오니 바람이 제법 세게 분다. 버스에 올라 1시 15분, 칼라마 공항을 향해 출발했다. 담벼락에는 페인트로 다양한 주제의 벽화(graffiti)가 그려져 있어 색색의 광고판으로 제대로 활용하는 것 같았다. 도시는 깨끗하고 비교적 평온한 느낌이 들었다.

1시 30분에 칼라마 공항에 도착했다. 공항은 넓은 사막의 한가운데에 있고, 주변에는 별다른 시설물이 없었다. 간단하게 수속을 마치고 2시 45분에 예정대로 정각에 이륙하였다. 이륙하자 골바람으로 잠시 비행기가 가볍게 흔들거렸지만 곧 안정이 되었다. 발아래 칼라마가 손에 잡힐 듯이 가깝게 보인다. 누런 모래사막에 촘촘하게 들어선 회색의 건물들 사이로 나 있는 도로는 굵은 검은 선이 되어 건물들을 다른 번지로 구분해 준다. 비행기가 제 고도에 올라서자, 아타카마 사막이 한눈에 담을 수 없을 정도로 끝없이 펼쳐졌다.

| 산티아고 Santiago |

날씨는 아주 맑고 해안선을 따라 흰 구름과 사막이 평행선을 그으며 나란히 이어진다. 중간중간에 보이는 오아시스는 누런 사막과 대조되어 더욱 진한 녹색으로 더 선명하게 눈에 들어온다. 산티아고에 가까

• 칠레 Chile •

워지면서 골짜기에 경지 정리가 잘된 녹색의 농경지가 펼쳐졌다.

오후 4시 30분, 산티아고 공항에 도착했다. 공항 주변의 집들은 비교적 허름하고 토질이 척박해서인지 산에는 나무가 듬성듬성 자라고 풀도 많지 않았다. 중심가에 가까워질수록 아파트도 많아지고 건물들도 깨끗하게 단장되어 있었다. 큰길 건너 마포초(Mapocho) 강의 붉은 강물이 산티아고의 더위를 식히면서 흘러가고 있었다. 우리는 관공서 같이 제법 세련된 정문을 갖춘 중앙시장에 도착했다. 차

산티아고 중앙 시장

에서 내려서 시장 구경을 하려고 하였으나 오늘은 일요일이기 때문에 시장이 문을 열지 않는다고 하였다. 가로수 주변에서 많은 사람들이 모여서 시위를 하고 있었다. 이곳은 칠레가 자랑하는 연어와 같은 각종 해산물을 비롯하여 과일 채소 등 다양한 종류의 농수산품이 거래되는 유명한 시장이다.

하는 수 없이 도로를 따라 시장의 외곽만 둘러보고 버스에 올라 산크리스토발(San Cristobal) 언덕으로 향했다. 본래 이 언덕의 이름은 '신들의 장소'라는 뜻을 가진 'TUPAHUE'인데, 스페인 계통의 칠레 사람인 산크리스토발 가문의 이름에서 유래했다고 한다. 이 언덕은 산티아고 시내에서 2㎞ 정도밖에 떨어져 있지 않기 때문에 많은 사람들이 즐겨 찾는 곳이다. 높이 324m의 이 언덕에서는 산티아고 시내를 바라볼 수 있

고, 또한 칠레의 독립 100주년을 기념하기 위하여 1918년 프랑스에서 기증한 높이 22m의 흰색의 성모 마리아상이 있어서 더욱 유명해졌다.

우리나라의 교민들은 이 언덕이 서울의 남산과 비슷하다고 여겨 이 언덕 아래에 많이 모여 산다고 한다.

산크리스토발 언덕을 오르는 방법은 우리처럼 차를 타고 가거나 또는 등산로를 이용하거나 아니면 푸니쿨라(Funicular)라는 짐차와 비슷한 독특하게 생긴 전차를 타고 올라야 한다. 버스가 올라가기에는 길이 조금 좁은데, 운전기사는 별 무리 없이 구불구불한 비탈길을 능란한 솜씨를 발휘하여 장애물을 피해 언덕길을 오른다. 차창으로 산티아고 시내가 한눈에 들어온다. 빽빽하게 들어찬 집들과 사이사이에 들어선 나무들이 적절하게 공간을 채우고 있다. 주말이라 사람들이 무척 붐빈다. 스페인 침략자들은 이 언덕을 점령한 후 이곳을 발판으로 산티아고를 건설했다고 한다.

안내자 둘이서 부지런히 뛰어 보는데, 휴일이라 성모 마리아상을 볼 수 없다고 한다. 사전에 현지 안내자와 충분한 협의와 현지 사정에 대한 정보가 부족한 것 같았다. 칠레뿐만 아니라 다른 나라를 답사할 때에는 일요일에는 무조건 개방을 하지 않는 곳이 많다는 것을 염두에 두고 일정을 짜야 할 것 같다.

많은 사람들이 이 언덕에서 평화로운 오후 한때를 보내고 있지만 과거 이곳은 스페인 군대와 원주민들 간에 치열한 전투가 벌어졌던 장소이다. 성모 마리아상 맞은편에 'TUPAUHE'라는 옛 지명 아래 'LUGAR DE DIOS(신들의 장소)'라는 글씨가 새겨진 표지석이 관광객의 눈길을 끈다. 표지석 뒤의 작은 벽돌로 쌓은 건축물은 과거 이곳에 살

산크리스토발(San Cristobal) 아래 주택가   산크리스토발의 투파우에(Tupauhe)

앉던 원주민들이 신성시하던 장소였으며 스페인 군대를 방어하기 위한 3층의 요새가 있었으나 스페인군의 공격으로 지금은 1층만 남아 있다. 요새 앞에는 과거 이곳이 신성시 되던 곳이었음을 증명이라도 하듯 기둥보다 키가 큰 소철과 아름답게 잘 자란 야자수와 꽃들로 아름답게 조경이 잘되어 있다.

잠시 주변을 둘러보고 아쉬움 속에 성모 마리아상을 뒤로한 채 버스를 타고 산크리스토발 언덕을 내려와서 산티아고의 시내 중심가로 향했다. 시내에서 언덕을 보니 산크리스토발 언덕의 흰색의 성모 마리아상이 아주 작게 보인다.

우리는 먼저 산티아고에서 가장 세련되고 번화한 아우마다(Ahumada) 거리를 걸었다. 고급 쇼핑센터와 음식점, 그리고 거리의 곳곳에서 창작활동을 하는 많은 아마추어 예술가들, 산티아고 시민들을 비롯한 많은 관광객들이 섞여서 활기가 넘친다. 오가는 사람들 틈에 섞여 바쁘게 발걸음을 옮겨 본다. 번화가답게 주변도 깨끗하고 고층건물도 많고 스페인 식민지 시대의 건축물과 현대의 건축물들이 공존하며 무척 깨끗하고 세련된 모습이다.

산티아고의 중심지인 아르마스(Armas) 광장에 도착하니, 많은 사람들로 붐비고 신나는 음악 공연을 비롯하여 관광객들의 눈길을 끄는 거리의 화가, 다양한 행위예술로 광장이 시끌벅적하고 생동감이 넘친다. 날씬하고 키가 큰 야자수 나무 주변에는 1541년 이곳의 원주민들을 정복하고 산티아고에 식민도시를 건설한 발디비아(Pedro de Valdivia)의 동상이 서 있다.

페드로 데 발디비아 Pedro de Valdivia, 1497~1553 │ 스페인 출신의 군인으로 1534년 남미에 파견되어 페루에서 프란시스코 피사로의 부관으로 활동하였으며 1537년 페루 정복에 나섰다. 1540년 150명의 스페인 군인들을 인솔하고 칠레에 들어와서 인디언과 전투를 벌여 승리하였으며, 1541년 마포초(Mapocho) 강이 흐르는 계곡에 도착하여 칠레의 수도 산티아고(Santiago)를 건설하였고, 1544년 발파라이소(Valparaiso)를 건설하였다. 1546년 페루 군과 싸워 비오-비오(Bio-Bio) 강까지 영역을 넓혔으며 칠레 남부에 살고 있는 호전적인 아라우칸 족을 물리치고 콘셉시온(Concepcion, 산티아고 아래, 칠레 중부)을 건설하고 1549년 칠레로 돌아와 최초의 스페인 왕이 임명한 현지 총독이 되었다. 발디비아(Valdivia)라는 도시는 그의 이름에서 유래한 것이다.

1553년 라우타로(Lautaro)가 이끄는 아라우칸 족(Araucanian)에 속하는 마푸체(Mapuche) 족과 투카펠(Tucapel)에서 벌어진 전투에서 패하여 사로잡혀서 참혹한 죽임을 당하였다고 한다. 잉카 최고의 전성기 때 황제였던 파차쿠티도 마푸체 족의 호전성과 끈질긴 저항으로 더 이상 아래로 영토를 넓히지 못하였다고 한다. 스페인이 산티아고에 정복자의 수도를 만들고 끊임없이 마푸체 족을 공격했지만 번번이 실패하고, 1883년에 가서야 가까스로 정복하고 그들의 땅을 대부분 빼앗고 탄압하기 시작하였다. 그 후 칠레 정부의 마푸체 족 말살 정책에도 굴하지 않고 오늘날까지 살아남아 빼

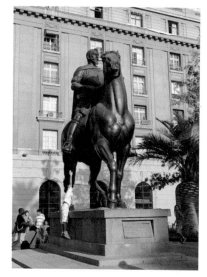

발디비아의 동상

앗긴 땅과 자신들의 독립을 위해 전 세계에 호소하면서 투쟁하고 있는 중이다.

갑옷을 입고 손에 두루마리 지도를 들고 말을 탄 채 당당하게 자기가 세운 도시를 응시하는 그의 모습에서 정복자의 오만함이 느껴짐은 나만의 부질없는 생각일까? 마푸체 족은 전쟁에서 포로가 된 그를 신체적 고통 속에서 죽인 것에 대하여 자기들의 땅을 빼앗고 자기 부족 사람들을 수없이 죽인 침략자에 대한 정당한 응징이라고 생각했으리라. 이후 마푸체 족 지도자인 라우타로는 스페인 군대에 잡혀서 죽음으로써 또 다른 복수의 희생자가 되었다.

이밖에도 아르마스 광장에는 작지만 유럽의 고성을 닮은 중앙우체국과 그 옆에 노란색 건물에 연노랑색의 시계탑이 있는 산뜻한 느낌을 주

는 국립역사박물관과 다시 그 옆에 흰색의 대리석으로 지은 시청사를 비롯하여 바로크 양식을 본뜬 산티아고 대성당 등 주요 건물들이 사방으로 둘러싸고 있어서 유럽의 어느 도시에 와 있는 것과 같은 느낌이 들었다. 스페인 식민지 시대의 도시 조성을 살펴보면, 중앙에 4각형의 광장을 형성하고 주변에 성당과 주요 건축물을 배열하였으며 광장의 중앙에 역사적인 인물의 동상을 세우고 꽃과 나무로 조경을 하였다.

아르마스 광장을 둘러보고 주요 금융기관이 모여 있는 거리를 지나 칠레의 국가 경영의 중요 기관들이 모여 있는 관청가로 부지런히 발

칠레대학교

걸음을 옮긴다. 큰길 맞은 편에 노란색으로 예쁘게 단장을 한 칠레 대학교가 보인다. 칠레 대학교는 스페인어로 'Universidad de Chile'이며, 칠레에서 가장 오래된 대학교이다. 1738년에 세워진 식민지 시대의 대학교 Real Universidad San Felipe를 대체해 1842년에 설립되었다. 초대 총장 앙드레 벨로의 이름을 따서 '벨로의 집'이라고도 부르며, 이 대학 출신으로 유명한 사람으로 두 명의 노벨 문학상 수상자인 가브리엘라 미스트랄(1945년 수상)과 파블로 네루다(1971년 수상)가 있다.

모퉁이를 돌아서자, 칠레 정치를 좌우하는 건물들이 나타났다. 대통령의 집무실로 사용되는 대통령궁(La Moneda)은 1805년 완공되어 조폐

국 건물로 사용되다가 1846년부터 대통령궁으로 사용되었다고 한다. '피의 독재자'라고 불리는 피노체트가 1973년 쿠데타를 일으켰을 당시 살바도르 아옌데 대통령이 화염 속에서도 끝까지 저항하다가 숨을 거둔 곳으로 유명하다.

대통령궁(La Moneda)

대통령궁 주변의 관청가

살바도르 아옌데 Salvador Allende, 1908~1973 | 칠레의 상류 계층의 출신으로 발파라이소(Valparaiso)에서 태어난 그는 학생 때부터 사회주의 운동에 많은 관심을 갖고 있었다. 1933년 칠레 대학에서 의사 자격증을 획득하였고, 그의 은사로부터 사회주의 영향을 많이 받아 질병의 사회통제와 공중 의학에 관심을 갖게 되었다. 대학 졸업 후 발파라이소에서 칠레 사회주의당(Socialist Party of Chile)을 창설하고 당수가 된 그는 1938년 인민 전선(Popular Front) 대통령 후보였던 페드로 아구이레 세르다(Pedro Aguirre Cerda)의 선거운동을 책임지고 수행하였다. 선거에서 승리한 후 후생장관을 맡게 되었으며 학생들에게 무료급식, 미망인에 대한 높은 연

금, 산모에 대한 관리, 산업체 근로자들에 대한 안전보호법 등 광범위한 사회개혁법을 통과시켰다. 1938년 11월 9일 나치스의 지시에 따라 유태인들의 가게를 약탈하고 시나고그(유대교회)에 방화를 저질렀던 크리스탈나흐트(Kristallnacht, 수정의 밤, 깨진 유리조각이 아침 햇살에 수정처럼 빛나던 것에서 유래함)가 발생한 후, 다른 의원들과 함께 히틀러(Hitler)에게 유대인을 학대하지 말라는 비난의 전보를 보내기도 하였다.

1941년 아구이레 세르다(Aguirre Cerda) 대통령이 세상을 떠나자, 인민 전선(Popular Front)이 민주동맹(Democratic Alliance)으로 당명을 바꾸는 동안 대표직을 맡기도 했다. 그 후 1945년부터 여러 차례 상원의원에 당선되었으며 1966년 상원의원장이 되었다. 그는 1952년, 1958년, 1964년 세 차례 대통령 선거에 출마했으나 낙선했다. 1970년 칠레 공산당은 세계적으로 유명한 시인 파블로 네루다(Pablo Neruda)를 대통령 후보로 내세웠으나 네루다는 '인민연합정권'의 탄생을 위해 후보를 사퇴하고 아옌데를 지지하였다. 아옌데는 칠레 사회당 당수로 1970년 칠레 제29대 대통령으로 당선됨으로써 공산주의자(Marxist)로서는 남미에서 최초로 선거로 당선된 대통령이 되었다.

아옌데(Allende) 대통령 동상

그는 대통령직을 수행하면서 국내 대기업의 국유화, 농지개혁의 촉진을 통한 집단

농장체제 운영 등 사회주의 개혁을 실시하였다. 이러한 그의 개혁조치에 대하여 불만이 높았던 칠레의 입법부와 사법부는 이러한 조치를 비난하면서 '헌법의 파괴'라고 선언하였다. 또한 그의 선거를 도왔던 기독교 계열 민주인사들도 그의 개혁을 헌법에 위배되는 것이라고 공공연히 비난하면서 무력에 의한 축출을 요구하기도 하였다. 그는 쿠바, 중국 등 사회주의 국가들과 외교를 수립하는 등 혁신적인 정책들을 수립하였다.

한편 동남아시에서 공산주의자들의 팽창에 맞서 전력을 투구하던 미국은 자유 월남이 공산주의자들에게 밀리게 되자, 특히 남미에서 최초로 투표를 통해 칠레에서 아옌데가 이끄는 사회주의 정권이 탄생하자, 이런 영향으로 남미 전체가 사회주의가 되지 않을까 크게 걱정하지 않을 수 없었다. 결국 1973년 당시 미 국무장관이었던 헨리 키신저(Henry Kissinger)의 주도 하에 미국의 중앙정보국(CIA)을 등에 업고 당시 칠레의 육군사령관이던 아구스토 피노체트(Augusto Pinochet)가 1973년 9월 11일 '산티아고에 비가 내립니다.'라는 암호명으로 쿠데타를 일으켜 1925년부터 지속되어 왔던 민주주의를 무너뜨리고 군사독재정권을 탄생시켰다.

쿠데타가 발생한 그날, 산티아고의 하늘은 무척 맑았다고 한다. 화창하고 맑은 날씨 속에서 하루를 시작하려는 시민들은 국영방송에서 연이어 내보내는 '산티아고에 비가 내린다.'는 말에 무슨 영문인지 모르고 어리둥절할 수밖에 없었다. 그날 아침 9시 10분, 칠레의 국민들은 라디오에서 흘러나오는 자신들이 뽑은 아옌데 대통령의 절박하고 애절한 마지막 목소리를 들어야 했다. 쿠데타군이 대통령궁을 장악하기 전에 아옌데 대통령은 대통령궁에서 그가 사랑하는 칠레 국민들에게 마지막 연설을 하였다. 그는 연설의 마지막에 그의 칠레에 대한 사랑과 칠레의 미래에 대한 확신, 그리고 칠레에 대한 약속 때문에 자신은 쉬운 길을 택하지 않을 것이며 쿠데타를 일으킨 배신자들이 제의한 망명을 거절함으로써 그들의 선전도구가 되지 않을 것이며 끝까지 싸울 것이라고 비장한 각오를 토로하였다.

"내 조국의 노동자들이여! 나는 칠레와 칠레의 운명에 대해서 믿음을 가지고 있습니다. 다른 사람들이 불신이 난무하는 이 어둡고 고통스러운 순간을 극복할 것입니다. 머지않아 더 나은 사회를 건설하기 위해 자유인들이 걸어갈 위대한 길이 다시 열릴 것입니다. 칠레 만세!, 칠레 인민 만세!, 칠레 노동자 만세!"

이 연설이 끝나자마자 아옌데 대통령은 카스트로가 선물로 준 AK-47 자동소총으로 자살을 하였으며 쿠데타군은 그의 죽음을 공식적으로 발표했다. 쿠데타를 주도한 피노체트는 아옌데 대통령이 육군총사령관으로 임명한 사람이었다. 쿠데타군이 대통령궁(La Moneda Palace)을 둘러싸고 위협했지만, 아옌데 대통령은 끝까지 항복을 거부하고 죽음으로써 쿠데타 세력에 맞서 저항하였다.

아옌데 대통령과 절친한 친구였던 파블로 네루다는 1971년 노벨문학상을 수상하였으며, 공산당 대통령 후보를 사퇴하고 태평양의 작은 고향 마을 이슬라네그라에서 조용히 시작(詩作)에 전념하고 있었다. 아옌데 대통령의 서거도 모른 채 암으로 투병하다가 건강이 악화되어 9월

18일 병원으로 옮겨졌다. 병원에서 지난 며칠 동안 벌어졌던 비극적인 소식을 전해 듣고 비통해 하던 중 1973년 9월 23일 '강렬한 생동감'으로 자연과 사랑을 노래했던 영원한 낭만주의자는 그렇게 생을 마감하였다. 그가 죽은 후 2일 후에 열린 장례식은 피노체트 군사정권에 대한 최초의 대중시위가 되었다.

1990년 군사독재정권이 붕괴되어 민주화가 되어 합법정당으로 인정을 받았지만, 피노체트 집권 당시에 제정됐던 선거법에 따라 아직 원내 진입을 할 수 없는 실정이라고 한다.

대통령궁 앞에 커다란 칠레 국기가 게양되어 칠레의 국력을 과시하고 있으며 그 앞에 현대식의 정부청사 등이 질서정연하게 자리 잡고 있다. 대통령궁의 뒤편에 2줄로 설치된 작은 분수들은 물을 살짝 뿜어 올려 예쁜 수조를 만들어 내고 있다. 저녁 햇살이 건물에 가려 대통령궁의 뒤에도 어둠이 조금씩 스며들고 있었다.

대통령궁을 끼고 헌법광장으로 나오니 피노체트가 일으킨 쿠데타 당시 대통령궁에서 숨진 살바도르 아옌데 대통령이 칠레의 국기를 휘감은 채 앞으로 전진하는 모습의 동상이 있다. 굵은 안경테를 쓰고 자신이 머물렀던 대통령궁을 바라보는 모습에서 칠레의 발전을 위한 그의 의지가 느껴진다. 지금도 그를 추모하기 위해 많은 사람들이 그의 동상을 찾는다고 한다.

아우구스토 피노체트 Augusto Pinochet, 1915~2006 | 1915년 발파라이소에서 태어났으며, 발파라이소에서 초등·중등교육을 마치고 1931년 산티아고에 있는 육군사관학교(Military School)에 입

학하여 1935년 졸업하여 소위로 임명되었다. 1953년 소령으로 진급한 그는 육군 전쟁 아카데미의 교수가 되었다. 1956년에는 젊은 장교들과 함께 에콰도르 키토에 전쟁 아카데미를 구성하는 데 협조하기 위한 임무를 띠고 선발되었다. 3년 반 동안 키토에 머물렀다가 귀국한 그는 1960년 에스메랄다(Esmeralda)의 연대장이 되었다. 이러한 승진이 계기가 되어 1963년 육군 전쟁 아카데미의 부교장으로 임명되었으며, 1969년 말 준장으로 6사단 사단장이 되었다.

1973년 8월, 아옌데 대통령에 의해 육군총사령관으로 임명된 그는 미국의 지원을 받아 1973년 9월 11일 쿠데타를 일으켜 살바도르 아옌데 대통령이 이끄는 사회주의인민연합 정부를 전복하고 시민통치를 종식하고 군사정권을 수립하였다. 이후 피노체트는 권력 기반을 확보한 후 국회를 해산하고 아옌데를 지지하는 것으로 의심되는 사람들과 자신들의 통치에 반대하는 사람들을 납치 구금, 학대를 하였으며 많은 사람들을 고문하고 죽였다. 피노체트가 통치한 17년 동안 1,200명~ 3,000명 정도가 살해되었으며, 8만 명이 강제로 연행되었고 이 중에서 3만 명 정도가 고문을 당했을 것으로 추정된다. 또한 피노체트의 독재 정권의 압제를 피해 상당수의 사람들이 외국으로 망명하거나 피신했다고 한다. 이 중에는 당시 의대 재학 중에 아옌데 대통령의 사회당을 지지하고 피노체트 독재 정권에 항거하다 고문을 당하고 해외로 망명했던 미첼레 바첼레트(2006년, 2014년 칠레 대통령)도 포함되었다.

1974년 군사정권은 공동법령에 의거하여 그를 대통령으로 임명하였으며, 1980년 9월 장기 집권을 노리고 국민투표를 실시하여 신

293

헌법을 통과시켜 1981년 이 신헌법에 의거해 초대 대통령이 되었다. 그 후 계속되는 경제 위기와 국민들의 민주화 요구를 외면하면서 여러 차례 고비를 겪었으며, 1988년 10월 집권 연장을 위한 찬반투표에서 투표자의 56%가 반대함으로써 대통령과 국회의원 선거를 치르게 되었다. 1990년 3월 대통령직에서 물러난 뒤에도 1980년 개정된 헌법에 따라 1998년까지 군총사령관직을 유지할 수 있었고, 자신을 종신 상원의원으로 임명함으로써 면책특권을 부여받기도 하였다. 1998년 신병 치료를 위해 영국에 머무는 동안 스페인을 비롯한 여러 나라로부터 자국민의 인권을 유린한 범죄자로 인정되어 기소될 위기에서 건강 상태가 좋지 않다는 이유로 2000년 3월 칠레로 돌아왔다.

2000년 5월 면책특권이 박탈되었으며, 2001년 1월 '죽음의 특공대'가 저지른 납치·감금·살해 등의 배후 혐의로 기소되어 산티아고 자택에 가택 연금되었다. 그리고 2002년 7월 상원의원 사임서를 제출함으로써 29간의 정치 인생을 마감하였다. 그 후 건강 악화를 핑계로 재판을 거부하였으나 후안 구스만(Juan Guzman) 판사는 반체제 인사들에 대한 납치·살인 혐의 등을 배후에서 조종한 혐의가 인정된다고 밝혔으며 그를 가택 연금시켰다. 2006년 12월 심장 질환과 그에 따른 합병증으로 사망하였다.

그가 이끄는 군사정부는 통화의 안정, 지방 기업에 대한 관세 보호 폐지, 사회보장제의 민영화, 주정부에 속한 국영기업의 민영화 등 자유시장경제를 시행하였다. 이러한 정책으로 '칠레의 기적'이라고 불리는 경제적 성장을 가져왔으나, 비평가들은 자유경제 정책으로 빈부격차가 더욱 심화되었으며 1982년 금융위기를 맞게 되는 원인이 되었다고 주장하고 있다. 그가 권좌에서 물러난 1990년대 칠레는 남미에서 가장 경제적으로 번영을 누렸으며 지금도 남미에서 잘사는 나라 중의 하나가 되었다. 지금도 피노체트에 대한 평가와 그가 실시한 정치 개혁에 대해서 많은 논쟁거리가 되고 있다.

피노체트의 독재 정권이 무너진 후 콘세르타시온(Concertacion, 중도좌파 연합)이 중심이 되어 약 20년 동안 좌파정권이 칠레 정국을 이끌게 된다. 이들은 경제에 있어서 국가의 개입을 최소화하는 신자유주의에 입각한 정책을 펼쳤으며, 정치적으로는 민주화를 이룩했다. 좌파 연합정부이면서 경제 정책에 있어서는 피노체트 독재 정권의 틀에서 크게 벗어나지 못하고 시장 근본주의를 유지하였다. 특히, 절대 다수당이 출현할 수 없는 정치 환경에서 독재 정권 때 만들어 놓은 헌법과 선거법 등을 바꿀 수가 없기 때문에 정권을 쥐고 있는 정당이라 할지라도 다른 당과 연합해야만 정책을 수립할 수 있는 상태가 지속되었다.

이런 상황 하에서 좌파 정권이 20년간 이어졌지만, 결국 국민 대다수가 바라는 경제 정의는 실현되지 못하고 국민들의 불만이 고조되어 2010년 대통령 선거사상 최초로 우파인 세바스티안 피네라(Sebastian Pinera)가 대통령이 되었다. 특히 좌파 정권 시절 대학생 등록금의 지나친 인상과 계층에 따른 장학금의 비합리적 지급 등이 문제가 되어 우파 정권이 들어선 후에도 대학생들이 시위가 끊이지 않고 있는 실정이다. 2014년 선거에서 칠레 사회당의 미첼레 바첼레트(Michelle Bachelet)가 당선됨으로써 2006년에 이어 재선되었다. 칠레에서는 대통령의 연임은

• 칠레 Chile •

허용하지 않지만 재선은 허용하고 있다.

헌법광장을 지나 다시 아르마스광장으로 왔
다. 날이 저물어 가는데 광장에는 아직도 많은
사람들이 해가 저무는 것에는 전혀 아랑곳하지
않고 한때를 즐기고 있었다. 광장에 들어서자,
스페인 침략자들의 식민지배로 인한 상처와 원
주민 문화 말살의 비극을 상징화한 조각상이 아
픈 역사를 상기시켜 주고 있다. 수염을 기른 나
이 든 거리의 화가가 자신이 그린 모나리자를 자
랑하면서 나에게 보여 준다. 칠레의 자연과 산
티아고의 중앙시장 등 다양한 주제의 그림들이
전시되어 있었다. 이곳 아르마스 광장도 이제
서서히 어둠이 찾아들기 시작한다.

원주민 문화 말살 상징 조각

버스를 타고 교포가 운영하는 한식당 '대장금'에 도착했다. 김치찌개
와 불고기, 김치, 두부, 무말랭이무침 등 모처럼 맛보는 한식으로 배
부르게 먹었다. 이국에서의 한식이 여행의 피로를 풀어 주고 활력을
불어넣어 주었다.식당을 나와 숙소로 향했다. 내일은 일찍 일어나서
공항으로 가야 하기 때문에 짐을 정리하고 일찍 잠자리에 들었다.

1. 19.
– 십사 일째 날 –

푼타아레나스

Punta Arenas

아침 일찍 대망의 푼타아레나스(Punta Arenas)행 비행기를 타야 하기 때문에 새벽 3시 30분에 일어나서 짐정리와 간단한 준비를 마치고 4시에 버스에 올라 공항을 향해 출발하였다. 공항 사정을 예측할 수 없기 때문에 일찍 출발해야 한다. 이곳 남미 지역에서는 미리 항공권을 예약했어도 중간에 바뀌는 경우가 많아서 항공권을 받기 전까지는 안심할 수 없다고 한다. 우리네 상식으로 이해가 안 되는 일이 생길 수 있기 때문에 남미 지역을 여행할 때에는 특히 주의가 필요하다. 버스는 새벽 적막을 깨고 공항을 향해 달린다. 어둠 속에서 길옆의 가로등 불빛만 반짝일 뿐이다.

공항에 도착하여 수속을 밟고 항공권을 받은 후, 아침 해가 밝아올 무렵 비행기에 탑승하여 칠레의 최남단 도시 푼타아레나스를 향해 비행을 시작하였다. 아침 동녘의 햇살이 물방울에 굴절되어 구름에 울긋불긋한 무늬를 새겨 넣는다. 비행기는 차갑고 화창한 안데스의 설산

위를 날고 있다. 창으로 보이는 만년설이 덮여 있는 높은 준봉(峻峰)과 그 아래 옥색의 호수, 눈이 부시게 밝은 태양이 형언할 수 없는 아름다운 장관을 연출한다. 수만 년 동안 눈이 다져져 만들어진 빙하는 작은 줄기의 빙하들과 합류하여 긴 여정 끝에 드디어 푸른빛의 호수 끝에 다다랐다. 이제 푼타아레나스가 가까워진 듯 산에 눈이 적고 낮은 산들과 푸른 호수와 넓은 초원이 나타난다. 햇빛을 받은 강물이 하얗게 은빛으로 눈부시게 빛난다.

푼타아레나스로 가는 비행기에서 본 만년설과 빙하

비행기가 잠시 바다 위를 스치는가 싶더니 3시간 이상 비행 끝에 드디어 칠레의 최남단 도시, 푼타아레나스에 도착했다. 공항 주변은 황량하고 녹색의 숲과 공항 주변에 듬성듬성 피어 있는 꽃들이 강한 바람에 흔들거리고 있었다.

흔히 남미의 끝자락을 얘기할 때 '파타고니아(Patagonia)'라는 명칭이 자주 등장하는데, 파타고니아는 칠레의 푸에르토몬트(Puerto Montt)와 아르헨티나의 콜로라도(Colorado) 강을 잇는 선의 남위 40° 이남 지역을

파타고니아

말하는데, 전체 면적이 100만 ㎢가 넘으며 한반도 면적의 5배 정도 되는 크기이다. 파타고니아는 1520년 마젤란이 이곳을 탐험할 당시 원주민들이 유럽인들보다 큰 거인(patagon)일 것이라고 짐작한 데서 유래했다고 한다.

　안데스 산맥은 파타고니아에서 태평양 쪽에 가깝게 서쪽으로 치우쳐 남북으로 길게 이어져 있으며 크게 서부의 칠레 파타고니아와 동부의 아르헨티나 파타고니아로 나눌 수 있다. 따라서 동쪽 파타고니아는 대서양과 서쪽 파타고니아는 태평양과 접하며 가장 남쪽의 끝에 푸에고 섬이 위치한다. 칠레 파타고니아는 아르헨티나 파타고니아에 비해 강수량이 많고, 빙하의 침식 작용으로 마젤란 해협과 같이 섬이 많고 해안선이 매우 복잡하며 산악 지형이 많은 편이다. 반면 아르헨티나 파타고니아는 강수량이 적고 넓은 고원이 펼쳐지며 네그로(Negro) 강, 추부트(Chubut) 강, 산타 크루스(Santa Cruze) 강이 대서양으로 흐르며 사막, 초원(Steppe), 대초원(Pampas) 등이 발달한다. 기후는 비교적 서늘한 편이고 경작지로는 적합하지 않으며 대부분 소나 양의 방목지대로 활용하고 있다. 남미의 남쪽 아래쪽에 위치해 있고 칠레나 아르헨티나의 중심 지역에서 멀리 떨어져 있어서 큰 도시가 드물고 인구도 적은 편이다.

2010년 이후 칠레 정부에서 파타고니아 지역에 댐의 건설을 비롯한 개발 계획을 발표하면서 개발을 반대하는 환경단체와 지역 주민들이 중앙정부와 심한 마찰을 빚고 있다. 밀 재배와 목축업, 석유를 비롯하여 천연가스, 철광석, 구리, 우라늄 등을 중심으로 하는 광업이 발달하였고 최근에는 칠레의 토레스 델 파이네를 비롯하여 아르헨티나의 페리토 모레노 빙하, 피츠 로이 등에 대한 관심이 높아지면서 관광 산업이 크게 활기를 띠고 있다.

빈터에 보라색 또는 분홍색의 자태를 뽐내고 있는 루피네(Lupine, 이 지역 이름은 '루돌프꽃')가 무척 이채로웠다. 멀리 이곳 남아메리카의 남쪽 끝에까지 왔다는 것이 실감이 나지 않는다. 바람의 땅! 파타고니아까지 와서 답사를 한다는 것이 꿈만 같이 느껴진다. 루피네 꽃과 함께 삭막함을 달래기 위해 벌판 여기저기에 피어 있는 구절초와 토끼풀이 5만 리 이역(異域)에 대한 낯섦을 잠시 잊게 해 준다. 언제 바람에 줄기가 꺾일지 모르는 키 작은 하얀 구절초가 거센 바람을 이겨 내며 꿋꿋이 자리를 지키고 있다. 버스에 올라 마젤란 해협으로 달려간다. 루피네가 길옆 풀밭을 보라색, 분홍색으로 한껏 물들이고 언덕 위에는 렝가(Lenga) 나무가 울창한 숲을 이루고 있다.

렝가나무(Lenga beech)는 마푸체 어로 남미너도밤나무과에 속하는 낙엽성 식물로, 특히 이곳 파타고니아를 비롯하여 푸에고 섬에 널리 퍼져 있는 대표적인 나무로 멀리서 언뜻 보면 침엽수처럼 보이며 이곳에서 제일 먼저 눈에 띈다. 남미 원산으로 주로 남위 35°~56°에 이르는 칠레, 아르헨티나의 지역에서 잘 자라고, 산불이 났을 때 숲을 형성하는 능력이 빠르고 환경이 적당한 곳에서는 최대 높이 30m, 둘레 1.5m까지 자랄 수 있다. 가을에 노랗고 붉게 단풍이 들며, 목재의 질도 우수하여 가구, 지붕에 대는 널, 건축 공사장 등에서 이용되고 있다.

노란 꽃과 렝가 나무 숲 속에 색색으로 단장한 아담한 집들이 한 폭의 그림이 되어 다가온다. 남반구의 끝이라 무척 삭막하고 황량할 것이라고 생각했는데 막상 와서 보니 거센 바람이 가끔 심술을 부리지만 무척 평화롭고 풍요가 느껴지는 아름답고 매력이 넘치는 곳이다. 푼타아레나스(Punta Arenas)는 '모래가 모이는 곳' 또는 '모래톱'이라는 뜻으로, 이 지역이 모래가 모여서 만들어진 곳임을 알 수 있다. 저 멀리 희푸른 색의 바닷물이 출렁이는 남위 53° 마젤란 해협이 보인다.

페르디난드 마젤란 Ferdinand Magellan, 1480?~1521 | 포르투갈의 낮은 계층의 귀족으로 태어났으며 자신의 능력이 제대로 인정받지 못하고 모함을 받게 되자 스페인으로 귀화하여 스페인 국왕 찰스 1세(Chares Ⅰ)의 지원을 받아 최초로 세계 일주 항해를 하였으며, 남미의 최남단에 있는 대서양과 태평양을 있는 해협을 최초로 횡단하였다. 당시 유럽에서는 향신료의 무역이 한창 성행하고 있었으며 마젤란은 지구가 둥글다는 것을 믿고 향신료를 안정적으로 공급할 수 있는 항로를 개척하기 위해 탐험에 나섰다. 1518년 3월 22일 스페인의 중북부에 위치한 바야돌리드(Valladolid)에서 원정대를 구성하였으며 마젤란은 탐험의 대장으로, 그가 발견하는 지역의 통치자로 임명되었다. 5척의 배와 270명으로 구성된 탐험대는 1519년 9월 20일 스페인의 산루카르 데 바레메다 항을 출발하였다.

마젤란이 직접 지휘했던 라 트리니다드(La Trinidad) 호에는 55명의 선원이 타고 있었다. 일행은 1519년 9월 20일에 출항하여 카나리아 제도를 거쳐 그해 12월 리우 데 자네이루 만(灣)에 도착했고 그 후 태평양으로 가는 통로를 찾아 남하하여 1520년 1월 라 플라타 강(江)을 탐험했다. 1520년 10월 21일 대서양쪽 마젤란 해협의 입구인 버진 곶(Virgenes Cape, 현재 아르헨티나 영토)을 발견하였고, 1520년 11월 1일 빅토리아(Victoria) 호가 맨 처음 해협에 진입하였다. 험한 날씨와 폭이 좁은 칠레의 긴 해협을 뚫고, 마침내 1520

년 11월 28일 힘든 항해 끝에 끝없이 넓고 잔잔한 태평양으로 나올 수 있었으며, 태평양에서 항해를 계속하여 1521년 3월 6일 괌섬에 도착하였고, 1521년 4월 7일 필리핀 제도의 세부 섬에 도착했다.

1521년 4월 27일, 막탄 섬의 라푸-라푸(Lapu-Lapu) 추장과 그의 부하들은 스페인 침략자들에 맞서 그 지휘관인 페르난도 마젤란을 죽였다. 이로써 라푸-라푸 추장은 유럽의 침략자를 물리친 최초의 필리핀인이 되었다. 남은 일행은 빅토리아(Victoria) 호를 타고 1521년 5월 1일 세부 섬을 떠나 1522년 9월 6일 산루카르 항에 도착하였다. 이들은 역사상 최초로 지구 일주 항해를 했으며, 살아서 돌아온 사람은 고작 18명뿐이었다.

3년여 항해 기간 동안 마젤란은 여러 번의 선상 반란과 선원들의 도주, 원주민과의 크고 작은 갈등, 폭풍우, 굶주림, 질병, 포르투갈과 스페인과의 갈등으로 생긴 포르투갈의 방해 작전을 겪으면서 어떤 탐험보다 힘든 상황에 직면했을 것이라고 생각된다. 마젤란의 항해를 통해 그가 평소에 믿고 있던 대로 지구가 둥글다는 것을 증명했으며, 바다는 당시 사람들이 생각했던 것보다 훨씬 넓다는 것을 알게 했고 마젤란 해협을 통해 대서양에서 태평양으로 나가는 항로를 개척할 수 있었다.

| 마젤란 해협 |

  남미 대륙 본토 남단과 티에라 델 푸에고(Tierra del Fuego, 불의 섬) 섬 사이에 위치한 V자 형태의 해협이다. 인도로 가는 항로를 탐험하던 마젤란이 1520년 10월 21일 발견하였으며, 가톨릭에서 모든 성자들을 기념하는 축일인 11월 1일 4척의 배가 이 해협으로 들어왔기 때문에 마젤란은 이 해협을 '성자들의 해협(Estrecho de Todos los Santos, All Saints' Channel)'으로 이름 지었으며, 빅토리아(Victoria) 호가 맨 처음 해협에 진입한 것을 기념하기 위해 '빅토리아 해협'으로 불리기도 했다.

  그 후 최초 항해자인 마젤란을 기념하기 위해 스페인어로 마가야네스(Magallanes) 해협이라고 부르게 되었다. 폭풍우와 좁은 해로 등 여러 가지 난관을 극복하고 해협을 항해한 끝에 1520년 11월 28일 드디어 넓고 잔잔한 바다를 만나게 되었으며 이를 태평양(El Pacifico)이라고 불렀다고 한다.

  길이가 600㎞, 폭은 3~30㎞, 최대 수심은 570m로 동쪽의 일부만 아르헨티나에 속하고 거의 대부분 칠레의 영토에 속한다. 대서양 쪽 입구는 북쪽의 버진(Virgenes) 곶과 남쪽의 에스피리투 산토(Espiritu Santo) 곶을 사이에 두고 열려 있으며 남미 본토 최남단 브룬스윅 반도(Brunswick Peninsula)와 푸에고 섬을 사이에 두고 남서 방향으로 진행하다가 반도의 남쪽 끝에 있는 프로워드(Froward) 곶에서 북서방향으로 꺾여 좁고 복잡한 해협이 길게 이어지며 데솔라시온(Desolacion) 섬을 지나 태평양과 연결된다.

1914년 파나마 운하가 개통되기 전까지 대서양과 태평양을 연결하는 중요한 항로였으며, 푼타아레나스(Punta Arenas)는 이 해협의 중심도시이다. 오늘날에는 마젤란 해협에 비해 기상조건이 유리하고 훨씬 넓은 해역이 확보된 푸에고 섬의 남단의 혼 곶(Cabo Horn)과 남극의 사우스셰틀랜드(South Shetland) 군도 사이의 항로인 드레이크 해협(Drake Passage)을 많이 이용하고 있다.

바다에 가까워짐에 따라 바다 색깔이 점점 짙푸른색으로 변하면서 어쩐지 두렵게 느껴진다. 버스에서 내려서 제방 쪽으로 다가서서 5백 년 전 목숨을 걸고 험난한 이 해협을 항해하던 마젤란을 떠올려 본다. 비수보다 더 날카로웠을 성난 선원들의 눈초리와 배를 집어삼킬 것만 같은 파도와 뱃전에 부딪혀 용틀임하던 얼음장 같은 포말, 배를 날려 버릴 정도의 거센 폭풍 속에서 그는 과연 무슨 생각을 하였을까? 죽을 고비를 수없이 넘기고 지옥 같던 항해의 긴 터널을 빠져나와 무한히 넓고 꿈꾸듯이 조용하고 평화로운 바다로 나왔을 때, 평생에 두 번 다시 맛볼 수 없는 최고의 감격과 환희를 느꼈을 것이다.

몸을 가누기 힘들 정도로 거센 바람이 살을 벨 듯이 무서운 소리를 내며 귓전을 때리고, 해변가로 밀려오는 파도소리가 이 해협에 대한 긴장감을 더욱 높여 준다. 바람에 맞서 제방에 올라 멀리 마젤란 해협을 바라본다. 바다 위에 떠 있는 배들이 하늘과 맞닿은 검푸른 수평선에 살며시 걸쳐 있다. 푸른 하늘을 덮은 흰 구름과 침묵의 검푸른 바다가 마젤란 해협의 존재를 확인시켜 주는 것 같았다.

• 칠레 Chile •

마젤란 해협

푼타아레나스(Punta Arenas)

　햇살을 받은 은빛 바닷물 건너 희미하게 남미 최남단인 푸에고(Fuego) 섬이 보인다. 1520년 11월 1일 마젤란은 바다 건너 멀리서 불이 타오르는 것을 보고서 '티에라 델 푸에고(Tierra del Fuego, 불의 섬)'라고 이름 붙였으며 현재까지도 그대로 사용하고 있다. 저 섬에도 스페인 군대가 들어오기 전부터 원주민들이 배를 타고 건너가 개척하여 삶의 터전을 이루었던 곳이다. 이 섬의 끝에 있는 우수아이아(Ushuaia, 아르헨티나 영토)는 남미대륙에서 남극과 가장 가까운 거리(약 1,000㎞)에 있기 때문에 남극으로 가기 위한 중요한 전초기지이다. 푸에고 섬에 가려면 배를 타고 마젤란 해협을 가로질러 가거나 비행기를 이용할 수 있다. 배를 이용하는 경우 바람이 거세고 파도가 높아서 예약한 날에 나오지 못하는 경우가 종종 있다고 한다.

　수평선 위에 아득히 기다랗게 떠 있는 푸에고 섬을 눈에 담아 보고 발걸음을 옮긴다. 바닷가 언덕 위에 세월의 무게를 견디지 못하고 지붕이 녹슨 낡은 창고가 과거의 번영했던 시절을 말없이 증명해 주고 있다. 마젤란이 이 해협을 통과한 후에도 많은 배들이 이 해협을 지나다가 조난되었으며, 지금도 바닷가에는 난파되어 바닷가에 녹슬어 가는 배들을 볼 수 있다고 한다.

　마젤란해협을 뒤로 하고 버스에 올라 푼타아레나스 도심지로 향했다. 남미의 끝자락이라 그런지 여름인데도 쌀쌀할 정도로 체감 온도가 낮다. 숲 속과 초원에 예쁘게 채색한 아담한 집들이 동화 속 나라를 보는 것 같았다. 토마토와 사과, 포도, 감자, 호박 등을 좌판에 올려놓고 파는 노점상이 우리네 시골장터에 온 것 같은 정감을 준다. 푼타아레나스 시내가 내려다보이는 언덕 위에 버스를 세웠다.

　푼타아레나스(Punta Arenas)는 칠레의 수도 산티아고에서 남쪽으로 약 2,200㎞ 떨어져 있으며, 브룬스웍(Brunswick) 반도 동쪽의 마젤란 해협에 위치하고, 푸에고 섬의 우수아이아를 제외하면 세계 최남단의 도시이다. 1849년 도시가 건설되었고 1927~1937년까지는 '마가야네스(Magallanes, 마젤란)'라고 불렸으며 현재는 마가야네스(Magallanes)의 주도(州都)이다. 파나마 운하가 개통되기 전까지 많은 배들이 들러 가던 중요한 항구였으며, 주변에서 나는 석탄을 공급하는 기지로서 크게 번성하였다.

　칠레 영토에서 지리적 중요성과 해적들의 활동을 막기 위해 육군·해군·공군의 기지가 건설되어 도시의 근대화가 촉진되었으며, 현재는 주변에 발달한 목축업을 기반으로 양털과 가공 양고기를 수출한다. 인구는 약 12만 7천 명(2012년 통계)이며 전 세계에서 많은 관광객들이 찾는 휴양도시로서 날로 그 명성이 높아지고 있다.

언덕 위에 서니, 멀리 마젤란 해협과 바다 한가운데 떠 있는 배들과 해협을 따라 길게 이어진 푸에고 섬이 보이고, 바로 발아래 널찍하고 반듯한 도로와 제각각 개성을 자랑하는 예쁜 집들 사이로 가끔씩 불쑥 솟은 고층의 현대식 건물들이 어우러져 도시 전체가 하나의 미술품처럼 멋있게 보인다.

언덕을 내려와 길을 따라 걸으면서 아름다운 도시의 구석구석을 살펴본다.

공원이나 길가의 커다란 향나무를 근위병들의 두툼한 털모자 같이 예쁘게 다듬어 놓아 보는 사람들의 마음을 무척 편하게 해 준다. 공원의 한가운데 예쁜 향나무 사이로 칠레의 독립을 위해 활약했던 칠레 국민의 영웅으로 추앙받는 베르나르도 오이긴스(Bernardo O'Higgins)의 동상이 있다.

베르나도 오이긴스 Bernardo O'Higgins, 1778~1842 | 아일랜드인 아버지와 에스파니아인 어머니 사이에서 태어났으며 어려서 주로 어머니와 함께 생활했으며, 15세 때 아버지가 있는 페루의 리마 (Lima)에서 공부하였고, 17세 때 런던으로 유학하여 역사와 예술에 대하여 공부하였으며, 이때 독립의 필요성과 국가에 대한 자부심을 갖게 되어 독립 운동가의 길을 걷게 되었다.

20살이 되던 해인 1798년 영국에서 스페인으로 건너갔다가 1802년 칠레

오이긴스 동상

로 돌아왔다. 1808년 나폴레옹이 스페인을 통치하면서 칠레에 영향을 미치게 되자, 칠레의 경제·정치적 지도자들이 중심이 되어 칠레의 독립을 주장하였다. 이것이 칠레 독립운동의 시작이며 오이긴스는 중심적 역할을 하였다. 1810년 9월 18일, 오이긴스는 프랑스가 지배하고 있던 스페인에 대한 저항에 동참하였다. 칠레의 백인 지도자들은 나폴레옹에 협조하지 않고 칠레 군사정권 하에서 제한적이지만 독립 정부가 탄생되었으며 지금도 이날을 독립기념일로 정하고 있다. 오이긴스는 국회의 필요성을 강조하였으며 1811년 국회의원으로 선출되어 초대 국회의 대표가 되었다. 이렇게 독립운동이 진행되는 동안 스페인 왕을 지지하는 칠레의 왕당파와 독립을 지지하는 파와의 반목이 고조되기 시작했다. 특히 카르렐라(Carrela) 가문은 오래전부터 쿠데타로 여러 차례 권력을 장악했으며 특히 Jose Miguel Carrela는 오이긴스와 아르헨티나의 산 마르틴(San Martin) 장군이 추구하던 범 남미 국가의 독립을 반대하고 칠레의 국가주의를 옹호했다.

1813년 스페인이 칠레를 침공하여 자원병을 모집하는 카르렐라의 명령을 받고 참전한 리나레스(Linares) 전투와 1813년 10월 엘 로블레(El Roble) 전투에서 승리함으로써 지휘관으로서 인정을 받게 되었다.

1814년 스페인은 칠레에서 일어나고 있는 독립 열기를 잠재우기 위해 마리아노 오솔리오(Mariano Osorio)의 지휘하에 군대를 파견하였다. 1814년 10월 카르렐라와 연합한 오이긴스는 란카구아(Rancagua) 전투에서 스페인 군대에게 패배하였으며 오이긴스는 카르렐라와 함께 아르헨티나로 망명하였으며 스페인 군대는 산티아고를 점령하여 다시 칠레를 지배하게 되었다.

한편, 남아메리카의 독립을 위해서 스페인 군대를 축출해야 함을 깊게 깨달은 산 마르틴 장군은 오이긴스와 손을 잡고 1817년 1월 안데스 산맥을 넘어 칠레로 진입하였다. 1817년 2월 12일 오이긴스가 이끄는 칠레 망명군과 산 마르틴이 이끄는 아르헨티나 군이 연합하여 차카부코(Chacabuco)에서 라파엘 마로토(Rafael Maroto)가 이끄는 스페인 군대를 무찔렀으며, 그 후 오이긴스는 임시정부의 행정수반이 되었다. 그 뒤 6년 동안 행정수반으로서 능률적인 정부 조직을 만들고, 시장·법원·대학·도서관·병원 등을 설립하였고, 군사개혁을 실시하여 1817년 육군사관학교의 설립, 해군을 창설하였으며 농업분야에서도 중요한 발전을 꾀하였다.

그러나 민주주의의 확립과 귀족제 폐지 등 급진적이고 자유주의적인 개혁을 부르짖음으로써 귀족들과 대지주들의 거센 저항을 받았다. 또한 종교계를 비난하여 종교계와 반목이 생기고 지원이 끊겨 재정의 파탄으로 영국에 차관을 신청하는 등 어려운 때에 칠레의 중부에 발생한 지진이 오이긴스를 곤경으로 몰아넣었다. 1822년 논쟁의 여지가 많은 헌법을 제정하여 지방정부로부터 강한 저항을 받았으며, 1823년 1월 그와 아주 가까웠던 동지인 라몬 프레이레(Ramon Freire)에게 권력을 넘겨주었다.

제복을 입고 오른손으로 멀리 마젤란해협을 가리키며 응시하는 그의 눈빛에서 한 시대를 풍미한 영웅의 굳센 의지를 엿볼 수 있다. 바닷가 근처에 있는 오래된 시계탑에서 잠시 길을 멈췄다. 위에는 풍향계가 달려 있고 아래에는 동서남북의 방위 표시가 되어 있는 1석 3조의 고풍스런 시계탑이다. 시계탑 주변에는 마젤란해협을 발견한 마젤란을 비롯하여 아문젠(Amundsen)과, 쿡(Cook) 등 남극 및 남미 대륙 탐험에 관련된 탐험가들의 업적을 기록해 두고 있었다.

마젤란 동상

기념품 가게로 들어서니 이곳의 명물인 마젤란 펭귄을 주제로 한 공예품과 원주민들의 전통의상을 비롯한 보석, 모자, 티셔츠 등 다양한 물건들이 전시되어 있으나 생각보다 값이 비싼 편이었다.

길을 따라 아르마스 광장으로 향한다. 길 주변의 고풍스런 스페인 식민지 시대의 석조 건물들이 아직도 은행(Banco) 건물로 활용되는 등 수백년의 세월에도 아랑곳하지 않고 그 옛날의 아름다운 모습을 그대로 보여주고 있다. 유럽의 다양한 건축양식이 가미된 건물들은 건물 자체가 하나의 예술품처럼 세련되고 멋이 있었다. 잠시 걸으니 아르마스 공원이 나타났다. 큰 나무로 둘러싸인 광장의 중앙에는 이곳을 세상에 알리는 데 크게 기여한 마젤란의 동상이 우뚝 서 있다. 배 위에 놓인 대포를 밟고 턱수염이 덥수룩하게 자란 얼굴로 평화로운 항해를 갈망하던 당시의 모습처럼 멀리 마젤란 해협을 응시하고 있다. 동상의 앞쪽 중간 부분에는 인어 아가씨가 한 손에는 16세기 스페인 국왕(재위 1516~1556)이었던 카를로스(Carlos) 1세의 국장(國章)을, 다른 한

• 칠레 Chile •

손에는 칠레의 국장(國章)을 들고 있다.

카를로스 1세는 유럽최대의 왕실 가문인 합스부르크(Habsburg) 가(家) 출신으로 1516년 스페인의 국왕이 되었고, 1519년 신성로마제국(기독교 성향이 강한 유럽국가들의 연방제)의 카를 5세 황제가 되어 유럽의 주도권을 쥐었고, 많은 탐험가들과 정복자들의 힘을 입어 아시아와 아메리카 대륙을 통치하게 되었다. 중남미의 멕시코와 남미의 볼리비아, 페루 등의 식민지에서 금광과 은광 채굴권까지 장악하면서 스페인의 부를 축적하여 국력을 크게 신장시켰다. 그는 근대에 존재했던 모든 제국들 중에서 가장 광대한 영토를 다스렸는데, 그가 다스린 영토가 너무 넓어 그의 제국을 '해가 지지 않는 곳'이라고도 불렀다고 한다.

동상의 측면 중간에는 정복자의 발아래 손에 무기를 쥐고 앉아 있는 원주민의 모습이 새겨져 있는데, 백인들이 오기 전에 이 땅을 지배했던 사람들의 순수한 야성이 느껴진다. 한쪽 원주민의 발가락이 다른 부분에 비해 유난히 반들반들한데, 이곳 사람들은 어디론가 떠날 때 원주민의 발가락을 만지면 반드시 살아서 다시 돌아올 수 있다는 전설을 믿고, 특히 배를 타는 선원들이 출항하기 전 반드시 원주민의 발가락을 만졌다고 한다. 어쩌면 이런 작은 전설이라도 만들어 핍박받던 원주민들 스스로 위안을 삼거나 아니면 자신들의 존재를 이런 식으로나마 나타내려고 한 것은 아니었을까? 나도 이곳에 왔던 다른 사람들처럼 원주민의 발가락을 만지고 주물러 보면서 기념사진을 찍었다. 윤이 나는 그의 발가락이 살아 있는 것처럼 따스한 온기가 느껴졌다. 먼 훗날에 전설처럼 다시 이 아르마스 광장에 올 수 있게 되기를 기원해 본다.

광장 한편에는 모자와 공예품 등을 파는 노점상들이 줄지어 있다. 내 나이 또래의 노점상 아저씨가 쓰고 있는 칠레 지도가 새겨진 모자가 무척 마음에 들어서 5달러 주고 하나 샀다. 칠레의 다른 곳에 비하면 엄청 싸다는 느낌이 들었다.

광장을 둘러보고 길을 따라 식당으로 향했다. 가는 도중에 교포가 운영하는 간판 아래 한글 광고판이 있는 자동차 대여소도 눈에 띈다. 지구 반대편 먼 이곳까지 진출하여 살아가고 있는 우리 교민들이 자랑스럽게 느껴진다.

오늘 점심은 '달(LA LUNA)'이라는 실내 장식이 무척 특이한 식당에서 먹기로 되어 있다. 식당 내부는 바닥과 벽, 천장이 모두 노란색 계통의 색으로 꾸며져 있으며, 특히 벽은 목재를 이용하여 서가처럼 꾸미고 그 안에 다양한 와인을 진열해 놓아서 어떤 카페보다 훨씬 멋이 있었다. 점심 메뉴는 송어 훈제와 해물탕 중에서 선택할 수 있었다. 얼큰한 국물을 기대하고 해물탕을 시켰는데, 실제는 해물탕이 아니고 우리가 흔히 말하는 해물로 만든 그라탕(gratin)이었다. 생각보다 양이 많고 국물도 적어서 한 그릇을 다 먹을 수 없었다.

점심을 먹고 자리에서 일어나 오후 2시에 푸에르토나탈레스(Puerto Natales)를 향해 출발했다. 버스는 푼타아레나스의 바닷가를 달린다. 마젤란 해협의 푸른 바닷물에 잔파도가 일렁거리고, 바닷말(seaweed)이 밀려온 해안가에는 갯내음이 풍기고 해변에서는 갈매기들이 떼를 지어 먹이를 찾고 있다. 바닷가에는 운동을 즐길 수 있도록 농구장을 비롯한 운동 시설이 갖추어져 있어서 도시의 품격과 여유가 느껴진다.

• 칠레 Chile •

넓은 초원에 털이 복슬복슬한 양들이 떼 지어 풀을 뜯고 철조망 안의 목장에는 소와 말들이 한가롭게 거닐거나 먹이를 먹는다. 전국토의 대부분이 태평양에 연해 있는 칠레는 어업뿐만 아니라 특히 남부 지역인 파타고니아의 넓은 초원에서 양과 소를 중심으로 목축업이 크게 발달하였다. 조금 높은 언덕에는 렝가(Lenga)나무 숲이 있고 나무 사이나 그보다 낮은 곳에는 초원이 형성되어 있어서 방목을 하기에 아주 적합한 곳이다. 늙은 렝가나무들이 굽어지고 희끗희끗한 고사목이

루피네(Lupine)

되어 살아 있는 나무들과 숲 사이에 어지럽게 흩어져 있다.

말끔한 2차선 도로 옆에 피어 있는 청남색의 루피네가 주변의 초원과 렝가나무, 푸른 하늘의 흰 구름과 어울려 소박하면서 평온함을 주는 한 폭의 수채화를 연출한다. 버스에서 내려 루피네에 얼굴을 맞대고 자연 속에 흠뻑 빠져 본다. 눈이 부시도록 아름다운 청남색의 루피네가 멀리서 온 여행객의 마음을 흔들어 놓는다.

루피네(층층이부채꽃)는 콩과 식물로 1년생 또는 다년생 식물로 꽃의 모양은 콩과식물의 전형적인 특징인 좌우 대칭의 나비모양이고, 관상용이나 녹비(綠肥)로 사용된다. 꽃의 색깔은 흰색과 노란색, 푸른색, 붉은색 계통 등 다양한 편이다.

버스에 올라 길을 재촉한다. 말끔한 도로에는 차가 적어서 무척 한적하다. 흰 구름이 하얀 물고기 비늘처럼 푸른 하늘을 덮고 있다. 저 멀리 만년설을 이고 있는 설산이 보이고, 드디어 푸에르토나탈레스(Puerto Natales)에 가까이 접어들었다. 언덕에 올라서니 끝없이 펼쳐진 넓은 경사지에는 렝가나무로 덮여 있고 멀리 반쯤의 지평선 너머 푸에르토나탈레스의 바다가 가는 실선이 되어 나타나고, 그 건너 푸른 하늘 아래 설산이 바다를 따라 길게 이어져 있다.

푼타아레나스를 출발하여 파타고니아의 초원을 보면서 드디어 작은 항구도시이며 세계인들이 즐겨 찾는 푸에르토나탈레스에 도착했다. 입구에 들어서자 바닷가 언덕 위에 대부분 1층으로 집집마다 모양과 색깔이 모두 다르게 지어져 있어서 무척 독특한 느낌과 함께, 처음 오는데도 전에 몇 번 들렀던 것 같이 별로 낯선 기분이 들지 않았다. 건물 정면을 유리조각을 세로로 이어서 만든 독특한 모습의 호텔에 도착하였다. 방 배정을 받고 저녁 시간까지 시간적 여유가 있어서 사진기를 들고 바닷가로 나왔다.

푸에르토나탈레스는 인구가 약 2만 명 정도의 작은 항구도시이며 여기에서 밀로돈 동굴과 세계인이 인정하는 아름다운 절경 토레스 델 파이네(Torres del Paine)를 비롯하여 그레이(Gray) 빙하를 보기 위해 묵어가는 장소로, 항상 상주인구보다 관광객이 더 많은 아름답고 조용한 휴양도시이다. 바닷가로 나오니 바람이 세게 불고 제법 쌀쌀하다. 푸에르토나탈레스의 위도 S 51° 43′ 28″가 쓰인 방조제에는 이곳에서 기념으로 JUMP하라는 친절한 안내글이 적혀 있다. 젊은 선생님들을 흉내 내어 열심히 뛰어내려도 다리가 쉽게 벌어지지 않고 무척 어색한 모습으로 떨어진다. 나이는 어쩔 수 없는 것인지 몸이 굳어서인지 마음먹은 대로 잘 되지 않았다.

바다에 박아 놓은 나무기둥에 가마우지들이 모여 앉아 저물어 가는 항구를 바라보고 있다. 이제 바다에 어둠이 내리기 시작한다. 바닷바람을 쐬면서 아름다운 카페가 있는 골목길을 돌아서 언덕에 올라 기념품 가게에 들러 물건들을 살펴보았다. 역시 칠레의 물가는 생각보다 비쌌다.

숙소에 들어와 정리하고 걸어서 호텔 주변에 있는 식당에서 저녁을 먹고 숙소로 돌아와 일행들과 맥주 한 잔 하면서 답사에 관해 즐겁게 대화를 나눴다. 밤 10시가 넘었는데도 백야 현상으로 아직도 주변이 훤하다. 몰려오는 잠을 고맙게 여기면서 꿈나라로 여행을 한다.

푸에르토나탈레스(Puerto Natales) 해변

1.20.
– 십오 일째 날 –

밀로돈 동굴
Milodon Cave

어제 저녁 여유 있게 휴식을 취하고 아침 6시에 일어나서 짐 정리하고 7시에 빵과 우유 등으로 식사를 하였다. 8시에 버스에 올라 오늘 일정을 시작한다. 오늘은 밀로돈 동굴과 파타고니아 최고의 자랑인 토레스 델 파이네(Torres del Paine) 국립공원과 그레이(Gray) 빙하를 답사하는 날이다. 이번 칠레 답사에서 가장 중요한 일정이라고 할 수 있다.

20분 정도 달린 후 전망대에서 잠시 내렸다. 멀리 바다 건너 은색의 만년설이 들러붙은 설산과 빙하가 가물거리다가 구름에 덮인다. 아침 날씨가 조금 흐려서 오늘 답사가 조금은 걱정이 된다. 이곳 파타고니아의 날씨는 순간순간 변하기 때문에 만족할 만한 답사를 하느냐 못하느냐는 하늘에 맡기는 수밖에 없다고 한다. 회색 구름 사이를 뚫고 나와 힘차게 뻗치는 햇살이 오늘 답사에 대한 기대를 갖게 한다. 이제 막 잠에서 깨어난 대지는 하루의 힘찬 도약을 준비하는 듯 무척 조용하고 평온하다. 흰색 토끼풀과 구절초가 녹색의 초원에 예쁘게 수를 놓았다.

넓은 목장은 철조망의 경계심을 무너뜨리고 작은 막대기에 철사를 둘러 가축이 뛰어넘지 않을 만큼의 경계를 짓고 소와 말들은 갇혀 있는 것을 전혀 의식하지 않고 느끼지 못하는 듯 평화롭게 풀을 뜯고 있다. 오랜만에 경계가 주는 편안함과 당위성을 느껴 본다. 아침 바람이 제법 차게 느껴진다. 이곳은 계절로 보아서는 한 여름인데 남미의 끝자락이라 그런지 가을걷이가 끝난 적적한 11월의 벌판을 가르는 바람처럼 쌀쌀하다.

8시 40분, 멸종된 밀로돈(Milodon)의 사체가 발견된 동굴의 입구에 도착했다. 파타고니아의 답사에서 자연 풍광만을 보는 것이 아니라 이처럼 생물학적인 면까지 두루 살필 수 있어서 답사의 질을 높여 준다. 동굴로 가는 매표소 근처 입구에는 전체 안내지도가 그려져 있고 'Cueva del Milodon(밀로돈 동굴)'이라는 안내판이 서 있다.

길을 따라 동굴 쪽으로 발걸음을 옮긴다. 여름철이라 숲은 녹색으로 무성하게 우거지고 장밋과의 이름 모를 작고 하얀 꽃이 줄기를 따라 길게 피어 있다. 역시 이곳 숲에도 렝가나무가 주종을 이루고 고사(枯死)된 나무의 잔해가 무성함 속에 조금씩 모습을 드러낸다. 동굴 입구 근처에 철판으로 단순하게 제작한 동물의 모형과 이 지역에 살았던 밀로돈과 현재 살고 있는 퓨마와 사슴, 과나코, 여우 등 여러 동물들에 대하여 간단하게 설명한 안내판이 있다.

고개를 들어 오른쪽을 둘러보니 커다란 바위가 지붕처럼 덮고 있고 나무로 살짝 가려진 곳에 입구가 보였다. 주변에는 콘크리트에 자갈을 비벼 넣어 굳힌 것과 같은 역암이 여기저기 흩어져 있다.

밀로돈(Milodon) 동굴 입구

밀로돈 동굴 내부

　입구에 다가서자, 작은 동산처럼 크고 편평한 바위가 천장이 되어 동굴을 덮고 있었다. 이것은 동굴이 아니라 커다란 바위에 덮여 만들어진 실내 광장이었다. 동굴의 높이는 30m, 폭은 70m, 길이는 200m에 이르는 규모이며 과거 바다에서 융기했다는 것을 증명이라도 하듯이 천장에는 바다에 살던 조개껍질들이 다닥다닥 붙어 있다. 이 동굴은 과거 해저에서 융기한 후 파도에 의한 침식작용(파식작용, 波蝕作用)으로 약한 부분이 침식되어 지금과 같은 거대한 동굴이 형성되었다.

　과거 이곳은 이 지역의 원주민들이 살던 장소였으며, 그 이전에 초식동물인 '땅늘보'로 알려진 밀로돈이 살던 곳이다. 19세기 말에 독일 사람들은 축산업을 위해 이곳 칠레의 남단까지 진출했으며, 1896년 독일인 고고학자가 이 밀로돈 동굴을 처음 발견하였으며 이 동굴에서 거의 원형에 가까운 밀로돈 사체를 발굴하였다.

　밀로돈 Milodon ｜　밀로돈은 빈치류(貧齒類, 앞니 송곳니가 없으며 어금니의 발달이 약함)에 속하는 초식동물로 나무늘보와 유연관계가 가장 가깝고, 앞·뒷다리에는 날카롭고 튼튼한 발톱을 가지고 있었다. 빈치류에는 개미핥기, 나무늘보, 아르마딜로를 비롯하여 현재까지 32종이 알려져 있다. 밀로돈은 커다란 곰과 크기와 생김새가 비슷하며 키가 2~3m, 몸무게가 1톤이나 되었을 것으로 추측한다. 피부에는 두꺼운 털로 덮여 있었고 피부 근처에 작은 뼈가 비늘처럼 흩어져 있어 피부가 무척 단단하였다. 지금부터 14,500년 ~10,000년 전에 이 지역에서 주로 살았던 것으로 추측한다.

밀로돈(Milodon) 상

원인은 알 수 없지만 홍적세(신생대 제 4기) 말기인 약 1만 년 전에 멸종된 것으로 추정하고 있다. 이곳에서 발굴된 밀로돈의 유해는 미국과 영국의 박물관에 소장되어 있고, 칠레 정부는 밀로돈의 유물을 되찾기 위해 노력하고 있다.

밀로돈 동굴 안쪽으로 들어가자, 입구보다 폭이 더 넓으며 동굴이라기보다는 운동장이나 광장 같은 느낌이 들었다. 바닥은 비교적 편평하고 단단한 편이었으며, 이렇다 할 흔적은 남아 있지 않았다. 동굴 안의 물기가 있는 곳에는 약한 빛을 이용하여 살아가는 식물들이 연한 녹색으로 주변을 덮고 있다. 선사시대 사람들과 원주민들이 살았던 곳에는 군데군데 바닥이 팬 흔적이 있고 일부는 폭격을 맞은 것처럼 바닥이 심하게 부서져 있었다. 관람로에는 막대를 세우고 양쪽으로 길게 줄을 띄어서 관람로 이외의 지역에는 들어갈 수 없도록 하였다. 동굴의 벽이나 천장에는 아직도 하얀 소금이 그대로 남아 있으며 천장의 일부에는 모래가 퇴적된 지층이 선명하게 드러난다.

시계 방향으로 돌아서 출구 쪽의 언덕에 올라서 보니 동굴 전체가 한눈에 들어온다. 입구에는 마치 살아서 이 동굴을 누비고 다닐 듯이 앞발을 벌리고 고개를 들고 있는 밀로돈의 동상이 서 있다. 1896년 독일의 고고학자가 밀로돈 동상이 서 있는 곳에서 완전한 형태의 밀로돈의 사체를 발견했다고 한다.

동굴의 입구를 나와서 서둘러 왔던 길로 되돌아와서 버스에 올랐다. 설산 위에 드리워진 먹구름이 한바탕 빗줄기를 쏟아부을 기세다. 오늘 파타고니아 최고의 경치를 보기 위해서는 날씨가 좋아야 하는데……. 호수를 감싸고 있는 산에는 얼마 남지 않은 눈들이 힘들게 여름을 견뎌내고 있었다.

버스로 1시간 정도 달리자, 드디어 웅장하고 아름다운 산들이 앞에 나타났다.

• 칠레 Chile •

토레스 델 파이네(Torres del Paine) 국립공원

| 토레스 델 파이네 Torres del Paine 국립공원 |

Torres del Paine는 '푸른색의 탑'이라는 뜻으로 토레스 델 파이네 국
립공원에서 가장 아름답고 또한 내셔널지오그래픽 기자가 선정한 죽
기 전 꼭 봐야 할 50곳 중의 하나이며 전 세계의 사람들로부터 많은 사
랑을 받는 살아서 꼭 한 번 보고 싶은 최고의 관광 명소이다. 이 아름
다운 장관을 보려고 이역만리까지 왔는데, 아침에 날이 흐려서 걱정을
했지만 다행히 날씨가 많이 개었다.

토레스 델 파이네 Torres del Paine **국립공원** | 칠레의 파타고니아에서 가장 대표적인 국립공원으로서 면적이 2,242㎢로 제주도 면적의 1.2배에 해당되며, 1978년 유네스코에서 세계생물권 보호구역으로 지정되었다. 토레스 델 파이네 국립공원에는 프렌치(French) 계곡, 아스센시오(Ascencio) 계곡, 파이네(Paine) 강을 비롯하여 그레이(Gray) 호수, 페오에(Pehoe) 호수, 틴달(Tyndall) 호수, 노르텐스크홀드(Nordenskjold) 호수, 사르미엔토(Sarmiento) 호수 등이 있으며, 그레이(Gray) 빙하, 틴달(Tyndall) 빙하 등이 있다. 주요 동물로는 과나코(Gunaco), 마젤란펭귄, 콘도르, 퓨마, 레아(Rhea, 아메리카 타조, 날지 못함), 남미회색여우, 안데스사슴 등이 있다.

차를 타고 그레이 빙하를 보러 갈 때, 페오에 호수의 앞쪽에 커다란 봉우리 3개가 나타나는데 왼쪽(앞쪽) 봉우리가 해발 3,050m인 Cerro Paine Grande이고, 가운데가 Cuernos del Paine이고, 오른쪽 봉우리는 해발 2,270m인 Monte Almirante Nieto이다. 가운데의 쿠에르노스 델 파이네는 산의 대부분이 화강암으로 되어 있으며 정상이 검은 색의 점판암으로 덮여 있다.

이곳에서 가장 사랑을 받는 곳은 단연 '토레스 델 파이네'라고 불리는 1,200만 년 전에 형성된 세 개의 화강암 봉우리이며, 전 세계의 많은 산악인들이 꼭 한 번 찾아보고 싶어 하는 곳이다. 토레스 델 파이네 국립공원은 렝가나무가 주를 이루는 천연림과 빙하가 녹아서 만들어진 옥빛의 크고 작은 아름다운 호수들과 자연을 누비며 사는 동물들, 거친 바람을 맞으면서 느끼는 야성과 세속에 물들지 않은 순수함을 느낄 수 있는 파타고니아 관광의 최고 명소로 꼽힌다.

버스에서 내려서 바라보니 눈이 시릴 정도로 푸른 노르덴스크홀드 (Nordenskjold) 호수와 그 앞에 말끔하게 단장한 웅장하고 기품 있는 거대한 바위산이 탄성을 자아내게 한다. 화려하면서도 묵직하고, 투박하면서도 세련미가 넘치는 산봉우리들이 호수의 빛깔을 닮은 하늘과 어울려 멋진 장관을 연출한다. 나뭇가지가 휘어질 정도로 강하게 부는 바람이 페오에 호수를 더욱 푸르게 만들었다. 아름다운 모습을 눈과 마음에 그득하게 담고 버스에 올랐다. 우리나라의 띠풀과 같은 벼과 식물이 넓은 초원을 덮고 있으며 말을 타고 초원을 누비는 관광객들의 모습에서 삶의 여유가 느껴진다.

노르덴스크홀드(Nordenskjold) 호와 산들(중앙에서 왼쪽이 파이네 그란데)

버스를 타고 조금 전에 보았던 산봉우리들을 보면서 15분 정도 이동하여 길옆 초원에 자리 잡고 있는 토레스 델 파이네 국립공원 관리사무소에 도착하였다. 잠시 일을 마치고 버스에 올라 그레이 빙하를 보러 가기 위한 입구에 도착하였다. 이곳 입구에서 배를 타지 않고 빙하를 가장 가까이 볼 수 있는 언덕까지는 최소한 30분 이상 부지런히 걸어가야 한다. 토레스 델 파이네 국립공원의 일반적인 식물의 생태를 살펴보면, 낮은 지역은 초원으로 풀들이 가득 차 있고 조금 높은 언덕이나 동산에는 평지와 다른 종류의 풀들이 자라고 있고, 군데군데 렝가나무들이 섞여 있다.

렝가(Lenga)나무 숲

안내판을 살펴보고 그레이 빙하 전망대를 향해 발걸음을 옮겼다. 나무로 엮어 만든 출렁다리 아래로 빙하 녹은 물이 회색빛을 띠며 호수로 흘러내리고 있다. 안으로 들어서니 오래된 렝가나무의 죽은 고사목이 여기저기 흩어져 있고 그 옆으로 나이든 나무들을 대신할 어린 나무들이 자라고 있어서 식물의 세계에서도 자연스럽게 세대교체가 일어나고 있음을 엿볼 수 있었다. 늙은 나무들은 긴 세월의 무게를 견디지 못하고 줄기의 속이 비고, 일부는 말라서 죽고, 일부는 비틀어졌어도 생명력을 잃지 않고 활기 넘치는 숲 속에서 노목(老木)의 건재함을 과시하고 있다.

심호흡을 하면서 숲 속 길을 걸으니 마음도 편해지고 순간의 행복감이 찾아든다. 이대로 한 며칠 더 묵으면서 산책도 즐기고 자연에 푹 파

• 칠레 Chile •

묻혔으면 하는 생각이 들었다.

언덕을 오르니 넓게 펼쳐진 모래밭과 모래언덕 너머로 회색빛의 그레이 호수가 나타났다. 호수에는 영롱한 에메랄드빛의 유빙들이 떠 있고, 호수 뒤에는 조금 전에 보았던 세 개의 산봉우리가 당당하게 버티고 있다. 우리는 중앙에 세 개의 봉우리를 두고 버스를 타고 또는 걸어서 시계방향으로 이동한 것이다. 이쪽에서는 Paine Grande가 가장 가깝게 보이고 Monte Almirante Nieto가 가장 멀게 보인다.

언덕길을 내려가서 그레이 호수 앞에 있는 백사장을 지나 호수 가까이로 다가섰다. 회색빛 호수에 햇살이 스며들어 밝게 빛나고 멀리 골짜기에 그레이 빙하가 살며시 모습을 드러낸다. 작은 자갈과 모래가 섞여서 발이 깊게 빠져서 앞으로 나아가기가 힘이 든다. 언제 떨어져나왔는지 알 수 없지만, 호수의 여기저기에 밝은 에메랄드빛 유빙들이 커다란 보석처럼 떠 있다.

부지런히 걸어서 호수의 언덕길을 걷는다. 길옆에는 국화과의 노란색 꽃을 비롯하여 솜털같이 부드러운 하얀색의 에델바이스, 우리 땅

그레이(Gray) 호수와 유빙(중앙에 희게 보이는 것이 그레이 빙하임)

에 흔한 노란 민들레를 비롯하여 낯선 야생화들이 지천으로 피어 있었다. 거센 바람에 나뭇가지는 한쪽으로만 뻗어있고, 멀리 푸른 하늘 아래 만년설과 이어진 그레이 빙하는 바람결에 조금씩 신비감을 드러내고 있었다.

파타고니아! '발이 큰 사람들이 사는 땅'에는 바람이 명물이다. 바람의 땅 파타고니아의 명성에 걸맞게 모자가 벗겨질 정도로 바람이 무척 거세다. 칠흑같이 어두운 밤, 무서운 적막을 깨면서 매섭게 스쳐 가는 바람을 견디며 빙하는 더 강해지고 찬란함을 갈무리했으리라.

그레이(Gray) 빙하는 폭이 5km, 길이 27km로 토레스 델 파이네 국립공원에 있는 빙하 중에서 가장 규모가 크다. 빙하는 밀도에 의해서 색깔이 달라지는데 공기가 많이 들어있으면 흰색을 띠고, 눈이 계속 쌓여서 압력이 높아지면 공기가 줄어들고 밀도가 높아져 푸른색을 띠게 된다. 전망대에서 멀리 아득하게 보이는 그레이 빙하와 주변의 아름다움에 취해 잠시 쌀쌀함을 잊어 본다. 전망대에 서 있는 곧게 자란 커다란 렝가나무도 거센 바람을 이기지 못하고 호수 반대 방향으로 가지가 뻗어 있다.

언덕 위에 올라 잠시 누워서 꽃을 아래에 두고 멀리 빙하를 바라보니 잔 시름이 사라지고 꾸밈없는 대자연의 순수함이 절절하게 느껴진다. 아침에 날씨가 궂을까 걱정했는데 바람이 불고 조금 흐렸지만 토레스 델 파이네 국립공원 답사가 아주 만족스러웠다.

30분 이상 왔던 길을 걸어서 전망대 입구의 숲 속에서 휴식을 취하며 준비해 온 도시락으로 점심을 먹었다. 바쁜 일정과 부지런히 걸어서 시장하던 차에 아주 맛있게 점심을 먹었다. 주변의 까마귀들이 주워 먹을 것이 있을까 기대하고 그동안 많은 관광객들과 함께 지내면서

학습되어서인지 경계하지도 않고 우리들 주변에 다가왔다. 빙하가 녹
은 물은 계곡을 따라 흘러서 호수에 모여 진한 옥빛이 되어 몸서리쳐질
정도로 차갑게 느껴진다.

　파이네 그란데가 보이는 주변의 언덕에는 불타 죽은 나무들이 그대
로 방치되어 있고, 근처 대부분의 산에 나무가 없고 어린 풀들이 불탄
자리에 강한 생명력을 불어넣고 있었다. 2011년 12월 말에 대규모 산
불이 발생하여 약 1주일 이상 화재가 지속되면서 여의도 면적의 20배
에 해당되는 산림이 훼손될 정도로 큰 피해를 입었다고 한다. 당시 칠
레 당국은 이스라엘 국적의 20대 남성 관광객을 방화 혐의로 체포했다
가 3개월 출국 금지를 조건으로 석방했다고 한다. 칠레에서는 방화 혐
의자에 대한 처벌이 비교적 가벼운 편이라고 한다.

　우리는 파이네 그란데를 포함한 세 개의 산봉우리가 선명하고 수려
하게 보이는 페오에(Pehoe) 호숫가 언덕 위에서 잠시 내렸다. 호수 중

간에 있는 작은 섬에는 호텔이 있으며 섬과 언덕 사이에 다리가 놓여 있다. 언덕에서 파이네 그란데와 어미가 물고 온 먹이를 받아먹으려고 부리를 쳐든 어린 새의 부리를 닮은 중앙의 쿠에르노스 델 파이네(Cuernos del Paine)가 손에 잡힐 듯이 가까이에 있다. 쿠에르노스 델 파이네의 위에는 검은 색의 점판암이 덮고 있고 봉우리 중간에는 마그마가 관입되어 위와 아래는 검고 중간이 밝은 색의 화강암으로 된 독특하고 신기한 형태를 하고 있어서 많은 사람들의 눈길을 끌고 있다.

옥빛의 호수와 녹색의 섬, 그리고 길게 이어져 있는 웅장하고 기품 있는 세 봉우리와 흰 구름이 엷게 펼쳐진 푸른 하늘이 누구도 감히 서로 분리할 수 없는 절대 조합이 되어 최고의 절경을 만들어 내고 있다. 자연이 만들어 내는 아름다움의 최댓값이 과연 어느 정도인지 쉽게 가늠할 수 없다. 다행스럽게 오후에 날씨가 좋아서 이번 남미 답사에서 중요한 코스였던 토레스 델 파이네 국립공원의 옥빛 호수와 아름다운 산들, 그레이 빙하, 초원과 숲 등 빼어난 경관을 제대로 볼 수 있어서 무척 기분이 좋았다. 세찬 바람이 호수의 표면에 굵은 비늘 같은 무늬를 남기고 지나간다.

페오에(Pehoe) 호

버스에 올라 세 개의 봉우리가 정면으로 보이는 페오에(Pehoe) 호수 언덕에서 잠시 차를 세웠다. 호수 언덕에는 2012년 화재 때 피해를 입은 흔적이 여기에도 그대로 남아 있었고, 파이네 그란데의 빙하 녹은 물이 좁은 계곡을 따라 만들어진 그란데(Grande) 폭포의 차가운 물줄기가 거친 포말을 토해 내며 절벽 아래로 세차게 떨어지고 있었다. 날이 무딘 칼로 허공을 가르는 듯 바람소리가 둔탁하면서 무겁다. 폭포의 포말이 바람에 날려 호수에 내려앉는다. 가까이에서 쿠에르노스 델 파이네는 밝은색의 화강암 골짜기가 부드러운 곡선을 그리며 둥그렇게 깎여 있다.

잠시 차로 이동하다가 이곳 국립공원에서 최고의 걸작으로 꼽히는 토레스 델 파이네의 세 봉우리가 가장 잘 보이는 사르미엔토(Sarmiento) 호숫가 언덕에서 차를 세웠다. 이제 파이네 그란데는 멀어지고 오른쪽 봉우리인 Monte Almirante Nieto가 가장 가깝게 보이며 쿠에르노스 델 파이네와 Monte Almirante Nieto 사이로 세 개의 말끔한 봉우리가 살며시 모습을 드러낸다. 바로 저 화강암 봉우리들이 토레스 델 파이네 국립공원의 주인공으로, 많은 산악인들의 마음을 설레게 한다. 잠시 Torres del Paine의 봉우리의 세로로 거칠게 긁어내린 줄무늬를 바라본다. Torres del Paine는 2,850m의 남쪽 봉우리(Torre Sur)와 2,800m의 중앙 봉우리(Torre Central), 그리고 2,600m의 북쪽 봉우리(Torre Norte)로 되어 있는데, 세 봉우리 모두 끝이 뾰족하고 길쭉한 화강암 기둥 모양으로 되어 있다.

칠레 현지 안내자가 가까이서 찍은 사진을 보여 주며 호기심을 자극한다. 다가서지 못하는 아쉬움을 남겨두고 버스에 올라 숙소를 향해 출발했다. 언덕아래 풀밭에서 덥수룩하게 털이 덮인 양들이 모여서 저녁 풀을 뜯고 있다.

군데군데 칼라파테가 섞인 초원에서 과나코(Gunaco)들이 새끼들과 함께 평화롭게 풀을 뜯는다. 과나코는 낙타과 동물로 파타고니아에서 야생으로 자라며 큰 것은 100kg에 달하며 일부다처제의 동물이다. 우리들에게 관심을 보이려는 듯 풀을 뜯다가 고개를 들어 우리를 바라본다. 넓은 초원에 여러 가지 색깔의 소들이 한가롭게 먹이를 먹고 있다. 칠레와 아르헨티나가 속해 있는 이곳 파타고니아에는 넓은 초원이 발달하여 옛날부터 목축업이 잘 발달했다.

· 칠레 Chile ·

왼쪽의 눈 덮인 봉우리가 Monte Almirante Nieto이며 중앙에 토레스 델 파이네가 보임

| 푸에르토나탈레스 Puerto Natales |

언덕위에 올라서니 바다가 눈에 들어온다. 다시 푸에르토나탈레스로
돌아왔다. 6시가 조금 넘어서 숙소에 도착했다. 저녁 시간까지는 여유
가 있어서 사진기를 들고 거리를 살피면서 바닷가로 갔다. 집들은 아
담하고 예쁘게 채색하여 거리가 수채화 같은 느낌이 든다. 바닷가에는
운동을 하는 사람, 산책을 하는 몇몇 사람들이 오고간다. 집 뒤 공터에
핀 노란 유채꽃이 고향의 기분을 느끼게 한다. 손가락의 절반이 땅위
로 솟아오른 조형물이 무척 이채롭다. 작가는 아마 땅속에 묻힌 손이
시간이 지나면서 위로 드러날 수 있기를 갈망하는, 앞으로 더 발전할
수 있기를 바라는 마음에서 제작했을 것이라고 짐작해 본다.

제방을 따라 소루쟁이를 비롯하여 여러 종류의 벼과 식물들과 뒤섞인 개미취들이 커다란 군락을 이루며 해변가를 화사하게 물들이고 있다. 목이 검은 고니들은 해지기 전에 배를 채우려는 듯 자맥질을 하느라 정신이 없다. 작은 바다공원 근처에 남녀가 휘어진 굵은 봉을 잡고 힘차게 비상하는 조형물이 무척 인상적이고 활력이 느껴졌다. 멀리 설산도 조금씩 어두워지고 바다는 점점 검푸른색으로 변해 간다.

　　숙소로 돌아와 정리하고 식당으로 향했다. 이곳 푸에르토나탈레스에서 제법 유명한 식당으로 분위기도 좋고, 베레모를 쓴 종업원들의 복장이 특이하고 자부심이 넘치는 듯하였다. 소고기 스테이크와 빵, 볼리비아 국경 사건으로 미안해하는 페루 사장님께서 특별히 제공해 주신 와인을 곁들여서 아주 맛있는 만찬을 즐겼다. 저녁 식사 후 2층에서 모여 간단하게 한 잔 하면서 오늘 일정을 정리하였다.

1.21.
– 십육 일째 날 –

Good bye, 칠레!

오늘은 며칠간 정들었던, 세계에서 가장 긴 나라 칠레를 떠나 아르헨티나로 입국하는 날이다. 오늘은 일정이 바빠서 5시에 일어나서 짐을 정리하고 6시에 식사를 하였다.

7시에 버스에 올라 20여 분 정도 달려서 푸에르토나탈레스 국제버스 정류장에 도착하였다. 여기서 우리는 국제버스를 타고 아르헨티나로 입국할 예정이다. 정류장에는 아르헨티나로 입국하기 위해 관광객들이 저마다 짐을 들고 여기저기 서성거린다. 아침부터 햇살이 무척 따갑다. 파타고니아의 거센 바람이 이곳의 계절이 한여름인 것을 잊게 해 줄 때가 많기는 하지만, 그래도 지금은 이곳에서 가장 더운 여름철이다. 정류장 건물은 지붕을 빨간색으로 칠해 비교적 단순하면서도 시원스런 느낌이 들었다.

8시에 국제버스를 타고 칠레 출입국사무소를 향해 출발했다. 버스로 1시간 정도 달려서 9시가 조금 넘어서 칠레 출입국사무소에 도착했다.

• 칠레 Chile •

보라색 지붕에 흰색 나무판자로 예쁘게 벽을 두른 아주 세련된 모습이었다. 입국장 안의 벽 한쪽에 인자하면서도 멋지게 생긴 칠레의 여성 대통령 미첼레 바첼레트(Michelle Bachelet)의 웃는 모습이 무척 인상 깊게 느껴졌다. 간단하게 출국 수속을 마치고 9시 30분, 버스에 올라 아르헨티나를 향해 출발했다.

칠레 출입국 사무소

아르헨티나 ARGENTINA

1.22. – 1.25.

| 아르헨티나 Argentina |

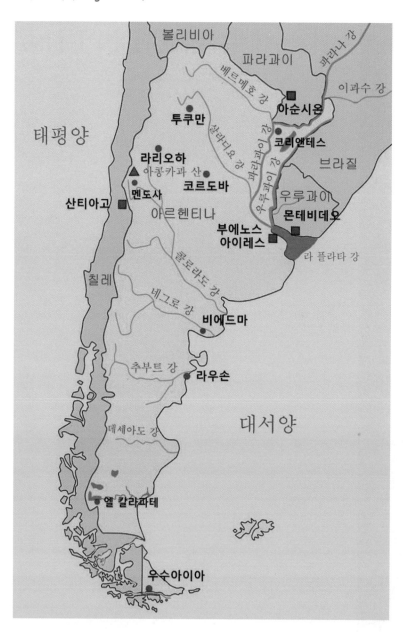

면적은 278만 ㎢로 한반도의 약 12.5배이며, 위치는 남위 23°~55°로 동쪽으로는 브라질과 우루과이, 서쪽으로는 칠레, 북쪽으로는 볼리비아, 파라과이와 국경을 이루며 남쪽으로는 남대서양이 펼쳐져 있다. 아르헨티나의 정식 명칭은 '아르헨티나 공화국(Argentine Republic)'으로, 인구는 4,343만 명(2013년 9월 기준)이며, 수도는 부에노스 아이레스(Buenos Aires)로 약 300만 명(2015년 기준)이 거주하고 있다. 전 국토의 60% 이상이 경작 가능한 비옥한 평원으로 되어 있고 전 국토의 20% 정도가 팜파스(Pampas, 대초원)이며 이곳에 많은 사람들이 살고 있다.

1816년 7월 9일 스페인으로부터 독립하였으며, 스페인어를 공용어로 사용한다. 인종 구성은 유럽계 백인이 97%(대부분 이탈리아계 및 스페인계)를 차지하며 나머지는 원주민계 및 기타 인종이며, 유럽 국가가 연상될 정도로 남미에서 백인의 비율이 가장 높다. 종교는 가톨릭(92%)과 기독교(2%), 유대교(2%), 기타(4%) 등이다.

세계에서 8번째로 넓은 국토를 가지고 있으며 남북으로 길게 뻗어 있어 북부는 아열대 기후, 중부는 온대 기후, 남부는 한대 기후를 나타낸다. 서부에는 북쪽 끝에서 남쪽 끝까지 안데스산맥이 길게 뻗어 있으며, 남부에는 파타고니아(Patagonia) 고원이 위치하고 있으며, 중앙부는 팜파스 평원이 펼쳐져 있다. 북부는 브라질 고원의 남서쪽 끝부분에 해당하는 미시오네스(Misiones) 고원이 있고, 북부의 저지대에는 평탄한 차코(Chaco) 평원이 있다. 해발 6,962m로 남미에서 가장 높은 아콩카과(Aconcagua) 산이 멘도사 주에 있으며 칠레의 국경에서 15㎞밖에 떨어져 있지 않아서 칠레에서도 잘 보인다.

1808년 나폴레옹이 스페인을 침공하면서 스페인의 남미 통치가 약해진 틈을 이용하여 대부분의 남미국가에서 많은 독립 운동가들이 독립전쟁에 앞장섰으며, 아르헨티나는 산마르틴(San Martin) 장군의 활약으로 독립할 수 있었다.

대통령 중심제의 정부형태를 채택하고 있으며, 대통령은 임기 4년에 1차에 한해 연임이 가능하다. 1825년 미국의 헌법을 본떠서 아르헨티나 공화국 헌법을 제정하였으며, 1860년 이후 여러 차례 개정되었다.

아르헨티나도 다른 남미의 국가들처럼 정치적 분열과 내란, 다른 나라와의 전쟁 등으로 정치와 경제가 매우 불안정하였고, 특히 1930년과 1983년 사이에 군사 쿠데타로 인해 민주주의 정부가 수없이 전복되었고, 경제적으로 높은 성장과 급격한 하락이 반복되면서 혼란이 계속되었다.

특히 2차 세계대전의 영향으로 정치에도 새로운 바람이 불기 시작하였으며, 1943년 장교들과 함께 쿠데타를 일으켰던 후안 도밍고 페론(Juan Domingo Peron)이 1946년 대통령이 되었다. 그는 '사회적 정의·경제적 자유·정치적 독립'을 기본정책으로 내세우며, 노동자들의 보호, 사회보장제도 및 사회복지시설의 확충, 외국자본의 추방, 공익사업 및 중요산업의 국유화, 중화학공업 중심의 산업육성 등 국력의 증진과 사회주의를 실천하기 위한 정책을 펼쳤다. 1951년 대통령선거에서 67%의 지지를 받아 재선되어 제2차 5개년 계획을 추진하였으나 1952년 에바 페론의 사망, 물가상승, 부에노스아이레스의 폭동, 노조를 비롯한 성직자들의 불만과 강한 저항 등으로 국민들의 반감을 사서 사퇴를 강요받기도 하였으며, 결국 1955년 에두아르도 로나르디(Eduardo Lonardi)

장군이 주축이 된 군부에 정권을 넘겨주고 페론은 스페인으로 망명하였다.

이후 1970년까지 임기를 제대로 채운 대통령이 없을 정도로 쿠데타와 심한 정치적 혼란이 계속되다가, 1973년 후안 도밍고 페론이 다시 대통령이 되고, 부인 이사벨 페론(Isabel Peron)이 부통령이 되었다. 후안 페론을 반대하는 국민들은 그를 선동에 뛰어난 독재자이며 지나친 복지로 재정을 파탄 낸 장본인이라고 비난하고 있으나, 그를 추종하는 사람들은 빈곤의 추방과 노동의 존엄성을 인정한 위대한 지도자로 추앙하고 있다. 이러한 그의 정책을 '페론주의(Peronism)'라고 하며 현재 아르헨티나의 '정의당(Justicialist Party)'이 그의 정책을 따르고 있다. 1974년 페론이 사망한 후 이사벨 페론은 세계 최초의 여성대통령이 되었으나, 1976년 3월의 쿠데타로 이사벨도 실각하고, 호르헤 비델라(Jorge Videla) 군사평의회의장이 군사 정권의 첫 대통령에 취임하였다.

호르헤 비델라 정권은 곧 계엄령을 선포하여 사실상 헌법을 정지시켰으며, 페론을 지지하던 사람들과 반정부인사들을 탄압하고, 통치력 강화와 정권 유지를 위해 '추악한 전쟁'이라는 오명(汚名)이 붙은 무자비한 만행과 인권을 탄압하였다. 그는 국민들의 불만을 잠재우기 위해 1978년 제11회 월드컵 축구대회를 개최하였고, 조 편성을 조작하여 아르헨티나를 우승시켰다는 의혹을 받기도 하였다. 호르헤 비델라의 임기가 만료된 후 1981년 3월 비올라가 집권하였으나, 군부 내의 갈등으로 8개월 만에 실각하였으며, 1981년 12월 레오폴드 갈티에리(Leopoldo Galtieri)가 대통령이 되었으나 1982년 4월 포클랜드 영유권을 놓고 영국과 전쟁을 벌여 패함으로써 1982년 6월에 사임하였다.

1982년 7월 레이날도 비뇨네(Reynaldo Bignone)가 대통령에 취임하였으나 국민들의 민정이양 요구에 굴복하여 사임하였고, 1983년 10월에 총선거를 실시하여, 같은 해 12월 급진당의 라울 알폰신(Raul Alponsin)이 대통령에 취임함으로써 군사독재를 마감하고 민간정부가 출범하게 되었다. 그 이후에도 정치적 혼란과 경제 정책의 실패에 따른 긴축재정의 실시, 외채상환유예(moratorium) 등 경제적으로 많은 어려움을 겪고 있으며 재선에 성공한 여성 대통령 크리스티나 키르츠네르(Cristina Kirchner, 재임 2007~2015)에 이어 2015년 마우리시오 마크리(Mauricio Macri)가 대통령에 당선되었다.

20여 분 정도 달려서 아르헨티나의 출입국사무소에 도착했다. 칠레로 가려는 사람들과 아르헨티나로 입국하려는 사람들이 좁은 사무실 안에서 줄을 서서 기다리고 있다. 9시가 조금 넘었는데도 잠시만 햇볕에 노출해도 자외

아르헨티나 출입국 사무소

선이 피부를 파고들어 따가울 정도로 햇살이 강렬하다.

10시 20분, 입국 수속을 마치고 드디어 아르헨티나의 넓은 초원을 감상하면서 달릴 수 있게 되었다. 파타고니아의 같은 위도에서 아르헨티나 지역은 칠레 지역보다 상대적으로 강수량이 적어서 숲이 적고 넓은 초원이 잘 발달하였다. 중 · 고등학교 때 아르헨티나의 팜파스와 목

장 등에 대하여 배웠는데, 이제 그 드넓은 초원을 직접 눈으로 볼 수 있다는 생각에 억제할 수 없는 감동이 밀려온다.

파타고니아 고원과 연결된 '팜파스'는 원주민들의 언어로 평원(平原)이라는 뜻이며 과거 아르헨티나의 목동 '가우초(Gaucho)'들이 양과 소를 방목하면서 말을 타고 누비던 곳이다. 지금 우리가 보고 있는 초원은 팜파스 지역보다 고위도(남쪽) 지역에 위치한 파타고니아 고원의 초원지대이다.

우리가 자연현상을 수치로 나타낼 때 구분하기 어려운 경우가 많은데, 강수량을 기준으로 생태계를 분류하려고 할 때, 특히 풀이 있는 사막과 초원을 구분하기는 쉽지 않다. 지금 우리가 보고 있는 이곳 초원도 풀이 아주 많은 편은 아니라서 부분적으로는 사막의 일부같이 느껴지는 곳도 있다.

싸락눈이 내린 것처럼 하얀 구절초가 넓은 초원을 덮고 있고 그 사이에 노란색의 민들레와 붉은색을 띠는 식물이 예쁘게 초원을 물들이고

구절초가 피어 있는 초원

있다. 멀리 목장 한가운데에 양떼들이 웅덩이에 목을 늘이고 물을 마시고 있다. 아득하게 먼 곳까지 높지 않은 철조망으로 경계를 삼을 만큼 넓은 땅에서 가축을 기르는 아르헨티나 사람들이 무척 부러웠다. 19세기 유럽 인구의 폭발적인 증가에 따른 육류 수요와 냉동선의 발명과 농기계의 발달 등에 힘입어 아르헨티나는 광활한 팜파스에

집약적인 대규모 육우(肉牛) 목장을 설치하여 유럽에 소고기를 공급하였다. 아르헨티나는 이러한 광대한 목초지 덕분에 20세기 중반까지 미국, 영국 등의 세계열강 등과 함께 세계 5대 부국에 속할 정도로 잘사는 나라 중의 하나였다. 지평선이 가물거릴 정도의 드넓은 초원을 직접 보니, 부유하게 살 수 있는 충분한 조건이 갖춰져 있음을 알 수 있었다.

철조망 안에는 짙은 남색을 띠는 이 고장의 명물인 칼라파테(Calafate)가 군락을 이루고 있었다. 이곳 원주민들의 전설에 따르면, 칼라파테를 먹으면 다시 이곳으로 돌아올 수 있다고 한다. 지금 우리가 가고 있는 휴양도시 엘 칼라파테도 이 식물의 이름에서 유래했다고 한다. 멀리 푸른 하늘과 경계선을 짓는 일직선의 능선에 몇 마리의 과나코들이 한가롭게 여유롭게 풀을 뜯는 모습이 푸른 하늘이 만드는 배경 덕분에 동작 하나하나가 먼 거리에서도 선명하게 눈에 들어온다.

언덕을 오르니 멀리 만년설이 덮고 있는 안데스의 산들이 길게 이어지고, 그 아래로 옥빛의 호수가 가는 띠처럼 길게 이어져 있다. 언덕부

멀리 설산이 아득하게 보이고

터 호수 주변까지는 풀도 별로 없는 붉은색 사막지대이다. 잠시 차에서 내려 전망대에서 아득하게 멀리 있는 호수와 설산을 바라본다. 옥빛의 호수를 감싸고 있는 설산 한가운데 아득히 보이는 피츠 로이(Fitz Roy)가 여행객들의 눈길을 끌고, 검은색의 칼라파테의 군락이 허허로운 붉은색 사막을 군데군데 덮고 있었다.

버스에 올라 길을 달린다. 2차선의 포장도로에는 오가는 차들이 많지 않아서 무척 한가한 느낌이 든다. 강수량이 적어서인지 국경을 넘으면서 보았던 초원과는 식물들의 종류뿐만 아니라 개체수도 많지 않아서 사막인지 초원인지 가늠하기가 쉽지 않다. 우물이 있는 오아시스에 농장을 관리하는 건물들이 이따금 눈에 띌 뿐 사람들의 그림자조차 보이지 않는다. 이렇게 넓은 땅에서 사람들을 볼 수 없는 것이 무척 신기하고 별천지 같은 느낌이 들었다. 고개만 돌리면 높은 아파트가 즐비하고 도시를 잠시 벗어나면 오밀조밀하게 집들이 모여 있는 우리나라의 마을과 너무나 비교가 된다. 지금 우리가 보는 이곳은 식물들이 자라고 있는 사막으로, 초원과 사막의 경계에 해당하는 생태계를 형성하고 있어서 목축업을 하기에는 풀이 조금 적을 것으로 생각되었다.

아르헨티나 호수(Lago Argentina)를 따라 길게 지표를 덮고 있는 키 작은 칼라파테가 이곳의 지명이 엘 칼라파테임을 넌지시 알려 주고 있었다.

| 엘 칼라파테 El Calafate 도착! |

멀리 호숫가 언덕 위에 작은 집들이 보이는 것으로 보아 엘 칼라파테

가 멀지 않음을 알 수 있었다. 도로가에 'Bienvenidos a El Calafate(엘 칼라파테에 오신 것을 환영함)'라고 쓰인 이정표가 낯선 여행객을 반겨 준다.

2시 15분쯤 엘 칼라파테 버스 정류장에 도착하였다. 버스에 짐을 싣고 비포장도로를 달려 엘 칼라파테가 한눈에 보이는 언덕 위에 위치한 호텔에 도착했다. 집에 돌아와서 그런지 안내자가 더 의기양양한 모습을 보인다. 안내자는 이곳에서 거주하고 있으며 물론 볼리비아 국경에서 접선에 차질을 빚기는 하였지만, 우리의 여행을 안내하기 위하여 이곳에서 멀리 볼리비아 국경까지 이동하였던 것이다.

엘 칼라파테(El Calafate)

호텔은 지은 지 얼마 되지 않은 듯 매우 깨끗한 2층 건물로 입구는 그리스 신전의 기둥을 본떠서 만들었으며, 내부는 비교적 고급스럽고 세련되게 꾸며서 무척 아늑한 분위기가 느껴졌다. 점심은 간단한 김밥이었지만, 이것도 한식인지라 시장하던 차에 무척 맛있게 먹고 방에서 잠시 휴식을 취했다.

언덕 위에서 바라보니 무성하게 자란 미루나무가 도시를 둘러싸고 호텔 바로 아래에는 관광객들을 위한 말들이 안장을 얹은 채로 말뚝에 매여 있었다. 상가와 음식점, 숙소 등은 대부분 언덕 아래 시내에 있으며 언덕 위에는 대부분 개인 주택이 자리 잡고 있다. 엘 칼라파테는 인구가 약 2만 명 정도로 아르헨티나에서 가장 큰 아르헨티나 호수와 페리토 모레노(Perito Moreno) 빙하를 보기 위해서 전 세계에서 모여드는 관광객들로 늘 붐빈다고 한다.

농장 체험을 위해 4시 30분에 버스에 올라 아르헨티나의 전통 목장을 향해 출발했다. 저녁때가 다 되었는데도 아직 햇살이 따갑다. 시내를 조금 벗어나자, 아르헨티나에서 제일 큰 옥빛을 띤 아르헨티나 호수가 나타났다. 호수는 하얀 눈으로 덮인 설산 아래 계곡을 따라 길게 이어져 있으며, 호수에서 반사된 은빛 햇살이 긴장의 사슬을 풀어 준 덕분인지, 마음속 깊이 형언하기 어려운 환희가 충만해짐을 느낀다.

사막을 갓 벗어난 초원에는 벼과 식물과 사초과 식물들로 덮여 있고 이곳 환경에 잘 적응한 듯 그 사이로 노란색의 민들레와 하얀 구절초가 예쁘게 무늬를 놓았다. 넓디넓은 초원에 가끔씩 과나코와 타조, 말, 소들이 한가롭게 풀을 뜯고 있어서 방목을 하는 것인지, 아니면 야생으로 살아가는 것인지 쉽게 구분이 되지 않는다. 초원은 끝없이 이어지고 푸른 하늘아래 만년설이 덮인 설산과 그 아래 답사할 페리토 모레노 빙하가 차창으로 살짝 얼굴을 내민다. 페리토 모레노 빙하가 보이는 곳에서 잠시 내려서 대초원의 신선한 공기를 마셔 본다. 여름 따가운 햇살에 진한 남색의 잘 익은 칼라파테 열매가 우리의 손길을 기다리고 있다.

칼라파테 Calafate | 칼라파테는 장밋과 식물로 잎은 긴 타원형이고 줄기는 가늘고 여러 개가 모여 자라며, 크기는 1~5m의 관목으로 줄기에 날카로운 가시가 있다. 전 세계적으로 여러 종이 있으며 호주를 제외한 온대와 아열대 지역에 널리 서식하는 낙엽성 상록수이다. 식용으로 하며 특히 스페인 사람들이 처음 파타고니아에 도착하여 먹을 것이 없어서 고생할 때 구황작물로 제공했으며, 외지에서 온 사람들이 이것을 먹으면 반드시 이곳으로 다시 돌아올 수 있다는 전설이 있다.

작은 잎과 날카로운 가시가 촘촘하게 나 있어서 새를 제외한 다른 짐승들은 칼라파테를 따 먹을 수 없으며, 방범용 울타리로도 많이 이용된다고 한다. 익으면 짙은 남색의 머루만 한 열매가 여러 개씩 묶여서 줄기에 매달린다. 현재 이곳 사람들은 칼라파테 열매로 잼을 만들거나 술을 담근다고 한다.

잘 익은 칼라파테(Calafate)

초원의 말들

여기까지 왔는데 그냥 지나칠 수 없지. 가시에 찔리지 않게 조심스럽게 손을 놀리면서 잘 익은 칼라파테를 따서 맛을 본다. 시큼하면서도 약간 단맛이 나는 게, 우리나라의 어떤 과일과도 비교할 수 없는 칼라파테만의 독특한 맛이 느껴진다. 칼라파테! 씹으면 굵은 씨가 제일 먼저 느껴지고 그렇게 맛있다는 느낌은 들지 않으면서도 시큼하면서도 살짝 단맛이 나는 묘한 매력의 이국적인 느낌을 전해 주던 열매, 그 맛의 여운이 오래오래 남을 것 같다.

넓은 초원에 목장을 관리하는 붉은색, 흰색으로 된 집들이 멀리 아득하게 보인다. 넓은 초원의 이곳저곳에 칼라파테가 지천(至賤)으로 깔려 있다. 빙하 녹은 물이 초원의 골을 따라 흐르고 자갈이 깔려 있는 시내는 어릴적 가재와 물고기를 잡던 고향의 실개천이 연상된다. 개천을 따라 무성하게 자란 나무들이 단조로운 초원에 진한 녹색의 유연한 곡선으로 수를 놓는다.

| 목장 체험 |

'PARQUE NACIONAL LOS GLACIALES(빙하 국립공원)'라고 쓰인 문을 들어서니, 풀이 무성하고 노란 꽃이 사방에 널려 있는 초원에 말들이 풀을 뜯고 있었다. 주변의 모든 것들이 여유와 평화를 느끼게 한다. 렝가나무 줄기에는 새둥지를 빼어 닮은 연녹색의 겨우살이가 염치없이 주렁주렁 매달려 있다. 학습의 결과인지, 말들이 줄지어 우리로 들어간다. 드디어 목장에 도착했다.

목장 주변에는 서부영화에 나오는 장면처럼 부서진 마차가 초원의 조형 예술품처럼 공간의 균형을 고려하여 배치되어 있고, 조그만 개울가 작은 다리 앞에도 낡은 마차 바퀴를 세워 놓아 무척 고풍스러운 분위기가 느껴졌다. 10m가 훨씬 넘는 전나무와 비슷한 침엽수에 둘러싸인 원주민 호텔이 무척 고즈넉하고 아름답다. 이곳이 국립공원으로 지정되기 전에 지어졌기 때문에 그대로 인정을 받아 호텔로 사용할 수 있었다고 한다. 이곳에 한동안 묵으면서 말을 타고 거닐면서 산에도 올라가서 먼 곳을 바라보면서 휴식을 취하면 더할 나위 없이 좋을 것 같았다.

잠시 후에 베레모를 쓴 가우초(gaucho, 아르헨티나 목동)들이 말을 타고 능숙하게 말몰이 하는 것을 보여 준다. 이곳 아르헨티나의 파타고니아에서는 거센 바람에 모자가 쉽게 날리기 때문에 강한 바람에도 잘 벗겨지지 않는 베레모를 쓴다고 한다. 잠시 목장 안의 식당으로 들어갔다. 저녁 식사에서 우리를 즐겁게 해 줄 양고기가 숯불에서 구수한 냄새를 풍기며 천천히 익어 가고 있었다. 저녁 먹을 때까지 아직 시간이 많이 남아서 목장 주변을 둘러보기로 하였다.

멀리 골짜기 사이로 빙하가 보이고 서쪽에서 내리쏘는 햇살이 아직도 강렬하며 들풀의 줄기 끝에 달린 이삭이 미풍에 흔들거린다. 렝가나무 숲 사이로 난 한적한 오솔길을 따라 이곳 사람들이 즐겨 낚시를 하는 작은 호숫가로 향했다. 이 호수에는 송어를 비롯하여 작은 물고기들이 살고 있으며 잡은 고기 중에서 한 마리만 가져가고 나머지는 모두 놓아 준다고 한다. 옥색의 호수면에 잔잔한 파도가 일렁거리며 석양의 햇살이 내려앉아 은빛으로 빛난다.

　다른 관광객들이 말을 타고 농장을 한 바퀴 돌면서 초원의 멋진 낭만을 즐기고 있었다. 푸른 하늘과 녹색의 초원, 저 멀리 보이는 설산과 빙하, 저녁 햇살이 빗겨드는 호수 등 주변의 풍경이 무척 아름답고 편안한 마음이 들게 하였다. 낯선 땅에서 이렇게 안락한 기분으로 하루를 마무리할 수 있다는 생각에 무한한 행복감이 밀려들었다.

　저녁때가 되면서 칼라파테의 익은 열매가 더 검게 보인다. 날이 저물기 전에 가우초들은 넓은 목장에 흩어진 양들을 우리 안으로 몰아넣어야 한다. 가우초들이 말을 타고 바람처럼 내달리자 개들이 가우초를 따라 양떼가 있는 곳으로 쏜살같이 달려가서 양들을 몰아온다. 가우초

가우초들의 양몰이

국립공원 내의 호텔

들이 옆과 뒤에서 양들을 몰면 개는 양떼의 뒤에서 열심히 양들을 앞으로 나가게 한다. 멀리서 흩어져 있던 양들이 순식간에 한 떼가 되어 먼지를 일으키며 우리로 몰려 들어간다. 양들을 몰아넣는 솜씨가 보통이 아니다. 영어 시간에 배웠던 셰퍼드(shepherd, 양치기)의 의미를 제대로 느낄 수 있도록 능숙하게 양들을 다루었다.

우리로 들어가지 못하는 어린 양을 힘들이지 않고 노련한 솜씨로 몰아넣는다.

말몰이가 끝나고 양털을 깎고 보관하는 창고로 들어왔다. 가우초가 전통방식으로 양털 깎는 모습을 보여 주었다. 가우초의 팔에 안긴 양은 고개가 젖혀진 채 무척 기분이 좋은 듯 지그시 눈을 감고 가우초가 시키는 대로 고분고분 잘 따른다. 털을 깎을 때 고개를 젖히지 않으면 양이 뛰쳐나가기 때문에 털을 깎을 때에는 반드시 고개를 한쪽으로 젖힌다고 한다. 가위를 놀리는 대로 복슬복슬한 양털이 양의 몸에서 벗겨져 나온다. 드디어 넓적한 양털이 창고의 바닥에 펼쳐졌다. 양털을 다 깎은 후에도 양은 고개를 젖힌 채 그대로 있었다. 가우초가 고개를 돌려 줘야 고개를 든다고 한다. 창고에는 그동안 작업한 양털과 가축의 사료로 사용할 건초들이 수북하게 쌓여 있었다. 식당에서 빵과 잘 익은 양고기에 와인을 곁들여서 아주 맛있게

전통방식으로 양털을 깎는 모습

저녁 식사를 하였다.

　10시가 다 되었는데 아직 해가 완전히 지지 않았다. 아르헨티나의 목장에 대한 즐거운 추억과 아름다운 경치를 마음에 담고 버스에 올라 호텔을 향해 출발했다. 날이 저물면서 멀리 설산의 능선도 하늘과 뒤섞여 희미해지고 생동감이 넘치던 녹색의 초원에도 어스레히 땅거미가 내리고 있었다. 아르헨티나 호숫가를 따라 가로등이 노란 불빛을 쏟아내고 있었다. 엘 칼라파테는 오늘 하루를 마무리하려는 관광객들로 활기가 넘친다. 아늑한 1층의 객실에서 즐거운 마음으로 하루를 정리한다.

1.22.
– 십칠 일째 날 –

페리토 모레노 빙하

Perito Moreno

오늘은 그런대로 약간의 여유가 있는 것 같다. 6시 30분에 일어나서 호텔 식당에서 빵과 우유, 과일, 계란 스크램블 등으로 맛있게 식사를 하였다. 아르헨티나는 음식 등 여러 면에서 칠레보다 낫다고 안내자가 자신 있게 자랑삼아 말한다.

8시에 버스에 올라 아르헨티나 파타고니아에서 가장 사랑을 받는 페리토 모레노(Perito Moreno) 빙하를 답사하기 위해 출발하였다. 아침 출발할 때부터 날씨가 쾌청하고 기분도 상쾌하다. 오늘 최적의 상태에서 빙하를 볼 것 같아 무척 마음이 설렌다. 우리 일행들의 간절한 소망 속에 꿈에서 갓 깨어난 칼라파테가 조용히 또 하루를 시작한다. 칼라파테를 둘러싸고 있는 아르헨티나 호수에는 플라밍고가 사는데, 수컷은 암컷이 죽으면 자신이 할 수 있는 능력이 없어서 스스로 살 수 없기 때문에 암컷을 따라 죽는다고 한다. 반면에 암컷은 수컷이 죽으면 다른 수컷을 찾는다고 한다. 갑자기 수컷에 대한 서글픈 마음과 동정심이 생긴다. 수컷은 흰색이고 암컷은 회색을 띤다고 한다. 초원에는 아침 일찍 잠에서 깬 소들이 풀을 뜯고 있다.

빙하 국립공원은 아르헨티나에서 가장 규모가 크며 여기에는 커다란 빙하가 3개가 있는데 그 중에서 페리토 모레노 빙하가 가장 아름답다고 한다. 매표소에서 잠시 내려 주변의 경치를 감상해 본다. 아름드리 렝가나무에는 새집 같은 겨우살이와 할아버지 수염이라는 뜻의 바르바 델 비에호(Barba del viejo)라는 기생식물이 길게 줄기를 늘어뜨리고 있다. 오늘 아침에는 바람이 잔잔하여 호수는 거울같이 매끄럽다. 커다란 산들 사이에 놓여 있는 아르헨티나 호수는 설산을 따라 길게 빙하가 있는 곳까지 이어져 있다. 페리토 모레노 빙하가 보이는 전망대에서 잠시 쉬어 가기로 하였다.

빙하 전망대 부근 도로 위 주차장에는 많은 버스가 정차해 있었다. 차에서 내리기 전에 안내자가 3초 동안 눈을 감았다가 다시 떠 보라고 하였다. 눈을 뜨는 순간, 마치 새로운 세상에 온 것처럼 옥빛 호수 위에 거대한 빙하와 만년설로 덮인 설산이 눈앞에 펼쳐졌다. 밝은 햇살

에 파란색이 살짝 내비치며 계곡을 꽉 메운 거대한 얼음덩어리가 당장이라도 호수를 덮어 버릴 것만 같은 당당한 기세로 그 위용을 자랑하고 있었다. 모두들 자연의 대서사시에 감탄사를 연발하면서 아름답고 장엄한 풍경에 잠시 넋을 잃었다.

　고요 속에 침묵하고 있는 저렇게 거대한 기적을 만들기 위해 빙하는 얼마나 긴 인고의 세월을 견디어 냈을까? 파타고니아의 칼바람이 야속하리만치 매섭게 얼굴을 스치고 지나간다. 호수와 빙하가 맞닿은 곳에는 마치 양보할 수 없는 전선(戰線)처럼 팽팽한 긴장감이 감돈다.

　버스에 올라 10분쯤 호수를 따라 달려서 선착장에 도착하였다. 페리토 모레노 빙하를 답사하려면 여기서 유람선을 타고 빙하 근처의 선착장까지 가야 한다. 모자가 날아갈 듯이 거세 바람에 아르헨티나 국기가 힘차게 펄럭인다. 오늘은 날씨가 좋아서 푸른 하늘에는 흰 구름이 적당하게 배치되어 있고 길게 늘어선 빙하는 커다란 보석처럼 햇빛에 더욱 찬란하게 빛나고 있다.

　배가 점점 앞으로 다가갈수록 아름답게만 보이던 빙하가 갑자기 수십 미터의 거대한 장벽이 되어 나타난다. 빙하에서 떨어져 나온 유빙들이 이리저리 호수를 떠돌고 있다. 빙하를 보면서 20분 정도 유람선을 타고 빙하가 보이는 언덕의 선착장에 내렸다. 선착장 주변의 산은 사암층으로 되어 있고, 빙하가 지나간 듯 하늘로 향한 암석층이 매끄럽게 다듬어져 있었다. 언덕에 올라와서 바라보니, 호수와 접하고 있

는 부분은 창이 꽂혀 있는 난공불락(難攻不落)의 요새와 같은 높다란 수
직 절벽이 건너편 산까지 길게 이어져 있어서 마치 얼음으로 된 거대한
성벽이 자신들의 비밀 왕국을 굳건히 지키고 있는 것 같았다.

페리토 모레노 Perito Moreno 빙하 | 페리토 모레노 빙하를 포함한
빙하 국립공원은 산타크루스(Santa Cruz) 주에 속하며, 1981년 세계
자연유산으로 지정되었다. 프란시스코 모레노(Francisco Moreno)는
과학자이며 탐험가로서 사람들은 그를 항상 '페리토 모레노(Perito
Moreno, expert Moreno)'라고 불렀는데 'Perito'는 '전문가'라는 뜻으
로 'Perito Moreno'는 '전문가 모레노'라는 뜻이다. 그는 1870년대 이
곳을 포함하여 파타고니아 지역을 탐사하고, 이곳을 아르헨티나
영토로 지켜내는 데 크게 공헌하였으며, 그의 이러한 공적을 기리
기 위해서 '페리토 모레노 빙하'라고 이름 지었다. 엘 칼라파테 시
내의 빙하 국립공원 사무소에 그의 흉상이 있다.
페리토 모레노 빙하는 아르헨티나 빙하 중에서 가장 아름답고,

· 아르헨티나 Argentina ·

폭이 5㎞, 안데스 산속 칠레 국경까지 뻗어 있으며 길이는 35㎞, 표면적이 195㎢이며 지상의 평균 높이는 60m이고 높은 곳은 80m에 이르는 곳도 있다. 물속에 잠긴 경우 최대 120m가 되는 경우도 있다고 하니, 우리가 흔히 말하는 '빙산의 일각(一角)'이라는 의미를 실감할 수 있었다. 그러나 불행하게도 요즘 이 지역의 온도가 높아져 빙하의 결합력이 약해져서 빙벽에서 빙하의 일부분이 떨어져 나오는 붕락(崩落) 현상이 자주 발생한다고 한다.

모래가 깔린 언덕길을 올라 매표소로 향했다. 언덕 여기저기에 찬바람을 견디지 못하고 죽은 렝가나무 고목들이 숲 속에 어지럽게 흩어져 있다. 입장권을 끊고 잠시 모여서 현지 빙하 안내자의 설명과 주의사항을 들었다. 안내자는 투박한 영어로 빙하의 생성과 규모를 비롯하여 빙하 트레킹을 할 때 주의사항 등을 자세하게 설명해 주었다.

입구를 지나 호숫가로 난 푹푹 빠지는 모래 길을 따라 걸으면서 가까이에서 각도에 따라 다르게 보이는 빙하를 관찰하였다. 빙하의 윗면은 날카로운 창들이 꽂힌 것 같고 앞면에는 많은 빙벽이 겹쳐 있으며, 빙하 전체를 감싸고 있는 영롱한 푸른빛이 겨울 왕국의 신비한 세계를 연상시킨다. 빙하가 저렇게 푸른색을 띠는 것은 눈이 쌓여 압력이 강해지면서 얼음 속의 공기가 빠져나가 얼음의 밀도가 높아지고, 푸른색을 반사하는 광물질이 섞여 있기 때문이라고 한다.

작은 언덕에 오르니 검은 흙먼지를 뒤집어쓴 채 땅속 깊이 파고든 빙하가 보였다. 나무로 지은 작은 막사에서 빙하 트레킹을 위해 아이젠을 매어 준다. 산악 전문가들이 착용할 때 사용하는 것과 같이 날의 수가 많고 크고 강해서 안심하고 빙하 산을 등산할 수 있다. 줄을 서서 자기 순번이 되면 받침대 위에 신발을 올려놓고 기다리면, 관리인들이 정성스레 아이젠의 끈을 단단히 매어 준다. 등산화에 큼직한 아이젠을 새로 달으니 어색하고 걷기가 무척 거북하다. 멀리 빙하를 오르내리는 사람들이 보인다. 정오가 가까워지면서 날씨가 흐려지고 하늘에 먹구름이 끼었다.

여자 안내자를 따라 드디어 페리토 모레노 빙하 트레킹을 시작한다. 빙하 트레킹에는 안전을 위해 안내자 두 명이 각각 앞과 뒤에서 여행객의 트레킹을 안내한다. 발을 옮기자 바람이 무척 거세게 불어 모자 위에 다시 바람막이 점퍼의 모자를 쓰고 끈으로 단단히 동여맸다. 빙하의 표면이 날카롭기 때문에 안전을 위해 아이젠을 착용하고 출발할 때 준비한 두툼한 장갑도 끼어야 한다. 우리가 오르는 곳에는 주변의 산에서 바람에 날려 온 흙이 빙하의 표면을 덮고 있어서 검고 거칠다.

끝이 뾰족한 빙하

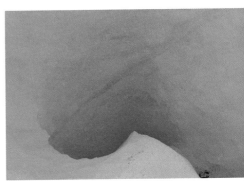
빙하 웅덩이

안내자를 따라 한 발 한 발 조심스럽게 빙산의 언덕을 오른다. 앞서 간 사람들의 아이젠에 부서진 얼음조각들과 빙하의 표면에 흐르는 물 때문에 길이 조금 미끄러웠다. 안내자는 작은 쇠망치로 빙하의 여기저

• 아르헨티나 Argentina •

기를 두드리면서 우리들의 안전에 무척 신경을 쓴다. 빙하의 틈으로 시원하고 깨끗한 물이 흐르고 가끔씩 보이는 빙하 웅덩이는 푸른색의 영롱한 빛깔로 관광객들의 눈길을 끈다. 위로 올라갈수록 경사가 급해지고 바람이 더욱 거세다. 우리가 오르고 있는 부분은 산처럼 경사가 급하고 위에는 마치 산봉우리와 같이 생긴 곳이다. 가늘게 생긴 크레바스는 깊이가 어느 정도인지 가늠이 되지 않고, 속으로 들어갈수록 푸른색이 짙어진다. 억겁의 세월 동안 눈이 쌓이고 얼고, 또 쌓이고 얼고를 반복하여 이런 대자연의 걸작품이 만들어진 것이다.

위스키 on the rock!

　등산을 하듯이 조심스럽게 1시간 이상 빙하 트레킹을 끝내고 파타고니아 빙하 트레킹에서 필수 코스인 '위스키 On the rock' 파티를 위해 아래쪽 작은 빙하골짜기에 모였다. 노란색의 시바스 양주가 컵 속의 투명한 얼음을 휘감으며 부드럽게 스며든다. 한 잔을 받아들고 맛을 보니 목이 얼얼할 정도로 차가우면서도 알싸한 양주의 맛이 혀를 타고 목으로 전해진다. 술을 먹지 못하는 사람들을 위해 현지 안내자가 시원한 빙하물을 떠 온다. 남 사장님이 특별히 준비한 검은색의 칼라파테 과일주의 칵테일도 양주에 버금갈 정도로 깊은 맛이 느껴진다. 아름답고 장엄한 빙하에서 양주 한 잔과 칼라파테 과일주 한 잔을 마셨더니 무척 흥이 나고 기분이 좋았다.

기분이 좋은 것에 반비례하여 다리가 조금 후들거린다. 밑으로 내려와서 아이젠을 반납하고 나무계단이 있는 숲길을 따라 입구로 향했다. 입구의 고사목 위에 새겨진 원주민이 지나는 사람들을 무심히 내려다본다. 우거진 렝가나무숲 사이로 병풍처럼 둘러싼 푸른색의 빙하가 언뜻언뜻 눈에 들어온다. 나무로 만든 이동 통로가 주변의 숲과 잘 어울려 걷는 데 훨씬 마음이 편하게 느껴진다. 빙하가 바라보이는 언덕에서 미리 준비한 김밥으로 맛있게 점심을 먹었다.

점심 식사 후 여유가 있어서 바위 언덕에 올라서 빙하가 무너져 내리는 순간을 포착하려고 저마다 적당한 장소에 자리를 잡고 적진을 살피는 초병(哨兵)처럼 눈앞의 거대한 빙벽을 응시하고 있다. 지성이면 감천이라고 했던가! 잠깐 한눈을 파는 사이에 바로 앞에 있는 빙하의 벽이 무너져 내렸다. 무너져 내린 얼음 덩어리는 물속으로 들어갔다가 다시 솟구쳐 오르면서 뿌옇게 물보라를 만들고 잔잔하던 호수의 표면에 커다란 파도가 밀려들어 바위에 부딪혀 소리를 낸다. 언뜻 보기에는 별것 아닌 작은 얼음 덩어리가 떨어진 것 같은데, 생각했던 것보다 빙하의 위력이 엄청난 것을 실감하였다. 숨을 죽이면서 한참을 기다렸지만, 빙하는 더 이상 자신의 슬픈 자화상을 보여 주지 않았다.

2시 15분, 배를 타고 바람을 맞으며 다시 선착장으로 돌아왔다. 다시 버스에 올라 빙하의 정면을 볼 수 있는 장소로 이동하였다. 오전에 들렀던 곳은 빙하의 측면이었고, 지금부터 보는 곳이 빙하의 정면이라고 한다. 버스를 타고 정상까지 가거나 오솔길을 따라 올라가면서 빙하를 조망하거나 둘 중 하나를 선택하도록 하였는데, 일행 모두 오솔길을 걸으면서 빙하를 관찰하기로 하였다. 지금 바라보고 있는 곳의 빙하는 호수 쪽으로 1년에 약 2m 정도 이동한다고 한다. 호수 주변에는 바람이 강하게 불어서 작은 나무와 고사리를 비롯한 초본들이 자라고 있었다.

페리토 모레노(Perito Moreno) 빙하의 정면

　빙하의 전체 모습은 오전에 보았던 것과 별반 다르지 않고, 전망대 위로 올라갈수록 빙하와 거리가 가까워서 빙하의 앞쪽 빙벽과 빙하의 전체 표면을 볼 수 있었다. 위에서 내려다보니 저 멀리 설산 아래 골짜기에서 시작된 빙하가 이곳 앞쪽까지 이어진 모습이 뚜렷하게 보이고, 표면에 골이 지고 뾰족하게 생긴 작은 봉우리들이 다듬지 않은 거친 칼처럼 섬뜩한 모습으로 솟아 있었다. 빙하의 맨 앞쪽은 무딘 칼로 채를 썰 듯이 깊게 칼질을 해 놓아 언제라도 빙벽에서 떨어질 것처럼 안타깝게도 서로의 갈 길을 분별해 놓았다. 붕락의 순간을 포착하려고 노력했지만, 오늘만큼은 빙하도 거인의 자존심을 지키려는 듯 여기서도 그런 행운은 찾아오지 않았다.

　4시가 넘어서 정상에서 대기하고 있던 버스를 타고 숙소로 향했다.

날이 흐려서 오늘은 일찍부터 어두워지기 시작한다. 아르헨티나 호수는 손이 시릴 것 같은 느낌이 들 정도로 더 진한 옥빛을 띠고 호수 주변의 미루나무도 강한 바람에 줄기의 방향을 바꾸었다.

5시 40분경에 숙소에 도착한 후 7시 30분까지 자유시간이 주어져 칼라파테 시내를 둘러보기로 하였다. 호텔에서 시내까지는 걸어서 조금 먼 편이었다. 시내로 내려오니 집집마다 형태가 다르고 정원수도 달라서 무척 인상적이었다. 건물들은 무척 아담하고 세련되었으며 거리는 물론 카페나 음식점, 기념품 가게에는 세계 각지에서 몰려든 관광객들로 북적이고 있었다. 엘 칼라파테의 중심가인 산마르틴(San Martin) 거리에 자리 잡은 원주민 전문 기념품 매장인 Arte INDIO에 들어갔다. 작은 소품에서부터 도자기, 면제품 등 무척 다양한 상품들을 팔고 있었다.

엘 칼라파테(El Calafate)의 거리

잔디가 깔려 있고 정원수로 장식된 길가의 주택들이 무척 아담하고 예술적 감각이 느껴진다. 7시 30분에 'Don Pichon'이라는 시내가 내려다보이는 전망 좋은 식당에서 스테이크에 와인을 곁들여 아주 멋진 만찬을 즐겼다.

숙소로 돌아와 짐을 정리하고는 푸른빛을 띠던 페리토 모레노 빙하를 떠올리고 내일을 기대하면서 잠을 청해 본다.

· 아르헨티나 Argentina ·

1.23.
– 십팔 일째 날 –

세르로 프리아스

Cerro Frias

아침 7시에 일어나서 8시에 빵과 우유, 계란 등으로 식사를 마치고 짐을 정리한 후 9시에 버스에 올라 아르헨티나 호수를 비롯하여 파타고니아의 절경을 볼 수 있는 엘 칼라파테의 전망대인 세르로 프리아스 (Cerro Frias)로 향했다.

오늘은 아침부터 날씨가 무척 맑고 햇살도 따갑다. 도시 외곽의 미루나무에 둘러싸인 모형 같은 붉은색의 작은 이층집이 무척 인상적이다. 큰길에서 벗어나 비포장도로를 달리자, 초원에 널리 퍼진 칼라파테와 흰 눈이 덮인 설산이 파노라마처럼 차창을 스쳐 간다.

30분 정도 버스를 달려서 산 아래에 있는 식당에 도착했다. 이 식당은 관광객들에게 식사는 물론, 지프차로 세르로 프리아스 정상까지 운행하는 여행 상품을 제공하고 있다. 입구에는 무성하게 자란 칼라파테 나무에 잘 익은 열매가 다닥다닥 붙어 있고, 앞쪽 마당의 나무기둥에는 소가죽을 펴서 말리고 있었다. 여기서 산악용 사륜 지프차를 타고

산의 정상까지 오르면서 아르헨티나 호수를 비롯하여 주변의 눈 덮인 산 등을 조망하게 된다.

세르로 프리아스는 엘 칼라파테에서 남서쪽에 있으며, 높이는 1,095m로 멀리서 보면 산에 오르는 길이 붉은색 실선으로 구불구불하

게 산길을 돌아 정상으로 향하게 되어 있다. 이 산은 아르헨티나 호수를 따라 엘 칼라파테에서 서쪽 방향에 있는 페리토 모레노 빙하를 보러 가는 중간 지점에 위

세르로 프리아스(Cerro Frias) 주변의 목장

치하고 있으며, 이곳에 오르면 동쪽으로 아르헨티나 호수와 설산을 볼 수 있고 남서쪽으로는 칠레의 토레스 델 파이네를 볼 수 있어서 '엘 칼라파테의 전망대(Balcon de El Calafate)'라고 불린다. 페리토 모레노 빙하 트레킹을 위해 가는 서쪽 도로에서 비포장길로 접어들어 이곳에 오르는 여정을 시작한다. 어떻게 저런 경사진 곳을 오를 수 있을까? 은근히 걱정도 된다.

식당 안에 짐을 맡긴 후, 조별로 4대에 나눠 타고 산길을 오른다. 클로버, 칼라파테가 섞인 넓은 초원에는 벼과식물들이 자라고 있어서 방목하기에 무척 좋은 환경을 갖추고 있었다. 이러한 자연 환경을 보면서 순간적으로 아르헨티나에 대해서 부러움을 넘어 샘이 날 정도였다.

관광객들을 싣고 수 없이 올
랐던 지프차의 바퀴자국으
로 길이 움푹움푹 팼고, 지
프차는 앞으로 나아갈 때마
다 바닥의 상태에 따라 신명
난 듯 춤을 춘다. 젊은 기사
가 아주 노련하게 운전을 잘
한다.

산 정상에서 바라본 아르헨티나 호수와 설산

  잠시 산 중턱에서 내려 주변을 살펴본다. 옥빛으로 물들은 아르헨티
나 호수에 밝은 햇살이 은색으로 수를 놓는다. 초원 한가운데 집들이
동화 속의 풍경처럼 무척 예쁘고 평화롭다. 과나코와 토로(투우용 스페인
산 수소)가 산의 정상 부근에서 한가롭게 풀을 뜯고 있다. 앞서가는 차
들이 팬 골을 따라 가파른 언덕길을 용케 잘도 오른다.

  정상에 오르니 바람이 서늘하고 사방이 확 트여 동쪽으로 아르헨티
나 호수 주변을 감싸고 있는 순백의 설산과 계곡 사이사이를 채우면서
길게 이어진 옥빛의 아르헨티나 호수와 호수 주변에 형성된 녹색의 초
원, 푸른 하늘이 눈과 마음을 즐겁게 해 준다. 안내자가 멀리 북쪽을
가리키며 호수 뒤의 낮은 산 너머 멀리 보이는 봉우리를 가리킨다. 3대
가 덕을 쌓아야 볼 수 있다는 피츠 로이(Fitz Roy)의 뾰족한 봉우리가 푸
른 하늘을 배경으로 길게 이어진 설산의 한가운데 기품 있게 우뚝 솟아
있다. 파타고니아에서 아름다움과 유명세에서 칠레의 토레스 델 파이
네와 쌍벽을 이루는 아르헨티나의 대표적인 관광 명소라고 한다.

  발길을 서쪽으로 향하니, 멀리 낮은 산 너머 며칠 전 우리들 마음을

빼앗아 갔던 칠레의 토레스 델 파이네 국립공원의 세 봉우리가 아득하게 보여 무척 반가웠다. 푸른 하늘 아래 흰 눈이 덮인 산의 정상과 뾰족한 봉우리와 움푹 팬 골짝기가 멀리서도 눈에 확연하게 들어왔다. 녹색의 능선 너머로 또 다른 흰색의 능선이 거침없이 허공을 가르며 연속되어 있고, 연초록빛 초원에 산등성이의 렝가나무숲이 만드는 진녹색의 모자이크가 양각(陽刻)의 부조가 되어 더욱 선명하게 다가온다. 엘 칼라파테의 아름답고 이국적인 풍경이 기억의 저장고에 오랫동안 갈무리되기를 바라면서 차에 올랐다.

산 정상의 남서쪽에서 바라본 토레스 델 파이네(사진의 왼쪽)

내려올 때에는 오던 길과 다른 길이다. 두려움이 끝나기도 전에 경사가 심한 도로를 지나치고 어느덧 평온한 렝가나무 숲길을 지난다. 길 옆 절벽 위에 과나코들이 무리를 지어 풀을 뜯으면서 한가롭게 여름 한때를 보내고 있다. 한여름의 햇살이 따가웠는지, 몇 마리의 과나코들이 나무 그늘에서 더위를 피하고 있다. 산비탈에 지프라인(Zipline, Fun sky)을 즐길 수 있는 쇠기둥이 세워져 있고 계곡을 따라 굵은 줄이 설치되어

· 아르헨티나 Argentina ·

있으며, 아래쪽에는 방금 타고 내려간 사람들이 몇몇 모여 있었다.

식당에 도착하여 수프와 빵, 소고기, 닭고기 등으로 포식을 하였다. 접수대에 비치된 방명록에 서명을 하고 밖으로 나와 휴식을 취했다. 숙소로 돌아가야 하는데, 우리를 태우고 갈 버스 기사가 열쇠를 차에 꽂아 놓고 내려서 당장 출발할 수 없다고 한다. 전문가다운 자세가 아쉬운 대목이다.

| 엘 칼라파테 **El Calafate** 를 떠나며 |

잠시 길옆의 비스듬한 언덕에 무성하게 자란 칼라파테에 모여들어 검게 잘 익은 칼라파테 열매를 따먹으면서 아름다운 엘 칼라파테 답사를 마무리한다. 햇빛을 고루 잘 받아 까맣게 익은 열매만 골라 입에 넣으니, 신맛도 덜하고 그런대로 감칠맛이 난다. 칼라파테를 먹을 때마다 한쪽으로 치우지지 않는 절묘한 맛의 조화가 미각의 묘미를 느끼게 한다. 엘 칼라파테의 아름다운 모습과 입안에서 느꼈던 칼라파테의 오묘한 맛! 기억이 스칠 때마다 입안 가득히 침이 고일 것처럼 오래도록 생각날 것 같다.

다른 차를 이용하여 숙소에 도착

칼라파테(Calafate) 농장

하여 짐을 확인한 후, 버스를 타고 엘 칼라파테 공항으로 향했다. 공항으로 오는 내내 길옆 철조망 울타리로 둘러싸인 농장에 칼라파테가 군데군데 무리지어 자라고 있었다. 공항은 시내에서 아르헨티나 호수를 따라 동쪽으로 버스로 10분 정도 이동하면 도착할 수 있다. 공항 활주로 아래에 아르헨티나 호수가 버티고 있다.

수속을 마치고 그동안 볼리비아 국경의 잊지 못할 추억을 시작으로 볼리비아, 칠레, 아르헨티나 엘 칼라파테 답사를 위해 10일 동안 넉넉한 마음으로 편안하고 여유 있게 답사를 이끌었던 안내자 박○○ 씨와 아쉬운 작별인사를 나누었다.

| 부에노스아이레스 **Buenos Aires** 를 향해 |

아름다운 칼라파테를 가슴에 담고 오후 4시에 부에노스아이레스 (Buenos Aires)행 비행기에 몸을 실었다. 여기서 부에노스아이레스까지는 2,837㎞로, 비행기로 3시간 이상이 걸리는 꽤 먼 거리이다. 오후가 되면서 아르헨티나 호수가 더욱 고운 옥빛을 띤다. 호수 주변 언덕 아래 엘 칼라파테가 아득하게 보인다. 날씨가 아주 맑아서 비행기 아래의 풍경이 선명하게 눈에 들어왔다.

이륙 후 약 1시간 동안 건조하고 황량한 사막이 계속되다가 대서양의 푸른 바다와 해안선, 해안가의 건조한 사막 지대가 나타났다. 약 40분 정도 더 지나니 경지 정리가 잘된 넓은 농경지가 나타났다. 수확이 끝난 일부 농경지는 바닥이 붉은색, 갈색을 띠고 작물이 자라는 밭은 녹

• 아르헨티나 Argentina •

색의 사각형, 원, 반원 등의 다양한 형태로 되어 있어서 넓은 평야가 하나의 거대한 모자이크 예술품처럼 느껴졌다.

　이륙 후 3시간 이상을 비행하여 오후 7시 50분이 넘어 서서히 땅거미가 질 때쯤, 부에노스아이레스 공항에 도착하였다. 공항 주변에는 예쁜 집들이 숲에 둘러싸여 있어서 커다란 공원 같았으며 높은 빌딩은 눈에 잘 보이지 않는다. 입국 수속을 마치고 입국장으로 나오니 아리따운 아가씨가 우리를 기다리고 있었다. 부에노스아이레스 답사를 안내해 줄 엘 칼라파테

농경지(원형인 곳은 스플링쿨러의 효율성 높음)

에서 헤어진 안내자의 부인인 장○○ 씨이다. 첫인상이 상냥하고 무척 친절해 보였다.

　버스에 짐을 싣고 부에노스아이레스의 밤길을 달려 숙소로 향했다. 지금 우리가 탄 버스는 부에노스아이레스의 상징인 '7월 9일의 대로(Avenida 9 de Julio)'를 달리고 있다. 1816년 7월 9일 아르헨티나가 스페인으로부터 독립한 것을 기념하기 위해 붙인 이름으로, 도로의 폭이 20차선으로 세계에서 가장 넓은 도로이며 20차선에서 현재는 14차선으로 되어 있으며 중간에 버스정류장이 설치되어 있다. 중앙의 버스 정류장은 서울시에서 시행하는 것을 그대로 적용한 것이라고 한다.

　그리고 7월 9일 도로 주변에는 1880년 부에노스아이레스가 아르헨

티나의 수도가 된 후 남미의 파리를 꿈꾸며 과거의 문화 유적을 대부분 허물고 의욕적으로 현대화 사업을 벌여 세계적으로 유명한 콘서트홀과 오페라하우스를 비롯한 건축물과, 도로의 중앙에 이 도로의 상징인 오벨리스크 등을 세웠다고 한다. 이 거대한 오벨리스크는 1930년대 성당을 헐고 유럽인들이 아르헨티나에서 생산되는 돌로 31일 만에 쌓았다고 한다. 불을 밝힌 가로등과 주변의 건물들이 아름다운 예술품처럼 무척 세련되고, 전체적으로 풍요로운 분위기를 느낄 수 있었다.

도심에서 조금 떨어진 한적한 곳에 자리잡은 교포가 운영하는 한정식집인 '대원정'에서 고등어조림, 돼지고기와 소고기, 김치찌개, 김치, 나물무침 등 한식(韓食)으로 맛있게 먹었다. 후식으로 식혜를 먹으면서 향수를 달래며 오늘의 피로를 풀어 본다. 이 순간만큼은 고향집에 온 것 같은 편안한 기분이 들었다. 식당 벽에는 이 식당을 다녀간 주로 국회의원들을 비롯한 연예인, 기타 외교관, 경제인들의 친필 서명이 들어간 액자가 걸려 있었다.

교민들이 운영하는 한국식당은 부에노스아이레스 시민들에게는 인지도가 낮고 현지화가 덜 되어 크게 번성하지 못하였다고 한다. 대원정 부근에 교민들이 운영하는 쌀집을 비롯하여 채소 가게 등 다른 업종의 상점들이 많이 모여 있었다. Abasto Plaza Hotel에 도착하여 짐을 들고 방으로 향했다. 방음이 제대로 안 되어 자동차 소리가 잠을 설치게 한다. 그래도 내일의 부에노스아이레스 답사를 위해서 부지런히 꿈속으로 빠져든다.

1.24.
– 십구 일째 날 –

팔레르모 장미 공원

Palermo

아침 7시에 일어나서 창문을 열고 맑은 공기(Buenos Aires)를 마시면서
짐을 정리하고 빵과 우유, 계란 등으로 간단하게 아침 식사를 하였다.
요즘 웬만한 외국 관광지에 가면 우리나라 사람들을 쉽게 만날 수 있는
데, 사업차 들른 사람들을 비롯하여, 관광을 위해 들른 우리나라 사람
들이 옆자리에서 이런저런 얘기를 나누면서 즐겁게 식사를 한다. 식당
의 입구에서 훤칠하게 생긴 유대인들이 키파(Kippah, 머리에 쓰는 챙 없는
둥근 모자)를 쓰고 기도문을 낭송하며 기도를 드리고 있다.

9시가 조금 넘었는데도 수은주의 눈금이 30℃가 넘었다. Buenos
Aires는 '맑은 공기'라는 뜻으로 현재 인구는 약 300만 명(2015년 기준)에
이르며, 일찍이 스페인과 이탈리아를 비롯한 백인 이민자들이 사회의
주요 계층을 형성하였다고 한다. 남미의 다른 도시들에 비해 백인들
이 압도적으로 많고 그들 중심의 문화가 잘 발달되었으며 세련된 건축
물이 많고 정열과 낭만이 넘치기 때문에 '남미의 파리'라고 불린다. 지

금은 경제사정이 좋지 않아 과거 번영을 누리던 때만큼 활기차지 않지만, 그래도 이곳 사람들은 부에노스아이레스와 아르헨티나에 대하여 대단한 자부심을 갖고 있다고 한다.

도시 중심가로 나오니 한여름의 더위가 실감이 난다. 노점상이 많은 공원 앞에서 아저씨가 그림을 펼쳐놓고 손님들을 기다리고 있다. 도

팔레르모 공원 주변의 건물들

리아식의 기둥이 지붕을 받치고 있는 웅장한 법대 건물은 레콜레타(Recoleta, 공동묘지) 건너편에 있는데, 부에노스아이레스뿐만 아니라 아르헨티나가 자랑할 만큼 명성이 높다고 한다. 팔레르모(Palermo, 장미 공원) 부근에는 동양의 연꽃을 착안하여 만든 커다란

금속판이 있는데, 지금은 고장이 나서 항상 열린 상태로 고정시켜 놓았다고 한다.

길옆에는 1850년대 아르헨티나 내전을 종식시키고 초대 대통령이 된 후스토 호세 우르키사(Justo Jose Urquiza) 장군이 말을 타고 칼을 들고 있는 동상이 서 있다.

후스토 호세 우르키사 Justo Jose Urquiza, 1801~1870 | 아르헨티나의 장군이자 정치가로, 당시 권력을 잡은 후안 마누엘 로사스(Juan Manuel Rosas)의 신임을 얻어 1841년 엔트레 리오스(Entre Rios)의 총독이 되었으며 주변의 군벌세력들을 제압하고 엔트레

• 아르헨티나 Argentina •

리오스의 최고 권력자가 되었다. 우르키사 장군은 당시 부에노스아이레스의 총독이었던 후안 마누엘 로사스와의 갈등과 부에노스아이레스가 엔트레 리오스에 대하여 경제적·정치적으로 지배하려는 것에 대한 반감, 국가적 헌법의 제정을 내세우며 후안 마누엘 로사

우르키사(Urquiza) 장군 동상

스에 대하여 반란을 일으켰다. 이러한 반란에 대하여 코리엔테스 (Corrientes) 지방을 제외한 다른 모든 지방은 우르키사를 비난하고 우르키사 군대와 맞섰다. 브라질과 우루과이 자유주의자들의 도움을 받은 우르키사 장군은 카세로스(Caseros) 전투에서 승리하여 수도인 부에노스아이레스를 제외한 아르헨티나를 통일하고 1852년 임시 집권자의 자격으로 산타페에서 제헌의회를 소집하였다

1854년 부에노스아이레스를 제외한 아르헨티나 연방의 초대 대통령이 된 그는 미국·영국·프랑스 등과 해운협정을 체결하여 아르헨티나의 항구를 개방하였다. 그리고 1859년 바르톨로메 미트레(Bartolome Mitre)가 이끄는 부에노스아이레스 군대를 세페다 (Cepeda)에서 무찌름으로써 부에노스아이레스가 연방에 들어오게 하였다. 1860년 부에노스아이레스에 의해 제안된 수정헌법이 채

택되었으나 1861년 바르톨로메 미트레가 이끄는 군대에 패해 엔
트레 리오스에 있는 산 호세 대통령궁(San José Palace)으로 돌아가
은거하던 중 1870년 정적(政敵)의 부하에 의해 암살되었다.

팔레르모 공원 앞에는 고급아파트들이 길을 따라 늘어서 있으며 많
은 시민들이 더운 날씨에도 아랑곳하지 않고 공원에 나와 운동을 하고
있다. 이 더운 날씨에 어떤 사람들은 웃옷을 벗은 채 달리고, 어떤 사
람들은 자전거를 타면서 더위를 즐기는 것처럼 열심히 운동을 한다.
가로수에 핀 분홍색 꽃이 더운 날씨와 묘하게 분위기를 맞추며 공원의
정취를 더해 준다. 안내자가 나눠 준 이어폰을 끼고 공원 안으로 이동
한다. 붉은색의 사암 자갈이 깔린 공원의 길이 울창한 녹색의 숲, 그리
고 잔디와 보색의 대비가 되어 더욱 선명하고 강렬한 느낌을 준다. 안
쪽에는 더위를 식혀 주려는 듯 분수의 물줄기가 시원하게 하늘로 솟구
친다. 공원 안에 들어왔는데도 햇살이 따갑고 얼굴에 땀이 줄줄 흐를
정도로 무척이나 무덥다.

팔레르모 공원은 면적이 약 7만 8천㎡이고 5월 혁명 100주년 기념탑
을 비롯하여 대규모의 장미정원과 동물원·식물원이 있고, 그 밖에 테
니스클럽·골프장을 비롯한 다양한 종류의 스포츠 시설이 있으며, 특
히 다양한 종류의 장미들로 장식되어 있어서 '장미공원'이라고도 부른
다. 백장미와 분홍색 장미 등 다양한 장미들로 꾸며진 화단을 지나 조
금 발걸음을 옮기니, 야자수를 비롯하여 오래된 나무들로 둘러싸인 예
쁜 호수가 나타났다. 호수 한쪽에는 말끔한 모습의 백조들이 무리지어
헤엄을 치고 호수 주변 숲 속에는 많은 사람들이 세상 걱정을 모두 내

붉은색 사암의 자갈이 깔린 길   장미 화단

려놓은 듯 편안하게 휴식을 취하고 있었다.

　공원 곳곳에는 아르헨티나의 발전에 기여한 사람들의 동상이 여기저기 세워져 있다. 힘차게 솟구쳐 오르는 분수의 시원한 물줄기가 당장 수조로 뛰어들고 싶을 정도로 더위에 지친 사람들을 유혹한다. 공들여 심고 가꾼 세월이 꽤나 오래된 것처럼 공원의 나무들이 크고 모양도 다양하고 저마다 독특한 모습으로 공원의 품격을 더해 주었다. 공원 한쪽에 우크라이나의 시인 타라스 셰브첸코(Taras Shevchenko)의 동상 앞에 많은 사람들이 모여 있다.

　공원을 나와 버스를 타고 공동묘지인 레콜레타(Recoleta)로 향했다. 차도(車道) 아래의 벽에 붉은색으로 사람의 입과 눈을 주제로 그린 추상화의 그라피티가 무척 강렬하고 색다른 느낌을 준다. 이곳 남미사람들은 시멘트벽에 그림 그리는 것을 무척 즐기는 것 같았다.

　공원에서 약 10분 정도 버스를 타고 레콜레타에 도착했다.

원래 이곳은 프란시스코 파(Franciscan Order)의 교회와 밭이었으나 1822년 부에노스아이레스 시 정부에서 이곳을 공동묘지로 개발하기 시작하면서 정치가, 독립영웅, 작가, 과학자 등 유명 인사들이 이곳에 묻히게 되었다. 일반인들은 들어올 수 없을 정도로 값이 비싼 이곳은, 고급스런 삶을 살다가 비싼 죽음을 맞은 사람들이 묻혀 있는 최고급 묘지로서 4,691기(基)의 묘지가 있다. 주변에 철로가 놓이고, 1871년 부촌이었던 산텔모(San Telmo) 지역에 황열이 창궐하자 부자들이 대거 이곳으로 모여들어 새로운 부촌을 형성하였다.

현재 이곳 공동묘지 주변에는 학교와 문화 센터, 박물관, 고급식당과 최고급 패션 상가를 비롯하여 호화 주택 등이 있어서 우리의 정서로는 도저히 이해할 수 없는 생(生)과 사(死)의 불가사의한 아름다운 공존이 오랫동안 지속되고 있다. 죽은 자의 무덤이 조금도 혐오감을 주지 않고 살아 있는 자들이 동경하는 예술적 공간으로 널리 사랑을 받고 있는 것이다. 돌아가신 조상을 산 사람보다 더 대접을 하면서도 삶과 죽음을 격리시키는 이분법적 배타성이 유달리 강한 우리의 정서와는 너무나 대조적이다.

도시 한가운데 이처럼 화려하고 작은 도시 같은 묘지가 조성될 수 있었던 것은, 그들이 '죽음은 사람들의 기억에서 잊힐 때'라고 여기는 이곳 사람들의 정서 때문일 것이라고 생각한다. 또한 그들은 죽음을 앞둔 친구에게 '친구여 죽음을 그렇게 서러워하지 말게. 오랫동안 그대를 기억하는 사람들이 많은 이상, 그대는 결코 죽지 않음에, 떠난다는 슬픔에서 벗어나 주오.'라고 말하면서 위로를 건넬 것이라는 생각이 든다.

별로 어색하지 않은 붉은색의 벽돌담으로 죽은 자들의 안식처와 살아 있는 자들의 거리를 경계 지었을 뿐이었다. 4개의 도리아식 기둥이 받치고 있는 정문의 일자형(一字形) 지붕에는 '편이 잠드소서.(REQUIESCANT IN PACE)'라는 짧은 문구로 망자(亡子)들을 위로하고 있다. 정문 안으로 들어서니 하얀 대리석으로 된 바닥에 묘지가 설립된 1822와 문화재로 지정된 1881, 그리고 재건축을 금지한 2003이 적혀 있었다. 국민의 대부분이 백인이고 90% 이상이 로마 가톨릭교도이기 때문에 무덤에도 성모상과 예수상, 그리고 십자가가 눈에 많이 띈다. 이어폰을 끼고 안내자의 설명을 열심히 들으면서

묘지들을 살펴본다. 조각 하나하나가 모두 예술품이고 죽은 자의 안식처라기보다는 석조 예술품들의 경연장 같았다.

사연 없는 죽음이 어디 있겠냐마는 이곳에 묻힌 사람들 중에도 가슴 아픈 사연을 가진 경우도 많았다. 특히, 어느 소녀의 무덤은 관에 뚜껑이 없었는데, 죽은 줄 알고 관에 넣었다가 며칠 후에 관 뚜껑을 열어보니 관을 열기 위해 손톱으로 관 뚜껑의 안쪽을 긁은 흔적이 발견되어 가족들이 이 소녀의 무덤에는 관 뚜껑을 만들지 않았다고 한다. 우리네 옛 풍습 중에 시신을 널에 올려놓고 장례를 치를 때까지 며칠간 방

에 안치했던 것도 과거 의술이 발달하지 않았을 당시 사망 판정이 정확하지 않을 경우를 대비한 것이다. 실제로 복어독(tetratoxin, 테트라톡신)에 중독된 경우, 며칠 만에 깨어나거나 개인에 따라서는 1달 또는 그 이상이 지난 후에 깨어나는 경우도 있다고 한다.

묘지를 조성할 때 일렬로 잘 정비하여 구획으로 나누어져 있지만, 묘지와 통로가 많고 좁아서 길을 잃을 수도 있기 때문에 입구에 들어서면서 특정한 묘지나 나무 등을 이정표로 정해두는 것이 좋다.

죽은 자의 영혼을 위로라도 하려는 듯 붉게 핀 능소화가 무더위 속에서 묘지를 지키고 있다. 일부의 무덤은 파헤쳐져 있는데, 후손들이 자기 조상들의 무덤을 다른 사람들이 와서 보는 것을 꺼려서 다른 곳으로 이장했기 때문이라고 한다. 둘러본 곳 중에서 기억에 남는 묘지 몇 군데를 간단하게 소개하고자 한다.

라울 알폰신 Raul Alfonsin, 1927~2009 ｜ 대학에서 법학을 전공하였으며 대학 졸업 후 급진시민연합(Radical Civic Union, 중도 좌파)에 가입하였으며, 군사독재 시절 강제로 실종된 사람들에 대한 자유를 보장하기 위해 수차례 인신보호영장(Habeas corpus, 구속적부심)을 제출하였고 군사정부를 비난하는 잡지를 발간하기도 하였다. 이러한 민주화 운동으로 투옥되기도 하였으며 리카르도 발빈(Ricardo Balbin)이 이끄는 급진시민연합에서 지도자로 활동하였으며 1982년 리카르도 발빈이 사망함에 따라 급진시민연합의 대통령 후보가 되었다. 국민들의 민정 이양 요구에 의해 1983년 10월 빅토르 마르티네스(Victor Martines)를 부통령 후보로 지명하여

치러진 선거에서 6년 임기의 대
통령에 당선됨으로써, 군사독
재에서 벗어나 민간 출신 대통
령이 되었다. 오랫동안 아르헨
티나의 민주화 운동을 이끌었던
인물이었기 때문에 많은 국민들
의 큰 기대를 모았다. 그는 군사
독재정권 하에서 저지른 범죄에
대한 재판을 적극적으로 도와주
고 군사독재정권의 자기사면법

알폰신 대통령 묘

(Self-Amnesty)을 폐지하는 등 그동안 군사정권에서 제정된 악법을
청산하였으며 심각한 경제 문제를 해결하기 위해 대대적인 개혁
정책을 실시하였으나 큰 성과를 거두지 못하였다. 군사정부로부터
물려받은 외채와 개혁의 실패로 국민들이 실망하고 반감을 가짐으
로써 임기 종료 수개월을 남기고 1989년 7월 사임했다.

　무덤 한쪽에 그의 흉상이 놓여 있고 천장의 일부에 예쁜 색으로 채색
된 아크릴판에서 투영된 빛이 무덤의 한쪽 벽에 신비스러운 벽화를 그
려 낸다. 자리를 옮겨 무명용사들이 잠들어 있는 무덤으로 이동하였
다. 레콜레타에서는 무명용사의 무덤만 유일하게 가족이 아닌 혈연관
계가 없는 병사들을 모신 안식처라고 한다. 무덤의 조각상 위에는 날
개 달린 성모가 남자 아이를 안고 있고 아래에는 총을 든 병사들과 시
민이 서 있다. 무명용사의 무덤 가까이에 노벨화학상 수상자 루이스

페데리코 를루르(Luis Federico Leloir)의 가족묘가 있다.

루이스 페데리코 를루르 Luis Federico Leloir, 1906~1987 | 그는 프랑스에서 태어난 아르헨티나의 생화학자이며 '당뉴클레오티드의 발견과 탄수화물의 생합성에서 그 역할'의 연구로 1970년 노벨 화학상을 수상하였다. 당뉴클레오티드는 뉴클레오티드에 당(糖)

이 결합된 것을 말하는데, 뉴클레오티드란 DNA(유전자)와 RNA(유전자를 보조하는 물질)를 구성하는 단위물질이다. 그의 연구 이전에는 탄수화물, 즉 당류에 대하여 주로 에너지원으로서의 작용 등에 관한 연구가 이루어졌으며, 일반인들 또한 탄수화물이 주로 에너지원으로만 이용되는 것으로

루이스 페데리코 를루르 묘

알고 있었다. 그의 연구 업적인 당뉴클레오티드의 발견은 당이 변화될 때 당 혼자서 변화되는 것이 아니라 당뉴클레오티드와 결합함으로써 당의 일부분이 활성화되어 변화된다는 것을 밝힌 것이다. 그의 연구로 당은 단순한 에너지원의 차원을 넘어 물질의 대사(물질의 변화)에도 관여한다는 사실이 밝혀졌다.

• 아르헨티나 Argentina •

무덤 위에는 이오니아식의 작은 기둥이 둥그런 지붕을 떠받치고 있는데, 찬란한 그의 업적을 오래 기리기 위하여 천장에 그려진 날개 달린 어린 천사와 옷 속에 숨은 사람의 모습 등이 14K의 금으로 입혀져 있다. 조금 옆으로 가니 훌리오 로카(Julio Roca) 대통령 가족 무덤이 있었다.

훌리오 로카 Julio Roca, 1843~1914 | 15세의 어린 나이에 아르헨티나 연합군에 들어가 전투에 참여했으며, 1864년에서 1870년까지 파라과이를 상대로 벌였던 3국 동맹(아르헨티나 · 브라질 · 우루과이) 전쟁에도 참여하였다. 리카르도 로페스(Licardo Lopez)의 반란을 제압하는 전투에 참여하는 동안 대령으로 진급하였으며 산타 로사(Santa Rosa)에서 벌어진 반란군과의 전투에서 승리함으로써 장군으로 승진하였다.

1879년 육군장관 시절 파타고니아 지역의 원주민들을 토벌하여 초원 지대의 식민 정책을 성공시켰으며, 1880년 대통령에 취임하여 그동안 교회에서 운영하던 초등교육을 무료로 국영화함으로써 바티칸과 갈등을 빚기도 하였다. 또한 국가 통제에 의한 경제정책을 펼쳤으

훌리오 로카 묘

며 유럽 이민자들의 대규모 유입과 철도건설, 농축산물의 수출 등에 힘입어 경제가 급속하게 발전하였다. 1898년 재선되어 외국 자본을 끌어들여 경제적 번영을 이룩하고 군복무 제도를 도입하여 1902년 칠레와의 국경 문제를 해결하는 등 국가 발전을 위해 공헌한 점이 인정되어 아르헨티나 국민들로부터 영웅으로 추앙을 받고 있다.

그의 가족묘 위에 있는 월계관을 손에 든 날개 달린 성모상이 무척 어색하게 느껴지는 것은 힘이 없어 자기 땅을 빼앗기고 목숨까지 잃은 원주민들에 대한 애달픈 동정심 때문일까? 한여름의 따가운 햇살은 죽은 자들의 영혼이 거니는 좁은 미로를 포위하고 무자비한 점령군처럼 바닥에 질식할 것 같은 후끈한 열기를 쏟아 놓고 물러갈 기색도 없이 위세를 떨치고 있다. 한참을 걸어서 이곳 공동묘지에서 가장 많은 사람들이 들르는 에바 페론(Eva Peron)의 무덤을 찾았다. 우리가 도착했을 때에는 이미 많은 추모객들이 무덤 주변에 모여 그녀에 대한 그리움을 달래고 있었다.

에바 페론 Eva Peron, Eva Duarte 1919~1952 | 에바 페론(Eva Peron)은 아르헨티나 팜파스가 펼쳐진 시골마을 로스 톨도스(Los Toldos)에서 대지주였던 아버지 후안 두아르테(Juan Duarte)와 그의 정부(情婦)였던 가정부 후아나 이바르구렌(Juana Ibarguren) 사이에서 사생아로 태어나 가난하고 힘든 어린 시절을 보냈다. 사생아로서 아버지로부터 자식 대접도 제대로 받지 못하고 자랐으며, 대중

잡지를 보면서 도시로 나가 배우로 성공하기를 꿈꾸었다.

아버지가 세상을 떠나자 15살 때 과감하게 가출하여 부에노스아이레스로 상경한 후 빼어난 미모를 바탕으로 자신의 성공을 위해 능력 있는 남자와 관계를 맺으면서 삼류극단의 배우로 출발하였다. 에바는 이러한 어려운 삶 속에서도 자신을 예쁘고 귀엽게 꾸미고 싶어 했으며 자신을 어릴 적 이름인 '에비타(Evita, little Eva)'라고 불렀다. 성공을 위한 일념으로 여러 남자 품을 전전하며 잡지 모델, 영화배우, 라디오 성우로 활동하였고, 사교계에도 드나들면서 자신의 입지를 강화시켰으며, 1940년경 배우로 두각을 나타내게 되었다. 특히 1942년 초 아르헨티나 최대의 민간 방송사였던 라디오 엘 문도(Radio El Mundo)의 〈역사 속의 위대한 여인들〉이라는 1일 라디오 드라마 시리즈에서 폭발적인 인기를 얻었으며 일약 최고의 소득을 올리는 유명배우가 되었다.

1916년 아르헨티나의 좌파 계열인 급진시민연합(UCR)이 정권을 잡았으나 우파의 견제와 1929년 세계 대공황 등으로 위기를 극복하지 못하고 1930년 군부 쿠데타에 의해 좌파 정권은 무너지고 극우파인 아르헨티나 애국자 동맹(LPA)이 정권을 잡게 된다. 정권을 잡은 군부와 우파 정부는 부정부패의 만연과 좌파에 대한 무자비한 탄압, 경제정책의 실패로 사회 혼란이 가중되어 '치욕의 10년'이라는 어두운 시절을 보내게 되었다.

1943년, 아르투로 라우손(Arturo Rawson) 장군의 지휘 아래 후안 페론 대령이 포함된 장교들이 쿠데타를 일으켜 부패한 정부를 무너뜨렸으며 후안 페론은 페드로 파블로 라미레스(Pedro Pablo

Ramirez) 정권에서 노동성장관을 역임하면서 노동자들과 가까워지는 계기를 마련하였다. 1944년 노동성장관 시절이던 1월 산 후안(San Juan)에서 대규모 지진이 발생하여 지진 희생자들을 돕기 위한 모금 운동에 예술계의 도움이 필요했으며, 이러한 자선 공연에서 후안 페론과 에비타는 운명적으로 만나 서로 사랑하게 되었고 1945년 결혼하였다.

후안 페론의 인기와 그의 대중을 선동하는 능력을 염려하던 군부는 1945년 10월 그를 체포하여 감금하였다가 시민들의 대규모 시위로 4일 만에 석방하였다. 에비타는 1946년 대통령 후보로 출마한 후안 페론을 당선시키기 위해 서민들과 노동자들을 위한 정치 공약을 내걸고 성우 시절 갈고 닦은 실력을 발휘하여 노동자를 중심으로 한 가난한 사람들의 전폭적인 지지를 이끌어 내 후안 페론을 대통령으로 당선시키고 자신은 영부인이 되었다.

1946년 에비타는 노동성장관과 건강성장관을 맡아서 노동자와 가난한 사람들을 위해서 획기적인 복지정책을 실시하여 상류층을 제외한 많은 대중들로부터 열렬한 사랑과 지지를 받았다. 또한 그녀는 자신이 직접 기금을 출연하여 에바 페론 재단(Eva Peron Foundation)을 설립하여 노동자들을 비롯한 많은 사람들로부터 자발적인 후원금을 모아 빈민층을 위한 도시 건설, 무주택자들을 위한 주택 건설, 가난한 사람들을 위한 병원 건설, 기타 생활필수품 공급, 장학금 지원 등 사회복지를 위해 과감하고도 적극적인 정책을 펼쳤다. 또한 그녀의 노력으로 1947년 여성의 참정권을 인정하는 법이 통과되어 여자도 남자와 평등하게 투표에 참여할 수 있게 되었으며, 이를 기반으로 1947년 에비타는 여성 페론당을 창당하였고, 1951년 후안 페론의 대통령 선거에서 막강한 영향력을 행사했다.

건강이 극도로 악화된 에비타는 1951년 군부의 반대로 부통령 후보로 나서지 못하였고 쓰러져 가는 병든 몸으로 후안 페론의 재선에 힘을 쏟았다. 1952년 6월, 후안 페론 대통령의 재선 축하 행사에 공식

에바 페론(Eva Peron)의 무덤

적으로 마지막 모습을 드러낸 후 영화보다도 더 극적인 삶을 살았던 에비타는 1952년 7월 26일 자궁경부암으로 33살의 꽃다운 젊은 나이에 안타까운 삶을 마감하였다.

아르헨티나의 많은 국민들이 그녀의 죽음을 애도하였고 장례식은 국장(國葬)으로 성대하게 치러졌지만 군부에 의해 시신이 이탈리아로 추방되는 수모를 겪기도 하였으나, 세상을 떠난 지 24년이 지난 1975년에 돌아와 현재의 위치에 안장되었다. 후안 페론을 두 번이나 대통령에 당선시키고 영부인이 되었지만 후안 페론 가문의 반대로 그들의 가족묘에 묻히지 못하고, 결국 어렸을 때 제대로 대접도 해 주지 않고 쓰라린 고통을 안겨 주었던 두아르테(DUARTE) 가문의 가족묘에 묻혀 있다.

그녀가 세상을 떠난 지 60년이 지난 지금도 그녀에 대한 평가는 지나

친 복지정책으로 재정의 악화를 가져왔으며 이러한 결과로 그 이후 정부의 재정 위기를 초래하였다고 주장하는 반면에, 노동자들과 빈민들의 삶을 개선시킨 성녀(聖女)로서 아직까지도 그녀의 사랑과 구원을 마음 깊이 그리워하는 사람들이 있는 것처럼 극단적으로 다르게 나타난다.

뜨거운 열정을 갖고 아르헨티나를 변화시키려고 노력했던 그녀는 지금도 많은 아르헨티나 사람들로부터 사랑을 받고 있으며, 추모객들이 꽂고 간 꽃송이들이 그녀에 대한 애도와 구원의 기다림을 말해 주고 있었다. 그녀의 숨결을 느끼고 싶은 사람들이 라틴십자가(아래쪽이 위쪽보다 긴 십자가) 구조가 있는 문틈에 눈을 바짝 대고 그녀가 누워 있는 관을 유심히 살펴본다. 훼손을 막기 위해 실제 그녀의 유골이 들어 있는 관은 지하 몇 층의 아래에 있다고 한다.

20세기의 신화를 만든 신데렐라 에비타! 어려운 사람들을 끔찍이 사랑했던 애민 정신을 마음에 담고 발걸음을 옮긴다.

| 엘 알테네오 **El Alteneo** 서점과 아사도 **Asado**, 전통요리 |

다시 입구로 나와 서점 중에서 세계에서 제일 아름답다는 엘 알테네오(El Ateneo) 서점으로 향했다. 원래는 오페라 극장이었던 것을 개조하여 서점으로 꾸민 것인데, 노랗게 채색된 내부는 오페라 극장답게 은은한 분위기가 넘치고 무대는 이제 막을 여는 것처럼 붉은색 커튼이 반쯤 걷혀 있었다. 무대 위의 벽과 천장을 비롯하여 층층마다 기둥의 모서리와 벽에 새겨진 인물이나 식물 등의 조각 하나하나가 빼어난 예술

품이다. 노란색이 주는 은은함과 편안함이 조각과 잘 어울려 환상적인 분위기를 연출한다. 1층과 지하층에 각종 도서를 조화롭게 배열하여 무척 간결하면서도 세련된 느낌이 들었다. 책을 고르는 것이 아니라 서점의 황홀한 분위기에 푹 빠져드는 기분이 들었다.

서점을 나와 식당을 향했다. 식당 안으로 들어서니 밖에서 보았던 것보다 길에 이어져 있어서 공간이 무척 넓었다. 자리로 오는 도중에 뷔페식 차림을 보니 음식의 종류도 많고 무척 맛이 있어 보였다. 지금까지 보았던 식당 중에서 가장 음식이 많고 손님들로 무척 북적였다. 이곳 부에노스아이레스에서도 아주 유명한 식당이라고 하였다. 맛있는 식사를 준비하느라 요리사들이 무척 분주하게 움직인다. 식당의 한쪽

엘 알테네오(El Alteneo) 서점

아르헨티나 전통요리 아사도(Asado)

에는 커다란 통마늘을 댕기를 따듯 엮어서 늘어뜨리고 마른 꽃이나 식물의 이삭 등을 걸어 놓고 그 위의 선반에 생수통 모양의 유리병을 올려놓은 모습이 무척 이채로웠다. 주방 근처에는 투명한 플라스틱 구조물이 있어서 숯불에 익어 가는 맛있게 생긴 소갈비를 손님들이 보면서

식욕을 돋울 수 있도록 하였다.

　소의 숫자가 사람 수보다 훨씬 많은 아르헨티나에서 여행 중 맛있는 소고기를 먹어 보지 못하면 두고두고 후회할 것 같은 생각이 들었다. 접시를 들고 주방으로 가서 아르헨티나의 전통요리인 소갈비에 소금을 뿌리고 몇 시간 동안 장작불로 잘 익힌 아사도(Asado)와 커다란 소시지의 일종인 초리소(Chorizo)를 접시에 담았다. 면류와 빵, 과일 등 식욕을 당기는 음식들이 많았다. 기름이 빠지고 소금기가 적당하게 밴 잘 익은 아사도는 아직까지 먹어 본 어떤 소고기보다 맛이 뛰어났다. 초리소는 무척 짜서 내 입맛에는 잘 맞지 않았다. 아르헨티나의 맛있는 갈비 맛은 두고두고 오랫동안 기억에 남을 것 같았다.

| 5월의 광장 **Plaza de Mayo** |

　점심을 먹고 버스로 이동하여 아르헨티나 정치의 중심지인 5월의 광장(Plaza de Mayo)으로 향했다. 5월의 광장은 1810년 5월 25일 아르헨티나가 스페인 식민지에서 벗어나고자 자치정부를 설치하고 독립을 선언한 뜻깊은 날을 기념하기 위해 만든 곳이다. 여기에 세워진 흰색의 높은 탑은 5월 혁명 1주년을 기념하기 위해 세웠으며, 탑 속에는 아르헨티나 각지에서 가져온 흙이 보관되어 있다. 기념비 위에는 기다란 막대를 든 여인상이 있으며, 아래에는 혁명일을 오래도록 기억하기 위해 고딕체로 '25 MAYO 1810'이라고 새겨져 있다.

　지금도 대통령의 취임이나 정치적인 중요행사가 여기에서 열리며 분홍색의 대통령궁을 마주 보고 있다. 아르헨티나의 독립을 상징하는 매우 성스러운 장소라고 할 수 있다. 또한 이 광장에는 1976년에서 1983년까지 아르헨티나를 통치한 군사 정부가 일으킨 '추악한 전쟁' 기간 동안

5월의 광장

실종된 자식들의 어머니들의 모임인 5월의 어머니회(Asociacion Madres de Plaza de Mayo)가 매주 목요일에 모여서 행진을 벌이며 실종된 자식들이 돌아오기를 기원하며 군사정권 치하에서 자식을 잃은 부모들의 고통을 호소하기도 한다.

추악한 전쟁 Dirty War │ 1955년 국민들의 저항과 군부의 반란으로 대통령직을 사임하고 스페인으로 망명했던 후안 페론이 1973년 귀국하여 1973년 10월 대통령에 당선되었으나 1974년 7월 1일 노환으로 사망함에 따라 부통령이었던 후안 페론의 부인,

이사벨 에스텔라 데 페론(Isabel Estela de Peron)이 대통령직을 물려받았다.

이사벨 페론 정부는 유가 파동, 무역적자의 증가, 살인적인 인플레이션과 같은 경제정책의 실패와 우익과 좌익 간의 갈등과 지속되는 게릴라 활동과 암살과 테러 등이 끊임없이 발생하여 그야말로 걷잡을 수 없는 치안 부재의 무정부상태가 지속되었다. 이러한 정치적 혼란을 수습하기 위해 1974년 11월 6일 전국에 계엄령이 선포되었으나, 양진영의 극명한 노선차이로 인한 극단적인 대립을 수습할 수 없었다. 결국 1976년 3월 군사 쿠데타가 다시 발생하고 군사 정부에 의한 테러, 학생, 법조인, 기자, 지식인, 페론주의자 및 사회주의를 추종하거나 동조하는 사람들, 그리고 군사 정부에 저항하는 게릴라들이 납치되거나 실종되었다.

추악한 전쟁은 1970년대 남미에서 사회주의 좌파 정권을 무너뜨리고 우파 성향의 친미 정권을 수립하기 위해 남미 전역에서 미국의 묵인 하에 비밀리에 추진된 콘도르 작전(Operation Condor)의 일환이었으며, 1976년부터 1983년까지 지속된 '추악한 전쟁' 기간 동안 전국적으로 학교, 체육관 등을 개조하여 300여 곳에 '죽음의 수용소'를 만들었으며 부에노스아이레스에만 최고로 악명 높았던 엘 올림포(El Olympo) 수용소를 비롯한 수십 개의 수용소가 있었다고 한다. 정치와 별로 관계가 없는 일반 시민이나 노동자들까지도 군인이나 경찰에게 납치되어 고문을 당하고 살해되는 등 남미에서 가장 잔인한 인권유린이 자행되어 약 3만 명의 사람들이 실종되거나 학살된 것으로 추정하고 있다. 심지어 임신한 여성의 경우 족쇄를 채워 놓은 채 출산을 하게 하였고, 출산 후 임산부는 살해하고 엄마를 잃은 아기는 친정부 인사들이 양육하는, 그야말로 비인간적인 만행을 저질렀다.

아르헨티나에서 일어났던 '추악한 전쟁'은 칠레나 브라질에서 벌어졌던 인권 탄압과는 비교할 수 없을 정도로 조직적이고 규모도 컸기 때문에 지금도 아픈 상처는 치유되지 않은 채 그 후유증이 사회 구석구석에 남아 있으며 특히 실종자 가족들은 지금도 돌아오지 못하는 가족을 애타게 기다리고 있다. 현재도 아르헨티나에서는 '추악한 전쟁'에 대하여 말하지 않는 것이 불문율처럼 되어 있으며 '실종'에 대한 언급조차 꺼린다고 한다. 7년 동안의 암흑기 때 실종되어 돌아오지 못하는 사람들을 뜻하는 '데사파레시도스(Desaparecidos)'는 평범한 보통명사에서 아픔과 탄압을 상징하는 고유명사가 되었다.

독실한 가톨릭 신자였던 호세 라파엘 비델라(Jorge Rafael Videla)는 가톨릭 교회의 암묵적 지지와 협조를 받았으며, 해군 참모총장 에밀리오 에두아르도 마세라(Emilio Eduardo Massera)는 쿠데타 당시 교황 바오로 6세(Paolo Ⅵ)의 교황 대사였던 피오 라기(Pio Laghi, 2009년 선종)와 친밀한 관계를 유지하였다고 한다. 특히 교황 프란시스(Francis)는 당시 호르헤 마리오 베르고글리오(Jorge Mario Bergoglio) 신부로 활동했으며 군사정부에 협조한 혐의를 받는 등 당시 대부분의 가톨릭교회는 군사 정권을 동조하거나 묵인하였다.

군부 쿠데타를 지휘했던 라파엘 비델라는 최악의 군정 독재자로 1985년 종신형을 선고받았으며 1990년 사면으로 풀려났다가, 1998년 '추악한 전쟁' 중의 새로운 범죄가 밝혀짐에 따라 2012년 7월 아르헨티나 코르도바 법원은 그에게 납치 · 구금 · 살해의 책임을 물어 50년의 징역형을 선고했으며 2013년 5월 17일 옥중에서 사망했다.

1977년 4월 30일 실종된 자식을 찾기 위해 모여든 어머니들로부터 시작된 이 행진은 이후 매주 목요일 3시 30분에 머리에 실종된 자식들의 이름이 새겨진 흰색 천을 머리에 두른 어머니들이 모이면서 계속되었고, 군사독재 시대에는 단체로 행진하는 것이 금지되어 서너 명씩 나누어 행진을 했으며 이후 '5월 어머니회'는 아르헨티나 민주화 운동의 상징이 되었다고 한다.

5월의 광장의 붉은색 바닥에는 어머니들이 머리에 두른 흰색 천을 상징하는 흰색 그림이 그려져 있는데, 아직도 그때의 상처가 아물지 않는 채 여름햇살에 더욱 선명하게 아픔으로 다가온다. 지금도 희생자 어머니들은 매주 목요일 이 광장에서 애달프게 잃어버린 자식들을 찾아 호소하지만, 이제는 고령화에 따라 집회에 참여하는 회원들의 수도 점점 줄어들고 투쟁의 강도도 점차 약해지고 있다고 한다.

| 대통령궁 Casa Rosada |

　고개를 돌려 5월의 광장 주변에 있는 황토색의 대통령궁(Casa Rosada) 을 바라보았다. 1580년부터 후안 데 가라이(Juan de Garay)가 파괴된 부에노스아이레스를 다시 재건했는데, 그의 부하들이 1594년에 5월의 광장을 중심으로 동쪽 끝에 요새를 만들었다. 1713년 포대와 망루, 해자(垓字)와 가동교(可動橋, 해자에 걸친 다리) 등이 갖춰진 석조건물로 다시 개조하였으며, 주변을 감시하는 도시의 중심부가 되었다.

대통령궁(Casa Rosada)

　1868년~1874년까지 아르헨티나의 대통령이었던 도밍고 사르미엔토(Domingo Sarmiento)가 1873년 스페인 로코코(Rococo) 양식으로 건축하였다.

또한 사르미엔토는『파쿤도』라는 작품에서 19세기 아르헨티나의 중앙집권주의자와 연방주의자간에 벌어졌던 내란과 당시 상황을 문명과 야만이라는 대립적 요소를 도입하여 자신의 정치·사회적 견해를 피력하였다.

당시 우파(右派)였던 붉은색의 연방주의자들과 중도 좌파(左派)였던 흰색을 대표하는 중앙집권주의자들 간의 화합을 상징하기 위해 대통령 궁을 분홍색으로 칠했기 때문에 'Casa Rosada(분홍색 저택)'라는 이름이 붙었다고 한다. 당시 이들이 사용하던 기(旗)는 기본적으로 현재 아르헨티나의 국기와 비슷하게 푸른색이나 옅은 하늘색을 기본으로 사용하고 3분의 1 정도만 붉은색이나 흰색이 포함되었다.

파쿤도 Facundo : **문명과 야만** Civilization and Barbarism | 도밍고 사르미엔토(Domingo Sarmiento)는 작가이면서 아르헨티나의 7대 대통령(재임 1868~1874)으로서 독재자 후안 마누엘 데 로사스(Juan Manuel de Rosas)를 피해 칠레로 망명하여 1845년 저술한『파쿤도』를 통해서 독립 후 아르헨티나에서 만연되었던 야만성을 '파쿤도 키로가(Facundo Quiroga)와 후안 마누엘 데 로사스(Juan Manuel de Rosas)'라는 인물을 통하여 상세하게 기술하였다. 그는 이 작품을 통하여 아르헨티나의 발전과 현대화, 권력을 탐하는 정치세력들 간에 벌어졌던 내전, 문화 등에 대하여 자세하게 기술함으로써 당시의 아르헨티나를 이해하는 데 중요한 자료가 되고 있으며 남미 문학의 초석을 다진 작품으로 높이 평가받고 있다.

그는 '파쿤도'를 통하여 1810년 스페인으로부터 독립한 아르헨티나가 부에노스아이레스를 중심으로 한 중앙집권주의 자와 지방 정부의 자치권을 주장하는 연방주의자 간에 벌어졌던 내전을 문명과 야만이라는 관점에서 조명했다.

도밍고 사르미엔토는 당시 아르헨티나의 현실을 부제(副題)에서 언급한 것과 같이 문명과 야만의 대립으로 파악하였는데, 주인공인 파쿤도 키로가(Facundo Quiroga)는 야만의 상징이다. 파쿤도는 말을 타고 팜파스를 누비던 가우초(Gaucho, 목동) 출신으로서 미개에 가까운 본능적 행동과 자신의 욕망을 채우기 위해 무자비한 행동을 서슴지 않는 잔혹한 사람이었다. 저자는 남미의 야만성과 후진성을 파쿤도의 일생을 통하여 집요하게 추적하여 파헤쳤다.

지방의 넓은 팜파스를 기반으로 세력을 떨치던 카우디요(Caudillo, 권력을 장악한 정치가 및 군사 지도자)를 중심으로 한 연방주의 세력과 부에노스아이레스를 중심으로 활동하던 중앙 집권주의 세력이 서로 대립함으로써 내전에 돌입하게 되었다. 중앙 집권주의를 지지하던 도밍고 사르미엔토는 중앙 집권주의자들과 연방주의자들과의 대립을 '문명과 야만'으로 구분하고 연방주의자였던 파쿤도의 뒤를 이어 나타난 교활하고 잔혹한 독재자였던 후안 마누엘 데 로사스(Juan Manuel de Rosas)를 내세워 그들의 삶에서 나타난 거칠고 야만적인 행위가 남미의 후진성에 어떤 영향을 미치게 되었는지를 깨닫게 하고 있다.

작품의 앞부분은 팜파스를 중심으로 하는 아르헨티나의 자연환경과 그 안에서 펼쳐지는 가우초들의 본능적 삶을 서술하고 있다. 가우초들은 넓은 초원을 지배하기 위한 그들 나름대로의 생활방식과 대초원에서 살아남기 위해 길을 찾는 방법 등 뛰어난 능력을 갖고 있었다. 산후안(San Juan)에서 태어난 파쿤도는 가우초에서 병사를 거쳐서 라리오하를 기반으로 여러 지방에 막강한 영향력을 행사하는 카우디요로 성장하였다. 1820년대에서 1830년대까지 비이성적 행동과 살인을 바탕으로 공포를 조장하여 여러 지방을 지배하여 세력을 떨치게 되었으며, 1835년 사륜마차를 타고 코르도바로 가던 중 기습을 받고 살해되었다.

저자는 파쿤도에 이어 등장한 중앙 집권주의자였던 후안 마누엘 데 로사스를 야욕을 채우기 위한 전횡과 아르헨티나를 야만의 늪으로 빠뜨린 잔인한 독재자로 맹렬하게 비판하였다. 책의 마지막 부분에서는 독재가가 물러간 후 자유주의에 바탕을 둔 정치의 실현, 항구의 이용과 자원개발, 유럽 이민자들의 적극적 수용, 프랑스를 중심으로 한 유럽 문명의 적극적인 도입, 젊은이들에 대한 교육 등을 통하여 남미에서 가장 문명이 꽃필 수 있는 나라로 발전할 수 있을 거라는 조국의 미래에 대한 이상(理想)을 피력하였다.

실제로 아르헨티나는 영토가 넓고 지방 세력과 중앙의 집권자들 사이에 정치적 성향과 관점의 차이로 크게 부에노스아이레스를 중심으로 하는 중앙집권주의자와 이에 반대하는 연방주의자로 분리되어 1810년 독립을 선언한 이후 수십 년 동안 내전을 겪게 되었다. 이러한 내전 중에 크게 세력을 떨쳤던 사람으로 중앙집권주의자였던 후안 마누엘 로사스(Juan Manuel Rosas, 1793~1877)와 연방주의자 후스토 호세 우르키사

(Justo Jose Urquiza, 1801~1870) 장군을 들 수 있다.

언덕 위에 지어서 5월의 광장 정면에서는 3층으로 보이나 콜럼버스의 동상이 있는 뒤에서 보면 4층으로 되어 있다. 현재 대통령은 집무만 보고 안에는 역대 대통령들의 유품을 모아 놓은 박물관으로 이용된다. 특히 이곳에는 에바 페론과 아르헨티나가 낳은 혁명가 체게바라(Che Guevara, 1967년 10월 9일 볼리비아의 라이게라에서 처형됨)의 사진도 걸려 있어 이곳을 찾는 사람들에게 큰 관심을 끈다. 바로 저 2층 발코니에서 후안 페론(Juan Peron)과 에비타(Evita)가 5월의 광장에 모인 10만 군중에게 새로운 아르헨티나를 건설하자고 연설했던 곳이다. 그날의 모습이 어떠했는지는 몰라도 군중들을 향해 호소하던 그녀의 목소리와 환호하는 군중들의 뜨거운 함성이 가슴으로 힘차게 전해지는 것 같다. 대통령궁 앞에는 아르헨티나 건국에 크게 공헌하고 아르헨티나의 국기를 고안했던 마누엘 벨그라노(Manuel Belgrano) 장군이 말을 타고 깃발을 들고 있는 동상이 늠름하게 서 있다.

에비타(Evita)

1996년 Alan Parker 감독이 제작하고 에비타 역으로 마돈나(Madonna)가 주연을 맡았던 영화 〈EVITA〉를 통하여 그녀의 삶에 대한 열정과 강한 의지를 엿볼 수 있다. 아직도 그녀는 아르헨티나는 물론 그녀를 아는 많은 사람들에게 아름답고 세련된 그리고 서민들에게 희망을 던져 준 한 시대의 신데렐라로 오래오래 기억되고 있다. 1976년 11월에 발표되어 영화 〈EVITA〉의 주제곡이 되었던 〈Don't cry for me Argentina〉의 가사를 옮겨 본다. 힘들었던 과거와 그녀의 아르헨티나에 대한 사랑과 열정을 간절하고 청아한 목소리로 표현한 Madonna의 노래가 귓전에 맴돈다.

It won't be easy,	쉽지는 않겠지요.
you'll think it strange.	여러분은 이상하다고 생각할 거예요.
When I try to explain how I feel	내가 어떤 기분인지 설명하려면
that I still need your love after	내 모든 것을 이룬 후에도 여전히
all that I've done. You won't believe me	여러분의 도움이 필요하다면 믿기 힘들 거예요.
all you will see is a girl you once knew.	여러분 눈에는 예전에 알았던 소녀로만 보이겠죠.
Although she dressed up to the nines	이렇게 멋지게 차려입기는 했지만
at sixes and sevens with you.	어리둥절한 마음으로 당신과 함께 서 있어요.
I had to let it happen,	난 이렇게 해야만 했어요.
I had to change	난 변해야만 했어요.
couldn't stay all my life down at heel.	내 삶을 밑바닥 인생으로 내버려 둘 수는 없었어요.
Looking out of the window, staying out	태양에서 멀어져 그저 창문만
of the sun,	바라보고 있었어요.
so I chose freedom	그래서 난 자유를 선택했어요.
running around trying everything new.	여기저기 뛰어다니며 새로운 세계를 경험했죠.
But nothing impressed me at all	그러나 아무것도 내게 감동을 주지 않았어요.
I never expected to.	그럴 것이라고 기대하지도 않았던 것처럼
Don't cry for me Argentina!	아르헨티나여! 나를 위해 울지 말아요.

• 아르헨티나 Argentina •

많은 사람들이 역사의 현장인 5월 광장과 아름다운 분홍색의 대통령궁을 배경으로 더위도 아랑곳하지 않고 기념사진을 찍기에 여념이 없다. 그날의 격동은 순간에 사라지고 영원한 평화를 꿈꾸는 듯 아르헨티나의 국기가 대통령궁에서 부드러운 선을 그리며 펄럭이고 있다. 자리를 옮겨 길을 건너 5월의 광장 북쪽에 자리 잡고 있는 부에노스아이레스 대성당으로 발길을 옮겼다.

| 부에노스아이레스 대성당
Bunos Aires Metropolitan Cathedral |

오월의 광장에서 북쪽으로 눈을 돌리면 부에노스아이레스 대성당이 눈에 들어온다. 이 성당은 2013년 3월 266대 프란시스(Francis) 교황이 부에노스아이레스 대교구장을 지내면서 봉직(奉職)했던 곳이라, 규모는 크지 않지만 인류의 지도자가 몸담았다는 것만으로도 무척 친근감이 들었다. 로마 가톨릭교회의 성당으로, 16세기에 작은 규모의 성당으로 처음 세워진 이래 수차례 증축되어 외부와 내부는 여러 시대의 양식이 복합되어 있다. 건물의 기본 형태는 라틴십자가 형태로 정면은 신(新)고전주의 양식을 따르고

부에노스아이레스 대성당

있으며, 12사도를 상징하는 12개의 코린트식 기둥과 삼각형의 박공(博栱, Pediment)으로 되어 있어서 가톨릭 성당이라기보다는 고대 그리스의 신전과 비슷한 모습을 하고 있다.

박공벽(건물 측면의 삼각형벽)에는 프랑스 조각가 조셉 뒤브로디유(Joseph Dubourdieu)가 1860년~1863년에 양각(陽刻)한 부조가 있다. 부조의 내용은 요셉(Joseph)이 이집트에서 자신의 형제들과 아버지 야곱(Jacob)과 만나는 장면을 새긴 것으로, 몇 차례 내전을 겪은 후에 통일을 이룬 아르헨티나를 상징하기 위해 새긴 것이라고 한다.

성당 내부의 신자들이 앉는 중앙부분(신랑·身廊, nave)과 반구형(半球形) 천장은 18세기에 만들어졌으며, 신랑의 양쪽 벽에는 여러 개의 곡선형 문이 있고 벽의 양쪽에 측랑(側廊)이 있다. 중앙의 제대(祭臺) 뒤쪽은 기둥을 비롯한 모든 부분에 금박이 입혀져 있어서 들어오는 순간 황금빛의 찬란함이 눈을 부시게 한다. 제대 뒤에는 특히 1785년 스페인의 조각가 이시드로 로레아(Isidro Lorea)가 조각한 이 성당에서 가장 유명한 로코코(Rococo) 양식의 성 삼위일체 하느님과 그 아래에 성모 마리아상이 있다.

성당의 내부

이 성당의 또 다른 걸작품으로는 1671년 포르투갈의 조각가 마누엘 도 코이토(Manuel do Coyto)가 제작한 '부에노스아이레스의 그리스도'를 들 수 있는데, 이 성당에서 가장 오래된 조각상으로 부속 경당의 제대 장식품으로 전시되어 있다. 벽과 천장은 이탈리아의 화가 프란체스코 파올로 파리시(Francesco Paolo Parisi)가 성경의 내용을 표현한 프레스코 화(畵)들이 걸려 있고, 바닥은 이탈리아의 카를로 모라(Carlo Morra)가 그린 베네치아 양식의 모자이크 화들로 아름답게 장식되었다.

주예배당에 딸린 부속경당으로 향했다. 몇몇 사람들이 자리에 앉아 두 손을 합장하고 간절하게 기도를 하고 있다. 벽에 있는 곡선형 문을 지나 반대편 측랑(側廊)에 있는 산마르틴(San Martin) 장군의 무덤으로 발길을 옮겼다.

호세 데 산마르틴 Jose de San Martin, 1778~1850 | 1778년 아르헨티나의 코리엔테스(Corrientes) 주의 야페유에서 태어나서, 7살 때 스페인의 말라가(Malaga)로 유학을 떠났으며 이때부터 그는 칠레 출신인 베르나르도 오이긴스와 친구가 되어 남미 독립전쟁에서 서로 큰 역할을 맡게 되었다. 1808년 스페인군에 입대하여 프랑스와 반도 전쟁(Peninsular War, 1808~18014, 프랑스에 대항하여 영국, 스페인, 포르투갈이 연합하여 싸움)에 참전하였으며, 이후로 남미 독립운동 지지자들과 접촉하기 시작하였다. 1812년 아르헨티나로 돌아와 오늘날의 아르헨티나에 해당하는 라플라타 강 연합 주를 위해 헌신하였다.

1813년 산 로렌소(San Lorenzo) 전투 이후 1814년 북부군을 지휘했으며, 1817년 1월에 칠레의 베르나르도 오이긴스(Bernardo

O'Higgins)와 함께 멘도사(Mendoza)를 출발하여 2월 12일 유명한 칠레의 차카부코(Chacabuco) 전투에서 스페인 군대를 무찔렀다. 그리고 오이긴스와 함께 1년 후인 1818년 2월에 벌어진 마이푸(Maipu) 전투에서 승리하여 칠레의 독립을 공식적으로 선언하였다(칠레의 독립기념일은 1810년 9월 18일).

산마르틴 장군의 지휘 하에 칠레의 해군은 토마스 코크란(Thomas Cochrane)이 이끄는 영국 해군과 1820년 9월 페루의 피스코(Pisco, 리마 남쪽 200㎞)에 상륙한 후, 북쪽으로 진군하여 페루의 수도 리마를 함락시키고 1821년 7월 28일 페루의 독립을 선언하였으며 '페루의 보호자'로 임명받아 페루 정부의 지도자가 되었다.

1822년 7월 산 마르틴은 시몬 볼리바르와 페루의 완전한 독립과 남미의 미래와 연방제 등을 합의하기 위해서 에콰도르의 과야킬 (Guayaquil)에서 만나 둘만의 비밀 회담을 가졌다. 이 회담은 결국 둘 사이의 현격한 견해 차이로 별다른 성과 없이 끝났으며, 남미의 독립 영웅이었던 두 사람은 이후 두 번 다시 만나지 않았다. 두 사람이 주고받은 자세한 내용은 지금까지도 알려지지 않고 있으며, 산마르틴

산마르틴 장군 무덤

은 입헌 군주제를, 시몬 볼리바르는 남미 전체가 연합하는 연방
제를 주장했을 거라고 추측만 할 뿐이다.

과야킬 회담 후 리마로 돌아온 산마르틴 장군은 자신의 세력이 약
화되고 정파 간 갈등과 내부적인 혼란을 목격하자, 1822년 10월 자
신의 권력을 의회에 넘기고 칠레의 발파라이소로 떠났다. 그 후 유
럽과 부에노스아이레스를 오가며 생활했으며 1850년 8월 17일 프
랑스 북부의 작은 도시 볼로뉴(Boulogne)에서 숨을 거두었다.

그의 유해는 1880년 5월 29일 아르헨티나로 돌아와 부에노스아
이레스 대성당에 안장되었다. 그는 남미의 남쪽에 있는 페루, 칠
레, 아르헨티나를 해방시킨 영웅이며, 지금도 아르헨티나 국민들
로부터 많은 존경을 받고 있다.

성당의 분위기에는 어울리지 않게 산마르틴 장군이 활동하던 당시의
독립군 복장을 하고 칼을 찬 호위병 두 사람이 엄숙한 표정으로 영웅의
무덤을 지키고 있었다. 산마르틴 장군의 무덤은 특별히 프랑스의 조각
가 알베르트 에르네스트 카리에 벨뢰즈(Alberto Errnest Carrier Belleuse)가
제작하였는데, 부분에 따라 서로 다른 색깔의 대리석을 이용하였다.
맨 아래 기단을 포함하여 크게 4부분으로 나눠졌는데, 맨 아래 기단은
흰색, 기단 바로 위 받침대는 진한 갈색, 산마르틴 장군이 해방시킨 아
르헨티나와 칠레, 페루를 상징하는 세 개의 여인상과 받침대는 흰색,
관의 바로 아래에 있는 부분은 주황색, 맨 위의 관은 검은색의 대리석으
로 되어 있어 엄숙하면서도 무척 아름다운 예술품 같은 느낌이 든다.

우아한 자태의 세 여인상이 에워싼 가운데, 높게 올린 검은색 석관

위에 영웅의 안식과 아르헨티나의 안녕을 기원하려는 듯 아르헨티나 국기가 덮여 있다. 견고하고 아름다운 그의 무덤처럼 그에 대한 명성과 존경이 오래오래 지속될 거라고 생각하였다.

산마르틴 장군의 무덤을 둘러보고 성당을 나와 거리를 살펴보니 멀리 7월 9일의 거리에 있는 오벨리스크가 눈에 들어온다. 성당 주변에는 스페인 시대의 아름다운 건축물들이 수백 년의 세월이 무색할 정도로 아름답고 세련된 자태를 드러내고 있다. 다시 대통령궁을 보면서 길을 걷는다. 아이들이 심심풀이로 주는 모이에 정신이 팔린 비둘기처럼 현재를 살기에 바빠서 이곳에서 있었던 많은 이야기들이 한때의 전설로 망각되지 않기를 기원하면서 버스에 올라 MERCADO 시장으로 향했다.

| 메르카도 시장 Mercado 시장 |

시장 입구의 위쪽에 'MERCADO SAN TELMO ANO 1897'이라는 글씨가 쓰여 있다. 이곳은 부에노스아이레스에서 유명한 골동품 시장으로, 입구에 들어서자 희한하게 생긴 골동품을 비롯하여 다양한 공예품들이 눈길을 끈다. 다른 나라를 여행할 때 꼭 들러 봐야 할 곳이 바로 골동품시장이다. 상당수가 진품이 아니더라도 그 나라의 전통과 생활상 등 독특한 문화를 간접적으로 느끼고 경험할 수 있기 때문이다.

이곳 시장에는 골동품 상점을 비롯하여 과일가게, 채소가게, 기타 생활용품점, 카페, 음식점 등 다양하게 구비되어 있었다. 전국 바리스타(Barista) 대회에서 최우수상을 받은 전문가가 운영하는 카페에서 최고의 커피를 맛보기로 하였다. 옆집에 사는 붉은색 티셔츠를 입은 할머니가 배트맨 가면을 쓰고 천진스러울 정도로 재미있는 동작을 취하면서 멀리서 온 우리들을 즐겁게 해 준다. 따끈한 커피 한 잔에 낭만과 여유를 느끼면서 그동안 쌓였던 여독을 조금이나마 풀어 본다. 진열이 잘된 과일가게의 포도와 바나나, 복숭아, 망고 등이 무척 맛있게 보인다.

메르카도(Mercado) 시장

　시장을 나와 거리를 지나서 버스가 정차한 곳까지 걸었다. 길가에서 헌책을 놓고 파는 사람, 덥수룩한 하얀 긴 수염의 인심 좋게 생긴 할아버지, 담에 새겨진 복잡한 형태의 글씨와 그림 등이 무척 이국적으로 느껴진다. 버스를 타고 부에노스아이레스의 항구도시인 라 보카(La Boca) 지역으로 향했다.

| 라 보카 카미니토 La Boca Caminito |

　길옆 노점에는 지붕에 천을 두르고 각종 옷과 모자 등을 구비해 놓고 손님들을 기다리고 있다. 라 보카는 부에노스아이레스에 속한 항구도시로, 과거 이탈리아, 스페인 이민자들이 처음 정착했던 곳으로 탱고의 발상지이며, 아르헨티나의 축구 명문 클럽 중 하나인 보카 주니어스(Boca Juniors)의 홈구장이 있는 곳이다. 보카 주니어스의 홈구장은 보카의 브란드센에 있는 라 봄보네라(La Bombonera) 스타디움으로, 약 6만 명을 수용할 수 있다. 무엇인가에 쫓기듯 차창으로 스치는 보카 주니어스의 홈구장을 바라보았다. 아르헨티나 축구의 영웅 디에고 마라도나(Diego Maradona)가 1981년 잠시 이곳에서 선수생활을 했던 곳이다.

보카 주니어스는 1905년 이탈리아의 이민 노동자들에 의해 창단되었으며 가난한 사람들이 중심이 되어 시민구단 형태로 운영이 되었으나, 1990년대 들어 성적이 추락하여 구단이 파산 직전에 몰렸다. 사업으로 크게 성공한 마우리시오 마크리(Mauricio Macri)는 1995년 주변의 따가운 비난을 무릅쓰고 보카 주니어스를 인수하여 적극적인 투자 결과 성적이 눈에 띄게 향상되었고 특히, 2000년 토쿄에서 열린 인터컨티넨탈컵에서 많은 축구팬들의 예상을 뒤엎고 당시 최고의 스타플레이어인 루이스 피구(Luis Figo)가 소속된 스페인의 레알 마드리드(Real Madrid)를 2대 1로 물리침으로써 보카 주니어스의 명성을 다시 한 번 전 세계에 크게 부각시켰다.

유럽뿐만 아니라 남미에서는 축구는 꿈이고 종교이며 삶 그 자체이다. 이곳 보카는 탱고의 열정만큼이나 축구에 있어서도 전 세계 어느 도시보다 더 뜨거운 관심을 갖는 곳이다. 더구나 100년 동안의 맞수인 리버 플레이트(River Plate)와 경기를 할 때에는 아르헨티나의 사람들의 심장 박동이 평소보다 훨씬 빨라질 정도라고 한다. 보카 주니어스를 부활시킨 마우리시오 마크리는 2005년 국회의원을 거쳐서 2007년에는 부에노스아이레스 시장에 당선되었으며, 2015년에는 아르헨티나의 대통령으로 당선되었다.

디에고 마라도나는 아르헨티나에서 '축구의 신(神)'으로 통할 정도로 추앙받는 인물로 특히 1986년 제 13회 멕시코 월드컵 영국과의 8강전에서 골키퍼와 경합 중 심판도 속아 넘어갈 정도로 교묘하게 손으로 공을 쳐서 선제골을 뽑았다. 경우에 따라서는 경고 이상을 받을 수도 있는 명백한 핸들링 반칙이었으며, 영국 선수들이 거칠게 항의했지만 받아들여지지 않고 주심은 그대로 골로 인정하였다. 경기가 끝난 후 인터뷰에서 마라도나는 '신의 손에 의해서 약간, 나머지는 나의 머리로 득점을 한 것이다.'라고 말해 많은 논란을 불러일으켰으며, 이때부터 '神의 손'이라는 별명을 얻기도 하였다.

마라도나는 이 경기에서 영국 수비수 5명을 제치고 단독으로 공을 몰아 두 번째 골을 성공시킴으로써 1986년 월드컵에서 최고의 골로 인정받기도 하였다. 이 경기에서 아르헨티나는 마라도나의 활약으로 영국을 2대 1로 이겼고, 결승전에서도 뛰어난 실력을 발휘하여 서독을 3대 2로 물리치고 2번째 월드컵 우승을 차지하였으며 마라도나는 최우수 선수(MVP)로 선정됐다.

아르헨티니아와 영국은 1982년 양국 간에 벌어졌던 포클랜드 전쟁(Folkland Islands War) 때문에 원한이 깊으며, 양국 간의 축구 경기는 운동 경기 그 이상의 그야말로 스포츠를 통해 전쟁을 벌이는 것 같은 느낌이 들 정도로 치열하다.

포클랜드 전쟁 Folkland Islands War | 1981년 12월 집권한 쿠데타 세력인 레오폴드 갈티에리(Leopoldo Galtieri) 대통령은 영국의

포클랜드에 대한 관심 저하와 지원 감소에 따른 오판과 경기 불황 등으로 인한 국민의 불만을 무마하기 위하여 1982년 4월 2일 영국령인 포클랜드를 기습 공격하여 점령하였다. 영국 헌정사상 최초로 1979년 여성 총리가 된 마거릿 대처는 항공모함을 포함하여 함정 40척을 파견하여 5월 20일 밤 대대적인 공격을 가하여 포클랜드에 상륙했으며, 6월 14일 아르헨티나 군이 항복함으로써 영국의 승리로 끝나게 되었다.

지금도 아르헨티나는 포클랜드를 말비나스(Malvinas)라고 부르면서 자국의 영유권을 주장하고 있고, 중국이 이에 적극적인 지지를 보내고 있다. 중국은 일본이 점유하고 있는 센카쿠 열도(尖閣列島, 중국명 댜오위 다위, 釣魚島)와 연계하여 국제사회의 질서 유지와는 상관없이 자국에게 이익이 되는 쪽으로 무게 중심을 둔다는 점에서 국제 관계의 비합법적인 면과 냉엄함을 절실하게 느끼게 된다.

우리는 어느덧 라 보카의 가난한 화가들과 탱고 음악이 흘러나오고 거리에서 탱고춤이 넘치는 라 보카 카미니토(La Boca Caminito) 거리의 입구에 도착했다. 입구 바로 앞쪽에 중간에는 노란색을, 위와 아래에는 푸른색을 칠한 이층집 발코니에는 라 보카의 영웅이며 한때 보카 주니어스 소속이었던 디에고 마라도나와 보카 주니어스의 팬이었던 에비타(Evita), 그리고 아르헨티나 탱고의 황제 카를로스 가르델(Carlos Gardel)의 조각상이 개성있는 모습으로 관광객들을 맞이하고 있다. 이곳뿐만 아니라 아르헨티나 운전기사들은 디에고 마라도나, 에비타와

카를로스 가르델의 사진을 3면으로 된 액자에 넣어 우상처럼 받들고 있으며 그들에 대한 향수로 삶의 즐거움을 느낀다고 한다.

이곳은 주로 이탈리아, 스페인에서 이민 온 사람들과 가난한 부두 노동자들이 삶의 고단함과 시름을 노래와 춤으로 달래던 곳이었다. 이러한 배경에서 탱고가 생겨났으며, 젊은 청춘들은 여자를 사로잡기 위해 경쾌하면서도

카미니토(Caminito) 거리 입구

슬프고 감상적인 곡조에 맞춰 열심히 춤을 배웠다. 허름한 것 같으면서도 무엇인가 매력이 느껴지는 거리에는 많은 사람들로 활력이 넘친다. 원색으로 과감하게 색칠한 길가의 집들이 간결하면서도 무척 강렬한 인상을 심어 준다.

과거 이곳에 살던 가난한 노동자들이 함석판과 나무판자로 집을 짓고, 배를 수리하고 남은 페인트를 가져와 칠하면서 지금의 모습이 되었다고 하는데, 재활용으로 얻어진 최고의 멋진 예술품이 되었다. 바쁘게 오가는 사람들의 틈 사이로 질척한 곡조가 끊임없이 스며들고, 가난한 화가들의 다양한 그림과 벽화, 벽에 새겨진 부조 등 거리 자체가 하나의 작업 공간이자 예술품 그 자체였다. 원색으로 칠은 했어도 집집마다 색이 다르고 벽마다 다른 형태의 미술품이 걸려 있어, 보는 이로 하여금 전혀 지루하지 않도록 공을 많이 들인 것을 알 수 있었다.

창문과 창틀 하나하나에도 서로 색상이 조화를 이루도록 채색하여 세심하게 노력한 아마추어 예술가들의 성의가 느껴진다. 꾸밈없고 일반 대중과 쉽게 접할 수 있고 작업 공간의 제약을 받지 않는 거리의 예술이야말로 소시민들에게 진정한 위안이 되는 것 같았다. 아름다운 그림에 대한 유혹을 떨치기가 어렵지만, 사진기를 그림에 바짝 들이대고 찍지 못하도록 한다. 화가들은 커다란 걸개에 자신들의 작품을 걸어 놓고 오가는 관광객들에게 자신의 예술세계를 펼쳐 보인다.

거리를 따라 안으로 들어가 모퉁이를 돌아서자, 강렬한 탱고 음악의 선율이 발걸음을 멈추게 하고 화려한 장식과 멋진 그림, 흥미로운 조각상들로 멋을 낸 카페와 음식점들이 관광객들을 유혹한다. 어디를 둘러봐도 재미있고 지루하지 않으며 생동감이 넘친다. 한 쌍의 아마추어 탱고 가수가 함께 춤을 출 것을 권한다. 사뿐히 돌아가는 발동작과 현란한 몸놀림, 꺾일 듯하면서도 흐트러지지 않고 이어지는 부드러움, 탱고의 동작이 보여 줄 수 있는 모든 것을 연출하느라 얼굴에는 굵은 땀방울이 맺힌다.

카미니토(Caminito) 거리

• 아르헨티나 Argentina •

이렇게 많은 사람들과 어울려 멋진 관광을 하면서도 늘 불안하다. 특히 이곳, 라 보카 지구는 빈민들이 많기 때문에 귀중품이나 돈을 강탈당하는 경우가 많다고 한다. 사람들이 모이는 곳이면 어느 곳이나 소매치기나 강도는 있게 마련인데, 이곳에서도 생계를 위해 어린 소년들까지도 별다른 죄책감 없이 강도 행각을 벌인다고 한다. 늦은 오후의 황금빛 햇살이 아마추어 예술가들의 작품을 더욱 돋보이게 채색을 한다.

추악한 전쟁 중에 실종된 사람들이 묻혀 있던 곳

버스에 올라 숙소를 향한다. 굴다리 아래 1970년대 말에서 1980년대 초 독재 정권이 저지른 '추악한 전쟁' 중에 실종된 수십 명의 억울한 사람들이 묻혀있던 곳에 실종자들의 사진과 이름이 새겨진 하얀 팻말이 잠시 눈을 스치고 지나간다. 사람들의 눈에 띄기 쉬운 굴다리 아래에 수십 구의 시체들을 매장했다는 것이 쉽게 납득이 가지 않았다. 권력에 희생된 무고한 시민들은 죽어서도 안식을 취하지 못하였던 것이다.

숙소로 돌아와 잠시 쉬었다가 호텔 앞에 있는 아치형의 지붕으로 되어 있는 독특한 모습을 하고 있는 ABASTO 백화점을 찾았다. 이 백화점은 원래 18세기 말 과일과 채소를 팔던 도매시장이었는데, 1934년 개조한 이후 1984년 부에노스아이레스에서 가장 큰 쇼핑센터로 영업을 개시한 후, 1998년 다시 한 번 보수를 하여 현대적인 시설을 갖춘 백화점으로 바뀌었다고 한다.

쇼핑센터 안에는 고급의류와 화장품, 보석, 각종 서적과 음반 등 다양하고 세련된 상품들이 전시되어 있었다. 특히 축구와 탱고의 중심 도시라는 선입견 때문인지, 아르헨티나 국가 대표 선수들과 프로축구 선수들의 등번호가 새겨진 운동복과 매혹적인 탱고음악이 담긴 음반들에 관심이 쏠렸다. 쇼핑센터 내부를 둘러보며 탱고의 황제 Carlos Gardel의 음반과 영화 에비타(EVITA)의 주제곡이 들어 있는 음반을 구입하고 잠시 숙소에 들렀다가 길을 건너 ABASTO 맞은편에 있는 Carlos Gardel 탱고 식당으로 들어갔다.

탱고 Tango ｜ 19세기 말 유럽의 경제사정이 나빠지면서 많은 젊은이들이 새로운 삶의 터전을 찾아 1880년 아르헨티나의 수도가 된 부에노스아이레스로 몰려들었다. 도시는 인구가 늘어 활기를 띠고 번창하고 있었지만, 아직 자리를 잡지 못한 젊은이들은 뒷골목에서 살아남기 위해 고달픈 이민 생활을 자신들의 문화로 달래야만 했다.

특히 탱고의 본향(本鄕)인 부에노스아이레스의 라 보카(La Boca) 항구 주변에는 뿌리를 내리지 못한 이민자, 부두노동자, 도살업자, 웃음을 파는 여자 등 하층민들이 모여 살면서 일상에서 겪던 삶의 좌절과 거칠고 힘든 생활을 잊기 위해서 유럽에서 추던 사교춤에 자신들의 동작과 기술을 접목시켜 새로운 형태의 춤을 만들어 냈다. 젊은 여자에 비해 약 50배 정도 많았던 청년들은 멋진 춤 솜씨로 아가씨들 유혹하기 위해 자신만의 매력 있는 춤을 보여 줘야 했다. 이것이 탱고의 시작이며 여기에 1825년 쿠바 아바나에서 시작된 4분의 2박자 형식의 아바네라(Habanera), 스페인 정복자들에 의해 남미로 끌려온 아프리카 흑인들의 축제 때 춤곡인 칸돔베(Candombe)에 아르헨티나의 민요형식을 띤 춤곡인 밀롱가(Milonga)가 혼합되어 1875년 '탱고(Tango)'라는 4분의 2박자의 경쾌하면서도 애달픔이 배어있는 새로운 예술을 탄생시킨 것이다.

우리가 흔히 탱고의 기원을 말할 때 영향력이 큰 부에노스아이레스만 생각하기 쉬운데, 당시 이민자들은 라 플라타(La Plata) 강 연안에 있는 부에노스아이레스와 우루과이의 수도인 몬테비데오(Montevideo)에 정착하여 서로 각각의 특성을 가미하면서 발전시켰다. 이러한 탱고의 발전 과정을 근거로 현재 아르헨티나와 우루과이는 각각 탱고를 자신들의 고유문화로 인정하여 국가적 문화유산으로 지정하여 확산·발전시키고 있으며, 두 나라가 공동으로 인류무형문화재 지정을 신청하여 2009년에 등재되었다.

초기의 탱고는 주로 춤곡으로 기타와 하모니카 반주로 출발하였다가, 점차 바이올린, 플루트, 클라리넷, 아코디언 등으로 연주가 되었으며, 독일에서 아코디언을 변형시켜 개발된 반도네온(Bandoneon)이 수입되어 1910년대 바이올린, 반도네온, 피아노, 더블베이스의 네 가지 악기를 중심으로 하는 오르케스타 티피카(Orquestsa tippica, 탱고 연주를 위한 표준 악단)가 구성되었다. 반도네온은 4각의 측면과 주름상자로 되어 있으며 단추를 눌러서 연주하며 한과 설움을 뼛속 깊이 느끼게 하고, 깊고 매혹적인 음색

으로 탱고 음악에 활기를 불어넣었다. 또한 피아노가 악단에 들어
오면서 전문적으로 음악교육을 받은 피아노 연주자들이 탱고 음악
의 악보를 읽고 작곡함으로써 한 단계 더 발전시킬 수 있었다.

　초기의 탱고는 부둣가의 젊은 노동자들에 의해 시작되어 점차 일반
대중들 속으로 파고들었으며, 특히 1912년 '보통 선거법'이 통과되어
참정권이 확대되면서 새로운 자유를 즐길 수 있게 되었고 이에 편승하
여 탱고는 많은 사람들이 즐기는 새로운 분야의 문화로 자리를 잡게 되
었다. 특히 춤곡으로 출발했던 탱고에 노랫말이 붙으면서 새로운 표현
방식으로 발전했다.

　1917년 탱고의 황제 '카를로스 가르델(Carlos Gardel)'이 부에노스아이
레스의 엠파이어 극장에서 〈슬픈 나의 밤(Mi noche triste)〉을 불러 탱고
발전의 새로운 전기(轉機)를 맞게 되었다. 이처럼 탱고의 인기가 높아
지면서 초기 항구의 비릿한 냄새를 풍기며 뒷골목 청춘들의 허리를 감
싸고, 하층민들의 서글픔과 한을 뱉어 내던 춤에서 나이트클럽과 카바
레가 밀집한 도시의 중심가로 이동하여 화려하고 세련된 이미지를 갖
게 되었다.

　최초의 녹음곡은 1903년 프랑스의 작곡가 앙헬 비욜도(Angel Villoldo)
가 파리(Paris)에서 작곡한 〈엘 초클로(El Chocolo, 옥수수)〉이다. 이 곡이
유럽에 소개된 이후 유럽에서 선풍적인 인기를 끌면서 탱고 본연의 애
수와 낭만적인 분위기가 약해진 사교댄스나 살롱의 분위기에 맞게 세
련되고 우아한 곡조를 특징으로 하는 콘티넨탈 탱고로 발전함으로써
90°에 가깝게 꺾이는 절도 있는 동작이 들어가는 아르헨티나 탱고와

크게 달라졌다. 아르헨티나 탱고는 초기에는 대부분 경쾌하고 정열적이었으나 1920년대가 되면서 우수의 정서가 가미되어 스텝도 실내무도에 맞게 부드럽게 변했다.

경쾌하면서도 한(恨)이 담긴 탱고는 각 박자에 악센트가 들어가는 감각적이고 감칠맛이 나는 우울한 분위기를 풍긴다. 서로 열정적인 눈빛을 교환하며 남자 탕구에로스(Tangueros, 탱고를 추는 사람)가 주도하며 격정적이고 애달픈 감정을 우수를 띤 음악과 관능적인 춤으로 표현하는 '네 다리 사이의 예술'이라고 말할 수 있다. 애끓는 이별의 슬픔을 억제하는 서글픈 열정과 절제된 관능, 눈빛에서 쏟아져 나오는 강렬한 유혹 등 말로 표현하기 어려운 복잡한 감정을 내포하는 탱고는 한번 빠지면 거부하기 힘든 묘한 매력을 가지고 있으며 '열정적(passionate)이고, 관능적(sensual)이며, 안타까운(tantalizing)' 느낌의 세 가지 요소로 정의하기도 한다.

탱고 음악을 발전시킨 다른 음악가로 아스토르 피아졸라(Astor Piazzolla, 1921~1992)를 들 수 있는데, 그는 아르헨티나에서 태어나 미국 뉴욕에서 가난하게 살면서 음악을 공부하였으며, 가르델의 요청으로 다시 아르헨티나로 돌아와 악단에서 반도네온을 연주하면서 탱고에 열중하게 되었다. 후에 프랑스에서 나디아 블랑제를 만나면서 자기 민족의 토속성을 토대로 새로운 음악을 작곡하게 되었다. 카를로스 가르델이 사망한 후, 재즈와 클래식이 섞인 탱고의 곡을 작곡함으로써 누에보 탱고(Nuevo Tango, 새로운 탱고)의 시대를 열었다.

이후 많은 유명한 작곡가들과 연주자들, 가수, 안무가, 작사가, 음악교사 등이 공동체를 형성하여 발전시켰으며 탱고는 명실공히 세계적인 관심과 사랑을 받는 예술이 되었다. 우리나라에는 1930년대 말에 들어온 것으로 알려졌으며 1945년 해방 이후 미국의 영향으로 유럽식 콘티넨탈 탱고가 들어와 사교댄스로 유행했고, 가요로서는 크게 인기를 끌지는 못하였으며, 탱고 가요로 1950년에 발표한 현인의 〈서울 야곡〉, 1956년 도미의 〈비의 탱고〉, 1994년 최백호의〈낭만에 대하여〉 등을 들 수 있다.

카를로스 가르델 Carlos Gardel, 1890~1935 | 1890년 프랑스에서 태어났으며, 미혼모였던 그의 어머니는 사회적 비난이 두려워 1893년 아들과 함께 아르헨티나의 부에노스아이레스로 이주하였다. 어려운 가정 형편 때문에 어려서부터 공장이나 인쇄소 등을 전전하다가 오페라 극장에서 일을 하면서 노래를 따라 배웠고, 그의 음악적 재능이 서서히 드러나기 시작하면서 많은 사람들이 그의 노래를 들으려고 몰려들었으며 술집 또는 개인 파티 등에서

열심히 노래를 불렀다.

1910년 코리엔테스 극장에서 탱고 가수로 정식 데뷔하여 이 극장에서 수년간 프란시스코 마르티노 (Francisco Martino)와, 호세 라싸노 (Jose Razzano)와 함께 3인조로 탱고 음악을 노래하였다. 또한 그의 동료들과 서정시인 알프레도 레 페라(Alfredo Le Pera)와 함께 많은 곡

카를로스 가르델

• 아르헨티나 Argentina •

의 탱고 음악을 썼다.

그는 정식으로 음악 교육을 받지 못해 악보를 읽을 줄도 몰랐지만
자신이 부른 대부분의 노래를 직접 작곡하고 자신의 음악을 발전
시키기 위해 부단히 노력했다. 특히 그는 1917년 탱고 음악에 〈슬
픈 나의 밤(Mi Noche Triste)〉이라는 서정적인 가사를 붙인 새로운
장르인 '탱고 칸시온(Tango Cancion)'을 개척하여 탱고를 기악과 춤
에서 노래가 있는 예술로 한 단계 발전시켰고, 이를 통해 더 많은
대중들로부터 사랑을 받을 수 있는 계기를 마련하였다.

1928년 파리에서 데뷔하여 많은 사람들의 연인이 되었으며, 유성 영
화가 개발되면서 미국 할리우드에 진출하여 영화배우로도 명성을 날
리던 중 남미 순회공연을 마치고 귀국하다가 1935년 6월 콜롬비아의
메데인(Medellin)에서 비행기 사고로 숨졌다. 그의 대표작으로는 〈Mi
Buenos Aires querido(내 사랑 부에노스아이레스, 1934년)〉, 〈Volver(귀향,
1934)〉, 〈Por una cabeza(머리 하나의 차이 또는 간발의 차이, 1935년)〉, 〈El
dia que me quieras(당신이 나를 사랑하는 그 날)〉 등이 있다. 수백여 곡에
이르는 그의 작품들 중에서도 특히 〈Por una cabeza(간발의 차이)〉는 탱
고 음악 중 최고의 명곡으로, 1992년 미국의 영화배우 알 파치노가 맹
인 퇴역 장교로 열연한 영화 〈Scent of a woman(여인의 향기)〉에서 악단
의 감미로운 반주에 맞춰 비누향기를 풍기며 매혹적인 젊은 여인과 열
정적으로 탱고를 추는 장면에서도 삽입되어 영화 팬들에게 탱고의 향
수를 불러일으키기도 하였다.

그는 탱고의 작사, 작곡은 물론 가수, 할리우드에서도 명성을 날린 영화배우로서 탱고 역사에서 가장 뛰어난 전설적인 인물로 평가받고 있다. 입구에는 탱고의 황제 카를로스 가르델의 동상이 있어서 이곳에서 그의 존재가 얼마나 대단한지 알 수 있었다. 이곳 사람들이 말할 때 '그는 가르델(Gardel)이다.'라고 말하면 그것은 곧 '그는 최고이다'라는 의미로 받아들일 정도로 그에 대한 명성이 대단하다.

식당은 2층으로 되어 있고 넓은 홀에는 이미 많은 손님들이 자리를 꽉 메우고 있었다. 벽에 걸린 흑백 사진들이 탱고의 역사와 지난날의 영화(榮華)를 말해 주고 있다. 다른 식당에서 경험하지 못했던 흥분과 즐거움이 느껴지는 가운데, 아르헨티나의 전통 요리인 엠파나다(Empanada, 아르헨티나 만두)와 소고기에 와인을 곁들여서 맛있게 식사를 하였다.

식사 후 객석에 불이 꺼지고 드디어 고대하던 탱고 쇼의 막이 올랐다. 막이 열림과 동시에 예쁘게 차려 입은 아가씨들과 모자를 쓴 남자들이 등장하고 무대 뒤의 막이 열리면서 피아노를 비롯한 반도네온, 바이올린, 더블베이스를 갖춘 무대 위의 악단이 소개되었다. 악단의 흥겨운 연주와 남녀가 짝을 지어 경쾌하고 현란한 동작으로 관객들을 탱고 속으로 빠져들게 한다. 남녀의 춤이 끝나고 이어서 키가 크고 멋지게 생긴 중년의 탱고 가수가 세련된 무대의상을 갖추고 카를로스 가르델의 〈Por una cabeza(간발의 차이)〉를 열창하면서 우리를 탱고의 깊은 세계로 끌어들인다. 다양한 주제로 관객들을 즐겁게 하고 감미로우면서도 어딘지 약간 우수가 배어 있는 듯한 탱고 음악을 듣고 춤을 보면서 환상적인 시간을 보냈다.

　다양한 의상과 소품들, 뛰어난 연기와 가벼운 몸동작, 잠시 마주치는 강렬한 눈빛 속에 숨겨진 유혹, 절도가 있으면서도 유연한 발놀림, 관능적이면서도 세련된 자태, 몸이 움직일 때마다 여자 무용수의 옷자락이 만드는 우아한 곡선 등 탱고가 보여 줄 수 있는 모든 것을 우리들에게 선사했다. 춤 상대가 없는 노인이 여자 파트너 대신 빗자루 두 개를 움직이면서 추는 탱고는 관객들에게 묘한 해학과 뛰어난 탱고의 정수를 보여 주었다.

　다소 지루하다는 느낌이 들 때쯤에 1시간 20분간의 탱고의 향연이 끝이 났다. 탱고 선율의 경쾌하고 애수에 찬 음악과 눈을 마주치며 관능적인 몸놀림으로 관객들을 사로잡던 탱구에로스(Tangueros, 탱고 춤을 추는 사람)를 떠올리며 오늘 하루를 정리한다.

1.25.

– 이십 일째 날 –

부에노스아이레스

Buenos Aires 를 떠나며

　드디어 답사 20일째 접어드는 날이다. 짐을 싸고 정신없이 이동하고 답사를 즐기다 보니 시간이 빠르게 지나간 것 같다. 오늘은 조금 여유가 있어서 아침 7시에 일어나서 빵과 우유, 과일 등으로 간단하게 식사를 하고 이과수(Iguazu)행 비행기를 타기 위해 8시 30분 부에노스아이레스 공항으로 출발했다.

　아침부터 날씨가 맑고 무척 덥다. 여기에 와서 한여름의 더위를 실감한다. 부에노스아이레스의 시민들도 바쁘게 하루를 시작한다. 공항으로 가는 길옆에 성벽처럼 띠를 두른 어렵게 살아가는 사람들의 집에서 무언가 정돈되지 않은 어수선함과 적막감이 묻어난다. 언덕 위의 고층빌딩과 고급아파트가 서글픈 대조를 이룬다.

　약 20분 정도 달려서 공항에 도착했다. 공항 바로 앞에 탁한 모습의 은의 강(Rio de la Plata)에 배가 떠 있고 멀리 수평선이 멀리 아득하게 보였다. 은의 강은 우루과이(Uruguay) 강과 파라나(Parana) 강(아르헨티나와

우루과이의 경계를 이룸)이 합류
하여 형성되며 남미의 남동부
를 흘러 대서양과 연결된다.
길이는 290㎞이며 상류의 좁
은 곳에서는 2㎞인데 비해 대
서양과 합류하는 지점에서는
220㎞로 갑자기 넓어져서 깔
때기 모양을 하고 있다. 또한

은의 강 Rio de La Plata

이 강은 아르헨티나와 우루과이의 국경선이며 강의 서쪽에는 아르헨티
나의 부에노스아이레스(Buenos Aires)가, 북쪽으로는 우루과이의 몬테비
데오(Montevideo)가 있다. 19세기 말부터 이민자들이 이 두 도시에 많이
모여들었으며, 이들에 의해 탱고가 발전하게 되었다.

　스페인의 후안 디아즈 데 솔리스(Juan Diaz de Solis)는 1516년 유럽인으
로서는 최초로 라 플라타 강에 도착하였으나, 원주민들의 공격을 받고
죽음으로써 탐험 기간이 짧았다. 그 후 스페인의 귀족 출신인 페드로
데 멘도사(Pedro de Mendoza)는 1529년 카를로스 1세 왕의 허락을 받아
2년 내에 3개의 요새와 내륙에 길을 내고 약 1천 명의 본국 이민자를
이주시킨다는 조건하에 1534년 왕의 허락을 받았다. 그는 왕으로부터
발견한 지역의 총독으로 임명받았으며, 1534년 13척의 배와 2,000명
의 병사들을 데리고 남미 탐험에 나섰다.

　남미를 탐험하면서 원주민의 족장을 죽이고 많은 재화를 챙긴 그는
대서양의 남쪽으로 항해를 계속하여 1535년 라 플라타 강 상류를 항해
하였으며, 1536년 2월 부에노스아이레스를 세웠다. 처음 이들이 도시

를 세웠던 곳은 현재 도시 중심에서 남쪽에 있는 산텔모(San Telmo) 지역이었다. 그러나 멘도사 일행은 원주민들의 습격과 식량의 부족, 풍토병 등으로 고생을 했으며 이러한 어려운 상황과 특히 멘도사는 매독으로 몸이 쇠약해져 스페인으로 귀국하던 중 1537년 배위에서 숨을 거두었다. 그의 부하들은 스페인 정부로부터 충분한 도움을 받지 못하자, 더 이상 어려움을 견디지 못하고 1541년 부에노스아이레스를 버리고 현재 파라과이의 수도인 아순시온(Asuncion)으로 이동하였다.

스페인 정복자인 후안 데 가라이(Juan de Garay)는 1543년 페루에 도착하여 부왕청에서 근무했으며 1576년 아순시온의 총독으로 임명이 되었다. 원주민들과의 전쟁을 피하기 위해 정의를 실현하고 원주민들을 문명화시키고 원주민 거주지를 건설하는 등 뛰어난 지도력을 발휘하였다. 1580년 부왕청의 육군대장으로 임명되어 폐허가 된 부에노스아이레스에 도착하여 도시를 재건하였으나 원주민들의 공격을 받고 도시가 다시 파괴되었다.

1580년 6월 현재의 5월의 광장에 가까운 곳에 바둑판 모양의 새로운 도시를 건설하였고, 이 지역을 중심으로 발달한 부에노스아이레스는 라 플라타 강 유역의 중심도시로서 가장 중요한 항구가 되었다. 그는 그 후로 라 플라타 강을 따라 여러 도시들을 세웠으며, 1583년 3월 일행과 함께 산타페(Santa Fe)로 여행을 가던 중에 원주민들에게 죽임을 당하였다.

16세기 말 부에노스아이레스는 도시의 기틀을 마련했으며 스페인은 효율적인 식민통치를 위하여 1776년 아르헨티나 · 칠레 · 우루과이 · 파라과이 일대를 묶어서 관리하기 위해 '라 플라타 부왕청'을 설치하고 부에노스아이레스를 수도로 삼았다. 그 후 1797년 자유 무역항으로 문호를 개방하였으며 1806년 영국이 침공하여 부에노스아이레스를 점령하였다가 민병대와 프랑스 군의 도움으로 영국군을 물리쳤다. 1880년부터 농축산물의 대량 수출과 노동력 부족으로 인한 유럽 이민자들이 대거 이곳을 통해 몰려들면서 더욱 활기를 띠었고, 20세기 초 건설된 철도에 의해 도시가 크게 발달하여 대서양 연안에서 뉴욕 다음으로 큰 도시로 발전하였다.

16세기 초, 이 지역을 거슬러 파라과이 강까지 올라갔던 이탈리아 탐험가가 원주민들과 은장신구를 교역하면서 '은의 강(La Plata)'이라고 이름이 붙여지게 되었다는 설이 있다. '은의 강'이란 의미를 가진 '라 플라타' 강 하구에 건설된 항구를 통하여 남미 지역에서 산출되는 엄청난 양의 금과 은을 비롯한 산물(産物)을 전 세계로 수출하였다. 이 강을 통해 엄청난 양의 은이 스페인으로 흘러들어갔으며 이후 스페인이 세계 최고의 부국이 되는 데 크게 기여하였다. 언뜻 보기에는 강이 무척 혼탁해서 오염이 된 것 같지만 강물에 흙이 많이 섞여 있을 뿐, 실제로는 오염이 별로 되지 않은 비교적 깨끗한 물이라고 한다. 사람들이 아침부터 방파제 아래에 자전거를 세워 놓고 낚시를 즐기고 있다.

비행기에서 바라본 이과수(Iguazu) 강

부에노스아이레스에서 친절하게 우리를 안내하던 안

내자와 아쉬운 작별을 하고 11시 15분 이과수행 LA 4026편에 몸을 실었다. 우리는 북쪽을 향해 위도가 낮고 강수량이 많은 지역으로 이동하기 때문에 비행기에서 바라보니 황톳빛의 강물과 다양한 형태의 농경지가 끝없이 펼쳐져 있었다. 작은 솜뭉치 같은 흰 구름이 여기저기 흩어져 그림자를 드리우고, 녹색과 붉은색이 교차되는 농경지가 이 지역의 풍요를 느끼게 한다.

밀림 사이에 붉은색 띠를 두른 이과수강이 대지를 적시면서 유유히 흘러가고 있다. 공항에 가까울수록 열대우림이 끝 간 데 없이 펼쳐지고 숲을 개간하여 만든 붉은색의 농경지가 보색 대비를 이루어 멋진 풍경을 연출한다. 이과수 공항 가까운 쪽에는 개간한 곳이 하나도 없이 끝없는 평평한 열대우림이 펼쳐져 있었다. 밀림의 나무를 밀어내고 이과수 공항을 건설하여 공항 주변에는 아무런 시설도 없고 우거진 원시의 열대우림만이 우리를 반겨 맞는다.

오후 1시, 드디어 이과수 국제공항에 착륙하였다. 유명한 관광지라 그런지 규모는 작지만 어엿한 국제공항이다. 수속을 마치고 출구로 나오니 밤색의 중절모에 어깨에 태극기가 새겨진 녹색의 티셔츠를 입은 건장하고 박력 있게 생긴 교포 안내자 정○ 씨가 우리를 기다리고 있었다. 출구를 나와 가방을 끌고 버스를 향해 걷는다. 무더운 날씨와 그동안의 답사로 피로가 누적되어서 발걸음이 무거웠다.

버스를 타고 이과수 입구로 이동한 후, 입장권을 받아들고 이과수 국립공원 안으로 들어갔다. 폭포로 가기 전에 국립공원 안에 있는 식당으로 발길을 옮긴다. 공원 여기저기에 '코아티(Coati)'라는 긴코너구리들이 돌아다니고 있었다. 사람들이 주는 먹이에 습성이 붙어서 사람이 있는 곳이면 언제나 나타나서 먹을 것을 탐한다고 한다. 점심 식사를 하고 밀림 사이로 난 길을 걸었다. 긴코너구리들이 무리지어 다니다가 아주머니가 들고 가는 음식주머니를 낚아채고는 여러 마리가 달려들어 배를 채운다.

코아티(Coati, 긴코너구리)

긴코너구리는 지금부터 3백만 년 전 지각운동에 의해 중앙아메리카가 융기하여 북미대륙과 연결되면서 남미대륙으로 이주한 대표적인 동물이라고 한다. 웬만한 먹이는 가리지 않고 먹어치우는 왕성한 식성 때문에 빠르게 번식했으며, 특히 후각이 발달하여 먹이를 잘 찾는다고 한다. 긴코너구리의 빠른 번식은 포식자인 재규어(Jaguar, 고양잇과의 맹수)를 불러들였다.

우리는 지금 이과수 폭포에서 가장 깊고 웅장한 악마의 목구멍(Garganta del diablo)을 답사하러 가는 길이다. 조용한 산책로를 걸어 폭포 열차역(Estacion Cataratas)에 도착했다. 우리보다 먼저 이과수 폭포를 보고 온 관광객들이 물에 흠뻑 젖은 모습으로 열차에 타고 있었다. 이과수 강을 보면서 모노레일을 타고 약 20분 정도 안으로 들어가서 악마의 목구멍역(Estacion del Garganta del Diablo)에서 내렸다. 간단하게 안내자의 설명을 듣고 이과수 강에 설치된 철제 다리를 걸으면서 악마의 목구멍을 찾아 발길을 옮겼다.

| 이과수 Iguazu 폭포 |

'Iguazu(이과수)'는 이곳에 살던 원주민인 과라니(Guarani) 족의 언어로 '큰 물'이라는 뜻이며 그들은 이과수 폭포가 세상에서 가장 큰 물이라고 믿었다. 브라질 파라나 주 남부의 쿠리티바(Curitiba) 부근의 해안산맥에서 시작되는 이과수 강은 길이가 약 1,320㎞에 달하며 서쪽으로 흘러서 브라질, 아르헨티나, 파라과이의 국경에서 파라나 강과 합류한다. 이과수 폭포는 이과수 강이 파라나 강과 합류되는 지점을 기준으로 이과수 강의 상류 방향(동쪽 방향)으로 23㎞ 떨어진 곳에 위치한다. 한때 이과수 폭포의 모든 지역이 파라과이(Paraguay)의 영토였으나 브라질 · 아르헨티나 · 우루과이가 연합한 3국동맹전쟁(1865~1870)에서 패하여 이과수 폭포의 대부분을 잃었다.

이 전쟁으로 이과수 폭포는 브라질, 아르헨티나, 파라과이의 국경이 되었으며 폭포의 길이는 약 2.7㎞이고 높이는 60 ~ 82m에 달하며 전체적인 형태는 J자를 뒤집어 놓은 형태이다. 즉, 2.7㎞의 전 구간에서 어떤 곳에서는 물줄기의 폭이 넓고 어떤 곳에서는 아주 좁으며, 물이 흐르지 않는 구간도 있는데, 크고 작은 폭포 270여 개가 각각 흩어진 상태이다. 이과수 폭포는 이 모든 폭포를 묶어서 부르는 상징적인 명칭이며, 상류 지역의 강수량에 따라 물줄기의 수가 수시로 변한다.

대표적인 폭포를 든다면 브라질 구간에서 벤자민 콘스탄트(Benjamin Constant) 폭포, 데오도루(Deodoro) 폭포, 플로리아누(Floriano) 폭포를 들 수 있고, 아르헨티나 구간에서는 살토 보세티(Salto Bosetti, Salto는 폭포의 뜻임), 살토 산 마르틴(Salto San Martin), Garganta del Diablo(악마의 목구명), Salto Union 등을 들 수 있는데 폭포의 약 3분의 2는 아르헨티나에 속해 있다. 270개가 넘는 폭포들은 지형과 유량에 따라 각각 나름대로 웅장함과 아름다움을 나타내지만, 규모나 웅장함에 있어서는 악마의 목구멍이 단연 으뜸이다.

경제 공황을 극복한 미국 32대 루스벨트 대통령의 영부인 엘리너 루즈벨트(Eleanor Roosevelt)가 이과수 폭포를 보자마자 "Poor Niagara(초라한 나이아가라)"라고 탄식했을 정도로 다른 폭포와는 비교할 수 없을 정도로 크고, 웅장하며 아름답다. 이과수 강은 브라질 동쪽의 쿠리티바(Curitiba) 시 근처의 산에서 발원하여 서쪽으로 흘러 브라질·아르헨티나·파라과이의 국경에서 파라나 강과 합류하며, 파라나 강은 우루과이 강과 합류하여 부에노스아이레스가 있는 라 플라타 강이 되어 대서양으로 흘러간다. 파라나 강을 따라 조금만 내려가면 수력 발전량 2위(2016년 기준)의 이타이푸(Itaipu) 댐이 있다.

이과수 폭포의 상류 지역인 파라나 고원은 브라질 고원의 일부로서 대서양 연안의 좁은 평야지대를 제외한 대부분이 현무암 용암대지이다. 이 거대한 용암대지에 단층운동이 일어나고, 주변과 높이가 심하게 차이 나는 곳에 폭포가 만들어진 것이다. 이러한 지형적 특성과 함께 엄청나게 많은 물이 끊임없이 흐르게 되어 폭포는 시간이 흐르면서 그 형태가 달라지는 것이다.

물에 의한 침식 작용에 의해 폭포가 점점 상류 쪽으로 이동하는 두부침식(혹은 역행침식)이 진행되고 있는데, 100년 간 약 30㎝씩 상류 방향으로 이동하고 있다고 한다.

스페인 정복자들이 들어오기 전에 이곳은 과라니(Guarani) 족이 평화롭게 살던 지역이었다. 15세기 말부터 스페인과 포르투갈은 식민지 쟁탈에 혈안이 되어 이곳 이과수 지역까지 침략의 야욕이 미쳐 수많은 과라니 족이 희생되었다. 1986년에 영국의 영화감독 롤랑 조페(Roland Joffe) 감독이 이과수 폭포를 배경으로 제작한 〈미션(The Mission)〉은 1750년대 이곳에서 일어났던 실화를 바탕으로 지배 국가들의 위선과 잔학성, 과라니 족의 가슴 아픈 비극을 담고 있다.

16~17세기 부패하고 타락한 로마 가톨릭 교회에 대한 쇄신을 요구하며 시작되었던 종교개혁으로 가톨릭의 권위와 실질적인 세력이 약화되었다. 종교를 빙자한 지나친 권력의 남용과 재정 적자를 메우기 위한 면죄부 판매 등으로 크게 타락한 가톨릭 교회와 로마 교황청에 대한 일반 시민들의 저항이 거세지자 가톨릭 내부에서도 교회 쇄신운동을 내세워 예수회가 탄생되었다. 특히 예수교 신부들은 선교 초기 많은 신부들이 순교할 정도로 희생도 컸지만, 원주민들을 자기들처럼 이성을 가진 순수한 사람으로 인정하면서 진정한 믿음을 가질 수 있는 선교대상으로 생각하였고, 원주민들의 언어를 배우는 등 그들과 동화하면서 꾸준한 선교 활동을 펼쳐 과라니 족이 살고 있던 이과수 폭포 지역에 예수회가 크게 확장되었다. 이들 원주민들은 공동생산 공동분배를 통한 소박한 원시 공산주의 형태를 띠고 있어서 원시 기독교 사회에서 볼 수 있었던 사회 형태와 닮은 점이 많아 이들을 선교하는 데 어려움이 적었다.

한편 스페인 왕실에서는 식민지를 개발하기 위하여 식민지로 이주하는 본국 국민들에게 원주민들을 기독교로 개종시키고 감시하며, 원주민들을 강제노역에 동원시키고 공물을 요구할 수 있는 '엔코미엔다

• 아르헨티나 Argentina •

(Encomienda)'라는 혜택을 주었다. 그러나 시간이 지남에 따라 이주자들이 이 제도를 이용하여 세력이 막강해지자, 스페인 왕실에서는 이들을 견제하기 위하여 예수교 신부들의 무장(武裝)을 허락하는 한편 그들의 힘을 이용하게 되었으며, 이런 배경으로 예수교 신부들이 과라니 족이 살고 있는 밀림 깊숙이 들어와 선교 활동을 활발하게 펼칠 수 있었다. 이러한 노력으로 과라니 족의 많은 공동체가 발전하고 원주민들의 상당수가 예수회 신앙을 따르게 되었다. 이러한 공동체는 예수회 신부를 주축으로 자체적으로 군대를 조직하여 노예 상인과 결탁한 이주자들이 이끄는 군대와 전쟁을 벌여 자신들의 공동체를 지켜 내기도 하였다.

1750년 1월 13일 스페인과 포르투갈 사이의 국경조약이 체결되면서 그동안 스페인 관할지역에 있던 우루과이 강 동쪽 지역이 포르투갈에 넘어갔고, 그에 따라 약 30만 명에 달하는 과라니 족 원주민들이 노예의 매매 대상이 되거나 살던 곳을 버리고 다른 곳으로 쫓겨나야 할 절박한 상황에 몰리게 되었다.

당시 포르투갈은 자신들이 아프리카에서 흑인 노예들을 들여와 농장이나 광산 등에서 노동력을 착취하기 위하여 노예제도를 합법화하고 있었기 때문에 이과수 폭포 지역에 살던 원주민들도 노예로 팔려나갈 수 있는 딱한 상황에 처하게 되었다.

예수회 신부들을 지원했던 스페인 왕실도 포르투갈과의 조약을 이행하기 위해 신부들을 회유하여 원주민들이 거주구역을 떠나도록 설득할 것을 종용하였다. 그동안 원주민들과 함께 생활하며 그들을 이끌어 공동체를 이루었던 예수회 신부들은 이러한 스페인과 포르투갈의 압력에 저항하여 1754년과 1756년 이들에 맞서 싸웠으며 이 전쟁으로 그동안 가꾸었던 원주민 공동체는 모두 파괴되고 대부분의 과라니 족이 학살 당하였다.

미션 The Mission | 식민지로 이주한 로드리고 멘도사(Robert de Niro 분)는 악명 높은 노예상으로 원주민들을 납치하여 노예로 팔 아넘겼다. 이러한 혼란스러운 분위기에서 원주민들을 선교하러 밀림 깊숙한 곳으로 떠났던 예수회 신부의 시신이 이과수 강으로 떠내려 온다. 이러한 신부들의 순교에 책임을 통감한 가브리엘 신부(Jeremy Irons 분)는 자신이 직접 과라니 족을 선교하겠다고 나선다.

밀림에서 과라니 족을 불러모으기 위해 가브리엘 신부가 오보에(oboe)로 연주하는 넬라 판타지아(Nella Fantasia)가 고요한 밀림 속에 은은히 울려 퍼지며 이과수 폭포의 아름다운 풍경과 어울려 무척 신비로운 느낌마저 들게 한다.

애정 문제로 자기 동생을 죽인 멘도사는 양심의 가책을 느끼고 자신의 죄를 씻기 위해 자신이 사용하던 갑옷과 칼 등을 밧줄로 만든 망태기에 넣고 끈으로 자신의 팔에 묶고 가파른 이과수 폭포의 절벽을 기어오른다. 미끄러지면 다시 끌고 맨몸으로도 오르기 힘든 절벽을 짐을 끌면서 목숨을 건 고행을 지속한다. 결국 가브리엘 신부의 인도로 예수회 신부가 된 멘도사는 원주민들을 교화시키고 원주민 공동체의 발전을 위해 몸을 바쳐 헌신적인 노력을 한다.

스페인과 포르투갈의 국경조약으로 원주민 공동체가 해체될 위기에 놓이자, 무저항 비폭력을 주장하는 가브리엘 신부와는 반대로 멘도사는 스페인군들을 습격하여 무기를 탈취하고 무력으로 공동체 방어에 적극 나선다. 결국 스페인군의 공격으로 마을은 모두 파괴되고 어린이와 여자들과 함께 비폭력으로 항거하던 가브리엘 신부는 많은 사람들과 같이 총에 맞아 쓰러진다. 살아남은 몇 명의 어린 소년들과 소녀들이 함께 카누를 타고 그들만의 새로운 터전을 가꾸기 위해 이과수강을 따라 정처 없이 길을 떠난다.

영화의 마지막 장면에서 추기경이 교황에게 보내는 편지에서 "신부들은 죽고 저만 살아남았습니다. 하지만 실제로 죽은 건 저고 살아남은 자는 저들입니다. 왜냐하면 언제나 그렇듯 죽은 자의 정신은 산 자의 기억 속에 남기 때문입니다."라는 말이 오래도록 가슴을 울린다.

아르헨티나와 브라질의 이과수 폭포는 각각 1984년과 1986년에 세계자연유산으로 등재되었고, 두 나라 모두 이과수 국립공원으로 지정하여 보호하고 있다. 2011년에는 이 지역이 신(新) 세계 7대 자연 경이(New Seven Wonders of Nature)에 선정되기도 하였다. 바로 앞에 무시무시한 절벽이 기다리고 있는 것을 모른 채 철제다리 아래로 이과수의 강물이 고요하게 흐른다. 상류에 비가 많이 내렸는지, 강물은 강폭을 가득 채우고 뿌연 흙탕물로 넘실거렸다.

폭포에 다가서자 국경을 알리는 아르헨티나 국기가 폭포에 이는 바람에 펄럭이고, 난간 주변의 공중으로 물안개가 힘차게 솟구치면서 흐르던 강물이 물줄기의 머리 부분만 보이고 갑자기 뿌연 물보라 속으로 사라지고 지축을 흔드는 굉음이 폭포를 지배하고 있었다. 전설에 따르

면 젊은 전사(戰士)가 뱀신에게 제물로 바칠 사랑하는 여자를 데리고 도
망을 치자, 크게 노한 뱀신이 땅을 쳐서 거대한 물줄기인 이과수 폭포
를 만들어 도망가던 두 사람을 폭포로 떨어지게 하였다고 한다. 전설
처럼 악마의 목구멍은 세
상의 모든 것을 빨아들일
것처럼 무서운 기세로 포
효하며 이과수 강의 강물
을 집어삼키고 있다.

악마의 목구멍

악마의 목구멍은 이과
수 폭포에서 가장 크고 장
엄하며 물줄기가 가장 세
찬 곳으로 'U'자 형의 형태
로 높이가 82m로 바라보는 순간 전율을 느낄 정도의 위세에 누구나 할
말을 잃은 채 압도당한다. 떨어지는 물줄기들이 서로 부딪혀서 만들어
내는 물보라가 공중으로 치솟아 바람에 날리고 자연의 위대함을 깨우쳐
주려는 듯 나약한 존재들에게 엄숙한 세례식을 치루는 것처럼 사람들의
몸에 물을 흠뻑 적셔 준다. 대부분의 사람들은 옷과 얼굴에 이과수의 기
운이 담긴 신성한 물이 배어드는 것을 오히려 즐기는 것 같았다.

강폭을 따라 쏟아지는 물줄기에 섞여진 갈색의 색조와 물줄기 사이사
이에 있는 붉은색 절벽과 거기에 살고 있는 식물들, 굵은 실타래 같은
물줄기들이 길게 이어져 최고의 풍경화를 만들어 내고 있다. 약한 인간
의 마음으로는 악마의 목구멍에 한동안 초점을 고정하기 어렵고, 바라
보고 있으면 순간적으로 빨려들 것만 같은 두려움이 엄습할 정도로 장대

(壯大)하고 무시무시한 느낌이 든다. 조금만 바라보면 이어진 물줄기들이 구름이 되어 위로 오르는 듯하고 또 한편으로는 양털 같은 주름진 물살이 꿈틀대며 짙은 안개 속으로 사라지고, 또 갑자기 폭포의 깊은 물속으로 뛰어들도록 유혹이 뻗쳐 오는 것 같아 얼른 고개를 돌려 외면한다.

그동안 많은 사람들이 이곳 악마의 목구멍에서 몸을 던졌다고 하는데, 직접 그 모습을 보니 심연(深淵)의 그 속으로 뛰어들고 싶은 유혹을 떨치기가 쉽지 않았을 것이라는 생각이 들었다. 자연이 만든 거대한 장관(壯觀)에 감탄하고 입이 다물어지지 않는다. 말로만 듣던 지구상 최대의 폭포인 이과수 폭포를 직접 보고 귀한 선물로 몸도 적셨다는 것에 대하여 벅찬 감동을 느끼고, 여기까지 올 수 있도록 해 준 모든 분들께 무한한 감사를 드리고 싶다.

아르헨티나 쪽에서 바라본 이과수 폭포(오른쪽이 악마의 목구멍)

쉼 없이 밀려드는 물보라 때문에 사진기를 싸고 있던 커다란 면포도 물에 젖어 사진기가 제대로 작동할지 무척 걱정이 되었다. 렌즈의 물방울을 닦고 겨우 한 장 찍으려고 해도 밀려드는 사람들과 불쑥불쑥 들이미는 셀카봉 때문에 무척 힘이 들었다. 사진 한 장 찍는 것이 이처럼 힘들다는 것을 이과수 폭포에서 절실하게 느꼈다. 폭포에서 밀려드는 거센 물보라에 스콜(squall, 열대지방의 소나기)까지 내려서 폭포 주변의 전망대는 그야말로 아수라장이 되었다. 열차 시간을 맞추려고 사람들이 술렁대면서 빠져나가기 시작한다. 같은 열차를 타고 왔다가 다시 같은 열차로 돌아가야 하기 때문에 한꺼번에 사람들이 몰렸다가 동시에 빠져나가는 것이다.

비를 뿌리며 심술을 부리던 날씨도 조금씩 먹구름이 걷히면서 폭포의 쏟아지는 물줄기도 아까보다 더 선명하고 힘차 보였다. 사람들이 빠져나간 틈을 이용하여 부지런히 셔터를 눌러 본다. 물보라를 맞았어도 사진기는 정상으로 제대로 잘 작동되어 마음이 놓였다. 한 장면, 한 장면 사진기에 담을 때마다 숨이 멎을 정도로 흥분되고 말로 표현할 수 없는 감동이 밀려왔다.

서둘러 발길을 돌려 다리를 따라 부지런히 일행들의 뒤를 쫓는다. 날씨가 조금 개는가 싶더니 열차 정류장에 도착할 때쯤 빗줄기가 강하게 쏟아진다. 열차에서 내린 사람들 모두 이과수 폭포를 보기 위해 비를 맞으며 발걸음을 뗀다. 축축하게 젖은 옷을 훈장처럼 여기면서 열차에 올랐다. 집어삼킬 것만 같던 악마의 목구멍이 눈에 어리고, 귀가 먹을 정도로 포효하던 굉음이 환청으로 귓가에 맴돈다. 열차에서 내려 다시 밀림 속으로 난 숲길을 걸어서 국립공원 입구로 나왔다.

— 1. 26.
이십일 째 날 —

이과수 폭포
Iguazu

브라질 BRAZIL

1.26.– 1.30.

정식 명칭은 브라질 연방공화국(Federative Republic of Brazil)으로 북위 5°
에서 남위 34°까지 남북으로 4,320㎞, 동서로 4,328㎞에 이르며 면적
은 851만 ㎢로 남미 대륙의 거의 절반에 해당될 정도로 대단히 넓다.

가장 높은 산은 북쪽 아마조나스 주의 베네수엘라와의 국경 부근에 있는 해발 2,995m의 피코 다 네블리나(Pico da Neblina)이다. 가이아나 고원의 로라이마(Roraima) 산이 있는 고원지대와 대서양 연안을 따라 북동방향에서 남서방향으로 브라질 고원이 발달하고, 안데스 산맥에 속해 있는 산들에 비해 훨씬 낮은 편이며 아마존 강 유역을 중심으로 넓은 평원이 형성되어 있다.

아마존 강은 길이 약 6,400㎞로, 세계 최대의 수량을 자랑하며, 약 1,000여 개의 지류가 흐른다. 아마존 강의 유역을 중심으로 하는 자연자원을 비롯하여 석유 · 우라늄 · 철광석 · 망간 · 보크사이트를 비롯한 풍부한 지하자원과 온화한 기후와 충분한 강수량, 아마존 강의 엄청난 수자원 등의 영향으로 오래전부터 농업과 축산업이 발달하였다.

브라질은 16세기경부터 포르투갈의 지배를 받았기 때문에 남미의 다른 국가들과 달리 포르투갈어를 공용어로 사용하고 있다. 이주민들에 대한 개방적인 정책으로 인해 현재 브라질의 인종 구성은 매우 다양하다. 백인이 약 55%, 흑인이 6%, 원주민이 약 1%이며 혼혈이 33% 정도라고 한다. 총 인구도 2억 명(2014년 기준)이 넘어 남미 최대이며 세계 5위를 기록하고 있다. 수도는 내륙에 위치한 브라질리아이고, 최대 도시는 상파울루이며, 그 밖에 유명한 도시로는 리우 데 자네이루, 마나우스 등이 있다.

유럽인의 브라질 발견에 대해서는 입장에 따라 차이를 보이는데 여러 가지 기록이나 상황을 분석해 보면, 콜럼버스의 첫 항해에서 니나(Nina) 호의 선장이었던 스페인의 야네스 핀손(Yanez Pinzon)이 1500년 1월

26일 맨 처음 발견하였으나, 스페인과 포르투갈 간의 남미 식민지 협정에 따라 크게 관심을 갖지 않았으며, 1500년 4월 22일 포르투갈의 페드로 알바레스 카브랄(Pedro Álvares Cabral)이 브라질을 발견하고 이러한 사실을 포르투갈 정부에 알리고 포르투갈의 영토임을 선언함으로써 대부분의 기록에서 카브랄이 최초의 발견자로 되어 있다.

16세기 초 발견 당시, 포르투갈에서는 인도에서 수입하던 붉은색 염료를 브라질에서 자생하고 있던 파우 브라질(Pau-Brasil)이라는 콩과식물의 나무에서 추출하였는데, 이 나무의 이름에서 브라질(Brazil)이라는 이름이 유래하였다고 한다. 또한 이 나무는 매우 단단하여 현악기의 활을 만드는 데 사용되기도 하며 주로 대서양 연안에서 자라고 있다.

16세기 중반부터 설탕의 수요가 늘면서 사탕수수를 재배하기 위한 노동력이 더 필요하게 됨에 따라 아프리카에서 흑인들을 노예로 들여오기 시작하였으며, 이러한 노동력 확보를 위해 노예 제도를 합법화하였다. 결국 흑인뿐만 아니라 브라질의 원주민들에게도 커다란 비극을 초래한 것이다. 그 후 금광의 발견과 커피의 수요 증대로 브라질의 경제가 발전하고 근대화를 촉진시키는 중요한 요인이 되었다.

1807년 나폴레옹의 침입으로 포르투갈의 왕실이 옮겨왔다가 1821년 황태자 돔 페드로(Dom Pedro)를 통치자로 남겨두고 왕실은 다시 포르투갈로 돌아갔다. 이 당시 브라질의 인구는 약 300만 명 정도였으며, 그 가운데 약 100만 명이 노예였다고 한다. 브라질에는 이렇다 할 산업이 없었고 포르투갈은 포르투갈의 왕실이 브라질에 있는 동안 브라질의 산업 진흥을 위해 중상주의 정책을 완화하였다. 중상주의(重商主義)는 자국의 국력을 강화시키기 위해 정부가 국민 경제를 규제하거나 통제하는 제도로, 특히 식민지와의 모든 교역을 독점하고, 식민지에서의 제조업을 금지하고, 자국에 원료를 공급하고, 소비 시장으로의 기능만 강조하여 착취를 고착화시켰다.

본국으로 돌아온 포르투갈 왕실은 브라질에 대하여 다시 중상주의정책을 강화하였으며, 이에 저항하여 대지주와 보수주의자들은 돔 페드로(Pedro I of Brazil)를 왕으로 세워 1822년 9월 7일 독립을 선언하였고, 페드로는 그해 10월 12일 왕이 되었다. 안정적인 통치로 국정을 운영한 페드로 2세(Pedro Ⅱ)는 1888년 반인륜적이고 야만적인 노예제를 폐지하여 많은 국민들로부터 큰 환영을 받았으나 노예제 폐지의 가장 큰 타격을 입은 대지주의 지지를 받은 군부가 쿠데타를 일으켜 1889년 페드로 2세는 실각함으로써 왕정이 폐지되고 공화정이 수립되었다.

공화정이 수립된 이후 남미의 다른 나라와 마찬가지로 사회적 혼란과 정국의 불안 등이 지속되는 가운데 쿠데타와 독재정치가 되풀이되었다. 독재자로는 특히 부정선거로 1930년 임시 대통령이 된 후 1955년까지 권력을 휘두른 제툴리오 바르가스(Getulio Vargas)를 들 수 있으며, 1964년 다시 군사 쿠데타로 카스테로 브랑코(Castelo Branco)가 대통령이 되면서 이후 1985년까지 21년 동안 군부에 의한 잔혹한 독재정치가 이어져 수백 명이 처형되고 많은 사람들이 실종되어 아직도 종적을 확인하지 못하고 있는 실정이다.

그 뒤 1985년 1월 민주운동당 대통령 후보로 출마한 탄크레도 네베스(Tancredo Neves)는 선거인단 686명 중 480표의 압도적인 지지로 대통령에 당선됨으로써 21년간의 군정에 종지부를 찍었다. 2002년 초등학교 학력의 금속 노동자 출신인 중도좌파의 노당자당(PT) 룰라 다 실바(Lula

• 브라질 Brazil •

da Silva)가 대통령에 당선되었다. 그의 가장 큰 관심사는 빈민 구제였으며 부자 증세를 통한 세금 제도의 개혁, 시장친화적인 경제정책을 실시하여 브라질의 경제 성장을 이끌어 2006년 10월에 치러진 선거에서 재선되었다.

그리고 룰라 정부에서 2005년부터 수석장관을 맡았던 노동자당(PT) 지우마 호세프(Dilma Vana Rousseff)가 2010년 10월 치러진 선거에서 당선되어 브라질 최초의 여성 대통령이 되었다. 그녀는 2014년 10월에 치러진 선거에서 재선되었으나, 재정 부족을 메우기 위해 시중은행으로부터 빌린 돈을 부정으로 회계 처리한 것이 밝혀져 2016년 4월 탄핵안이 하원을 통과하였고, 5월 12일 탄핵 심판이 가결되어 180일 동안 업무가 중지되었으며, 8월31일 상원에서 탄핵을 가결함으로써 대통령직을 상실했다.

한편 그동안 많은 국민들의 존경을 받았던 룰라 대통령도 브라질국영석유회사(Petrobras)로부터 거액의 뇌물을 받은 혐의로 '라바 자토(Lava Jato, 세차용 고압분무기, 세차 작전)'라는 부패 사건의 핵심 인물로 지목되어 수사를 받고 있는 중이다. 부정부패 없이는 정치를 할 수 없는 것인지, 정치 세계를 알면 알수록 보통 사람으로는 참으로 이해할 수 없는 일들이 너무나 많다. 룰라 대통령의 선심성 복지는 과연 다음 세대에도 별 문제 없이 지속될 수 있는 것인지, 시한부 목숨의 환자에게 단기간의 수명연장을 위한 몇 방울의 링거주사였는지 더 지켜볼 일이다.

이제 우리는 버스를 타고 아르헨티나 답사를 끝내고 브라질로 향한다. 비가 와서 바닥에 물이 조금 고여 있고 하늘은 약간 흐려 있다. 이제 국경을 넘는 것도 남의 동네 갈 때 고갯길을 넘는 기분이다. 국경 근처에서는 절대 사진 촬영을 하지 않도록 정○씨가 신신당부를 한다. 안내자가 출국 수속을 마치고 짐을 챙겨서 브라질 국경을 넘는다. 안내자가 입국 수속을 마무리하는 동안 우리는 버스에서 오늘 답사를 떠올리면서 또는 국경의 주변을 바라보면서 기다렸다. 조금 시간은 걸렸지만 별 문제 없이 입국이 허락되어 브라질 이과수를 향해 출발했다.

드디어 우리 일행은 이과수 강을 가로지른 탄크레도 네베스(Tancredo Neves, 우정의 다리) 다리를 건너 답사의 마지막인 6번째 나라 브라질에 발을 들여놓았다. 1985년에 준공된 이 다리의 길이는 489m이며 반씩 나누어 남쪽은 아르헨티나, 북쪽은 브라질 영토이다. 차로 옆에 길게 이어진 시멘트 구조물에 아르헨티나는 국기 모양으로 맨 위는 푸른색, 중간은 흰색, 아래는 푸른색으로 칠을 했고, 브라질 쪽에서는 옆으로 늘어선 시멘트 구조물에 녹색과 노란색을 교대로 채색하여 국경을 구분해 놓았다. 이과수강에 저녁 햇살이 내려앉아 강물이 은색으로 물들었다.

국경에서 30여 분 버스를 달려서 포스 두 이과수(Foz do Iguazu)에 있는 이과수 호텔에 도착했다. 아열대우림 지역이라 도시 주변에 숲이 울창하고 도시의 건물들은 작은 숲에 둘러싸여 있어서 공원 속의 도시 같은 느낌이 들었다. 방을 배정받고 폭포에서 흠뻑 젖은 옷을 세탁하고 짐을 정리했다. 창으로 들어오는 햇살이 워낙 강해서 빨래가 아주 잘 마를 것 같았다. 6시 30분에 버스를 타고 중국 음식점으로 향했다. 음식점 안에는 수정을 비롯한 여러 가지 보석들이 전시되어 있었다. 한식(韓食)을 준비할 수 없어서 그나마 우리 입맛에 맞는 중국음식으로 맛있게 먹었다.

1.26.
– 이십일 일째 날 –

이과수 폭포
Iguazu

　6시 30분에 일어나서 아침 식사를 하고 8시 30분, 대망의 브라질 쪽에서 브라질과 아르헨티나 이과수 폭포를 보러 가는 길이다. 아침부터 날씨가 덥고 햇살이 강하다. 원호가 겹친 두 개의 원 모양으로 만든 수영장에 옥빛의 물이 채워져 무척 멋이 있고 시원한 느낌이 든다. 오늘도 날씨가 좋아야 할 텐데. 이과수 국립공원은 습하고 기온도 높아서 아침부터 무척 후끈하다.

　버스를 타고 이과수 국립공원 입구에 도착했다. 붉은색 기와가 덮인 국립공원 입구의 건물과 붉은 벽돌로 된

브라질 이과수 폭포 입구

바닥을 파서 만든 수조의 원색 타일과 파란 물이 무척 산뜻하면서 이 이과수 폭포의 아름다운 풍경을 암시하는 것 같았다. 브라질은 포르투갈의 식민지였기 때문에 지금까지 둘러보았던 나라들과는 간판의 문자에서도 조금씩 차이가 난다. 아침부터 많은 사람들이 이과수 폭포를 보려고 입구로 모여들었다.

입장권을 들고 나무로 시원스럽게 천장을 높게 지은 입구 건물의 안으로 들어왔다. 오늘 폭포 답사는 버스를 타고 13번 관람로 정류장에서 내려서 아래쪽 전망대로 이동하여 아르헨티나 쪽의 폭포를 관람한 후, 숲 속의 관람로를 따라 걸으면서 맞은편 아르헨티나 쪽의 폭포를 보면서 15번 관람로 쪽으로 이동한 후, 나무로 된 브라질 폭포 쪽의 관람로를 따라 이동하여 아래쪽에서 브라질 쪽의 폭포와 악마의 목구멍을 비롯한 아르헨티나 쪽의 폭포를 관람하고, 걸어서 12시까지 식당으로 가는 일정이다.

약 20분 정도 버스를 타고 이과수 강을 따라 위로 올라갔다. 정류장에 내려서 전망대 쪽으로 이동하니, 전 세계에게 모여든 관광객들로 발 디딜 틈도 없이 북적거린다. 우리는 입구에서 이과수 강의 하류에서 상류 쪽으로 거슬러 올라가면서 맞은편 아르헨티나 쪽의 폭포와 이과수 강의 경계에서 북쪽에 있는 브라질 이과수 폭포를 보게 된다. 아침부터 날씨가 맑아서 아름답고 장엄한 이과수 폭포에 대한 기대로 한껏 마음이 부풀었다. 어제 아르헨티나 쪽에서는 악마의 목구멍을 바로 앞에서 볼 수 있었는데, 오늘은 멀리서 이과수 폭포 전체의 모습 또는 부분을 감상할 수 있는 것이다.

13번 코스의 전망대에 서니 짙은 녹색의 숲 한가운데의 절벽 아래로 보세티 폭포(Salto Bossetti)와 아담과 이브 폭포(Salto Adan y Eva)가 비단결보다 더 곱고 은빛의 하얀 수를 놓은 천으로 절벽을 감싸 버렸다. 앞쪽의 산마르틴(San Martin) 섬과 아담과 이브 폭포 사이에 예쁜 무지개가 꿈길 같은 다리를 놓았다. 숲은 속이 보이지 않을 정도로 우거져 있고, 하늘은 눈이 시릴 정도로 푸른 가운데 숲이 만드는 경계선에 하얀 구름이 걸려 있다. 쏟아지는 물줄기는 햇살을 받아 순백의 속살을 그대로 드러내면서 과라니 족의 삶과 이곳에 숨겨진 전설을 말해 주는 것 같았다. 먼 길을 달려온 물들이 길게 이어진 절벽에 약간의 여백을 두고 하얀 포말을 만들면서 힘차게 떨어지고 있다.

 눈앞에 펼쳐진 아름다운 별천지를 보고 모두들 감탄사를 연발한다. 이과수 폭포에는 270개가 넘는 많은 물줄기들이 있기 때문에 폭포의 크기나 형태, 주변의 풍경이 모두 달라 전혀 지루하지 않고 폭포들의

13번 전망대에서 바라본 이과수 폭포(맨 오른쪽이 보세티 폭포이며 왼쪽에 있는 것이 산마르틴 섬)

경연장 같은 느낌이 든다. 어떤 곳에서는 중간에 여백이 없이 폭이 넓고 어떤 곳에서는 2단, 3단으로 떨어지기도 한다. 멀리 숲 속으로 아르헨티나 쪽의 통행로와 악마의 목구멍을 보러 가는 사람들이 어렴풋이 보인다. 어제는 몰랐는데 바로 철제 통행로 가까운 곳에 이렇게 아름다운 폭포가 있다는 것을 이제야 알게 되었다.

숲길로 난 산책로를 따라 자리를 옮기니 바로 앞에 이과수 강의 산마르틴(San Martin) 섬이 뚜렷하게 보인다. 처음에 멀리 보이던 폭포가 조금 가깝게 보이고, 물줄기들이 허공중에 토해 내는 우렁찬 함성이 계곡 사이로 울려 퍼진다. 숲 사이로 산마르틴(San Martin) 폭포의 물줄기가 하얀 커튼을 친 것같이 이어져 있고, 또 작은 폭포들이 면사포처럼 물줄기를 얇게 펴서 검붉은 화산암 절벽을 사이사이에 펼쳐져 있다. 구름이 적어서 아쉽기는 하지만 오전 내내 하늘은 파랗고 날이 맑아서 소망하던 대로 이과수의 절경을 맘껏 즐길 수 있었다. 녹색의 숲과 풀로 덮인 바위와 풍화에 주름진 절벽의 암벽에 눈빛 같은 순수의 향연이 펼쳐진다. 1층으로는 아쉬웠는지 위쪽의 에스콘디도 폭포(Salto Escondido)와 아래쪽의 3개의 모스퀘테로스 폭포(Salto tres Mosqueteros)가 조합이 되는 등 여러 개의 서로 다른 폭포들이 모여 2층으로 짝을 맞춘 모습이 무척 독특하면서도 멋이 있다.

멀리 악마의 목구멍이 보이고 물보라 속에 겨우 알아볼 수 있을 정도로 사람들이 작게 보인다. 악마의 목구멍을 통과한 물은 다른 물줄기와 합해져 더욱 급하게 좁은 골짜기를 타고 세차게 흐른다. 숲에서 바라보니 멀리 폭포 아래 다리에 많은 사람들이 줄을 지어 자연이 만든 최고의 경치를 보기 위해 분주하게 움직이고 있었다. 아득한 절벽을 타고 쏟아지는 물줄기들은 폭포의 바닥에 부딪쳐 뽀얀 물안개로 변하여 겹겹이 절벽을 감싼다. 밀림에 띠를 두른 많은 폭포에서 쏟아지는 물줄기들이 녹색의 천에 하얀 솜으로 공들여 수를 놓은 것처럼 곱고 아름답다.

아래로 내려가서 폭포 가까이에 이르니, 쉴 새 없이 떨어지는 거센 물줄기와 대지를 진동시키는 굉음이 이과수의 장엄함을 말해 준다. 폭포는 단선으로 끝나는 것이 아니라 길이가 2.7km에 이르는 동안 선의 모양과 높이, 물이 닿는 절벽 등을 달리하면서 웅장하면서도 아름답고 거친 듯하면서도 섬세함이 느껴진다. 강바닥에 떨어진 물은 다시 물보라를 만들고, 강한 여름 햇살이 그 속을 파고들어 폭포 곳곳에 찬란한 무지개를 걸어 놓았다. 폭포 한쪽에서는 쌍무지개가 떴다고 모두들 환호성을 지르고 자연이 만드는 최고의 경치에 넋을 잃은 것처럼 보였다. 폭포에서 어느 정도 멀리 떨어졌다고 생각했는데, 낙하하면서 만들어진 물보라가 다리에까지 날아와서 옷을 적신다. 우비를 꺼내서 방비를 하였지만 사진기에 물이 닿을까 봐 무척 신경이 쓰였다. 사람들이 많아서 맘에 드는 사진을 찍는 것이 무척 힘이 들었다.

다리 끝으로 가서 악마의 목구멍을 바라보았다. 구름 한 점 없는 푸른 하늘 아래 말발굽처럼 움푹 팬 곳으로 거대한 물줄기들이 쉬지 않고 떨어지고 물안개가 폭포의 윗부분까지 가려서 악마의 목구멍은 그 정체를 숨기고 신비에 싸여 있었다. 브라질 쪽의 왼쪽 9시 방향의 전망대에서부터 시작되는 폭포를 시계방향으로 고개를 돌려 가면서 1시 방향의 악마의 목구멍, 그리고 5시 방향까지 끊어졌다가 이어지는 폭포와 실타래에서 가는 실 몇 올이 빠져나온 것과 같은 작은 폭포까지 죽 둘러보았다. 언제 이런 감동을 다시 느낄 수 있겠는가? 더 머무르지 못하고 떠나는 아쉬움에 마음이 급해지고 무심하게 흘러가는 시간이 아깝고 야속할 뿐이다.

부지런히 발길을 재촉하여 전망대로 향했다. 바로 앞에서 보니 눈덩이가 눈보라를 일으키며 높은 절벽에서 쏟아져 내리고, 흰 솜을 깔아놓은 바닥에서 고운 물안개가 피어오르고 있었다. 약속시간보다 조금 늦었는데, 승강기를 타려는 사람들이 줄지어 서 있다. 한참을 기다린 후에 전망대에 오르니 유유히 흐르는 강물이 갑자기 절벽 아래로 떨어져 폭포가 되는 모습을 입체적으로 볼 수 있어 폭포 아래에서 보는 것과 또 다른 장관을 연출한다. 악마의 목구멍에서 솟구쳐 오른 물안개가 구름이 되어 푸른 하늘로 날아오른다. 햇빛이 강해지면서 폭포 앞에 길게 걸렸던 쌍무지개가 창공으로 서서히 모습을 감춘다.

강 위에 나 있는 길을 따라 10분쯤 이동하여 12시 10분쯤 식당에 도착하였다. 나무숲에 둘러싸인 이곳의 식당들은 붉은 기와로 지붕을 덮고 무척 깨끗하고 세련미가 넘쳤다. 기본 닭고기에 음료와 약간의 채소와 과일이 차려진 뷔페식으로 식사를 하였다. 식사 후 잠시 강가에

나와 못다 본 이과수강과 이과수 폭포를 둘러보았다.

　강가를 걸으면서 보라보니 강물은 완만한 경사를 이루며 유유자적하며 고요하게 흐르고, 멀리 악마의 목구멍도 앞쪽의 강물에 가려 위부분만 하얗게 살짝 드러날 뿐이다. 악마의 목구멍 주변에 사람들이 빽빽하게 줄지어 있고 아르헨티나 국기가 희미하게 보일 뿐이다. 길가

에 이곳을 처음 발견한 백인 조종사인 프레데리코 엥겔(Frederico Engel)의 동상이 서 있었다. 수천 년 전부터 이곳에는 원주민들이 터를 잡고 살고 있었는데, 백인이 나중에 발견한 것이 그렇게도 큰 기념이 되

451

는 것인지?

뜨거운 햇빛에 체온을 올리려고 커다란 도마뱀이 길가 잔디밭에서 햇볕을 쬐며 휴식을 취하고 있다. 오후 일정인 마쿠코사파리(Macuco Safari)와 이과수 강 보트 관광을 위해 오후 1시 30분에 버스를 타고 정글 사파리 투어 입구에 도착하였다.

| 정글 사파리 Jungle Safari |

투어를 시작하기 전에 보트 투어에 대하여 안내자가 단단히 주의를 준다. 폭포 아래에서 사진을 찍기 위해 비닐과 우비 등 만반의 준비를 했다. 표를 사서 입구로 들어가니, 우리가 타고 갈 차가 기다리고 있었다. 정글 사파리를 위해 천으로 지붕을 덮고 간단하게 의자를 배치한 기다랗게 개조한 특수 차량을 타고 붉은색 황톳길을 달리면서 열대 우림의 정글을 답사한다. 안내자가 우리가 답사할 정글에 표범이 살고 있다고 은근히 겁을 준다. 길옆에는 야자수를 비롯한 커다란 나무들과 풀들이 뒤섞여 울창한 숲을 이루었다.

밀림에 들어서자, 안내자가 힘을 주고 설명을 한다. 이곳 사람들은 죽순을 먹지 않고 대신 야자나무 순을 먹었다고 한다. 숲 속을 가리키며 이곳의 야자수는 줄기가 나오기 전 파란 부분을 '야자수의 심장(Heart of palm)'이라고 하며 이 부분을 1m 정도 자르면 약 1㎏ 정도 되는데, 이것을 샐러드나 주스를 만들 때 이용한다고 한다. 이렇게 순을 먹을 수 있으려면 최소 10년 이상 자라야 하는데, 순을 자르면 야자나무

가 죽기 때문에 현재는 천연기념물로 보호하고 있으며 대신 2 ~ 3년이
면 식용으로 할 수 있고 죽지도 않는 개량종의 야자 순을 먹는다고 한
다. 이곳의 야자나무를 '쥬사라'라고 부르며 아마존 밀림에 자생하는
것과는 종이 다르다.

　옆으로 폭포 사파리를 끝낸 선배들이 옷이 다 젖은 채 무척 수척한
모습으로 차를 타고 지나가면서 안쓰러운 듯 묘한 웃음을 지으면서 우
리들에게 손을 흔들어 준다. 그 웃음 속에 보이지 않는 걱정이 숨어 있
다는 것을 보트 관광이 끝나고 알 수 있었지만. 이곳 밀림에는 85종의
야생난이 자라고 있으며 53종은 나무에 기생하고 32종은 땅에서 자란
다고 한다. 나무에서 크고 무성하게 자란 밀또니아 플라빈스를 가리키

며 설명을 한다. 이 난은 일주일간 꽃이 피
기 때문에 사람의 사랑이 일주일 동안만 완
벽하다고 해서 'perfect love'라고 불기기도
한다. 우리나라 숲의 식생과 너무 달라서
야자수 외에는 아는 수종이 없었다.

　꼬투리가 콩을 닮은 콩과 식물을 비롯
하여 줄기 속이 비어서 개미들이 이동통
로로 이용하는 식물도 있었다 '팀바우바
(Timbauva)'라고 하는 곧고 큰 나무 앞에서
차를 세우고 설명을 한다. 이 나무는 콩과
식물로 500년 이상 살 수 있으며 최고 45 m
까지 자라고, 과라니 족은 가볍고 부드러운

팀바우바(Timbauva)

이 나무를 이용하여 카누를 만들었다고 한다. 현재 우리가 보고 있는 나무는 수령이 120년 정도 된다고 한다. 한 번 만들면 보통 30년 이상 사용할 수 있었다고 한다.

팀바우바 나무껍질을 잘게 부숴서 고인 물에 뿌리면 나무줄기가 물 속의 산소를 흡수하기 때문에 물고기들이 산소 부족으로 물 위에 뜨게 된다고 한다. 팀바우바 옆에 어른 팔뚝만 한 굵기의 약간 휘어진 나무가 있는데, 과거 과라니족이 갈증이 날 때 잘라서 식수를 얻었던 중요한 나무라고 한다. 그러나 이 나무에는 독이 있어서 잘 구별해서 먹어야 했는데, 잘랐을 때 젖빛이 나오면 독이 있는 것이고 맑은 색을 띠면 독이 없어서 먹을 수 있다고 한다.

정○ 씨가 연구한 독성의 여부를 알아내는 방법으로는 친구를 먹여 보면 금방 알 수 있다고 한마디 우스갯소리를 던진다. 30분 정도 밀림 투어를 마치고 다시 2개조로 지프차에 나눠 타고 선착장으로 향했다. 먼저 떠나는 사람들이 닥쳐올 고난을 모르는 듯 웃으면서 여유를 부린다.

| 보트 관광 Boat Tour |

길옆에 작은 돌기가 달린 아주까리 열매가 여름 햇살에 한창 무르익어 가고 있었다. 아주까리(피마자)는 아프리카 원산으로 전 세계 온대 지방에서 많이 재배한다. 우리나라에서는 1년생이지만 원산지에서는 다년생으로 나무처럼 단단하게 자란다. 이곳에서 모처럼 낯익은 식물을 보니, 고향 텃밭에서 무성하게 자라던 것과 초등학교 때 갈색바탕에

이과수 강변의 암석들과 숲

흰색의 무늬가 새겨진 길
쭉하게 생긴 아주까리씨를
으깨어 마룻바닥에 바르고
헝겊으로 문질러 광을 내
던 추억이 떠오른다.

강가로 내려가는 계단에
노란색 바탕에 날개의 위
와 아래에 갈색을 띠는 큰
나비가 길을 안내해 준다.

선착장에 도착하니 다리와 선착장 난간에 구명조끼가 가지런히 걸려
있다. 방금 배에서 내린 사람들이 일부는 웃옷을 벗고 일부는 물이 줄
줄 흐르는 옷을 입은 채로 언덕길을 오르고 있다. 안내자의 말대로 배의
앞에 타는 8명은 폭탄회오리 조이고 그다음 중간 8명은 폭탄 조, 그리고
나머지 뒤에 타는 사람들은 비교적 물폭탄을 적게 맞는다고 한다.

구명조끼를 입고 양말은 벗어서 운동화에 넣고 사진기를 싸맬 비닐
과 우비를 단단히 준비하고 배에 올랐다. 모두 사진기는 두고 내리는
데 폭포 아래서 사진을 찍겠다는 일념으로 사진기를 들고 배에 올랐
다. 날씨도 맑고 폭포에서 멀리 떨어진 곳이라 물살도 약하고 강물은
아주 잔잔하게 흘러서 배를 타고 유람하기에 더없이 좋은 날씨였다.

배에 올라타기가 무섭게 힘찬 모터소리를 내며 이과수 강을 거슬러
폭포가 있는 곳으로 바람을 가르듯이 빠르게 질주한다. 검붉은 화산암
위에 끝없이 이어진 밀림과 푸른 하늘과 흰 구름, 잔물결을 만들며 유
유히 흐르는 강에서 모터보트를 타고 폭포를 보러 가는 이 순간, 세상

모든 시름이 날아갈 듯 마음이 가볍고 즐겁다. 조금 위에 올라가니 멀리 세 개의 모스퀘테로스 폭포(Salto tres Mosqueteros)의 물줄기가 가는 실처럼 보인다. 조금 물살이 거세지는가 싶더니 배를 이리저리 돌려서 중심을 잡기가 어렵고 드디어 강물이 뱃전에 부딪혀 물보라가 튀어 오르기 시작한다. 안내하던 사람이 작은 방수용 사진기를 들고 우리들 한 사람씩 일어나 멋지게 자세를 취하라고 하더니 연속적으로 셔터를 눌러댔다. 배를 타는 것에서부터 사진까지 모두 사업이었다.

산마르틴 섬을 지나 아담과 이브 폭포와 산마르틴 폭포가 가까이 보이는 곳에서 잠시 배를 세웠다. 폭포 앞쪽에 보트 관광을 위한 아르헨티나의 선착장이 있고, 관광을 마친 보트들이 접안을 하고 있는 모습이 보인다. 여러 개의 폭포들이 저마다의 아름다움을 뽐내며 2단의 멋진 무대 예술을 펼치고 있다. 급한 마음에 서둘러 몇 장을 찍는 동안 배는 다시 속력을 내서 모스퀘테로스 폭포 쪽으로 물살을 가르며 달려간다.

모터보트에서 바라 본 이과수 폭포(맨 오른쪽이 보세티 폭포)

폭포에 다가갈수록 물보라가 거세어 이제 물폭탄으로부터 사진기를 제대로 보호해야 할 때가 된 것 같았다. 재빠르게 비닐로 덮고 다시 우

비로 여러 겹 감싸고 물폭탄을 맞으면서 폭포 근처를 지났다. 물이 머리에서부터 발끝까지 완전히 목욕을 시키듯이 쏟아져 내려왔다. 비닐과 우비로 여러 겹 안전하게 잘 싸기는 했지만 물이 스며들 것 같아서 사진기를 들고 온 것이 무척 후회스러웠다. 폭포 바로 아래로 들어갈 것으로 기대했는데 폭포 주변만 돌고 뱃머리를 돌렸다. 겨우 폭포 주변만 돌았을 뿐인데도 거센 물폭탄을 맞아서 흠뻑 젖었는데, 폭포 아래를 갔더라면 무시무시한 물줄기에 맞아 큰 부상을 입을 수도 있겠다는 생각이 들었다.

물을 털고 조심스럽게 비닐과 우비를 열어 보니 다행히 사진기는 물한 방울 묻지 않고 무사하였다. 난생 처음 폭포수로 시원하게 샤워를하고 전원 무사히 즐거운 마음으로 귀환했다. 다행히 날씨가 좋아서물에 젖은 몸이 무척 시원한 느낌이 들었다. 양말과 운동화를 신고 대강 정리하고 지프차 정류장으로 왔다. 언덕 위 휴게소에 들르니 조금전 배에서 찍었던 사진이 컴퓨터 화면에 그대로 나타났다. 아무리 기념사진이라도 그렇지 작은 사진 1장 당 10 달러를 요구하기에 너무 비싸다는 생각이 들어 구입을 포기하였다.

버스를 타고 5시경에 숙소로 돌아와 폭포수로 흠뻑 젖은 옷들을 빨아서 널고 잠시 휴식을 취하다가 6시 30분에 버스에 올라 브라질 정통 소고기 식당으로 향했다. 식당 안으로 들어가니 규모가 꽤 크고 풍요로운 나라답게 과일을 비롯한 음식 종류도 무척 많아서 식욕이 동했다. 이곳은 이과수에서 브라질 전통 고기요리인 추하스코(Churrasco)를 제일 잘하는 식당이라고 한다. 추하스코는 소고기를 부위 별로 소금을 조금 뿌린 후 숯불에 구워서 손님들에게 제공하는 브라질이 자랑하는 전통 소고기 요리이다. 오늘 저녁은 아르헨티나의 부에노스아이레스에서 먹었던 아사도(Asado)와는 양이나 종류 면에서 비교가 되지 않을 만큼 다양하게 고기를 먹을 수 있다고 한다.

12종류의 구운 고기를 요리사가 긴 쇠꼬챙이에 꽂아서 가지고 다니면서 손님이 원하는 만큼 잘라서 준다. 먹고 싶은 부위는 손바닥 크기로 주문을 하고, 먹기 싫을 때에는 'No!'라고 거절하면 된다. 고기를 좋아하는 사람은 추하스코 고기 맛을 잊지 못할 것 같았다. 이제 고기도 먹을 만큼 먹었고 채소가 적당히 있었으면 하는 아쉬움이 남는다. 이 정도면 이과수 폭포를 답사하느라 지친 몸에 충분한 영양을 공급했을 거라고 생각되었다. 안내자가 특별히 신경을 써서 우리가 좋아하는 망고도 많이 준비해 주어 다른 과일과 함께 맛있게 먹고 식당을 나섰다.

1.27.
– 이십이 일째 날 –

이타이푸 댐

Itaipu

6시에 일어나서 호텔 식당에서 빵과 우유, 계란으로 간단하게 식사를 하고 아마존의 모기에 물렸을 때를 대비하여 말라리아 예방약을 복용하고 8시 이타이푸(Itaipu) 댐을 답사하기 위해 버스에 올랐다. 이과수

이타이푸(Itaipu) 댐 조감도

• 브라질 Brazil •

시 외곽에는 붉은 벽돌에 양철지붕으로 된 아담한 집들이 드문드문 자리잡고 있다. 조금 더 달리니 많은 송전선과 송전탑이 도로 위를 가로지르는 것으로 보아 발전소 부근이 멀지 않음을 알 수 있었다.

　30분 정도 버스를 달리니 브라질과 파라과이의 국기가 새겨진 발전소 출입관리소가 나타났다. 버스에서 내려 댐 관리사무소 안으로 들어갔다. 'Itaipu'는 원주민 말로 '노래하는 돌섬'이라는 뜻인데, 이 댐은 브라질과 파라과이가 50:50으로 공동으로 투자하여 운영하고 있다. 1960년대에 계획하고 타당성 조사를 끝낸 후 1973년 4월 26일 파라나 (Parana) 강의 수자원의 이용에 관한 양국 간의 조약이 체결되었고, 이어서 1975년 착공하여 1984년 전력생산을 시작하여 1991년 18개의 터빈을 갖춘 세계 제1의 수력발전소를 완공하였다(건설 당시 세계 1위). 그리고 2000년에 터빈 2개를 추가로 증설했다.

　이 댐은 파라나 강 상류, 브라질과 파라과이 국경에 건설했는데, 이 지역은 1억 2천만 년 전 화산활동이 일어나서 현무암이 많은 지역이며 현무암을 이용하여 지은 사력댐이다. 제방의 길이는 8㎞이고 댐 높이는 196m, 수위 112m로 터빈 1개당 연간 70만 ㎾를 생산하여 연간 총 1천 4백만 ㎾의 전력을 생산하여 중국 산샤(三峽) 댐의 연간 전

력생산량 2천 2백만 kW에 이어 전력 생산량 세계 2위이다.

여기서 생산된 전기는 이곳에서 8백 ~ 9백 km 떨어진 상 파울루(Sao Paulo) 주에 주로 공급되는데 5개 공급선 중 3개는 교류, 2개는 직류 방식으로 공급한다. 두 나라가 같은 비율로 계약을 맺었으나 파라과이는 생산량의 10%만 사용하고 나머지 40%는 브라질에 수출하여 외화를 벌어들이고 이 댐에서 파라과이 전체 전력소비량의 75%를 공급한다고 한다. 이 댐을 지을 때 이곳에 1시간에 40톤의 얼음을 생산할 수 있는 커다란 얼음공장이 있었는데, 이 지역이 아열대지역이라 시멘트를 비빌 때 온도가 높으면 잘 굳지 않기 때문에 온도를 낮추기 위해 얼음을 넣어서 섞었다고 한다.

안으로 들어가서 약 10분간 이타이푸 댐 전반에 관한 홍보영화를 보았다. 전시실에는 발전소 전체 전경, 공사 당시 사진, 발전량 표시 등 관련 정보 등을 전시하였고, 앞에는 소형의 전기 자동차를 전시해 놓았다. 관계자의 설명에 따르면 2008년 2월까지 188개국에서 1,500만 명의 관람객이 이곳을 방문했다고 한다. 안내와 설명을 듣고 버스로 이동하여 이타이푸 댐이 보이는 언덕으로 향했다.

브라질과 파라과이의 국경지역인 파라나 강의 상류에 건설된 댐은

461

마치 부드러운 곡선 모양의 거대한 성벽처럼 보였다. 이곳은 경사가 워낙 완만하여 물의 흐름이 매우 느리다. 버스 정류장에 도착하니 제방 위에 댐의 상징물과 흰색으로 ITAIPU가 새겨진 조형물이 있었다. 말로만 듣던 것처럼 워낙 길어서 한눈에 담을 수 없을 정도였다. 바라보는 쪽을 기준으로 댐의 왼쪽이 파라과이에 속하는 곳으로 수문과 수로 바닥에는 물이끼의 검은 무늬가 새겨져 있었다. 1990년대 중반 우리나라 김수환 추기경(2009년 선종)이 방문했을 때 특별히 20호 수문을 열었다고 한다.

우리는 흔히 보통의 수준에서 크고 작음을 쉽게 판단할 수 있는데, 댐이 워낙 길고 커서 세계 최대라는 크기가 쉽게 가슴에 와 닿지 않는다. 수문에서 강까지 물이 흐르는 시멘트로 된 수로가 다른 댐보다 경사가 완만하여 길이가 무척 길었다. 물고기의 산란을 위한 이동을 돕기 위해 댐의 한쪽에 약 10㎞의 어도(魚道)를 설치하였고, 댐 주변에는 야자수를 비롯한 1,400만여 그루의 나무를 심고 조경도 아주 잘되어 있어서 전체가 하나의 아름다운 공원이었다. 발걸음을 옮기면서 바라보니 댐이 얼마나 큰지 조금 실감이 났다.

버스에 올라 댐 안으로 들어가 보기로 하였다. 댐의 제방 아래에 있는 도로를 따라 댐 안쪽으로 깊숙이 들어갔다. 언덕이 시작되는 곳이 파라과이 국경인데, 안내자가 농담으로 앞에 가는 버스가 파라과이의 국경을 넘으면 우리 버스도 따라서 갈 수 있다고 한다. 파라과이의 국경은 넘지 않고 좌회전하여 호수를 보기 위해 댐의 위쪽으로 향했다. 위에서 바라보니 멀리 수평선이 보일 정도로 어마어마하게 큰 담수호가 눈앞에 펼쳐진다.

이타이푸 인공호는 수위가 220m로 평지가 대부분인 이 지역에서 가장 해발고도가 높으며, 수심은 가장 깊은 곳은 180m에 이르며 길이

이타이푸 댐의 호수

는 170㎞, 호수의 면적은 1,350㎢ (서울시 면적의 2배가 넘음), 저수 용량은 290억 톤으로 소양강댐의 10배에 해당되는 어마어마한 크기이다. 이곳 호수에는 식인 물고기인 피라냐를 비롯하여 약 160여 종의 물고기가 살고 있는데, 피라냐의 천적인 악어도 살고 있다고 한다.

'악어의 천적은 이 호수에는 없고 서울 강남에 있다.'고 안내자가 농담 한마디 던진다.

멀리 1 시 방향으로 이 댐에서 14㎞ 떨어진 인구 30만 명의 파라과이 제2의 도시 시우다드 델 에스테(Ciudad del Este)가 아득하게 보인다. 위에서 바라보니, 댐 아래 녹색으로 단장된 공원이 무척 아름답게 보인다.

이제 우리는 이과수 답사를 마치고 리우 데 자네이루 행 비행기를 타기 위해 이과수 공항으로 달리고 있다. 안내자가 말하기를 리우의 안내자는 자기보다 선배인데 상태가 무척 좋지 않아서 올해까지만 일을 하고 내년부터는 쉬면서치료를 받고 몸 관리할 예정이라고 하면서 무척 좋은 선배인데 안되었다고 진심어린 동정을 한다. 예정 시간보다 조금 늦어져서 서둘러야 했다.

도시락을 받고 검색대를 통과하여 안으로 들어갔다가 공항 안에서

점심을 먹을 수 없다고 하여 다시 나와서 2층으로 올라가서 일본식 도시락을 15분 동안에 급하게 먹고, 다시 처음처럼 공항 검색대를 통과하여 공항 안으로 이동하였다.

| 리우 데 자네이루 Rio de Janeiro 를 향해 |

　12시 55분, 리우행 비행기에 올랐다. 이과수 주변의 추수가 끝난 갈색의 밭과 농작물이 한창 자라고 있는 녹색의 밭이 열대우림과 교차되면서 브라질 농촌의 풍요로움을 느낄 수 있었다. 생명을 잉태하는 갈색 토양에 기하학적으로 밭을 갈아 놓은 모습이 무척 이채롭다. 흰 구름에 가린 황톳빛의 이과수강이 주변의 평야와 숲에 생명을 불어넣어 주고 말없이 유유히 흘러가고 있다.

　오후 1시 30분경에 우리 비행기는 파라나 주의 주도(州都)인 쿠리티바(Curitiba) 위를 날고 있다. 솜뭉치 같은 작은 구름들이 도시 상공에 떠 있어 그늘을 만들어 주고 있다. 곧이어 노란색 띠를 한 백사장이 푸른빛의 대서양과 녹색으로 물든 육지와 뚜렷한 경계선을 만든다. 이탈리아의 나폴리와 호주의 시드니와 함께 세계 3대 미항으로 꼽히는 리우 데 자네이루(Rio de Janeiro)가 바로 눈앞에 보인다. 공항 주변에는 넓은 평지와 주로 주택가로 높은 건물은 눈에 띄지 않고 낮은 언덕과 골짜기의 구석구석에 저층의 집들이 빽빽하게 들어차 있었다.

포스 두 이과수(Foz do Iguazu)에서 리우 데 자네이루까지의 1,100㎞를 비행하여 2시 30분에 공항에 도착하였다. 오랫동안 청소를 하지 않은 것처럼 공항 건물의 유리창이 검은색의 도시 먼지로 얼룩져 있어서 세계 3대 미항을 찾는 관광객들이 관문에서부터 많은 실망을 할 것 같아 괜한 걱정이 된다.

이과수 안내자 정○ 씨의 말을 믿고 리우 안내자의 상태를 무척 걱정했던 우리들은 건강한 모습으로 나타난 안내자 전○○ 씨의 모습을 보고 무척 당황했다. 마음의 병을 심하게 앓고 있다는 정○ 씨의 말이 시간이 지나면서 어느 정도 공감이 되었다. 자신이 불광동 라이터라고 소개하면서 이과수 안내자와의 관계를 아주 유머가 넘치게 설명해 주었다.

버스에 올라 리우 중심가로 향했다. 공항 주변에 늘어서 있는 빈민가의 집들이 조금은 볼썽사납기도 하고, 한편으로는 긴장감이 돌 정도로 무섭게 느껴졌다. 실제로 이 부근에서 폭력배들이 한국 여행자들이 탄 버스를 습격하여 안내자의 현금은 물론 손님들의 귀중품과 현금, 여권까지 탈취했

벽에 그려진 그림과 낙서들

• 브라질 Brazil •

던 적이 있었다는 안내자의 말을 듣는 순간, 찬물을 끼얹은 듯 버스 안이 조용해지면서 팽팽한 긴장감이 돌았다.

중심가로 들어오니 주택의 모습이나 주변의 풍경이 공항 주변과 많은 차이가 있음을 한눈에 알 수 있었다. 이곳에도 역시 벽에 알 수 없는 낙서와 벽화가 그려져 있는데, 그중 일부는 지역의 폭력배들이 자신들의 세를 과시하고 영역 표시를 알리기 위해 그려 놓는다고 한다. 리우 데 자네이루도 중심가의 도로 사정이 별로 좋지 않아서 큰길 하나를 중심으로 여러 곳으로 분산되는 구조로 되어 있어 주요 관광지로 가는 구간에서는 교통체증이 무척 심하다고 한다.

우리는 지금 리우에서 유명한 팡 데 아수카르(Pao de Asucar, 설탕빵산)를 향해 달려간다. 팡 데 아수카르는 화강암으로 된 높이 396m의 달걀 모양의 산으로, 마치 바다의 침략자들로부터 도시를 지키는 파수꾼처럼 당당한 모습으로 과나바라(Guanabara) 만 앞쪽으로 돌출되어 있다.

화강암은 지하 깊은 곳에 있는 마그마가 천천히 냉각되어 굳어진 심성암(深成巖)으로 지하에서 상당히 큰 압력을 받는다. 이러한 화강암이 지표면으로 노출되어 압력을 적게 받으면 갑자기 팽창하여 넓적한 판(板) 형태로 갈라진 판상절리(板狀節理)가 형성되고 판상절리가 양파껍질처럼 벗겨지는 박리(剝離) 현상이 일어나 팡 데 아수카르와 같은 화강암 봉우리가 만들어지는데, 북한산 인수봉을 비롯하여 도봉산, 설악산 등 우리나라의 주요 산에도 이와 비슷한 형태의 봉우리들이 많다.

3시 50분에 설탕빵산 아래에 도착했다. 머리 위로 여러 가닥의 굵은 줄들이 길게 늘어져 있고, 줄을 따라 관광객을 실은 케이블카가 쉬지 않고 오르내리고 있다. 오후 늦은 시간인데도 많은 사람들이 줄을 서서 차례를 기다린다. 우리 일행은 앞뒤를 적당하게 조절하여 모두 한 번에 탈 수 있도록 하였다. 이곳에서는 표를 검색대에 넣고 바코드를 인식하도록 되어 있어서 올라갈 때 3번, 내려올 때 2번 인식기를 통과해야 하기 때문에 입장권을 잘 관리해야 한다. 케이블카에 오르니 멀리 코르코바도(Corcovado) 언덕의 능선이 뚜렷이 보이고, 봉우리 위의 예수상이 작은 십자가처럼 보인다.

팡 데 아수카르(Pao de Asucar, 설탕빵산)

케이블카를 타고 팡 데 아수카르 아래에 있는 화강암 봉우리에 올랐다. 아래에서 볼 때에는 단지 화강암 봉우리만 보였는데 올라와 보니 정상 부분의 넓은 평지에 주로 야자수가 들어찬 공원을 비롯하여 음식점과 자연적으로 형성된 숲도 있어서 무척 놀라웠다. 특히 껍질이 노랗고 작은 털이 나 있는 길쭉한 과일 자카(jaca)가 나무줄기에 주렁주렁

• 브라질 Brazil •

팡 데 아수카르에서 바라본 리우 데 자네이루(중앙이 과나바라 만)

매달려 있다. 숲과 공원을 잠깐 둘러보고 바코드 인식을 하고 다시 케이블카를 타고 정상으로 오른다.

케이블카가 오르내리는 계곡을 보니 무서운 느낌이 든다. 1979년 미국과 영국이 합작하여 제작한 영화 〈007 시리즈〉의 제11탄 '문레이커 (MOONRAKER)'에서 제임스 본드(로저 무어 분)와 괴력의 사나이 인간 죠스(Richard Kiel 분)가 바로 이곳의 케이블카 지붕에서 사투를 벌이는 장면이 나오는데, 스턴트맨 없이 위험천만한 상황에서 직접 연기를 펼쳤다고 한다.

아래를 보니 리우의 아름다운 해변과 건물들, 그리고 뒤에 병풍처럼 길게 드리워진 산들이 한눈에 들어온다. 정상에서 눈을 돌려 사방을 바라본다. 산 아래 골짜기에 자리 잡은 하얀 건물들과 그 사이사이에 여인의 가슴처럼 봉긋하게 솟은 작은 산들과 푸른 바다를 살짝 감싸고 있는 여인의 허리 같은 코파카바나의 모래사장과 해변을 따라 죽 이어진 건물들이 한 폭의 그림처럼 아름답게 보인다.

막상 이곳에 올라와보니 정상 부분이 꽤 넓고 리우를 관망할 수 있는 곳도 여러 곳이나 되었다. 계단을 따라 내려가니 대나무 숲이 우거져 있고, 멀리 동쪽으로 앞쪽에 부드러운 해안선을 따라 건물들이 이어져 있고 바다에는 여객선이 하얀 선을 그으며 푸른 바다를 지나고 있다. 어디를 둘러봐도 푸른 바다와 부드러운 곡선의 해안선, 흰색의 모래사장, 녹색의 공원 그리고 각각 모양이 다른 건물들이 조화를 이뤄 세계 제일의 아름다운 항구를 만들어 내고 있다.

공원 한쪽에 붉은색 시멘트로 리우를 연상하여 만든 사람 크기의 작은 머리와 늘어진 머리털, 적당하게 솟은 가슴과 잘록한 허리를 가진 '자마의 여인상'이 날씬하고 요염한 몸매를 뽐내고 있다. 자마의 여인상 아래에는 "숲은 자마의 머릿결 같고, 산봉우리는 자마의 가슴 같고, 해안은 자마의 허리 같으며, 출렁이는 바다는 자마의 다리와 같도다." 라는 시가 적혀 있다. 이 여인을 닮고 싶어서인지 많은 여성들이 이곳에서 예쁜 자세로 사진을 찍는다.

자마의 여인상

비가 오려는지 바람이 세게 불고 하늘도 잔뜩 흐려졌다. 아직까지는 비 걱정을 별로 안 하고 다녔는데, 안내자 말로는 한줄기 비가 쏟아질 것 같다고 한다. 서둘러 인식기에 표를 넣고 케이블카를 타고 밑으로 내려왔다. 바쁘게 움직이다 보니 힘도 들고 갈증도 난다. 이 선생님이 사주시는 아사이 베리(Acai Berry)가 들어간 음료수로 갈증과 피로를 풀었다. 그런데 갑자기 검은색 바탕에 흰색 띠를 두른 미코(Mico) 원숭이가 나타나 음식물이 남아 있는 컵에 머리를 집어넣고 남은 음료수를 먹어치

운다. 관광객들이 자주 들러서 이제는 충분하게 학습이 되어 사람들을
별로 두려워하지 않는다고 한다. 음식을 다 먹고는 잠시 나무 위로 몸을
숨겼다가 먹을 것이 있으면 지체 없이 나타나서
허기를 채우곤 한다.

미코(Mico) 원숭이

이제 자리에서 일어나 발걸음을 옮긴다. 바
로 언덕 아래 바닷가에 붉은색으로 된 예쁜 집
들이 숲에 둘러싸여 있다. 주로 경제적으로 여
유 있는 연예인들이 모여 사는 곳이라고 한다.
바람이 세차게 불고 하늘은 점점 검게 변하면서
한두 방울 빗방울이 떨어진다. 마지막으로 검
색대를 통과하여 케이블카를 타고 아래로 내려
왔다. 과나바라 만에 떠 있는 저마다 모양을 낸
요트들도 하루를 정리하려는 듯 돛대를 곧추세우고 조용히 해가 저물
기를 기다리고, 멀리 코르코바도(Corcovado) 언덕의 예수상도 어둠 속에
가려지고 언덕 위 하늘은 석양의 잔광(殘光)으로 연노랑으로 물들었다.
버스를 타고 코파카바나(Copacabana) 해변으로 향했다.

해가 저물었는데도 해변을 따라 줄지어 서 있는 야자수 아래를 산책
하거나 시원한 해변의 공기를 마시면서 운동하는 등 아직도 많은 사람
들이 달콤한 여름휴가를 즐기고 있었다. 해변도로를 따라 해변의 끝
부분쯤에 있는 중국음식점에서 한식에 가까운 중국음식으로 맛있게 저
녁을 먹고 해변에 자리 잡은 호텔로 이동하였다.
도로 옆 인도의 포르투갈 특유의 검은색과 흰색을 섞어서 만든 파도

모양의 무늬가 무척 인상적이다. 전에 마카오(Macau)에 갔을 때에도 세나도(Senado) 광장에서 똑같은 형태의 무늬를 본 적이 있었다. 이러한 바닥의 물결무늬는 포르투갈의 전통양식이며, 검은색과 흰색은 인종 간의 화합을 상징한다고 한다. 호텔로 가는 길이 좁고 다른 차들이 양옆에 주차해 있어 차를 세우기가 힘이 든다. 나이 든 점잖게 생긴 기사가 신기에 가까울 정도로 운전을 너무 잘한다.

코파카바나(Copacabana) 해변

방이 덥고 에어컨 소리가 크게 들린다. 내 방은 바닷가의 반대편이라 바로 창문을 통해 맞은편 아파트의 내부가 층별로 훤히 내려다보여 무척 미안한 마음이 들었다. 세계 최고의 해변에서 멋진 하룻밤을 보냈다.

1.28.

– 이십삼 일째 날 –

코르코바도 언덕의 예수상

Corcovado

어제 여유 있게 쉬어서 그런대로 피로가 많이 풀렸다. 아침 7시에 일어나서 식당으로 내려갔다. 안내자의 특별 배려로 망고와 파파야, 수박 등 과일을 많이 준비해 놓았다. 아침부터 더위가 느껴질 정도로 기온이 높다. 9시에 버스에 올라 리우 데 자네이루 관광의 필수 코스인 코르코바도(Corcovado) 언덕의 크리스토 레덴토르(Cristo Redentor, 예수상)를 보러 출발했다. 날씨가 흐려서 비가 올 듯하다가 버스를 타고 가는 도중에 맑아지기 시작한다.

자기 집 애완견은 장난감으로 1달러 뭉치를 갖고 놀며 자기 집을 들어가려면 4중의 문을 통과해야 할 정도라고 말하는 등 안내자의 입담이 우리를 즐겁게 해 주었다. 이과수 안내자가 말한 대로 병원에 가 봐야 할 정도로 심각하다는 말의 의미를 알 것 같았다. 창밖으로 예쁜 로드리고 데 프레이타스(Rodrigo de Freitas) 호수 주변을 따라 늘어선 집들과 멀리 화강암 절벽 위의 작은 예수상이 보인다. 호수 주변의 아래에서 버스에서 내려서 코르코바도 언덕을 오르내리는 승합차로 갈아탔다. 차를 갈아탈 때마다 소지품을 놓고 내리지 않도록 여러 번 주의를 준다.

코르코바도 언덕은 티후카(Tijuca) 국립공원의 일부로서 곳곳에 리우데 자네이루의 전경을 볼 수 있는 전망대가 있으며, 고급 아파트와 작은 산등성이 하나 사이를 두고 산 중턱에는 수천 명이 살고 있는 '산타 마르타(Santa Marta)'라는 파벨라(Favela, 빈민촌)가 있다. 파벨라는 단순한 빈민촌이 아니라 대낮에도 총기를 휴대한 범죄 조직과 경찰 간에 치열한 총격전이 벌어지는 전쟁터를 방불케 하는 무시무시한 곳이다. 브라질의 대도시에는 심각한 빈부 격차에 따른 후유증으로 이러한 파벨라가 많으며, 브라질의 치안 및 국가의 공권력을 위협하는 폭력조직의 자생지로서 특별한 용무가 없는 한 일반인들은 대낮에도 얼씬도 못하는 위험지대이다. 경우에 따라서는 지역의 폭력조직에게 사례금을 주고 영화를 촬영하거나 관광객들이 둘러본다고 한다.

2002년 브라질의 페르난도 메이렐레스(Fernando Meirelles) 감독이 파벨라를 배경으로 '시티 오브 갓(City of God)'이라는 영화를 제작하였으며 2005년 우리나라에서도 개봉되었다. 청소년들이 연필 대신 총을 잡고 살인과 마약의 밀매와 투약, 범죄조직에 가담하는 등 브라질 빈민가의 어두운 모습을 보여주고 있는데, 이러한 현실은 지금까지 별로 개선되지 않고 악순환되고 있는 실정이다.

승합차로 경사지고 커브가 많은 길을 약 15분 정도 달려서 차를 갈아타는 정류장에 도착했다. 길옆의 숲 속에 자리 잡은 지붕의 색깔이 제각각인 집들이 무척 아름답고 아늑해 보인다. 우리 앞에도 많은 사람

473

들이 이미 올라와서 줄을 서서 차를 기다리고 있었다. 크루즈 관광객들과 겹치게 되면 말할 수 없을 정도로 붐벼서 예수상을 보는 데 무척 애를 먹는다고 한다. 다행히 오늘은 관광객들이 그리 많은 편은 아니라고 한다. 햇살이 무척 따갑고 덥다. 전에는 기차를 타고 올라왔다고 하는데, 옆에서는 인부들이 훼손된 기차역과 철로를 보수하느라 땀을 흘리면서 고생을 하고 있다.

숲 사이 언덕 위에 팔을 벌리고 있는 예수상의 뒷모습이 뚜렷하게 보인다. 차를 갈아타고 정상을 향해 굽이진 언덕길을 오른다. 차에서 내려 계단을 따라 위로 올라가, 입장권을 받아들고 검색대를 통과한 후 예수상이 있는 코르코바도 정상에 올랐다.

크리스토 레덴토르 Cristo Redentor, **예수상** | 해발 705m의 코르코바도 정상에 위치한 예수상은 1921년에 리우 데 자네이루 대교구에서 독립 100주년(독립 선언일 1822년 9월 7일)을 기념하기 위해 착공하여 1931년 10월 완공되었다고 한다. 머리와 손은 폴란드계 프랑스 작가 폴 란도스키(Paul Landowski)가 설계했고, 내부 구조는 프랑스 기술자 알레르트 카쿠오트(Albert Caquot)가 맡았으며, 그 외 다른 부분은 루마니아 조각가 게오르규 레오니다(Gheorghe Leonida)와, 브라질 기술자 에리토르 다 실바 코스타(Heitor da Silva Costa)가 함께 제작하였다. 건축 방식은 강화 시멘트 골조의 표면에 3~5㎝ 크기의 동석(凍石, Soap stone)을 붙여서 만들었으며 받침대를 포함한 전체 높이는 38m이며, 양팔의 길이는 약 28m이다. 아르 데코(Art Deco, 1925년 이후 나타난 모더니즘 양식으로 단순

함, 깔끔함이 특징임) 양식으로 만들어진 이 동상은 세계 각국에서 순례를 올 정도로 엄청난 문화적 가치를 갖게 되었으며, 리우 데 자네이루뿐만 아니라 브라질의 상징적 건축물로 인정받고 있다.

크리스토 레덴토르(예수상)

회색의 동석(凍石)이 입혀진 거대한 예수상이 흰 구름이 덮인 푸른 하늘 아래 양손을 벌리고 온 인류를 구원하려는 듯 근엄한 얼굴로 코르코바도 정상에서 리우 시내를 내려다보고 있다. 코르코바도 언덕의 예수상은 동쪽 바다의 과나바라 만을 바라보고 있으며 남북 방향으로 팔을 벌리고 있는데 왼쪽 팔은 북쪽의 리우 데 자네이루의 중심가를 가리키며, 오른쪽 팔은 남쪽의 이파네마 해안과 코파카바나 해안을 가리키고 있다.

많은 사람들이 예수상처럼 팔을 벌리고 사진을 찍으려고 자리싸움이 무척 치열하다. 어떤 사람들은 바닥에 눕는 불편함도 감수하고 성인(聖人)의 모습 하나라도 더 담으려고 열성이다. 사진 찍기에 가장 좋은 장소는 직업 사진사들이 차지하고 있어서 마음에 드는 사진을 찍기가 쉽지 않다. 높은 곳에 올라왔는데도 내리쪼이는 햇살과 더운 날씨 때문에 사진기 셔터를 누르기가 불편할 정도로 얼굴에 땀이 줄줄 흘러내린다. 조금 아래 계단으로 내려서니 많은 사람들이 계단에 앉아서 팔을 벌리고 개인 사진은 포기하고 모여 있는 사람과 함께 합동사진을 찍는 모습이 무척 흥미로웠다.

날씨는 맑은데 안개와 스모그 때문에 리우 데 자네이루의 전경이 기대했던 것만은 못하다. 바로 아래 석호(潟湖)인 로드리고 데 프레이타스(Rodrigo de Freitas) 호수와 호수 주변의 곡선을 따라 배열된 공원과 건물들, 녹색으로 단장된 경마 클럽(Jockey club) 등이 한 폭의 그림이 되어 눈에 들어온다. 동쪽으로 고개를 돌리니 육지에서 바다로 뻗어나간 자리에 아슈카르 산(설탕빵산)이 우뚝 솟아 있고, 크고 작은 섬들이 바다에 떠 있다. 멀리 있는 산들은 안개 속에 아득한 가운데 수려한 해안선은 끊어질 듯 이어지고, 과나바라 만의 요트들은 감청색 캔버스 같은 바다 위에 흰색의 점이 되어 촘촘하게 박혀 있다.

1502년 1월, 포르투갈의 항해자들이 대서양과 좁은 입구로 연결된 과나바라 만을 처음 항해했을 때 이곳을 강으로 여겨서 'Rio de Janeiro(1월의 강)'라고 이름을 붙였다고 한다. 코르코바도 언덕에서 동쪽의 산과 산 사이에 있는 바다와 섬들을 바라보면 바다인지 강인지 쉽게 구별이 되지 않는다. 착각으로 탄생된 1월의 강! 낭만적이고 시적인 분위기가 느껴지는 멋진 이름이라고 생각한다. 이곳 코르코바도 언덕 아래에서 과나바라 만에 이르는 넓은 골짜기에는 크고 작은 건물들이 빽빽하게 들어차 있다.

산의 정상에서 내려와 승합차를 타고 조금 아래로 내려와서 코르코바도 언덕 아래에 있는 헬리폰토(Heliponto) 전망대로 발걸음을 옮겼다. 설탕빵산과 석호를 비롯한 주변의 모습들이 훨씬 가깝게 보인다. 발아래 보이는 리우의 선명하고 빼어난 미려함에 감탄이 절로 난다. 멀리 우뚝 솟은 산 정상에 푸른 하늘을 배경으로 예수상이 팔을 벌리고 서 있다. 잠시 동쪽으로 발걸음을 옮겨서 과나바라 만과 설탕빵산이 잘 보이는 전망대가 있는 곳으로 향했다.

헬리폰토(Heliponto) 전망대에서 바라본 석호와 건물들

어제 우리가 올랐던 설탕빵산의 전경(全景)과 멀리 바다를 감싸고 있는 섬들과 산들이 아득하게 보이고, 바닷가에 자리 잡은 예쁜 집들과 푸른 과나바라 만이 무척 아름답고 평화로워 보인다.

코르코바도 언덕은 예수 상으로도 유명하지만 리우 데 자네이루의 빼어난 절경을 가장 잘 볼 수 있는 곳이기도 하다. 멀리서 보는 아름다움과는 달리 과나바라 만 역시 다른 해안도시와 마찬가지로 수질오염이 심각한데, 공장 폐수와 가정 하수가 정화되지 않은 채 이곳 바다로 흘러들어 바닥이 검을 정도로 오염이 되었고 슈퍼박테리아가 발견되기도 하였으며, 물고기들이 떼죽음을 당하는 등 오염 정도가 무척 심각한 편이다. 2016년 리우 올림픽 조정 경기가 이곳에서 열렸다.

승합차에 올라 이동한 후 중간에서 다시 승합차를 갈아타고 버스가 서 있는 곳으로 향했다. 아직도 많은 사람들이 코르코바도 언덕의 예수 상을 보기 위해 땡볕 속에 순례의 길을 걷고 있다. 버스를 타고 시내로 들어와 코파카바나 해변에 있는 브라질 전통 소고기 요리를 잘하는 Churrascaria에서 추하스코(Churrasco) 요리를 들었다. 이과수에서 한번 경험했기 때문에 이번에는 요령이 생겨 더 맛있게 먹을 수 있었다. 브라질 콩과 감자를 비롯하여 다양한 과일 등을 곁들여 아주 맛있게 먹었다.

1월의 강! 리우 데 자네이루(오른쪽에 과나바라 만과 팡 데 아수카르가 보임)

| 마라카나 **Maracana** 축구 경기장 |

　점심 식사 후 마라카나(Maracana) 축구 경기장을 향해 출발했다. 마라카나 축구 경기장은 1950년 제4회 브라질 월드컵 개최를 위해 지었으며, 20만 5천 명을 수용할 수 있는 세계 최대의 축구 경기장이다. 1950년 7월 16일 브라질과 우루과이의 월드컵 결승전에 199,854명이 입장했으며, 이 경기에서 브라질은 급하게 공격을 서두르다 많은 축구 전문가들의 예상을 뒤엎고 우루과이에 1대2로 역전패하여 준우승을 차지함으로써 마라카나의 비극을 낳았다. 브라질이 이 경기에서 패함으로써 마라카나 경기장은 20만 명의 통곡의 장이 되었을 뿐만 아니라 브라질 전체가 커다란 충격과 슬픔에 빠졌으며, 브라질 전체에 조기(弔旗)가 게양되고 권총으로 자살하는 사람들도 있었다고 한다. 이 경기 이후 브라질 대표팀은 상·하 흰색 경기복을 상의 노란색, 하의 푸른색으로 바꾸었고, 현재까지도 그대로 사용하고 있다.

　1950년 브라질이 패해 온 나라가 슬픔에 잠겼을 당시 9살이던 펠레는 비통해하던 자신의 아버지에게 자신이 월드컵에서 브라질을 우승시키겠다는 말로 아버지를 위로했다고 한다. 실제로 펠레는 1958년 스웨덴 월드컵 결승전에서 2골을 넣는 맹활약을 펼쳐 브라질은 스웨덴을 5대 2로 누르고 우승했으며, 펠레는 최우수 신인상을 수상하였다. 마라카나 경기장은 브라질 국민들에게는 축구장 그 이상으로 신성시되는 곳이며 축구황제 펠레(Pele)를 비롯하여 호마리우(Romario)와 백인 펠레라고 불리는 지코(Zico)가 각각 1,000골을 기록했던 브라질 축구의 역사, 그 자체이다.

2014년 브라질 월드컵 콜롬비아와의 8강전에서 콜롬비아의 수비수 후안 수니가(Juan Zuniga)가 브라질의 주공격수인 네이마르(Neymar)에게 척추 골절상을 입혀 독일과의 준결승전에 출전하지 못하게 됨으로써 전력에 커다란 공백이 생기자, 브라질 축구협회와 국민들은 큰 충격에 빠졌다. 특히 브라질 마피아는 이에 격분하여 콜롬비아로 무사히 출국한 후안 수니가를 암살하겠다고 위협했으며, 콜롬비아 마피아도 자국의 선수에게 털끝만큼이라도 해를 입히면 해를 입힌 자들의 가족을 모두 몰살시키겠다고 맞대응하는 심각한 사태에 이르렀으나, 그 후 양측의 자제로 큰 충돌 없이 일단락되었다.

주공격수인 네이마르가 빠진 브라질은 벨루오리존치 미네이랑 경기장에서 열린 준결승전에서 독일에게 1대7로 크게 패함으로써 또다시 자국에서 열린 월드컵에서 조기(弔旗)를 게양할 정도의 큰 슬픔에 빠졌다. 또한 브라질 대표팀은 네덜란드와의 3, 4위전에서도 0대 3으로 무기력하게 패해 브라질 국민들에게 너무나 아픈 상처를 남겼다.

2014년 7월 13일 이곳 마라카나 경기장에서 벌어진 독일과 아르헨티나의 결승전은 연장전 후반 8분 독일의 마리오 괴체(Mario Gotze)가 피로에 지쳐 느슨해진 아르헨티나의 수비진을 뚫고 결승골을 성공시킴으로써 리오넬 메시(Lionel Messi)가 이끄는 아르헨티나를 누르고 월드컵 출전 사상 네 번째, 통일을 이룬 이후 처음으로 우승의 영광을 차지하였다. 대부분의 브라질 국민들은 독일과 아르헨티나가 맞붙은 결승전에서 자신들에게 치욕을 안긴 서독을 응원하였으며, 독일이 아르헨티나를 누르고 우승한 것으로 그나마 위안을 삼았다. 2016년 리우 올림픽 축구 경기에서 주장 네이마르의 활약에 힘입어 결승에 진출한 브라질은 승부차기 끝에 독일을 5 : 4로 물리치고 올림픽에서 처음으로 우승함으로써 그 동안의 비극을 묻고 마라카나 경기장에 새로운 영광의 역사를 새겼다.

오후 2시 10분이 지나서 마라카나 경기장 입구에 도착하였다. 한낮의 뜨거운 햇살을 받아 거리는 용광로처럼 달궈져 버스에서 내리자마자 숨을 쉬기 불편할 정도의 열기가 엄습해 왔다. 밖의 온도가 40℃는 넘을 거라고 하는데, 남미 답사에서 지금 이 순간이 가장 덥게 느껴진다. 모처럼의 손님들을 만난 듯 백발의 할아버지가 우리들에게 음료수를 사라고 손짓한다. 축구장 앞에는 브라질이 6회(1958년 스웨덴), 7회(1962년, 칠레), 9회 월드컵(1970년, 멕시코)에서 우승하면서, 국제축구연맹(FIFA)의 규정에 따라 월드컵 3회 우승국이 줄 리메(Jules Rimet) 컵을 영구히 소유하기로 한 것을 기념하기 위한 동상이 서 있다.

마라카나(Maracana) 경기장

벨리니(Bellini) 동상

동상 아래 옆면에는 1958년 스웨덴 월드컵에서 브라질이 우승할 당시 브라질 대표팀의 선수 명단이, 그리고 뒷면에는 1962년, 1970년, 1994년, 2002년 브라질 대표팀의 선수 명단이 새겨져 있다. 동상의 윗부분은 1958년 스웨덴 월드컵에서 브라질 우승의 주역이었던 일데라두 벨리니(Hilderaldo Bellini, 2014년 사망)가 오른손에는 줄 리메 컵을 높이 들고 있고 왼손에는 축구공을 갖고 있는 모습을 하고 있다. 그리고 그가 밟고 있는 지구의(地球儀)에는 그가 선수 시절 브라질이 우승했던 '1958', '1962'가 새겨져 있다.

줄 리메 컵 Jules Rimet Trophy │ 1921년부터 국제축구연맹(FIFA) 회장을 맡았던 프랑스의 줄 리메(Jules Rimet)의 주도 하에 1930년 제1회 우루과이 월드컵을 시작으로 4년마다 월드컵이 개최되었으며, 이를 계기로 우승팀에게 수여할 기념배(記念盃)를 만들게 되었다. 프랑스의 조각가 아벨 라플뢰르(Abel Lafleur)가 대리석 받침대 위에 순은(純銀)에 금도금을 하여 승리의 여신 니케(Nike)가 양손으로 10각형의 잔을 받들고 있는 형상으로 제작하였으며, 처음에는 'Victory(승리)'라고 이름 붙였으나, 1946년 당시 국제축구연맹(FIFA) 회장이며 월드컵축구대회 창시자인 줄 리메를 기리기 위해 '줄 리메 컵'으로 바꾸어 불렀다.
1954년 받침대를 청금석(靑金石, lapis lazuli)으로 교체한 줄 리메 컵은 길이 35㎝, 무게 3.8㎏이었으며 제1회 우루과이 대회 때부터 우승의 징표로 우승팀에게 건네주었다. 1966년 영국월드컵을 4달 남겨두고 웨스트민스터(westminster) 사원에서 전시 중 분실되었으나

7일 만에 개의 도움으로 런던 교외의 정원 울타리에서 신문지에 싸인 채 발견되었다. 그 후 국제축구연맹(FIFA)은 비밀리에 복제품을 만들어 사용하였으며, 브라질이 1970년 멕시코 월드컵을 포함 3회 우승함에 따라 브라질이 줄 리메 컵을 영구 보관하게 되었다.

그러나 1983년 12월 리우 데 자네이루의 브라질축구협회 사무실에서 보관 중 도난당한 후 찾지 못하였으며, 절도범들이 녹여서 판매하여 완전히 사라진 것으로 보고 있다. 최초의 받침대는 현재 스위스의 취리히(Zurich) 국제축구연맹의 본부 지하실에 보관하고 있으며, 현재 브라질축구협회는 복제품을 제작하여 보관하고 있다. 1974년 서독 월드컵부터 새로 트로피를 제작하여 사용하고 있으며 'FIFA 월드컵 트로피(FIFA World Cup Trophy)'라고 이름 지었다.

이 더운 날씨에 유니폼을 입은 중년의 아저씨가 꼬마의 도움을 받으면서 축구공으로 열심히 리프팅(lifting, 공을 땅에 떨어트리지 않고 계속 차올리는 것) 묘기를 보여 주고 있었다. 마라카나 경기장에 다시 한 번 뜨거운 함성이 울려 퍼지고 현란한 개인기로 세계 축구팬들의 사랑을 받았던 브라질 선수들의 활약과 브라질 대표팀의 부활을 기대해 본다.

| 삼바 경연장 Sambodromo |

버스에 올라 10분 정도 시내의 중심가를 지나서 리우 카니발 경연장

인 삼보드로모(Sambodromo)에 도착했다. 2월 말에 열리게 될 리우 카니발을 위해 무더위 속에서 수리가 한창이었다. 경연장 반대쪽은 경연팀들이 들어오는 곳이고, 경연장은 일직선으로 길이는 약 700m이며 경연팀이 지나가는 중앙에 넓은 통로가 있고 일반 경기장과 같이 양쪽으로 맨 아래부터 관중석이 배치되어 있었다. 맨 아래 관중석의 바로 위쪽에는 귀빈실을 갖추고 있으며 위치에 따라 입장료에 차이가 있다고

한다. 리우 메트로폴리탄 성당을 설계했던 오스카 니메이어(Oscar Niemeyer)가 설계하여 1984년 개관하였으며 2012년부터 증축 공사를 시작하여 72,000명을 수용할 수 있다. 경연장의 주변에 파

삼바 경연장(Sambodromo)

벨라(Favela)가 둘러싸고 있어서 평소에는 음산한 분위기가 느껴지지만, 2월 말 삼바 축제가 열릴 때에는 세상에서 가장 화려하고 열정이 넘치는 곳으로 변한다고 한다. 2016년 리우 올림픽 양궁 경기가 이곳에서 열렸으며 한국 대표팀은 올림픽 양궁 부문 최초로 남녀 개인 및 단체전 종목을 석권하는 위업을 달성하였다.

삼바 Samba | 삼바(samba)는 브라질에 끌려온 흑인들이 즐겨 추

던 춤과 그에 따른 춤곡을 말하는데, 4분의 2박자를 기본으로 빠르고 정열적이며, 생동감과 리듬감이 있는 것이 특징이다. 삼바는 앙골라(Angola, 아프리카 남서부 위치) 음악과 매우 비슷하며 앙골라의 여러 장르의 음악의 영향을 받았다고 한다. 삼바는 연주곡에 맞춰 즉흥적으로 혼자 추는 춤이며, 기본 동작은 상체는 곧게 세우고 동시에 한쪽 무릎을 굽히고 박자당 세 발짝을 움직이는데, 쇠사슬에 묶인 흑인 노예들이 발을 크게 움직이지 못했던 것처럼 발은 한 번에 조금씩 움직인다.

삼바는 기본적으로 흑인들의 음악과 춤에, 브라질의 문화 요소가 결합되어 탄생되었기 때문에 삼바의 기원을 명확하게 밝히기는 쉽지 않다. 20세기 삼바의 발달에 크게 기여한 것 중 하나로 '마시세(maxixe)'를 들 수 있는데, 마시세는 1860년대 말 리우 데 자네이루에서 브라질 흑인들의 춤인 룬두(Lundu)와 유럽의 폴카(Polka)의 영향을 받아 발달하였으며, 브라질 탱고(Brazilian Tango)로 미국과 유럽에 소개되었다. 삼바는 지역이나 빠르기 등에 따라 여러 형태가 있는데, 특히 삼바 캉시웅(Samba cancao)은 느리고 낭만적인 노래로, 여기에 모던 재즈를 곁들여 발전시킨 것이 보사노바(Bossa nova)이다.

삼바의 음악과 춤을 곁들인 삼바 축제는 브라질 전역에서 2월 중에 열리는데 그중에서도 리우에서 열리는 리우 카니발(Rio Carnival)은 남미 3대 축제에 속하며 리우뿐만 아니라 브라질의 상징이 될 정도로 전 세계의 많은 사람들의 관심과 사랑을 받고 있다. 리우 카니발은 포르투갈에서 건너온 이민자들의 사순절(四旬

節, Lent) 축제와 아프리카에서 끌려온 흑인 노예들의 전통 타악기 연주와 춤이 한데 어우러져 생겨났다고 한다. 사순절은 재(灰)의 수요일부터 부활절 전날 토요일까지의 40일을 말하는데, 예수 그리스도가 광야에서 금식한 것을 본받아 일요일을 제외한 40일간을 금식하면서 자신이 지은 죄를 뉘우치고 죄에 대한 벌을 받으며 희생을 바치며 회개를 통한 영(靈)적 훈련의 시기를 말한다.

1930년대 초반까지는 보통의 축제에 지나지 않았으나 그 뒤 삼바 학교들이 설립되고 학교별로 퍼레이드를 펼치면서 지금과 같은 큰 규모로 발전하였다. 리우 카니발에는 24개 팀이 참가하는데, 한 팀당 약 5천 명이 참가하므로 총 12만 명이 출연하게 되며 1팀당 경연 시간은 1시간 40분이다. 개최 시기는 해마다 브라질 정부에서 정하는데, 일반적으로 2월 말에서 3월 초의 토요일 밤부터 수요일 새벽까지 이어진다.

| 리우 메트로폴리탄 Rio Metropolitan 대성당 |

잠깐 경연장을 둘러보고 버스에 올라 리우의 메트로폴리탄 대성당으로 향했다. 눈앞에 끝이 잘린 원뿔에 표면이 와플(waffle) 모양의 계단식 유리창이 있는 거대한 메트로폴리탄 대성당(세바스찬 대성당)이 나타났다. 특이하게 생긴 이 건축물은 리우 데 자네이루의 수호성인(守護聖人)인 세바스찬을 찬양하기 위해 1964년 세계적인 브라질의 건축가 오스카 니메이어(Oscar Niemeyer)가 설계한 것으로, 밑지름이 104m, 높이가

68m이며 건물의 내부에는 기둥이 없고 비어 있으며 벽에 있는 작은 창을 통하여 자연 채광이 되도록 만들었다.

버스에서 내려 대성당 안으로 들어갔다. 텅 빈 넓은 공간의 중앙에 의자가 있고, 천장의 대형 십자가 형태의 창을 통과한 햇빛이 성당 안을 밝게 비춰 준다. 천장의 십자가 창의 모서리에 맞춰 벽을 따라 4명의 사도를 상징하는 64m의 4개의 대형 스테인드글라스에 화려한 색깔로 채색된 브라질의 종교 역사를 새긴 그림들이 빛을 받아 더욱 찬란하게 빛난다. 중앙의 스테인드글라스 앞에 십자가에 못 박힌 예수의 나무 조각상이 있고 주변에는 기독교와 관련된 부조가 새겨져 있으며 마차를 타고 있는 성 세바스찬의 상 등이 있다. 내부의 공간이 넓어서 냉방 장치 없이도 무척 시원하고 다른 성당과 달리 무척 색다른 멋이 느껴진다.

성 세바스찬 성당(리우 메트로폴리탄 대성당)

이 성당은 약 2만 명 정도를 수용할 수 있으며 150만 청소년 가톨릭대회를 비롯하여 프란시스 교황의 미사 등 가톨릭 관련 주요 행사가 열리는 성지(聖地)라고 한다. 한쪽에는 단 위에 흑인 성모 마리아상이 있는데, 이러한 풍조는 포르투갈 정복자들이 원주민들을 가톨릭으로 개종시키기 위한 현지화 정책의 일환이었다고 한다.

오스카 니메이어 Oscar Niemeyer, 1907~2012 │ 브라질의 건축가로서 리우 데 자네이루에서 출생하였으며 어려서부터 그림 그리기를 좋아했고, 1934년 리우의 브라질 국립미술학교를 졸업하였으며 현대 건축의 발달에 있어서 상징적 인물로 평가받고 있다. 대학 다닐 때부터 루시오 코스타(Lucio Costa)의 조수가 되었으며, 1930년대 그는 루시오 코스타와 르 코르뷔지에 등과 함께 당시 수도였던 리우 데 자네이루에 교육 · 건강성부 건물을 시작으로, 1947년 그에게 많은 영향을 미친 르 코르뷔지에(Le Corbusier)와 함께 뉴욕의 국제연합(UN) 빌딩의 설계에 참여했으며, 1951년 상 파울루(Sao Paulo) 시 400주년 기념박람회의 종합계획과 건축을 담당하였다. 1957년 새로운 수도 브라질리아의 건축 주임설계자가 되어 코스타의 전체 계획 하에 대통령관저, 국회의사당, 최고 재판소, 메트로폴리탄 성당, 공공주택, 극장, 호텔과 같은 대부분의 주요 건축물을 지었다. 특히 간절한 기도를 올리는 깍지 낀 손가락을 형상화한 브라질리아 메트로폴리탄 성당은 왕관 또는 횃불이 아래에서부터 타오르는 것 같은 특이한 구조로 되어 있어 현대 건축의 걸작으로 인정받고 있으며 커다란 조형예술품 같은 느낌을 준다.
그가 철근 콘크리트 구조를 활용하여 추구했던 미적 탐구는 20세기 말과 21세기 초 건축에 커다란 영향을 미쳤으며, 그가 만든 건축물들은 경이로움을 불러일으키는 예술품으로 인정받고 있다. 그는 건축물을 지을 때 건축물의 기하학적인 특성을 살려 주변의 환경과 어울리게 함으로써 회화적인 분위기가 느껴지도록 하였다. 특히 인위적인 직각과 직선이 주는 딱딱함에서 벗어나 브라질의 산과 강, 해안과 파도를 연상하는 부드러운 곡선과, 여인의 육체가 보여 주는 관능적인 곡선을 바탕으로 유동성이 느껴지는 건축물을 지었다. 그러나 그가 지은 건축물들은 지나치게 조형미에만 치우쳐서 건축물 본래의 기능을 무시한 조각 작품에 지나지 않는다고 혹평을 하는 사람들도 있다.

| 코파카바나 Copacabana 해변 |

성당을 나와 버스를 타고 카파코바나 해변으로 향했다. 갈증이 나서 해변의 노점에서 얼음물에 담가 놓은 야자열매의 음료를 마시기로 했다. 가게 주인이 4각의 투박하게 생긴 칼로 야자열매의 한쪽 끝에 큼지막한 구멍을 만들고 빨대로 빨아 먹도록 하였다. 약간 달면서도 풋과일을 먹을 때의 조금 비릿함과 담백한 맛이 느껴졌다. 더위에 갈증도 심했는데 시원하고 맛있는 야자 음료를 마시니, 기분도 좋고 피로가 쫙 풀리는 기분이다.

그런데 어찌 된 일인지, 야자 음료를 마시던 안내자가 무척 화가 난 모습으로 가게 주인과 입씨름을 한다. 분명 가게 주인이 덤으로 하나 주고서는 그것까지 계산해 달라면서 안내자의 기분을 상하게 한 것 같다. 야자열매 하나 값은 우리 돈으로 2천 원 정도인데 무슨 오해가 있었는지는 모르겠지만, 장사를 하더라도 좀 심하다는 생각이 들었다. 다시는 이 가게 들르지 않겠다고 안내자가 단단히 벼르는 것으로 보아 화가 단단히 난 모양이다.

야자열매의 묘한 끝 맛을 정리하고 버스를 타고 식당 주변의 코파카바나 해변으로 갔다. 도로 주변에 있는 다양한 형태의 모래 조각들이 피서객들의 눈길을 끌고, 검게 탄 피부를 자랑하며 비치 사커(beach soccer)를 즐기는 사람들, 수영복 차림으로 가족끼리 산책하는 사람들, 대서양에서 해수욕을 즐기는 사람들, 모두 세계 최고의 해변에서 즐겁게 하루를 보내고 있었다.

코파카바나(Copacabana) 해변

우리 일행도 사진기와 귀중품에 유의하면서 해변을 거닐면서 대서양에 발도 적셔 본다. 모래가 무척 고와서 수영복을 입고 백사장에서 한번 모래찜질이라도 해 보고 싶었다. 오후 4시가 넘었는데도 한낮의 열기가 물러갈 기세를 보이지 않은 채, 넓은 백사장을 점령하고 있다. 이곳에는 탈의실이 없어서 대부분 숙소나 집에서 나올 때 수영복을 갈아입고 온다고 한다. 대부분 우리나라 해수욕장에는 소나무나 다른 숲이 있는 경우가 많은데, 여기는 야자수 몇 그루만 한 줄로 이어져 있어서 해운대해수욕장처럼 도회지 해수욕장 같은 느낌이 든다.

코파카바나 해변의 산책을 끝내고 중국음식점에서 어제 저녁과 마찬가지로 밥과 두부, 김치 등으로 저녁을 맛있게 먹고 리우 데 자네이루의 답사를 마치고 브라질 아마존 강의 마나우스(Manaus)를 향해 6시 15분, 버스에 올랐다.

| 리우 데 자네이루 Rio de Janeiro 를 떠나며 |

이곳 리우 데 자네이루는 산 아래 해변에 위치해 있어서 시내를 이동할 때 대부분 중심 도로를 이용하기 때문에 교통 체증이 무척 심한 편이다. 더구나 공항 가는 도로는 고속도로에 진입하는 차와 외곽도로를 이용하려는 차량들이 함께 몰려들어 심각할 정도로 교통 체증이 심하다. 식당에서 여유를 부렸는데, 이럴 줄 알았으면 조금이라도 일찍 출발했어야 할 걸 하는 때늦은 후회가 들었다. 일단 이곳에 들어서면 막혀도 그대로 가는 수밖에 별다른 도리가 없다. 차량 정체가 심해지자, 도로 옆 빈민가에 사는 청소년들이 과자와 물을 들고 도로를 오가면서 익숙한 몸놀림으로 장사를 한다. 도로 옆으로 내부가 훤히 들여다보이고 공사가 중단된 집들을 비롯하여 허름한 주택들이 줄지어 자리 잡고 있다.

가끔 교통체증이 심할 때 몇 명이 총을 들고 버스에 올라 무장 강도로 돌변하여 여행객들의 금품을 빼앗은 경우도 있다고 하여 우리도 무척 긴장하였다. 코파카바나 해변의 화려함 속에 감춰진 어두운 자화상이라고나 할까? 무엇보다 심각한 것은 이러한 범죄에 대한 경찰의 무성의한 대응이나 공권력의 무력함이 치안 부재를 불러왔을 것으로 생각한다. 많은 자원과 아름다운 관광지, 천혜의 자연을 가지고 있으면서도 이러한 치안 불안 때문에 많은 사람들이 남미 여행을 꺼리고 있다는 점을 남미 국가의 정부 관리들은 깊이 깨닫고, 적절하고 강력한 조치를 취해야 할 것이다.

멀리 언덕 위 달동네에 케이블카가 희미하게 보인다. 브라질의 룰라 대통령이 언덕 위에 사는 사람들이 케이블카를 타고 언덕 아래로 내려와 버스를 타고 목적지까지 갈 수 있도록 특별히 배려하여 설치해 준 것이라고 한다. 이 케이블카가 운행되기 이전에 언덕 위에 사는 사람들은 언덕 아래로 내려오기 힘들어서 원하는 곳에 마음대로 가기 어려웠다고 한다. 초조함과 긴장 속에서도 버스는 꾸준히 속도를 내고 이제 공항까지는 얼마 남지 않았다.

무거운 긴장감 속에서 어렵게 공항에 도착하였다. 비행기를 놓칠지도 모를 아슬아슬한 순간이 연속되고 있었다. 수속을 마치고 왕자병으로 고생하는 전○○ 씨와 작별을 했다.

드디어 밤 9시 5분에 마나우스(Manaus)행 G3 1068편에 몸을 실었고, 4시간 동안의 긴 비행 끝에 리우 데 자네이루에서 2,846㎞ 떨어진 아마존 강의 중류 연안에 자리 잡고 있는 마나우스 공항에 도착했다. 수속을 마치고 출구로 나오니 안드레(Andre) 홍이라는 교민이 우리를 기다리고 있었다. 숙소에 도착하여 방을 배정받고 드디어 아마존 밀림에 왔다는 긴장감에 그동안 보물단지처럼 챙기면서 들고 온 모기장을 어렵게 이곳저곳에 끈을 묶어 설치하고 일행들의 부러움을 받으면서 마음 편하게 잠을 청했다.

아마존 Amazon 강 | 나일(Nile) 강에 이어 세계에서 두 번째로 긴 강으로 강의 길이는 약 6,400㎞(발원지를 어디로 하느냐에 따라 다름)이며, 주변 국가와 브라질을 포함한 유역(流域)의 면적은 약 705만 ㎢로 한반도 면적의 32배 정도나 된다. 남미 대륙의 북쪽에 있는 기아나(Guiana) 고지와 태평양을 따라 남북으로 길게 이어진 아마존 강 서쪽의 안데스 산맥, 남쪽의 브라질 고원에서 발원한 강물이 중앙의 아마존 분지로 모여들어 동쪽으로 흐르는 아마존 강 본류와 합류하여 대서양으로 흘러들어간다. 지도에서는 수십 개의 지류밖에 보이지 않지만, 실제로는 쌍떡잎식물의 잎맥처럼 천 개가 넘는 지류들이 얼기설기 연결되어 흐르고 있다.

약 1세기 동안 페루의 남쪽에 있는 아레키파(Arequipa) 지방의 미스미(Mismi, 5,597m) 산에서 발원한 아푸리막(Apurimac) 강의 상류가 대서양에서 가장 먼 쪽의 발원지라고 알고 있었다. 그러나 2014년 조사 결과, 페루의 중부 지방에 있는 후닌(Junin) 호수 위쪽에서 시작하여 후닌(Junin), 우안카요(Huancayo), 아야쿠초(Ayacucho) 등을 거쳐서 흐르는 만타로(Mantaro) 강이 가장 먼 발원지로 알려졌다.

만타로 강은 아푸리막 강과 합류한 후 다시 탐보(Tambo) 강과 합류하고 쿠스코 동남쪽의 안데스 산지에서 발원한 우루밤바 (Urubamba) 강과 합류하여 우카얄리(Ucayali) 강이 된다. 우카얄리 강은 북쪽으로 흘러서, 예루파하(Yerupaja, 6,634m) 산에서 발원하여 동쪽으로 흐르는 마라뇬(Maranon) 강과 페루의 북쪽에 있는 나우타(Nauta)에서 합류하여 아마존 강의 본류가 되는데, 이곳에서 부터 검은강(Negro 강)과 합류하는 브라질의 마나우스(Manaus)까지를 '상부 아마존(Upper Amazon) 강'이라고 부르며, 브라질 구간에서는 '솔리모에스(Solimoes) 강'이라고 부른다.

살펴본 바와 같이 아마존 강의 발원지 중 가장 먼 곳은 페루에 있으며 페루에서 아마존 강의 본류가 시작된다.

아마존 강의 본류는 남위 5° 부근을 흐르기 때문에 덥고 연간 강수량이 10,000㎜가 넘는 곳도 있어서 지구에서 최대의 열대우림을 형성하고 있다. 아마존 강의 열대우림 지역을 '셀바스(Selvas)'라고 하는데, 식물의 광합성을 통한 지구 전체 산소 배출량의 20%(상대적으로 이산화탄소를 그만큼 흡수함)를 이곳에서 배출하고 있다. 최근 수십 년 동안 경작지를 개간하기 위해 셀바스가 크게 훼손되고 있으며, 이는 지구 전체의 기상에 큰 변화를 줄 정도로 심각하기 때문에 인류 전체가 관심을 갖고 힘써 해결해야 할 과제이다.

네그로 강

Negro

오늘은 아마존 강을 답사하는 날이다. 아침 6시에 일어나서 7시에 식사를 마치고 8시에 호텔을 나섰다. 어젯밤에 도착하여 주변을 제대로 볼 수 없었는데, 아침에 보니 우리 숙소는 바로 아마존 강 언덕 위에 자리 잡고 있었다. 간단한 짐만 챙긴 후 8시에 호텔을 나와 걸어서 아마존 강 배터로 향했다. 열대 우림지역이라 무척 더울 거라고 생각했는데, 강둑에는 큰 나무들이 서 있고 바람이 살랑살랑 부는 강가를 걸

네그로 강가를 거닐며

강가의 배터

으니 무척 상쾌하고 기분이 고조되었다. 멀리 왼쪽에 마나우스를 연결하는 긴 다리가 아마존 강 위에 가늘고 길게 늘어져 있다.

8시 5분에 배에 올랐다. 우리는 아마존 강에서 배를 타고 원주민 마을을 찾아가는 길이다. 메가폰을 잡은 안드레 홍이 아마존 강에 대하여 열성적으로 설명한다. 우리가 지금 배를 타고 가고 있는 강은 아마존 강의 중심이 되는 지류인 네그로(Negro) 강으로 유람선에서 바라보니 강물의 색깔이 온통 검은빛이었다. 마나우스는 아마존 강의 지류인 네그로 강변에 위치해 있다. 'Negro'는 포르투갈 말로 검은색이라는 뜻이다. 이곳은 대부분 평지이며, 배를 타고 가면서 바라보니 멀리 수평선이 아득하게 보이고 희미하게 육지의 아마존 밀림이 보일 정도로 강이 아니라 거대한 바다에 가까웠다.

네그로 강은 남아메리카 남서부, 아마존 강 중류부의 지류로서 콜롬

네그로(Negro, 검은) 강

비아의 안데스 산맥 동쪽 산기슭에서 발원하여 베네수엘라·콜롬비아 국경을 이룬 뒤 브라질로 흘러들어 아마존 강에 합류하며 길이는 2,253㎞이다. 네그로 강이 자주 거론되는 것은 바로 이 강이 솔리모에스 강과 합류하는 지점에서 18㎞ 상류쪽 연안에 브라질 최대의 공업 도시인 마나우스(Manaus)가 있기 때문이다. 네그로 강의 상류 지역에서 낙엽이 썩은 성분이 많이 섞여 있어서 검은색을 띤다고 한다.

오늘은 날씨가 맑게 개고 바람도 서늘해서 아마존 열대우림에서 더워서 힘들 것이라는 나의 예상이 완전히 빗나갔다. 우리는 네그로 강에서 배를 타고 파노라마처럼 스쳐 가는 아마존 밀림을 보면서 그동안 답사에서 쌓인 피로를 풀며 여유를 갖고 답사의 대미를 장식할 예정이다. 검은 강은 고요한 바다처럼 잔물결이 살랑이고 거대한 검은 점액질이 꿈틀거리는 것 같으면서도 금방이라도 돌변하여 무서운 본성을 드러낼 것 같은 두려움이 느껴졌다. 현대문명과 접촉하면서 이곳 아마존 밀림에도 많은 변화의 바람이 불고 있음이 느껴진다.

| 원주민 마을 |

유람선을 타고 50분 정도 검은 강의 상류 쪽으로 달려서 드디어 원주민 부락 근처에 도착했다. 방송에서만 보던 아마존 원주민들을 직접 만날 수 있다는 생각에 무척 설레고 흥분이 된다. 간이 선착장 부근의 붉은 언덕에 설치된 나무계단을 밟고 언덕에 올라 원주민 마을로 향했다.

마을은 크지 않고 전통 가옥 몇 채가 있을 뿐이었다. 마을 입구에 얼굴에 붉은색 염료로 문양을 그려 넣고 작은 원숭이로 상반신을 가린 젊은 여자가 수줍은 표정으로 우리를 반갑게 맞아 준다. 넓은 마당에 강아지들이 뒹굴고 장난치면서 팔자 좋게 세월을 보내고 있었다. 주로 갈대와 야자수 잎으로 엮어 만든 시원하게 만들어진 커다란 집으로 들어갔다. 양쪽에 축구골대와 같은 구조물로 지붕을 받치고 내부는 행사를 치룰 수 있도록 비어 있으며 무척 넓은 편이었다. 건물 내부에는 식사를 준비하기 위한 아궁이와 흙이나 식물을 이용하여 만든 각종 그릇과 음식물들이 놓여 있었다. 또 한쪽에는 각종 장신구와 악기들을 비롯하여 판매용 기념품들이 전시되어 있었다.

원주민 가옥(지붕은 주로 야자수 잎으로 만들어져 있음)

약 20여 명의 원주민들이 각각 부부끼리 짝을 지어 상반신은 그대로 드러내 놓고 그들의 전통 악기의 연주에 맞춰 공연을 하였다. 첫 번째

공연으로 자기들의 언어가 만들어진 것을 보여 주었다.

원주민들의 언어 기원 춤

남자들은 작은 나무열매들을 실로 엮은 것을 오른쪽 발목에 차고 나뭇잎으로 하반신을 가리고 1m 정도 길이의 커다란 대나무통으로 바닥을 치면서 여자들과 함께 원을 그리며 춤을 춘다. 나무열매가 부딪히며 아주 특이한 타악기 소리를 낸다. 길이가 1m, 앞쪽의 지름이 20cm 정도 되는 길쭉한 통발모양의 저음이 나는 악기를 불면서 혼인식의 의식을 보여 준다. 혼인식을 할 때에는 정글에서 따온 과일들을 가운데에 놓고 이러한 악기를 불면서 축하해 준다고 한다. 입으로 부는 곳의 지름이 10cm는 족히 될 것 같으며 불기가 쉽지 않을 것 같았다. 원주민 생활도 그리 쉬운 것만은 아닌 것 같다. 이곳에서 사용하는 악기는 모두 원주민들이 직접 제작한 것이라고 한다.

남자들이 피리를 불면서 사냥할 때의 모습을 보여 주는데, 사냥을 할 때에는 사냥감은 여자가 들고 아이들은 걷고 남자들은 일행을 보호하기 위해 앞에서 피리를 불고 좌우를 살피면서 아나콘다(Anaconda, 남미의 큰 뱀)나 다른 동물로부터 공격받지 않도록 항상 경계를 한다고 한다. 다른 부족이 쳐들어왔을 때 부부가 각각 1명씩 업고 도망갈 수 있도록 원주민들은 보통 아이들을 2명만 낳는다고 한다. 이곳 원주민들은 여자가 부족할 경우 이웃 부족의 여자를 납치하는데, 첫 번째는 그냥 넘어가지만 두 번째 납치가 벌어지면 납치당한 쪽에서 전쟁을 일으킨다고 한다.

원주민들의 혼인식 춤

원주민들과 우리 일행이 서로 짝이 되어 연주에 맞춰 땀이 나도록 원을 그리면서 신나게 춤을 추었다. 한바탕의 춤이 끝나고 원주민들과 함께 단체 사진을 찍으면서 멀리 한국에서 온 지오트립 일행과 브라질 원주민들 간의 우호적인 민간교류를 마무리하였다.

영화배우처럼 잘 생긴 젊은 원주민 청년은 이런 원주민 생활에 싫증을 느끼고 다른 젊은이들처럼 도시생활을 원한다고 한다. 밖으로 나와 주변을 둘러보고 다시 유람선에 올랐다. 안드레 홍의 말에 따르면, 김병만 씨가 나오는 정글의 법칙도 이 근처에서 촬영했다고 한다. 멀리 검은 강의 한가운데에 아득하게 섬이 보인다. '이곳이 정말 강이란 말인가?'하는 의심이 들 정도로 강은 넓고 끝이 잘 보이지 않는다. 검은 강의 고요한 수면은 대리석이 되어 하늘의 모든 것을 그려 넣고 있다. 거대한 유람선이 지나면 거대한 파도가 몰려와 유람선이 기우뚱거린다. 강가 밀림 속에 자리 잡은 작은 집들이 무척 평화롭고 아늑하게 보인다.

원주민 마을에서 강바람을 쐬면서 배를 타고 50분 정도 이동하여 다른 원주민들이 사는 곳으로 이동하였다. 나무로 축대를 삼아 지은 노란색 페인트를 칠한 목조 주택이 밀림과 멋지게 조화를 이룬다. 언덕을 오르니 등허리에 흰털이 박힌 나무늘보가 긴 앞발을 뻗으며 나무를 향해 천천히 기어가고 있다. 누가 잡았는지 플라스틱 병에 커다란 독거미가 들어 있어서 보기만 해도 소름이 끼친다.

독거미

나무늘보

악어

아나콘다

안드레 홍이 우리를 숲으로 안내를 한다. 숲 속에서는 우리가 온 것을 환영하는 듯 새들이 경쾌하게 노래를 불러 준다. 안드레 홍이 아마존 3대 과일을 알려 주겠다며 날씬하게 키가 큰 야자수 위의 열매를 가리키며 아마존 첫 번째 과일 '아사이 베리(Acai Berry)', 두 번째로 노란색의 굵은 핫도그처럼 생긴 '뽀뽀아수', 그리고 마지막으로 '인디언밤(Brazilian nut)'을 보여 주었다. 잠시 자리를 옮겨 아나콘다와 어린 악어, 나무늘보가 있는 곳에서 동물들을 안고 사진을 찍었다. 많은 사람들을 보고 악어가 겁을 먹었는지 느슨하게 잡은 손을 빠져나와 땅으로 떨어져 재빠르게 도망을 간다.

아마존 3대 과일과 동물들을 둘러보고 다시 유람선을 타고 핑크색돌고래가 있는 곳으로 향했다. 5분 정도 유람선을 타고 가니, 강가에 있는 2층 건물에 브라질 국기가 강바람을 타고 나부끼며 하늘로 힘차게 솟구쳐 오르는 돌고래의 모형이 우리들의 눈길을 끈다. 배에서 내려 간단한 설명을 듣고 검은 강에 사는 핑크돌고래와 만나기 위한 준비를 했다.

아마존강돌고래 Amazon Dolphin, Boto Dolphin | 아마존 강의 유역에만 서식하는 돌고래로 '보토 돌고래(Boto Dolphin)' 또는 '핑크 돌고래'라고 부르며, 바다에 살던 돌고래가 담수에 적응한 경

503

우로 담수에 살면서 분홍색이 되었을 것으로 추측하며 바다에 사는 돌고래에 비해 주둥이가 긴 것이 특징이다. 강돌고래(Iniidae) 과 중에서 가장 크며, 몸 색은 어렸을 때에는 진한 회색이었다가 커 가면서 회색이 점점 옅어지고 성체가 되면 분홍색을 띠게 되는데, 수컷은 종(種) 간의 공격으로 인한 정신적 충격 때문에 색이 더 진하다고 한다.

머리 앞쪽은 둥근 반구형(半球形)에 주둥이가 길게 돌출되어 있으며 주둥이에는 진흙 속에 있는 먹이를 잡을 때 촉각을 일으키는 것으로 알려진 뻣뻣한 털이 있다. 목 부분이 아주 유연하여 아래와 옆으로 90°까지 꺾을 수 있으며 귓구멍이 크고 청각이 잘 발달하였고, 눈은 작지만 시력이 뛰어나며, 흙탕물과 어두운 곳에 사는 경우 일부는 시력이 거의 상실된 돌고래도 있다. 메기를 비롯한 다양한 어류를 먹이로 하며 가재 새우와 같은 갑각류 등을 잡아먹는다.

유영속도는 느리나 얕은 수심과 나무뿌리와 같은 장애물이 많은 곳에서도 정교하게 음파를 탐지함으로써 빠르게 잘 움직이며 물 위로 뛰어오르는 행동은 잘 하지 않는 것으로 알려져 있다. 특히 아마존강돌고래는 호기심이 많고 놀이를 즐기며 두려움 없이 지나가는 배에 다가오기도 한다. 사회성이 약해서 대부분 혼자서 지내기를 좋아하는데, 어미와 새끼가 무리를 이루기도 하며 먹이가 풍부한 곳이나 강의 입구 근처에서 많은 개체가 모여 무리를 이루기도 한다.

신발을 벗고 옷을 입은 채로 강에 들어가 조련사가 먹이를 줄 때 위로 올라오면 돌고래를 만지면서 체험을 하는 것이다. 강으로 내려가니 몇 평 남짓 강에 가슴 높이까지 물이 찰 정도로 나무판을 만들어 놓고 그 위에서 돌고래와 만나는 것이다. 강물은 타르를 연상할 정도로 더욱 검게 보였다. 설레는 마음으로 검은 강에 발을 디디니 물이 따뜻하여 무척 편안한 느낌이 들었다. 물속을 살펴보니 몇 마리의 분홍색돌고래가 수영하는 모습이 보인다.

조련사는 작은 물고기를 손에 쥐고 돌고래들이 물 위로 올라오도록 유혹한다. 먹이를 발견한 돌고래가 고개를 들면 조련사는 손을 더 높

분홍색돌고래

이 들어 올려 돌고래가 물 위로 더 솟구치도록 유도한다. 많은 관광객들이 다녀가면서 돌고래들도 어느 정도 훈련이 잘 되어 있는 것 같았다. 솟아오르는 시간이 무척 짧기 때문에 조련사 근처에서 기다렸다가 돌고래가 위로 올라올 때 빠르게 분홍색 배를 만져야 한다. 물밑에서 돌고래가 움직이는 동작을 포착한 후, 위로 솟아오를 때 반사적으로 반응해야 한다. 배가 무척 부드럽다.

갑자기 아마존 강에서 수영이 하고 싶어서 나무판을 조금 벗어나서 물속으로 들어갔다. 이 넓은 아마존 강에 몸을 담그고 시원한 강바람

505

을 들이마시며 수영을 하는 기분이야말로 뭐라 형언할 수 없는 벅찬 감회가 느껴진다.

수영을 끝내고 대강 옷차림을 정리하고 이 건물에 부속된 피라루쿠 (Pirarucu) 낚시 체험장으로 갔다. 서너 평 규모의 공간에 들어 있는 피라루쿠를 이용하여 낚시체험을 하는 것이었다. 피라루쿠는 중생대 쥐라기 시대의 화석으로도 발견되었으며, 지구상에 살고 있는 담수 어류 중 가장 크고 척추보다 약한 지지(支持)기관인 척색을 갖고 있어서 진화 단계상 무척추동물과 척추동물의 중간에 위치하는 동물이다. 지질시대를 거치는 동안 진화가 거의 일어나지 않아서 '살아 있는 화석'으로도 불린다. 머리 부분은 가로 방향으로 넓적하고 몸 전체는 원통형에 가까우며 뒤로 갈수록 붉은색을 띠며 최대로 자라면 길이 5m, 250kg까지 나가는 초대형 물고기로 주로 얕은 곳에서 살며 아마존 유역 사람들이 잡아서 즐겨 식용한다.

피라루쿠 낚시 체험

낚싯대에 생선 미끼를 묶고 물에 넣었더니 철갑 같은 비늘이 덮인 거대한 괴물이 물을 가르듯 무시무시한 소리를 내며 미끼를 낚아챈다. 미끼를 무는 순간 들어 올려야 하는데, 힘이 보통이 아니다. 번번이 미끼만 잘리거나 빼앗기는 바람에 피라루쿠의 머리 부분만 간신히 들어 올릴 수 있었다. 낚아 올려서 가져가도 된다고 하는데 잘못하면 사람이 끌려들어갈 것 같았다. 물속에서 회오리를 일으킬 것 같은 거센 힘과 먹이를 향해 순식간에 거대한 몸집을 날리듯이 달려드는 민첩성이 놀라울 정도였다.

| 정글 호텔 Ariau Tower Hotel |

핑크돌고래와 피라루쿠 낚시 체험을 끝내고 다시 유람선을 타고 잔잔한 바다와 같은 검은 강을 유람하면서 식당으로 향했다. 약 20분 정도 배를 타고 밀림 안쪽으로 다가서니 나무로 만든 요새와 같은 특이한 건물들이 강변에 죽 늘어서 있었다. 마치 위장이라도 하듯 주변의 밀림과 혼동할 정도로 녹색으로 예쁘게 단장을 했다. 바로 이곳이 유명한 정글호텔(Ariau Tower Hotel)이다. 우기 때 강물이 불어나는 것을 감안하여 건물 2층 높이 정도 아래에 나무기둥으로 촘촘하게 축대를 만들고 그 위에 나무로 4층으로 짓고 각이 진 원형의 철판으로 지붕을 한 특이한 건축물이다. 구조나 색깔, 형태 등이 정글에 너무나 잘 어울리는 것 같았다. 나무축대 위에 만들어진 통로를 이용하여 다른 건물과 연결되며, 정글에서 작전하는 군부대의 시설을 연상시킨다.

배에서 내려 계단을 오르니 계단 위에 게양된 태극기가 바람에 펄럭이며 우리들을 즐겁게 맞아 준다. 배는 회색이고 머리는 검고 은색이며 등과 다리 아래는 노란색 털을 가진 작은 원숭이들이 언제부터 이곳

의 터줏대감이 되었는지, 우리가 지나가도 별로 두려워하는 기색도 없
이 오히려 신기한 듯 우리들 주변을 맴돈다.

정글호텔(Ariau Tower Hotel)

식당 입구에서 화려하게 꾸민 원주민 아가씨가 목에 장식을 걸어 주
고 함께 사진도 찍으며 우리를 환영해 준다. 식당은 나무로 된 둥근 마
루와 같은 형태로, 벽에는 이곳을 다녀간 사람들의 이름과 사연, 국기
를 그려 넣은 작은 4각형의 나무판들이 건물의 내부를 빙 둘러 빼곡히
걸려 있었다.

보통 크기로 백 달러 주면 걸어 준다고 하는데, 우리나라 태극기가
새겨진 나무판도 자주 눈에 띈다. 식당에서 강 아래와 주변을 둘러보
니 제법 운치가 느껴진다. 점심에 우리가 조금 전에 보았던 피라루쿠
물고기를 비롯한 아마존 물고기와 빵과 과일, 우유 등을 먹고 유람선
을 타고 피라냐(Pirahna) 낚시를 하러 출발하였다.

식당의 내부

한가하게 휴식을 취하고 있는 원숭이들

| 피라냐 Pirahna 낚시 |

가늘게 빗방울이 떨어진다. 우비를 챙겨 입고 밀림 사이로 난 좁은 지류로 접어들었다. 나무줄기에 걸린 또 다른 나무줄기와 뿌리들이 만 수위일 때 지나간 흔적으로 남아 있다. 가까이서 보니 밀림은 발 디딜 틈도 없이 다양한 나무들이 서로 얽혀 빽빽하게 들어차 있다. 긴 수염 같은 뿌리를 허공에 길게 내리기도 하고, 파인애플과의 브로멜리아드 (Bromeliad)가 줄기에 둥지를 틀고 수북하게 자라고 있다. 답사의 마무 리에서 이런 시간을 갖게 되어 무척 여유롭고 홀가분한 마음이 든다. 힘들고 고생스러울 때도 있었지만, 이제 끝날 때가 되니 어쩐지 아쉬 움이 앞선다. 검은색 거울 같은 강물에 터럭만큼의 오차도 없이 밀림 의 모습이 그대로 그려진다. 아마존에는 크고 작은 지류들이 모세혈관 처럼 서로 얽혀져 있는데, 아리아우(Ariau) 강의 작은 지류로 들어오니 이곳이 무릉도원인 것 같아 바깥세상을 모두 잊고 싶은 도피 본능이 갑자기 되살아난다.

안드레 홍을 믿고 나무숲 아래에 배를 세우고 소의 심장으로 미끼를 끼워 강물에 낚싯줄을 드리웠다. 한참을 기다려도 별 반응이 없는데, 일행 중 몇 명은 입질도 받고 어렵게 피라냐를 낚아 올렸다. 출발할 때에는 물 반 고기 반이라고 하여 무척 기대를 했었는데 출발부터 영 시원치가 않다. 열심히 낚싯대를 이리저리 옮겨 봐도 별로 반응이 없고 가끔 약만 살짝 올려놓고 어디로 사라졌는지 입질도 하지 않는다. 닻을 올려 다른

아리아우(Ariau) 강

곳으로 옮겨서 새로운 기분으로 시작을 했는데도 별로 신통치가 않다.

피라냐 낚시

다른 배에 탄 2진은 우리보다 운이 좋아서 조황(釣況)이 괜찮았는지 무거울 정도로 많은 피라냐가 꿰어진 나무줄기 꿰미를 들어 올리며 약을 올린다. 우리 1진도 만회

카무카무(Camu camu)

하기 위해 다시 한 번 장소를 옮겨 가면서 노력했지만, 역시 기대만큼 잡히지 않는다. 강가에는 검붉게 익은 앵두만 한 카무카무(Camu camu)가 촘촘히 가지에 매달려 있다. 카무카무는 아마존 강 유역에 자생하는 식물로, 과일의 크기는 앵두 크기 정도에서 큰 것은 자두만 하며 비타민 C가 많이 함유되어 있다. 열매는 녹색에서 성숙되면서 적색이 되었다가 완전히 익으면 자주색이 된다. 요즘 우리나라에도 분말 형태로 수입되어 식용 또는 화장품 첨가제로 사용되고 있다. 아무래도 오늘은 일진(日辰)이 좋지 않은 것 같다. 다음을 기약하고 강가에 서서히 어둠이 내리기 시작할 즈음, 낚싯대를 정리하여 원주민 마을로 향했다.

강의 가장자리와 물이 깊지 않은 연녹색의 카펫 같은 벼논에 야생벼가 무성하게 자라고 있다. 우리가 현재 재배하고 있는 개량종 벼에 비해 낟알의 수가 매우 적고 낟알이 긴 편이며, 보리로 착각할 정도로 까락이 매우 길었다. 벼의 원산지는 인도의 아삼(Assam) 지방으로 알려져 있는데, 16세기 포르투갈 사람들에 의해 전파되어 아마존 강의 유역에서 재배하였다고 한다. 현재 아마존 강에서 자라고 있는 야생벼도 그

런 경로를 거쳐서 오늘에 이르고 있는 것으로 생각된다.

| 원주민 마을 음식 체험 |

강가 숲에 다른 나무를 제치고 날씬한 야자수가 우뚝우뚝 솟아 있다. 숲 속에 낡은 건물이 흉물스럽게 방치되어 있는 모습이 보이는데, 아마존 강변에는 관광객을 유치하기 위해 호텔을 지었으나 영업 부진으로 폐업하고 관리하지 않는 건물이 많다고 한다. 강가의 원주민 주택도 현대 문명의 영향을 받아 깨끗하고 무척 현대적인 감각이 느껴진다. 대부분의 집들이 우기 때 강물의 수위가 높아지는 것을 대비하여 1층은 나무로 축대를 만들어 비워 놓고 2층에 건물을 지었다.

강변의 주택들

야생벼

저녁때가 되어 원주민 마을에 도착하였다. 집 앞에 배를 대는 작은 간이 선착장이 만들어져 있고, 비 올 때 질퍽거리는지 나무 통로를 만들어 놓았다. 숲에는 가늘고 날씬한 야자수 나무가 빽빽하게 들어차 있었다.

아사이베리(Acai berry)

안드레 홍의 안내로 아궁이를 비롯한 주방 시설을 갖춘 초가로 된 기다란 집으로 갔다. 우리가 오는 것에 맞추어 원주민 전통 요리를 만들고 있었다.

카사바 Cassava, **만디오카** │ 남아메리카 원산으로 쥐손이풀목, 대극과에 속하는 낙엽성 관목으로 고구마 뿌리와 같은 덩이뿌리가 사방으로 퍼지고 큰 것은 길이가 약 50㎝, 지름 20㎝이며, 바깥 껍질은 갈색이고 내부는 노란빛이 도는 흰색을 띤다. 포르투갈과 스페인 탐험가들에 의해 서인도제도를 비롯하여 아프리카, 아시아 등으로 전파되어 열대·아열대 지방에서 널리 재배되고 있다. 열대 지방에서 쌀, 옥수수 다음으로 중요한 녹말 공급원으로 덩이뿌리의 녹말 함유량은 20~25%이고, 이밖에 칼슘과 인, 비타민 C가 풍부하게 함유되어 있다.

이곳에서는 카사바 대신에 '만디오카'라는 명칭을 더 많이 사용하고 있었다. 쓴 맛이 있는 덩이뿌리에는 알칼리성의 시안산(cyanide)이라는 독성 물질이 더 많이 들어 있으며, 열을 가하면 없어지기 때문에 익혀서 먹는다. 덩이뿌리에서 채취한 녹말을 '타피오카(Tapioca)'라고 하는데, 이는 주요한 탄수화물 공급원이 며 이 녹말에 다른 재료를 넣어 요리를 한 것도 '타피오카'라고 부르기도 한다.

덩이뿌리를 채취하여 껍질을 벗겨내고 속의 뿌리를 잘게 갈아서 침전시킨 후 이것을 말리면 흰색의 타피오카가 된다. 재배하는 방법은 줄기를 이용하는 꺾꽂이 방식으로 줄기를 30~40㎝로 잘라서 보통 1m 간격으로 심어서 6~12개월 정도 기른 후에 수확을 한다. 전 세계적으로 카사바 생산량이 가장 많은 나라는 아프리카의 나이지리아(Nigeria)이다.

카사바(Cassava, 만디오카)

카사바 가루

우리가 도착하자, 아마존 원주민들이 즐겨 먹는 속이 노란색을 띠는 길쭉한 만디오카(Mandioca)가 미리 준비되어 있었다. 길쭉하고 속이 노란 것이 우리나라에서 즐겨 먹는 노랑고구마와 아주 비슷하게 생겼다.

먼저 만디오카를 이용한 요리법을 설명해 주었다. 만디오카는 독성이

타피오카(Tapioca)를 만드는 모습

있기 때문에 독성을 줄여서 먹을 수 있도록 먼저 만디오카를 잘라서 판에다 대고 갈아서 고운 덩어리가 되면 손으로 물을 짜낸 후, 덩어리는 불에 달군 철판에 볶아서 주식으로 하고 짜낸 물은 다시 가라앉힌 후 위에 있는 액체 성분은 따라내어 고추를 섞어서 향신료로 사용하고, 밑에 가라앉은 얼마 안 되는 하얀 앙금(타피오카)은 다른 요리를 만들 때 함께 사용한다고 한다.

인디언밤(Brazilian nut)

만디오카 가공법에 대한 설명에 이어 다음은 인디언밤(브라질너트) 가루와 가라앉은 앙금을 이용하여 전통요리인 타피오카를 만드는 것을 보여 주었다. 인디언밤은 둥그렇게 생긴 단단한 껍질 안에 다시 8개 정도의 작은 열매가 들어 있으며 이것을 까면 하얀색의 알맹이가 나오는데, 이것을 잘게 으깬 가루를 불에 달군 철판에 올려놓고 우리네 가정에서 부침개를 만들 듯이 넓게 펴서 익힌 후, 여기에 만디오카의 앙금을 위에 발라 주고 익혀서 먹기 좋게 자르면 된다. 타피오카는 원주민들이 종교행사나 성인식 때 물고기 훈제와 함께 먹는 귀한 음식이며, 우리가 먹는 하얀 떡고물이 얹힌 시루떡과 비슷하다. 곧이어 원주민 남자들이 기다란 칼을 가지고 인디언밤을 까는 것을 보여 준다. 껍질이 워낙 단단해서 칼로 쳐서 잘라 내야만 알맹이를 꺼낼 수 있다.

잠시 발걸음을 옮겨 만디오카를 재배하는 밭으로 이동했다. 집에서 조금 떨어진 밀림 한쪽에 화전으로 일군 밭에 심은 지 4개월 되었다는 만디오카가 어른 키보다 훨씬 더 크게 자라 있었다. 나이에 어울리지 않게 건장하게 생긴 원주민 아저씨가 만지오카를 캐서 우리들에게 보여 준다. 만지오카는 보통 심은 지 6개월 정도가 되면 수확을 하는데, 더 오래 두면 우기 때 썩을 수 있기 때문에 상황을 고려하여 수확한다고 한다. 주변에 있는 밀림 속으로 들어가 보니 햇빛이 많이 들지 않아 생각보다 덥지 않고 서늘하였으며, 바나나나무와 야자수를 비롯한 크고 작은 많은 식물들이 뒤엉켜 울창한 원시림을 형성하고 있었다. 아마존 밀림지역은 워낙 넓기 때문에 원주민들이 화전을 일구는 것과 같은 소규모 개간에 대해서는 별로 규제를 하지 않는다고 한다.

밭에서 자라고 있는 카사바(Casava)

카사바를 뽑아들고

원주민 마을 답사를 마치고 이 마을의 희망인 순진한 꼬마들과 우리 일행을 위해 수고해 주신 마을 주민들과 작별 인사를 하고 배에 올랐다. 시간의 여유가 있어서 아까의 아쉬움을 달래려고 이리저리 장소를 옮겨 선착장 부근에서 다시 낚시를 다시 시작하였으나 메기 몇 마리 잡는 정도로 만족을 하고, 다음 일정을 위해 미끼를 강물에 던지고 이만 정리하기로 했다.

원주민 마을 체험을 끝내고

야음을 이용하여 오늘 밤의 일정인 악어 사냥을 시작했다. 몇 가지 주의 사항을 듣고 손전등을 든 사람과 악어를 잡을 전문가를 태운 다음, 지류를 따라 강가의 숲과 강을 살피면서 숨을 죽인 채 앞으로 나아갔다. 밤에 악어는 눈에서 푸른빛을 발산하기 때문에 쉽게 눈에 띄고 빛을 비추면 움직이지 못한다고 한다. 그때 전문 사냥꾼이 악어를 산 채로 잡는 장면을 지켜보는 것이다. 주변은 칠흑같이 어둡고 강은 고요 속에 잠들어 가는데 악어와 악어 사냥꾼의 보이지 않는 팽팽한 긴장감이 강의 구석구석으로 번져 간다. 30분쯤 지났을 때, 강가 숲속에서 악어의 빛이 포착되어 부지런히 달려갔으나 어린 새끼라 결국 그냥 지나쳤다. 어쩐지 오늘은 악어 사냥도 시원치 않았다. 호텔 가까운 숲 속에서도 어렴풋이 작은 악어가 보였지만 밤바람을 쐬면서 유람한 것에 만족을 하고 오늘 일정을 마무리하였다.

정글 호텔의 방들은 둥근 탑 형태의 목조 건물에 방들이 동그랗게 모여 있고, 승강기가 없어 가방은 종업원들이 운반해 준다. 방의 바깥쪽을 비롯하여 복도와 안쪽에는 원주민을 상징하는 조각들이 새겨져 있으며 열대우림의 높은 습도와 높은 기온, 그리고 나무와 곰팡이가 만들어 내는 아마존 밀림만의 정말 특이하고 미묘한 냄새가 도시 문명에 길들여진 나를 당황스럽게 한다. 이제 어디를 가도 아마존 정글호텔의 냄새는 오래도록 기억될 것 같다.

모기장으로 단단히 조치를 취하고 아마존 밀림의 전설을 기대하면서 잠을 청한다.

정글호텔(Ariau Towers Hotel) 내부

1.30.
– 이십오 일째 날 –

아마존 강 일출

　오늘은 답사 마지막 날이다. 아마존 강 일출을 보기 위해 5시에 일어나서 짐을 정리하고 밖으로 나왔다. 아직 여명(黎明)이라 검은 윤곽만 뚜렷할 뿐, 주변은 적막 속에 잠들어 있다. 5시 30분에 배를 타고 강으로 나갔다. 하늘에는 회색구름이 많아서 멋진 일출은 기대하기 어려울 것 같았다. 멀리 동쪽 하늘이 조금씩 밝아지자, 주변이 노랗고 붉게 변

아마존 강 일출

• 브라질 Brazil •

하면서 거울 같은 새벽의 강 표면에 하늘을 옮겨 놓았다. 강물은 노랗고 붉게 물들고 구름 없는 하늘의 빈 공간이 검은색의 강 표면에 여백이 되었다.

배를 고정시켜 놓고 시시각각으로 변하는 동쪽 하늘을 보면서 가슴이 확 트이는 것 같고, 아마존 강이 건네주는 푸근함과 장대함이 마음을 사로잡는다. 하늘과 구름과 강물은 이제 모두 주황색으로 곱게 채색이 되고 멀리 산 위로 밝은 해가 솟아오르면서 하루의 시작을 알리고, 태양 주변이 황금색으로 밝게 빛난다. 오늘도 찬란한 태양의 기(氣)를 받아 멋지게 답사를 마무리하기를 기원하면서 뱃머리를 돌린다.

짐을 정리하고 식당으로 가서 아침을 먹고 7시 20분에 배에 올라 답사의 마지막 일정을 시작하였다. 오늘은 배를 타고 수상가옥을 들렀다가 검은강(Negro 강)과 황톳빛을 띠는 아마존 강 본류인 솔리모에스 강(Solimoes 강, 브라질 국경에서 마나우스까지의 아마존 강)이 만나는 곳을 확인하고 아마존 강 답사를 마치도록 되어 있다. 생각보다 강가에 사는 원주민들이 많다. 호텔 등을 비롯하여 관광객들을 위한 위락시설도 이따금씩 눈에 띈다.

멀리 검은 강을 가로지르는 3,505m의 네그로 강의 다리(Ponte Rio Negro)의 교각이 기둥처럼 보이고, 강변에는 우리가 묵었던 호텔을 비롯하여 다른 호텔들이 강변을 따라 죽 이어져 있다. 강의 하류 쪽에는 화물선들이 강에 떠 있고, 강변에는 컨테이너들이 쌓여 있고 커다란 화물선에 짐을 싣고 있었다. 이곳 마나우스를 흐르는 검은 강은 수심이 깊기 때문에 대서양 입구에서 약 1,500㎞나 떨어져 있지만 대형 크

루즈와 대형 화물선이 접안할 수 있어서 바다에 연해 있는 커다란 항구와 같은 느낌이 들었다

네그로(Negro, 검은) 강 연안에 자리잡은 마나우스의 모습

날씨가 점점 개면서 햇살이 뜨거워지기 시작한다. 우리는 검은강의 지류에 있는 수상가옥을 답사하기로 하였다. 정글호텔에서 이곳 수상가옥까지는 뱃길로 90㎞ 정도 떨어져 있으며 출발한 지 2시간 30분 정도 지나서 작은 강변을 따라 다양한 형태의 수상가옥들이 줄지어 있는 곳에 도착하였다. 자세히 보면 커다란 통나무를 서로 연결하고 그 위에 집을 지었는데, 우기 때 움직임을 최소하기 위해 이웃집끼리 끈으로 단단하게 묶거나 쇠로 고정을 시켰다. 더 잘 보기 위해서 배의 지붕으로 올라갔다.

강바람은 시원한데 내리쬐는 햇살이 무척 따갑다. 이곳 수상가옥에서도 빈부의 차이가 있는 듯, 조금 여유가 있는 사람들은 집도 크고 페인트로 예쁘게 단장한 반면에 어떤 집들은 낡고 부서진 곳이 눈에 띄었다. 수상가옥이기 때문에 이동수단이나 직업상 대부분의 집에는 크고 작은

521

배가 있었다. 아이들 몇 명이 강가에 뛰어들어 헤엄을 치며 즐겁게 시
간을 보내고 있다. 어디서든지 아이들은 꾸밈이 없고 순수하고 귀엽다.
잠시 배에서 내려 수상가옥을 방문하여 내부를 살펴보기로 하였다.

  지붕을 제외한 대부분은 나무로 되어 있고 내부는 푸른색으로 칠해
져 있어, 일반 주택과 별반 다르지 않았다. 벽에는 붉은색의 금강앵무
조각이 붙어 있고 방 한쪽에는 TV와 카세트레코더 등의 전자제품이 있
고, 작은 이동식 선반에는 가족들의 사진이 놓여 있다. 부엌은 벽에 선
반을 만들어 주방용품이나 음식들을 올려놓고 부엌 한쪽에 냉장고가
놓여 있어서 어느 정도 현대문명의 혜택을 누리면서 살고 있음을 알 수
있었다. 그리고 화장실은 집의 밖에 설치하여 공동으로 사용하고 있었
다. 40대 초반으로 보이는 주인아주머니가 친절하게 집안 내부를 안내
하고 십대로 보이는 남매는 TV를 보면서 즐겁게 시간을 보내고 있었다.

수상가옥

수상가옥의 부엌

  우리는 배에 올라 하류 쪽으로 이동하여 검은강(Negro)과 솔리모에스
(Solimoes) 강이 만나는 지점으로 이동하였다. 수상가옥 마을에서 배를
타고 5분 정도 하류로 내려가니, 멀리 검은색과 붉은 황토색 강물이 서

로 기 싸움이라도 벌이는 듯 양쪽이 쉽게 물러서지 않고 팽팽하게 대치하고 있었다. 조금 더 아래로 내려가니 경계선에서 강물은 서로 긴장을 풀고 함께 흘러가야 할 숙명을 받아들이고 진정한 아마존 강으로 다시 태어난 것 같았다.

네그로(Negro) 강과 솔리모에스(Solimoes) 강이 만나는 모습

　실제로 두 강물은 유속과 밀도, 수온 차 등으로 인하여 서로 잘 섞이지 않은 채 약 6㎞ 정도를 흘러가는데, 이로 인해 강물의 흐름이 지체됨에 따라 검은 강의 경우 수위가 약 3m 정도 높아진다고 한다. 검은 강의 강물은 50%는 아마존의 식물들이 흡수하고 25%는 증발하고 25%만 황톳빛 강물과 섞여서 바다로 흘러간다고 한다. 네그로 강은 안데스 북서쪽에서 발원하여 베네수엘라, 콜롬비아를 거쳐서 중간에 크고 작은 지류들과 합해져서 넓은 곳에서는 폭이 12㎞나 되며 약 2천㎞ 이상 흘러서 솔리모에스 강과 합해져서 아마존 강의 본류(本流)를 이룬

다. 그렇게 팽팽하게 맞서던 두 강물은 분리할 수 없을 정도로 서로 확산되어 경계선마저 구별하기 어려울 정도로 심하게 흐트러지고 뒤섞여 바다와 같은 거대한 물줄기가 되어 묵묵히 흘러간다.

뱃머리를 돌려서 마나우스 항구로 향한다. 강 언덕에 정유시설도 보이고 거대한 컨테이너 운반시설과 항만시설이 잘 갖추어져 있다. 이곳 마나우스는 과거 아마존 강 유역의 고무나무를 이용하여 일찍부터 고무산업이 발달한 공업도시이다. 1850년에는 아마조나스(Amazonas) 주의 주도(州都)가 되었으며, 아마존 강에 사는 원주민 부족 이름을 따서 '마나우스(Manaus)'라고 부르게 되었다고 한다.

마나우스 Manaus │ 브라질 북부의 검은 강 연안에 자리 잡고 있는 아마조나스(Amazonas) 주도로서 아마존 지역에서 가장 큰 도시로, 인구는 약 2백만 명 정도(2014년 기준)된다. 검은 강과 아마존 강의 본류인 솔리모에스(Solimoes) 강이 합류하는 곳에서 18㎞ 정도 검은 강의 상류 쪽 언덕에 자리 잡고 있으며, 아마존 강 상류 강변 지역에 물품을 보급하고 모으는 항구로서 아마존 강의 교역의 중심지이다. 아마존 강의 밀림지대에 위치하고 있어서 육로로 접근이 매우 힘들어, 주로 배나 비행기를 이용한다.

1499년 스페인 사람들이 이곳을 탐험하고 이곳을 포함한 브라질의 북부 지역에 대한 식민지화를 시작하였으며, 그 후 1693년 ~1694년에 요새를 세우면서 도시가 만들어졌고, 1832년 town으로 승격시키고 'Manaus'라고 이름을 지었다. 1695년 성당들이 지어지면서 인구가 크게 늘기 시작하였고, 전략적인 중요성 때문에 관심을 크게 받는 지역이 되었다.

19세기 말, 마나우스가 세계적으로 관심을 끌게 된 것은 아마존 상류 지역에서 자라는 고무나무(Hevea brasiliensis) 때문이었다. 특히 영국의 발명가 던롭(John Boyd Dunlop)이 1888년 공기 타이어를 발명한 것과 때를 같이하여 미국 자동차 산업이 활기를 띠면서 1879~1912년대까지 마나우스는 최고의 번영을 누리게 되었다. 고무산업의 발달에 힘입어 유럽의 부자들이 대거 마나우스로 모여들면서 그들의 세련된 문화와 예술이 유입되고, 성당과 오페라 하우스인 아마조나스 극장(1896)을 비롯하여 장엄한 건물들이 들어서 '열대의 파리(Paris of the tropics)'라고 불렸으며, 이 시기에 항구로서 교역을 시작하게 되었다.

브라질과 페루는 고무나무 씨앗이 나라 밖으로 나가는 것을 엄격하게 통제하였으나, 1876년 영국인이 고무나무씨 3개를 반출하여 동남아시아의 열대지방에서 고무나무 재배에 성공함에 따라 마나우스의 고무 산업이 쇠퇴하고 도시도 활기를 잃게 되었다. 말레이시아를 비롯한 동남아시아에서는 고무나무를 인공적으로 조림하여 관리하여 경제성이 높았던 반면에 브라질에서는 천연고무나무와 생산성이 떨어지는 인공조림을 통해서 고무를 채취했기 때문에 경쟁력을 잃을 수밖에 없었다. 2차 세계 대전 중 일본이 고무생산지였던 동남아를 점령했던 1942~1945년까지 짧은 기간 동안 미국 회사들이 들어와 기술개발과 투자를 하였으나 단기간에 그치고 말았다.

마나우스를 살리기 위해 1967년 연방정부가 이 도시를 면세구역(free zone)으로 설정하면서 특히 관광산업이 큰 비중을 차지하고 있고, 지금도 원자재 관련 업체를 비롯하여 전자회사, 화학회사 등 많은 업체가 입주해 있으며 우리나라에서도 삼성, LG 등의 회사가 입주해 있다. 이러한 산업체 덕분에 많은 일자리가 창출되어 아마존 밀림을 보존하는 데 크게 기여하고 있다.

아마존 유람을 끝내고 드디어 선착장에 도착하였다. 날이 더워서 갈증이 심하게 느껴진다. 버스를 타고 마나우스 시내를 지나 어시장 부근에서 정차하였다. 아마존 강에는 약 3천 종류의 어류가 살고 있는데, 2천 5백 종

마나우스 여객선 부두

류는 아마존 강 본류에 살고 있으며 나머지 5백 종은 검은 강에 서식하고 있다고 한다.

도로를 건너서 어시장 안으로 들어갔다. 마치 거대한 항구의 어시장처럼 무척 넓은 공간의 진열대에 다양한 생선들이 놓여 있었다.

대부분의 생선들이 바다에서 잡히는 생선과 너무나 비슷한 것들이 많아서 바다 생선을 파는 수산시장에 와 있는 듯한 착각을 일으켰다. 병어, 조기, 이면수어를 닮은 생선을 비롯하여 핑크돌고래 체험장에서 보았던 거대한 물고기 피라루쿠도 볼 수 있었다. 상인들은 생선을 다듬고 포장하고 진열하느라 정신이 없었다. 강변의 선착장에는 여러 척의 유람선들이 손님들을 기다리고 있다.

마나우스(Manaus) 수산 시장

　수산시장 답사를 마치고 버스에 올랐다. 예상보다 교통 체증이 심해서 이탈리아 대리석으로 지은 유명한 오페라 하우스는 답사를 접기로 하고 식당으로 향하였다. 이렇게 하여 25일간의 길고 긴 답사의 여정을 정리할 때가 되었다. 도시 외곽에 자리 잡은 교포가 운영하는 한식당에 도착했다. 대문 안으로 들어서자, 붉은 기와지붕에 흰색으로 벽을 칠한 예쁜 이층집이 우리를 반갑게 맞아 준다. 그동안 답사의 긴 여정을 마무리하는 차원에서 오늘은 특별히 돼지 삼겹살에 한식으로 파티를 하는 날이다. 한국에서 먹던 것과 똑같이 화덕의 숯불에 구은 고기에 된장을 발라 마늘, 고추를 상추쌈에 싸서 양껏 먹었다. 곁들여 나온 김치찌개도 우리들의 입맛을 한결 돋구어 준다.

　시장하던 차에 모처럼의 한식으로 배불리 먹고 주인아주머니에게 기약 없는 작별 인사를 하고 마나우스 공항으로 향했다. 수속을 마치고 그동안 아마존 강의 진수를 맛볼 수 있도록 안내해 준 안드레 홍과 작별 인사를 나눈 후, 오후 3시 30분 브라질리아(Brasilia) 행 TAM 3609

편에 몸을 실었다. 여기서 브라질리아까지는 2,110㎞이며 약 4시간 비행을 해야 한다.

마나우스(Manaus) 한국교포가 운영하는 식당

검은 강을 비롯하여 멀리 오른쪽으로 검은 강의 다리와 마나우스가 보인다. 비행기는 브라질리아를 향해 남동방향으로 비행을 계속한다. 구름에 가린 태양이 길게 붉고 노란 띠로 저녁 황혼을 만든다. 구불거리며 붉게 물든 아마존 강과 검은 구름이 심술을 부리고 저녁놀을 덮어버린다.

얼마나 지났을까? 도시의 불빛이 밝은 점이 되어 보이고 격자 모양의 거리가 눈앞에 펼쳐진다. 드디어 브라질리아에 도착한 것이다. 아직도 미국의 애틀랜타를 거쳐서 디트로이트, 서울인천공항의 36 시간의 긴 여정이 남아 있다.

글을 마치며

　기대 반 걱정 반으로 시작했던 남미 답사를 끝내면서 어려웠던 일정을 무사히 마무리했다는 기쁨과 눈으로 보고 귀로 들으면서 느꼈던 많은 감동들이 파노라마처럼 스쳐 간다.

　에콰도르 적도에서 시작하여 잉카의 심장 페루의 쿠스코와 마추픽추, 많은 새들의 낙원 바예스타스 섬과 이카 사막, 사막에 그려진 불가사의한 나스카 라인, 끝없이 넓은 고원의 호수 티티카카 호, 설원과 같은 우유니 소금사막, 알티플라노 고원의 볼리비아 사막의 황량함이 주는 절대의 신비함과 아름다운 호수들, 지구에서 가장 건조한 아타카마 사막과 달의 표면을 닮았다는 달의 계곡, 바람의 땅 파타고니아, 그곳에 펼쳐진 초원과 거센 바람, 칠레의 최남단 도시 푼타아레나스, 대서양과 태평양을 연결하는 마젤란 해협, 여행객의 마음의 쉼터 푸에르토나탈레스, 바라보는 이의 혼을 빼앗는 토레스 델 파이네와 그레이 빙하, 아르헨티나의 끝없이 펼쳐진 초원, 조용한 휴양도시 엘 칼라파테, 장엄하고 영롱한 페리토 모레노 빙하, 시큼하면서도 단맛의 묘한 여운

이 남는 칼라파테의 열매, 옥빛의 아르헨티나 호수, 아름답고 세련된 남미의 파리 부에노스아이레스, 에비타가 잠들어 있는 레콜레타 공동묘지, 거리의 화가들과 원색의 건물과 탱고와 정열이 넘치는 라 보카 카미니토 거리, 경쾌하면서도 애수에 찬 음악에 맞춰 관능미와 현란한 몸놀림으로 관객을 사로잡던 탱고, 대자연의 웅장함과 아름다움으로 감탄을 자아내게 하던 이과수 폭포, 가는 곳마다 미려함이 묻어나는 리우 데 자네이루, 금빛 모래와 푸른 바다가 어우러진 코파카바나 해변, 전 세계 기독교 신자들의 순례가 이어지는 코르코바도 언덕의 예수상, 아름다운 과나바라 만에 떠 있는 요트들, 바다로 뻗어나가 과나바라 만을 호위하고 있는 팡 지 아수카르(설탕빵산), 브라질 축구의 역사가 살아있는 마라카나 축구 경기장, 브라질 현대 건축의 대가 오스카 니메이어가 설계한 리우 메트로폴리탄 대성당, 망망대해와 같은 아마존 강에서의 유람과 전통을 이어 가는 원주민들, 나무늘보와 아나콘다, 악어, 피라루쿠와 같은 아마존의 동물들, 아사이 베리(Acai berry)와 인디언밤, 아마존 원주민들의 주식인 만지오카 등……

비록 주마간산으로 둘러보았지만 우리와 다른 환경에서 살아가는 사람들의 역사와 문화, 남미 대륙이 갖는 특징 등을 살펴볼 수 있는 무척 의미 있고 한순간 한 장면이 모두 진한 감동을 주는 멋진 답사였다.

풍요로움이 주는 여유와 진정한 행복이 무엇인지를 느끼게 했던 소중한 시간이었으며 나 자신의 삶을 되돌아볼 수 있는 값진 기회였다.

오랫동안 대륙이 격리된 채 서양의 탐욕자들에 대하여 전혀 알지 못하였고, 대포와 총을 가진 서양과는 비교할 수 없을 정도의 너무나 빈약한 기술문명과 문자가 없던 당시의 아메리카의 원주민들은 또 다른 피사로에 의해 침략당하는 것을 막을 길이 없었다. 수백 년 간 이어진 정복자들의 일방적이고 약탈 중심의 식민 정책과 다양한 인종과 문화의 융합에 실패함으로써 빚어진 정체성의 상실, 인종 간의 갈등과 정치적·경제적 불평등에 따른 내부 갈등으로 대부분의 남미 국가들은 아직도 정치적으로 불안정하며 어떤 해법으로도 쉽게 풀 수 없는 어려운 문제들이 산적해 있다. 이러한 문제 중에서 가장 심각한 것이 원주민들의 경제적 빈곤을 들 수 있는데 이를 해결하기 위해서 많은 국가들에서 다양한 형태의 사회주의를 시험하고 있으나 기대했던 만큼의 성과를 거두지 못하고 있다. 남미 국가들에서 만인이 행복한 사회주의는 과연 가능한 것인가? 신자유주의와 세계화의 격랑 속에서 지금도 여러 나라에서 방향이 흔들리는 사회주의의 실험은 계속되고 있다. 무한한 자원과 아름답고 풍요로운 자연을 그들 고유의 문화와 전통에 접목시켜 다른 대륙의 사람들과 어깨를 나란히 하기 위해 힘과 지혜를 모아 많은 노력을 기울여야 할 것이다.

　힘든 일정에도 끝까지 함께 하신 모든 분들께 진심으로 감사드리며, 무한한 가능성을 가진 남미의 번영과 이 땅에 사는 사람들의 행복을 기원한다.

| 참고 문헌 |

1. 남미 인권기행   레디앙 / 하영식 지음 217, 294, 390~392

2. 네이버 지식백과   31, 32~33, 49, 58, 66, 107, 112, 121~123, 140,
   164, 169~170, 184, 191, 212, 222, 245~246, 299~300, 307, 314, 381,
   418, 440

3. 네이버 지식iN 429

4. THE NASCA LINES   Jose Miguel Helfer Arguedas 저 109~110

5. 두산세계백과사전   217, 285~286, 290, 414, 483

6. 라틴아메리카史(하)   대한교과서 주식회사 / 강석영 저 32~33, 36~38,
   78~79, 84~85, 212~213, 216, 267, 270, 295, 339~340, 384~385,
   390~391, 430, 438~441

7. 마약 · 뇌 · 문명   오오키 고오스케 지음 / 박희준 옮김 181

8. 바이러스의 세계   현대과학신서 / 김우호(金宇鎬) 저 18~20

9. 산티아고에 비가 내린다.   예담출판사/박지호 지음 280, 289, 291, 398,
   407, 415~416, 488

10. 시몬 볼리바르   헨드릭 빌렘 반 룬 지음 / 조재선 옮김 214~216, 403

11. 아르헨티나, 칠레, 우루과이   한울 / 박윤주 편역 286, 295

12. 에콰도르, 볼리비아, 페루   한울 / 김달관 엮음 38~40, 81, 213, 217

13. Wikipedia   49, 52~53, 63~64, 67~69, 71~72, 78~79, 84, 86,

· 참고 문헌 ·